大学生
创新创业实践导论

DAXUESHENG CHUANGXIN CHUANGYE SHIJIAN DAOLUN

主　编　赵希文
副主编　苗勃然　何新新　刘　棋　梁国庆

内 容 简 介

本书以创新教育为起点,面向可持续竞争力构建创新创业教育体系;以创新创业竞赛为牵引,推动大学生创业教育的深入开展;以创造教育为目标,强化创新创业团队培育,整体性、系统性地推动创新创业教育发展。本书内容包括四个部分:一是创新的基本理论;二是面向可持续竞争力的创新创业教育体系构建;三是创业的基本理论;四是创业的实践。

本书对哈尔滨工业大学创新创业园建园以来的工作从理论到实践以及未来发展进行了系统的梳理,期望能对大学生的创新创业实践有所帮助。

图书在版编目(CIP)数据

大学生创新创业实践导论/赵希文主编. —哈尔滨:哈尔滨工业大学出版社,2019.10
ISBN 978-7-5603-8542-6

Ⅰ.①大… Ⅱ.①赵… Ⅲ.①大学生–创业–研究 Ⅳ.①G647.38

中国版本图书馆 CIP 数据核字(2019)第 228278 号

策划编辑	黄菊英 王桂芝
责任编辑	张 荣 陈雪巍 佟雨繁
出版发行	哈尔滨工业大学出版社
社　　址	哈尔滨市南岗区复华四道街10号 邮编150006
传　　真	0451-86414749
网　　址	http://hitpress.hit.edu.cn
印　　刷	哈尔滨市工大节能印刷厂
开　　本	787mm×1092mm 1/16 印张 17.5 插页 8 字数 450 千字
版　　次	2019年10月第1版 2019年10月第1次印刷
书　　号	ISBN 978-7-5603-8542-6
定　　价	58.00元

(如因印装质量问题影响阅读,我社负责调换)

哈尔滨工业大学大学生创新创业园
Innovation & Business Incubator Center of HIT

典型企业

一、万洲焊接

哈尔滨万洲焊接技术有限公司是一家依托哈尔滨工业大学先进焊接与连接国家重点实验室，从事焊接设备开发、零部件生产、技术研发、焊接过程监控设备开发的高科技企业。创始人为哈尔滨工业大学在读博士生万龙。公司先后获得第八届中国青少年科技创新奖、全国首批"小平科技创新团队"、第十三届"挑战杯"全国大学生学术科技作品竞赛特等奖。

二、乐聚智能

哈尔滨乐聚智能科技有限公司是一家专注于双足仿人智能机器人研发和生产的科技型企业,在智能机器人领域的人形机器人步态规划核心技术处于国际先进水平。公司创始人冷晓琨获中国青少年科技创新奖、2016年度工信创新创业奖学金特等奖,2017年首登福布斯中国30位30岁以下精英榜封面,2018年蝉联福布斯亚洲榜榜单。公司获得2016年"创青春"全国大学生创业大赛金奖。

三、玄智科技

哈尔滨玄智科技有限公司创始人李蕴洲曾获工信部创新创业全国特等奖、春晖创新成果特等奖、中国大学生创新创业大赛全国银奖、哈尔滨创业大赛一等奖。公司研发产品有基于无线射频的模块化小型格斗机器人、智能家庭管理机器人和自主导航越障搬运机器人等。公司在智能机器人领域与青少年机器人教育领域都占据了稳定规模的市场,目前已获意向投资500万元,公司估值已达到5 000万元。

四、燃卓科技

哈尔滨燃卓科技开发有限公司以哈尔滨工业大学能源科学与工程学院先进动力技术研究所作为技术支撑,专注于能源生产行业设备资产全寿命周期的智能化管控及运维领域。创始人万杰为哈尔滨工业大学动力工程及工程热物理专业博士,于2016年获得互联网+创业大赛省级金奖、省创业之星荣誉称号,担任黑龙江省工业与数学学会理事。

五、传世体育

哈尔滨传世体育文化发展有限公司由哈尔滨工业大学博士毕业生王冠石、在读博士郑佳斌、冰壶世界冠军王冰玉女士共同创立。公司旨在发展、推广冰壶运动,促进冰壶运动文化传播。主要业务涉及场地解决方案、赛事解决方案、场馆运营、冰壶装备及衍生品等多个领域，拥有国际最顶级冰壶商业赛事World Curling Tour（WCT）国内独家运营权，是2017北京世界女子冰壶锦标赛设备供应商。

六、大师兄科技

哈尔滨大师兄科技有限公司于2014年11月在哈尔滨工业大学（威海）成立。目前，公司核心项目为红领巾校园O2O，产品集在线订餐、线上活动、售后服务等功能于一体，并拥有自主研发的配送系统"先锋"、商家接单平台，以及移动支付平台和中小学团餐平台等，为高校早餐用户带来全方位的精致早餐服务，目前已获得多轮资本支持，公司估值已达3亿元人民币。

七、斯坦德机器人

哈尔滨斯坦德机器人有限公司专注于移动机器人领域，致力于机器人整机与机器先进技术应用方面的研发。目前已完成移动机器人运动控制及驱动系统SR-Motion Control、惯性/增量定位系统SR-IPU、激光视觉定位与地图构建系统SR-LMNS、机器人调度管理系统SR-MPS四项关键系统研发，自主开发了移动机器人操作系统SROS。

八、零声科技

哈尔滨零声科技有限公司依托哈尔滨工业大学军用电器和车辆电器研究所，致力于新型超声无损检测设备开发，针对油气管道、高铁钢轨、板材等检测需求，研制具有我国自主知识产权的电磁超声无损检测产品。产品包括电磁超声探伤、测厚仪，高频大功率功放系统等通用设备和板材、钢轨、管道等专用检测设备。

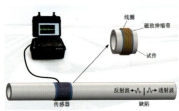  

九、希塔科技

哈尔滨希塔科技有限公司是国内首个专注于打通养老场景下数据与信息链路的科技型企业，为养老院提供完整的智慧养老解决方案，对老人健康、安全和护工工作等进行精细化管理。

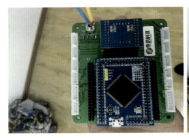  

十、时景科技

哈尔滨时景科技有限公司是以大数据、物联网和GIS集成技术为核心的创新型企业。构建面向时空大数据、行业信息化和电子商务等领域，致力于环境保护、国土、农业等5大类18个系列的产品体系。为用户提供基于行业信息的大数据分析与可视化应用，以及产品平台的运营与服务。

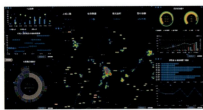 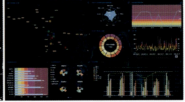 

十一、磐桓科技

黑龙江磐桓科技有限公司是一家从事柔性机器人设备研发、智能控制系统设计、技术研发与咨询的科技型企业。公司目标业务在于研制基于骨骼肌肉模型的各种应用场景的服务机器人、协作机器人，为工厂和家庭提供智能、可靠的机器人及解决方案。

 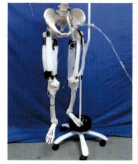 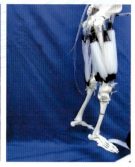

十二、米创农业

黑龙江米创农业科技有限公司与黑龙江省农业科学院五常水稻研究所深度合作，从稻花香源头选用优质米源，采用自动磨米机器人，一步自动化完成，可实现24 h无人看守，低温保存，拥有后台网络可以线上线下支付。团队获第十六届全国机器人大赛一等奖、第九届深创赛东北区一等奖、黑龙江省邮储杯青年创业大赛冠军等多项荣誉。入选CCTV央视国家品牌计划上榜品牌。

十三、模豆科技

哈尔滨模豆科技有限责任公司致力于开展航模教育，依托哈尔滨工业大学航模协会技术支持与斐拓国际教育的师资力量，在全市多所中小学内开展航模校本课，推广航模运动；在课外开展航模培训课程，系统化地教授学生航空航天知识；组织承办各级航模比赛。

十四、赫捷科技

哈尔滨赫捷科技有限公司依托哈尔滨工业大学先进焊接与连接国家重点实验室，致力于先进钎焊、扩散焊连接技术在电气、车辆、医疗、航空航天等领域的成果转化与产业化。是一家从事高效绿色钎料研发制造、焊接技术研发咨询、焊接设备开发及产品制造的科技型企业,团队成员获中国大学生新材料创新设计大赛一等奖,获国家发明专利19项。

 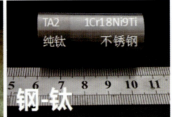 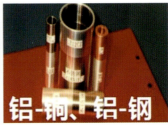

十五、龙之钛

哈尔滨龙之钛新材料科技有限公司依托哈尔滨工业大学材料科学与工程学院轻质耐热金属基复合材料研究组,致力于高强韧钛基复合材料、钛合金、高温合金的研发与生产加工。

十六、苑博科技

黑龙江苑博信息技术有限公司是集北斗卫星融合通信及其时空大数据应用软件开发和相关产品研制于一体的高新技术企业。目前公司已基本实现北斗卫星时空大数据云平台搭建,包括时空大数据通信、3D可视化建模、时空多维度分类及回归算法实现等。

十七、莫迪科技

哈尔滨莫迪科技有限责任公司是一家专注于车辆综合检修机器人研发与生产的科技型企业,现有产品包括高铁—动车底盘检修机器人及汽车底盘检修机器人。产品具备低成本、高效率、高可靠性的优势。公司的技术核心为深度定制以ROS操作系统为核心的机器人控制系统,快速搭建机器人的开发平台,提供自动化的解决方案。

十八、创新工场

哈尔滨创新工场科技有限公司是一家覆盖全面工业设计领域的高科技资源型设计公司。业务主要面向企业用户提供技术开发、技术升级、技术改革和技术转让服务。

十九、菠萝科技

哈尔滨菠萝科技有限公司是一家专注于云智能健康可穿戴吸烟设备的移动互联网公司。菠萝科技倡导健康吸烟新理念,让吸烟者健康,让家庭和公共场所没有二手烟是公司的使命。云端通过互联网提取个人健康数据、系统分析后给用户提供健康吸烟建议,建立群体圈子经济,以硬件端为基础,提供互联网+数据交换的专用人群健康管理平台。

二十、匠人科技

哈尔滨匠人科技有限公司成立于2016年4月22日,公司的主要业务包括三维模型资源共享及交易平台、三维模型检索、三维模型重建、三维模型DIY、机械零件模型加工特征识别与加工指令生成,各种创新型、个性化定制产品的设计、加工服务等方面。

(1)摄像头采集数据　　(2)实时模型重建　　(3)模型编辑

(4)最终定型的三维模型　　(5)3D打印　　(6)产品

二十一、海果智能

哈尔滨海果智能科技有限公司依托于哈尔滨工业大学视觉检测技术研究所，致力于计算机视觉、图像处理领域的开发。公司的主要业务为视觉技术服务及视觉产品，提供核心算法模块，产品包含视频分析模块、客流统计系统、目标跟踪模块、车牌识别模块、人脸识别模块等，也可根据客户需要定制图像分析技术模块，应用范围广泛。

二十二、智趣科技

哈尔滨智趣科技有限公司是一家集智能机器人、教育机器人的研发、生产、销售于一体的创新型科技公司，技术团队由哈尔滨工业大学、哈尔滨工程大学等知名高校的优秀人才组成，专注于包括DIY创客机器人、仿人型机器人、3D打印机、小型竞技无人机、VR虚拟现实在内的高端产品研发。

二十三、极者科技

哈尔滨极者科技有限责任公司成立于2016年1月，团队基于自主开发的光学动作捕捉技术、机器视觉识别算法、运动健康大数据平台，面向广大运动爱好者及运动健康领域的企业提供低成本、专业级的运动数据采集、分析及优化解决方案，以修正用户运动姿态并规避潜在伤病风险。

二十四、东和科技

哈尔滨东和科技有限公司主营汽车电子产品、美容品、养护品的研发与测试及汽车相关产业的资讯服务与培训。公司与博实机械、博实车业、北京及上海奥莱特汽车维修设备等公司达成战略合作关系，为近百家汽车4S店、快修连锁机构、润滑油公司提供技术支持与培训。企业品牌荣膺哈尔滨4S店十佳供应商、龙广925最受老百姓喜爱企业、哈尔滨汽车电子行业十大品牌等殊荣。

二十五、华民软科

哈尔滨华民软科科技有限公司致力于教育信息化研发，创新教学软件产品、教育智能化产品的研发、推广与应用。

 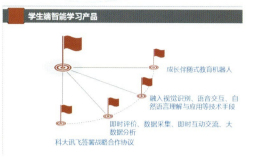

二十六、龙权知识产权代理

黑龙江龙权知识产权运营有限公司目前承接软件著作权、商标、发明、实用新型和外观专利的撰写和申请，并免费提供知识产权相关业务咨询。

二十七、朗哲生物科技

哈尔滨朗哲生物科技有限公司与哈尔滨工业大学化工与化学学院生物化工系紧密合作，致力于纯天然系列护肤品的研发工作，公司现拥有成熟的天然系列护肤品制备技术及丰富的产品推广经验。"野之蒿"天然系列护肤品也在北京中关村互联网+平台进行展示。此外，公司还与华润三九医药股份有限公司洽谈合作项目。

二十八、深智科技

哈尔滨深智科技有限公司依托哈尔滨工业大学机器智能与翻译实验室，是一家致力于人工智能技术研发的科技公司。其主要产品为陪伴型人工智能(AI)云平台，机器人企业用户可以使用平台提供的人机对话、情感分析、机

9

器翻译、图像识别等技术服务接口，能降低80%以上的研发成本。

二十九、航特科技

哈尔滨航特测控技术有限公司是一家从事智能硬件生产开发与销售的公司，主要从事智能测控设备的技术开发、服务、咨询、转让及推广。公司研发推广的视觉检测材料裂纹设备已成功应用于成都多家大型工厂，获得客户和业界的一致好评。

三十、神州成

哈尔滨神州成企业管理有限公司依托OOC商业模式先进性及强大线下运营能力，立足服务业，取得卓越发展，公司旗下"VIP认我行"业务获得腾讯公司官方授权"微信支付服务商""微信广告业务服务商"，并与腾讯公司建立战略合作伙伴关系。

三十一、龙珍汇电子商务

黑龙江龙珍汇电子商务有限公司依托黑龙江绿色、有机、丰富的自然资源，借助互联网+商业模式，把产地、自然条件、产品品牌和渠道融于一体，专注于电子商务系统化、精细化服务。拥有"龙珍汇"等多个食品品牌系列，通过"互联网+"的方式助力农户销售农产品2 800余万元。

三十二、工达科技

哈尔滨工达科技发展有限公司主营业务一是证卡（身份证、社保卡）自助申领设备及其配套软件；二是自动化、信息化系统软件。自主研发的证卡自助申领设备在存卡速度、出卡速度等多项指标上的表现均达到国内领先水平。

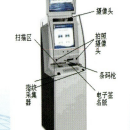

三十三、天疆科信

哈尔滨天疆科信信息技术有限公司致力于新一代企业级SaaS服务平台的研发，核心产品"Matrix矩阵管理平台"全面涵盖了企业所必需的业务流程管理、项目管理、IT资产和人力资源管理等功能；同时无缝整合阿里巴巴集团旗下品牌钉钉平台和企业微信，让企业能够快速实现移动办公。

三十四、百香果

哈尔滨百香果科技有限公司致力于向全球客户提供一流的数据加密服务。正在研发的商用数据加密软件，采用国际主流的HASH、PBKDF、AES、RSA、ECC、KW等算法对用户数据进行加密处理，数据安全等级与全球银行业数据的加密等级相同。公司同时研发基于中国商密算法的商用加密产品。

三十五、拾光里

哈尔滨拾光里文化发展有限公司依托哈尔滨工业大学媒体技术与艺术系"互动媒体设计与装备服务创新文化部重点实验室"，从事手游、端游、VR游戏开发，及文创产品的设计与制作，并将VR/AR技术应用于游戏、教育、旅游、家居等业务领域。公司与美国普渡大学计算机图形系游戏创新实验室建立项目合作关系，年营业额100余万元。

三十六、易铄科技

哈尔滨易铄智能科技有限公司是一家专注于第五代智能呼叫中心研发和服务的科技型企业，以哈尔滨工业大学专家学者为技术顾问，集合哈尔滨工业大学、哈尔滨理工大学优秀学子的专业研发团队。致力于呼叫中心、智慧客服、客户管理、销售管理、移动办公、大数据分析等软、硬件项目的研发和实施

三十七、康尼奥乐

哈尔滨康尼奥乐智能体育健康科技有限公司是一家致力于运动促进健康领域技术服务的高科技公司，主要从事基于大数据、互联网线上线下的运动促进健康科学技术及设备的研发与生产。为社会和民众提供体质健康、运动能力、运动风险测评、健康动态监测等健康服务。

三十八、土气留学

哈尔滨土气出国留学中介服务有限公司是国内首家以理工科留学申请服务为主的新式留学咨询公司。公司现有海外名校博士团队80余人,均来自加州大学伯克利、伊利诺伊香槟、斯坦福、牛津、剑桥等世界名校,覆盖所有理工科专业。新式留学采用博士一对一及多对一的留学咨询服务以及专业性的全套文书创作形式,为理工科学子量身打造私人订制的教育背景提升方案。

三十九、碧落科技

哈尔滨碧落科技有限公司是为个人家庭用户提供数据服务、安全、存储、共享一体化解决方案的创新型企业,致力于探索5G时代个人家庭用户数据管理。目前已经推出了家用型数据服务器以及配套软件系统。

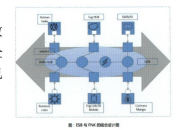

四十、俄拉诺特

哈尔滨俄拉诺特科技有限公司成立于2019年,坐落在哈尔滨工业大学大学生创新创业园内,是致力于开发新能源及节能环保技术和设备的民营高科技公司。公司由哈尔滨工业大学2017年毕业的俄罗斯留学博士生创立,拥有一支由哈尔滨工业大学教授、博士、硕士及乌克兰和俄罗斯专家等专兼职科技人员组成的高水平科研队伍,有雄厚的新产品研发实力,横跨新能源、煤炭清洁利用、秸秆资源化、绿色取暖及能源改造技术研发等多个专业技术领域。公司团队还拥有多项国家专利。

四十一、汇工物联网

黑龙江汇工物联网有限公司拥有一支专业从事高科技电气设备、电子产品以及相关机电设备研制的研发团队,专注于电气、电子及机电产品的技术开发、技术服务、技术咨询以及技术转让。公司紧密依托哈尔滨工业大学强大的科研

实力和优秀的人才平台，主要经营方向包括物联网传感器系统综合解决方案、智慧城市建设开发（顶层设计方案咨询与实施，智慧井盖案例）、静止无功发生器设计（煤矿和电动汽车充电桩）、民用及军用飞机的整机或子系统模拟仿真设计以及模拟头盔显示系统的研制设计。

四十二、汇祺科技

哈尔滨汇祺科技有限公司是一家基于大数据、物联网、云计算、人工智能等先进技术，为电信、金融、教育等行业企业提供大数据分析产品、知识挖掘及协同创新系统的科技型企业。公司由名校博士、硕士和一批具有丰富行业经验的技术和项目带头人组成，是一支拥有勇于突破精神、丰富经验、高学历的创新型团队。目前公司主要研究项目可帮助无线网络运营商在降低网优成本的同时提升

网络性能及服务质量、促进相关业务收入提升，同时也能解决通信设备制造企业对设备故障诊断与维护的高成本问题，并为通信行业合作企业提供数据化运营解决方案。

四十三、集仿科技

哈尔滨集仿科技有限公司是一家创新型高科技企业，集CAD/CAE/PLM研发、工程技术咨询服务和软硬件服务于一体。集仿科技将致力于开发高水平的专业CAE软件，并以此为基础提供全方位的技术咨询服务，包括有限元分析、计算流体力学、热分析、多体动力学分析、电磁分析以、设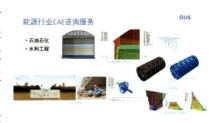
计优化、CAE仿真系统定制化开发和系统集成多个方面。客户覆盖航空航天、国防、轨道交通、工程机械、清洁能源、汽车工业、化工设备、土木建筑、生物医疗、电子等领域。

四十四、沃华智能

哈尔滨沃华智能发电设备有限公司是一家集技术服务、技术开发、设备销售为一体的多元化公司，客户主要面对全国各大电厂，公司主要从事汽轮机性能监测、故障诊断、运行方式优化、锅炉燃烧性能监测、故障诊断、运行方式优化等技术服务；软硬件系统的集成测试及二次开发等技术业务，代理销售国内外继电器、电动机、门阀等矿山和发电厂的机电设备及生产辅助设备、备件等。

四十五、工大芯聪

哈尔滨工大芯聪软件开发有限公司成立于2018年5月31日，注册资金294万，公司致力于人工智能、大数据和服务机器人的软件研发。通过构建基于机器视觉的动态环境感知通用平台，研发生产应用于"工业4.0"领域的智能检测机器人和应用社会生活领域的智能服务机器人系列产品，包括：三维工件表面缺陷智能检测机器人、PCB缺陷的智能检测机器人、基于智能物联网的国家级燃气安全智能监测控制平台开发、基于深度学习的博物馆导览服务机器人等。

四十六、凯凌电磁

哈尔滨凯凌电磁材料科技有限公司是一家创新型高科技企业，主要从事电磁吸收材料的研发及相关技术支持与服务。项目团队来自哈工大材料学院，项目成员长期从事微纳复合电磁功能材料设计与制备、电磁性能数据挖掘、复合涂层靶向设计以及隐身材料应用技术的研究，具有完备的制备设备和丰富的经验，先后承接各类科研项目多项，具有坚实系统的实践经验和电磁理论基础。目前研发团队已系统研制多种铁磁基电磁吸收剂，且自主研发了宽频高效吸收涂层的电磁仿真软件。

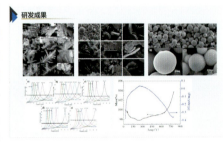

四十七、驯火航天

哈尔滨驯火航天科技有限公司是一家主营业务为航空航天、智能制造领域技术服务的科技企业，主要提供飞行器总体设计与论证、飞行器半实物仿真测试、导航制导控制集成软件开发等服务。公司主要服务对象为国内航天航空院所、商业航天公司、飞行器设计制造企业和高校相关学科研究团队。公司核心团队由哈工大教师和博士研究生组成，拥有雄厚的理论储备和丰富的工程经验。公司核心业务专业性强、技术附加值高，拥有较高的技术壁垒和广阔的发展前景。

四十八、人工智能创新工场

哈尔滨工业大学人工智能创新工场由哈工大大学生创新创业园和哈工大计算机学院共同筹办，是专门面向全校的人工智能领域创新人才培养基地和创业项目孵化基地。人工智能创新工场以人才培育为基础，以微孵化体系为手段、学科竞赛为抓手、项目产出为导向，致力于推进跨学科交叉的科技成果转化，实现创新型人才的高水平培养，探索人工智能科研成果在商业领域的发展。

前　言

　　哈尔滨工业大学生创新创业园能够"破土而出",还要从2015年春天的一次调研说起。2015年4月24日,时任黑龙江省省长陆昊一行到我校专题调研创新创业、科技成果转化工作。在校党委书记王树权、校长周玉等陪同下,陆昊省长参观了我校大学生创新创业嘉年华成果展,一一了解和询问我校学子创新创业的有关情况。他现场拍板,省政府将对大学生创新创业项目给予资金支持。

　　在省市政府的支持下,学校按照"高起点谋划、高技术导向、市场化运行、开放式办园"的建设思路,着力构建高校创业企业孵化器。在各方的积极配合下,学校仅用了一个月时间就完成了园区的装修改造,为首批创业企业的招募和入园答辩提供了保障。从此,南岗区邮政街434号这幢大楼成为了有志于创新创业的学子施展才华、实现梦想的"乐园"。

　　哈尔滨工业大学大学生创新创业园该如何定位,如何运行？为此,王树权书记多次到大学生创新创业园对创业企业运行、创客团队孵化等情况进行走访调研,与创业学生交流座谈,为园区建设指引"航向",为创业团队发展"把脉";周玉校长多次在全省介绍学校大学生创新创业工作经验,时常鼓励创业学生做到学业、创业两不误,提出要"努力探索出引领龙江大学生创业、具有龙江特色和哈工大规格的大学生创新创业模式"。

　　哈尔滨工业大学大学生创新创业园注重技术、资本、市场对接,注重创意、创新、创业联动,组建了由创业导师、技术导师、投资经理和管理人员组成的专业服务管理团队,搭建了汇集"五项服务"和"五项对接"的"双五"工作体系。其中,"五项服务"包括免费的场地和物业管理、免费的财务法务咨询管理、导师服务、校内生活资源服务以及交流参赛服务;"五项对接"包括风险投资对接、政策服务对接、生产资源对接、孵化平台对接和高校人才对接。同时,创业园为近20家在孵大学生企业争取到了哈尔滨市科协、哈尔滨市科技局、南岗区科技局逾百万的资金补贴。

　　哈尔滨工业大学大学生创新创业园注重学生创业项目的培育和孵化,获批黑龙江省科技企业孵化器、黑龙江省大学创业基地、黑龙江省创新创业示范基地。2019年,大学生创新创业园在孵企业达到135个,营业额达到3.1亿元,8家企业估值过亿元。累计吸引692名在校学生、506名毕业生入园工作,10余名学生从国外返哈参与创业,57名省外生源毕业生留在龙江创业,70名高层次人才从中国电科集团等知名企业返哈创业。大学生创业者万龙入选科技创业领军人才,大学生创业者冷晓琨登上了《福布斯中国》的封面和福布斯30U30亚洲排行榜,学生创业团队在2018年第四届中国"互联网+"大学生创新创业大赛中斩获 2 金 1 银 1 铜,学校以总成绩第九名获得大赛设立的"高校先进集体奖"。

学校将创新创业教育贯穿人才培养全过程,建立了完善的创新创业教育体系,取得了丰硕成果:97% 以上的大一学生主动参与项目学习,《中国教育报》对此进行了报道;每年"大创计划"立项近 500 项,每届大创年会均会获奖;每年参加学科竞赛并获国家级以上奖励近 1 000 项,在"2014~2018 年全国普通高校学科竞赛评估结果 TOP 300"中,以 403 项获奖次数居全国第 1,总分排全国第 2;学校获得了全国"双创"示范基地、全国首批深化创新创业教育改革示范高校、全国深化创新创业教育改革特色典型经验高校、全国高校实践育人创新创业基地、国家级高校学生科技创业实习基地、国创计划十周年最佳组织奖等荣誉称号;搅拌摩擦焊处理团队和学生微纳卫星团队分别获得团中央"小平科技创新团队"称号。

如今的哈尔滨工业大学大学生创新创业园,呈现一派生机勃勃的"春天"景象。每年,从大一年度创新项目、全校大学生创业大赛、大学生创新创业训练计划、"祖光杯"创意创新创业大赛、创新广场,以及各学院创业苗圃、各学科创新创业俱乐部、学术竞赛等项目平台中脱颖而出的大学生创业者,从这里起步,成长壮大为龙江创新创业的主力军,以实际行动助力龙江经济全面振兴。

为了进一步推进我校创新创业教育改革,健全集理论教学、实训实践、平台基地、支持保障为一体的创新创业教育体系,强化学生自主学习意识,完善文化引领和指导帮扶,我们编写了这本《大学生创新创业实践导论》。本书以创新教育为起点,面向可持续竞争力构建创新创业教育体系;以创新创业竞赛为牵引,推动大学生创业教育的深入开展;以创造教育为目标,强化创新创业团队培育,整体性、系统性地推动创新创业教育发展。

本书由哈尔滨工业大学大学生创新创业园组织编写,主要包括四部分内容:一是创新的基本理论,涉及创新潜能及其开发、创新性思维及方法、创新性学习;二是面向可持续竞争力的创新创业教育体系构建,以及创新创业竞赛体系的认知;三是创业的基本理论,涉及创业的基本知识、创业计划书的制定;四是创业的实践,包括创新创业团队培育、创建新企业、哈工大创新创业园企业创业案例。

本书对哈尔滨工业大学创新创业园建园以来的工作从理论到实践以及未来发展进行了系统的梳理,期望能对大学生的创业实践有所启示和帮助。

编 者

2019 年 9 月

目　　录

第一章　创新潜能及其开发 1
第一节　人的创新潜能 1
第二节　创新潜能开发的原理 3
第三节　创新之根在实践 6
第四节　主动实践是创新能力培养的关键 12
第五节　做一个特立独行的人 16

第二章　创新性思维及方法 23
第一节　思维与创新性思维 23
第二节　创新性思维"方法"和"艺术" 25
第三节　创新性思维方法择要 27

第三章　创新性学习 45
第一节　什么是创新性学习 45
第二节　创新性学习的形成机制 48
第三节　自我设计 54
第四节　创建学习化团队 57

第四章　面向可持续竞争力的创新创业教育 67
第一节　未来工程教育形态 67
第二节　面向可持续竞争力的敏捷教学体系 73
第三节　面向可持续竞争力的创新创业教育体系 76
第四节　哈尔滨工业大学大学生创新创业园 82

第五章　创新创业竞赛 92
第一节　中国"互联网+"大学生创新创业大赛 92
第二节　"挑战杯"课外学术科技作品与创业计划竞赛 96
第三节　全国大学生机器人大赛机器人创业赛 99
第四节　ACM国际大学生程序设计竞赛 106
第五节　全国(国际)大学生数学建模竞赛 108
第六节　全国大学生电子设计竞赛 110
第七节　全国大学生机械创新设计大赛 112
第八节　哈尔滨工业大学大学生创新创业园组织的竞赛项目 114

第九节	其他竞赛项目	116
第十节	哈工大在中国高校学科竞赛评估中位居前列	143

第六章 创业认知 147

第一节	创业的基本含义	147
第二节	创业的历史动因	149
第三节	创业精神	152
第四节	创业能力	155
第五节	创业知识	159
第六节	创业资源	162

第七章 创业计划 169

第一节	创业计划概要	169
第二节	创业计划可行性分析	171
第三节	创业计划书具体写作	174
第四节	创业计划书的编写原则和技巧	180
第五节	大学生创新创业训练计划	183

第八章 创新创业团队 190

第一节	大学生创新创业团队核心竞争力	190
第二节	哈工大紫丁香学生微纳卫星团队	198
第三节	大学生优秀创新团队发展计划	200
第四节	大学生创业团队支持计划	201
第五节	哈工大2019年大学生创新创业团队	202
第六节	大学生重点科技竞赛训练营	205

第九章 创建新企业 211

第一节	大学生申办何种形式的企业	211
第二节	大学生申办企业名称登记	216
第三节	大学生创办企业登记注册	218
第四节	大学生创办企业工商登记注册	221
第五节	入驻大学生创新创业园	225

第十章 创业案例 233

第一节	多维度构建创新创业工作体系	233
第二节	省、市、校共建哈工大大学生创新创业园纪实	235
第三节	大学生"创业之星"	241
第四节	大学生优秀企业简介	267

参考文献 274

第一章 创新潜能及其开发

创新潜能是可以通过学习、实践而被激发出来的每个人都具有的能力,它可以转化为创新能力并逐步提高。

第一节 人的创新潜能

一、人的潜能之大

人的潜能究竟有多大,对这个问题的研究事实上都集中在对脑功能的评估上,已经有了许许多多的说法。例如说,人脑是目前任何超级计算机都无法与其相比的超级生物电脑,有人估计一个人的脑信息储量可相当于50亿部书的知识总量,相当于美国国会图书馆总藏书量的50倍。

俄罗斯的研究学者们认为,如果我们能使自己的大脑用上一半,那将轻而易举地学会49种不同民族的语言,将一本苏联大百科全书背得滚瓜烂熟,还能够学完数十所大学的课程。

人的潜能是指他的全部能力中尚未被运用的部分,全部能力计为100%,如果运用了$x\%$,那么就还有$(100-x)\%$尚未被用上,这个$(100-x)\%$就是潜能。牛顿、爱因斯坦这些人的全部能力被运用了多少,一个偏僻山区的村民的全部能力被运用了多少,这个区别可能是很大的。因此人们要对潜能做出某种估计只能就一般情形而言之。

20世纪初,美国心理学家威廉·詹姆斯设想,一般人只运用了其全部能力的10%;后来,玛格丽特·米德认为,只运用了6%;再后来,奥托认为,只运用了4%(这已经是20世纪70年代末的估计),越来越少了!

怎么会越来越少了呢?是因为人的能力增长了而所运用的部分还是恒定的,因而百分比下降了?或者因为人的能力未增长而所运用的部分下降,因而百分比减少了?20世纪以来,人的能力有了显著的开发,人力已有卓越的表现,所以对上述两个问题的答案应当是否定的。那么,会不会是因为虽然人的能力被运用了的部分(分子)增大了,然而人的能力本身(分母)也增大,因而百分比下降了呢?这种设想也没有多少根据。如此一来,值得商榷的是心理学家们的估计。是不是人的能力在20世纪末比20世纪初开发得更好,而于20世纪初做出估计的詹姆斯得出的数字本应比于20世纪后半叶做出估计的奥托得出的数字更小,结果,詹姆斯的数字反而比奥托的大,从而奥托的估计更令人怀疑呢?也不是,很可能正是20世纪以来人力得到更大的开发使心理学家做出了更大胆的设想。然而,不管怎样,即使潜能研究所已是数以百计,但是对人的潜能进行精确可靠的估计仍不是件容易的事。

虽然，心理学家们做出的设想不大相同，做出精确可靠的设想更是很困难的事，但是人的能力被运用的还是很小的一部分，人的潜能还有很大，这一点是公认的。

人的潜能之大，你还可以从现实中到处感受到，除了每天都大量涌现的创新外，还可以看到作为这种创新的一种具体体现，各种"超级"的东西涌出来了。例如，超级汽车（超豪华车），超级市场，超级计算机；科学领域的超导、超低温、超数、超平面、超代数；还有人自身能力方面的超常儿童、超常智商等，这都体现了人的巨大创新潜能、认知潜能及人的潜能开发前景。

二、创新潜能的普遍性

创新能力并不是神秘的、只有少数"天才"才具有的特殊才能，创新潜能是每个人都具有的一种自然属性，是人类亿万年来智力进化的结果。它主要反映在人的大脑结构功能上。近代研究表明，人的创新潜能主要蕴藏在人的右脑之中并亟待开发。

早在19世纪，生理学家和外科医生就已经发现，人大脑的各个部位分别具有不同的功能：大脑皮层中央沟前回区域为"运动区"，刺激该区可以引起四肢的运动；视觉区域分布在枕叶距状裂两侧；身体右侧的感觉通过神经传递给大脑的左半球，而左侧的感觉则传递给大脑的右半球等，这样就逐渐形成了与此相关的"特殊定位说"。根据这一学说，人们认为大脑左半球上集中了占主导地位的逻辑和语言中枢，它管理着人身体的右侧活动，因而被称为是优势半球；相反，大脑的右半球一直被认为缺乏高级活动功能，它只管理身体的左侧活动，因而被称为劣势半球。大脑左右半球的功能可以表示为表1.1。

表1.1 大脑左、右半球的功能

左脑功能（知识型）	右脑功能（创新型）
时间	空间
记忆	直觉
言语	情感
数字	态度
计算	身体协调
排列	视-空间知觉
分类	艺术
逻辑	节奏音乐舞蹈
分析	综合
特殊能力	整体能力
智力	创造力

20世纪80年代，美国心理学家斯佩里通过研究，进一步阐明了人脑的左半球除具有抽象思维、数学运算和逻辑语言等各项重要机能外，它还可以在历史资料间建立想象联系，在控制神经系统方面人脑的左半球也很积极并起着主要作用。同时，他还发现并纠正

了人们过去对人脑右半球的低估,他发现人脑右半球也同样具有许多高级功能,如复杂关系的理解能力、整体的综合能力、直觉能力、想象能力等;此外,人脑右半球还被证实是音乐、美术及空间知觉的辨识系统,因此人的右脑蕴藏着很大潜力。斯佩里利用割裂脑研究还发现大脑左右半球间有大约20亿根神经纤维相互联系,每秒钟由一侧向另一侧传送400亿次冲动信息。同时,两半球之间还具有"转移机能"效应,即当某一半球机能受损时,其机能可转移到另一半球去,这即动摇了"特殊定位说"。另外,他对于人右脑的深入研究也冲击了"优势半球"观念。据此他认为,大脑两半球在功能上虽有一定分工,但其功能是互补的,两半球相辅相成、紧密配合而构成为一个统一的控制系统。斯佩里因该项研究成果而与美国学者D. 休伯尔和瑞典学者T. N. 威塞尔共享1981年诺贝尔生理学及医学奖。

根据斯佩里的研究,大脑右半球承担着人们形象思维、直观思维等创造性功能,并具有掌握空间关系和艺术认知的能力,由此,右脑被认为是创造的脑,它主要通过直观思维和想象思维进行创新性思维和创新性活动。后来,在运用放射性示踪原子研究确定大脑区域血流量时人们发现,当遇到新问题时,放射性示踪原子密集的区域就是创造性解决新问题的脑区。在大脑工作状况的照片上清楚表明,创造性工作主要是由右脑承担的。然而,过去人们一直注意左脑的使用和训练(从功能看),而右脑的使用则很少,尚处于待开发状态。所以,有人据此提出开发右脑问题,这当然是提高创新能力的一项措施。现在,人们的右脑尚未开发或较少开发,这是每个人都具有的巨大潜力,据此有人编制了各种开发右脑的健脑体操,重视如何恢复、启用左手的各项活动以锻炼右脑,从而增强人们的创新能力。

由上可知,从人脑的生理方面看,创新潜能确实是人们普遍存在的一种自然属性,具有巨大的开发潜力。

三、创新潜能的可开发性

虽然创新潜能是人脑的普遍属性,但是每一个人的创新潜能并非在任何情况下都能够自由地表现出来。事实表明,创新潜能可以蕴藏在人脑中几年、十几年甚至几十年之久。一些所谓"无创造力"的人,其实他们并不是真的没有创造力,而只是其创新潜能没有得到应有的开发,没有或者很少转变成显性的创新能力而已。

人们的创新潜能是可以通过相关的学习或实践、通过创新教育的实施而被激发出来的。只要进行科学开发,人们的创新潜能是完全可以被激发出来并转变为显性创新能力的。美国学者帕内斯等人曾在布法罗大学对330名大学生进行观察和研究,发现受过创新教育的学生在产生有效的创见方面与没有受过这种教育的学生相比,前者在自信心、主动性和指挥能力方面都有较大幅度的提高。

第二节 创新潜能开发的原理

创新潜能开发的一般原则是:"用则进,废则退"。所谓"头脑越用越灵",就是这个意思。在这一原则下人们发现,创新潜能的开发是有一定规律可循的,这种规律可称为创新潜能开发的原理。

一、压力原理

对于一般人来说，不论做什么事情，最好要有一定的压力。这一点更适用于创新。无恐则怠慢，怠慢则难以创新。没有压力，久而久之，人的意志会衰退、智慧会枯竭、才干会丧失，即使以前很聪明的人，也会因此而变得笨拙起来。所以，适当的压力对于创新是十分有意义的，压力是驱散怠惰、激发求知欲的积极因素。对于创新者来说，其压力可能来自以下几个方面。

（一）社会压力

社会压力是指来自社会方面的压力。社会方面，指的是社会的制度、政策和法律等。要有效地调节社会对创新者的压力，可以通过提高创新者的觉悟水平、增强创新者的时代感和责任心来进行。强烈的民族自豪感和责任心，对于国家的寄托、民族的希望，都可以产生一股压力，即创新的动力。鲁迅最初学的专业是地质，并撰写过我国最早出版的地质学专著。后来，为了拯救苦难中的中华民族，他改为学医，想通过从医而使中华民族强大起来。可是当他发现问题的本质并不在于中国人的身体强弱而在于文化上的落后和思想上的愚昧时，他又毅然弃医从文，以唤醒民众。正是这种强烈的民族责任感，使鲁迅每干一行都可以取得卓越的成就。

历史上有很多创新者，他们为了民族、为了国家、为了整个人类的进步而奋发向上，努力在自己钻研的领域创造出崭新成果，做出了巨大贡献。其中很多人的成功就是由于社会压力通过其自身因素而起的作用。当代中国的大学生，应当随时调节来自社会的种种压力，为了建设中国特色社会主义事业，为了全面落实国家创新体系，为了尽快把我国建成创新型国家，就必须要增强时代感和紧迫感，努力奋斗和创新，极大地开发自己的创新潜能。

（二）经济压力

虽然每个人对社会的需求层次是不相同的，但其中一个最基本的需求就是生存需要。生活在社会中的人，一方面具有永不满足现状的心态；另一方面又具有相对怠惰的心理，往往一旦达到了某种目的便不思进取了。所以，适当增加经济压力、不断进行反馈调节，也能促使人们继续发明和创造，以获得更好的经济效益。即将面临倒闭的工厂因职工创造出新产品而重新发展的事例是很多的。特别是近年来，我国下岗职工很多，下岗后的收入相对减少，这就使得一些人很注意开发自己的创新潜能，从而在再就业或再创业中做出了创新性成绩。

（三）工作（环境）压力

由于工作上的需要而不得不进行某些创新性活动，这即是工作压力。常见的各种科学院、研究所、攻关队、科研组等，其功能是在给研究者提供一定条件的同时也对他们造成一种工作（环境）压力。当然，工作压力太大或许会把人压垮，但如果工作上没有压力，人的创新才能也难以发挥出来。例如，美国可口可乐公司有一次在纽约召开世界各地机构负责人参加的研究公司广告新主题的会议，会上要求每个参加者都要提出有创意的方案，否则就不散会。在这种情况下，与会人员只能开动脑筋、认真思索，结果参加会议的所有人都提出了各自的新方案。最后，由执行副总裁史卡利根据这些创意提炼出最终主题，一整天的紧张会议才结束。

（四）自我压力

自我压力是指来自创新者自身的压力，即来自创新者对于事业执着追求和对于学术刻苦钻研的自觉性。创新者给自己规定了某种目标，即形成了一种内在的自我压力。凡为人类做出重大贡献的科学家和创新者，其成功之道多是靠自我压力，他们善于运用所掌握的知识巧妙地将外界压力转变为自我压力，从而调整自己的目标和行为以主动地开创新局面。

自我压力的实质是向自己挑战、与自己竞争、为自己确立一个又一个更高的奋斗目标，从而不断追求。法国作家巴尔扎克在1834年确定了创作137部反映法国革命后社会生活的小说的庞大创作计划，并将其定名为《人间喜剧》，当时就有4家出版商和他签约。之后，他便以惊人的毅力朝着自己的目标前进，实际完成了90余部，取得了令人惊异的创作成果。

二、激励原理

（一）信息激励

我们现在已步入信息社会，在我们周围，充满着各种各样的信息。有意识地注意有关信息、发现有关信息、分析有关信息、利用有关信息，从而引导自己的创新活动，这是开发创新潜能的重要途径。海尔集团总裁张瑞敏在四川出差时听人说本厂洗衣机在当地农村销售受阻，原因是农民常用洗衣机洗地瓜，这样排水口一堵就没法再用了。由此，张瑞敏抓住这一在别人看来似乎是不好的信息，要求该厂技术人员开发一种能洗地瓜的"洗衣机"。后来，这种"洗衣机"一问世，果然占领了很大市场。法国有许多公司为了获取有用的信息而绞尽脑汁，其中一种方法是聘请名流经济学家、管理学家做兼职顾问，顾问的工作就是定期陪董事长共进晚餐，通过进餐时的"聊天"而使董事长获取各种信息。

总之，我们周围的信息是十分丰富的，一个创新者要善于识别、寻找那些对自己创新活动有利的信息，多看、多听、多写、多想、多记、多接受教育和考查、多参加各类学术活动等，这样做才有利于自己创新潜能的开发。

（二）心理激励

心理激励包括的范围比较宽，这里仅介绍研讨和争论在开发人们创新潜能中的作用。

首先，研讨、争论能振奋人的精神，可以激发人们探索未知领域的积极性，增强人们的创新意识。其次，研讨和争论可以开阔视野、丰富知识，使思维更加活跃和广阔，从而有利于发散性思维的形成直至产生灵感。例如，在1903～1905年的三年中，物理学家爱因斯坦经常同莫里斯·索洛文和贝索等年轻朋友在瑞士伯尔尼一家咖啡馆聚会并研讨学术问题。爱因斯坦关于狭义相对论的第一篇论文就是在这种讨论中孕育的。在他的划时代著作里，爱因斯坦没有引用任何文献，但却提到了贝索对他的启发。第三，研讨和争论可以发现问题、深化认识。化学史上关于对燃素说的长期争论，地质学中水成论与火成论的激烈争论等,都对科学技术的发展起过极大的推动作用。

(三)机制激励

机制激励是指建立一些有利于人们开发创新潜能的纪律、制度、条文、法规,以鼓励人们创新潜能的开发。它在一定意义上属于创新环境的范畴。例如,我国国家创新体系的建立,就对开发国民的创造力具有不可估量的作用,促成了一大批创新成果的问世及其向市场的转化。此外,我国《专利法》的再次修改以及各种创新奖励条文的出台,均有力地激励了人们创新潜能的开发。

三、流动原理

这里所指的流动,主要是人才流动。合理的人才流动可以极大开发人们的创新潜能,不合理的人才流动,或像一潭死水那样,就会阻碍人们创新能力的发挥。当然,流动应当遵循一定的原则,例如,可以按兴趣和爱好进行流动,按受阻迂回方式进行流动,按不同地区、不同单位的需要进行流动等。

四、调节原理

对于创新者来说,在某一个时期的创新活动应该有一个相对稳定的奋斗目标。但是,有时也不能死盯在一个目标上,创新者常常需要根据自己的实力状况和环境条件的变化,特别是在抓住创新过程中遇到的各种机遇以后,需要经过反复比较而对原有的目标进行适当动态调节。当然,这种动态调节并不是见异思迁、随心所欲地改变原有的目标,而是通过调节能够及时地、更好地发挥创新者自己的创新优势,从而达到最佳的创新效果。这种调节的本身也是创新潜能开发的过程。

第三节　创新之根在实践

大脑及神经系统,是创新能力形成的物质基础,社会环境是创新能力形成的客观条件,这些都非常重要,但仅仅具备了这些因素,人的创新能力还是不能形成。人的创新能力的形成,还有一个非常重要的因素——实践。

一、实践是创新能力形成的唯一途径

杨叔子院士2004年在接受《实验室研究与探索》总编辑采访时,从文化的层面系统地阐述了创新与实践的关系。现摘编如下。

(一)文化离不开实践

他认为,现在有两大文化:科学文化和人文文化。不管哪个文化,至少应把握4个层面。在科普活动中有4句话很不错,即"普及科学知识,宣传科学思想,推广科学方法,弘扬科学精神"。这实际上是在讲知识、思维、方法、精神。科学文化至少包含知识层面、思维层面、方法层面和精神层面。科学文化的知识层面应该是一元的,因为它是以客观事实、客观规律为依据的;而在思维层面,科学思维主要是逻辑的;方法层面主要是实证的;

精神层面主要是求真的。这4个方面是一致的,关键是求真务实。

知识是一元的,不应该是多元的,在科学上知识只能有一个不可能有两个。思维是逻辑的,前面对,后面一定是肯定的;方法是实证的,实证包括观察、实验,有各种不同形式的实践形式,不同领域有不同的实践。科学研究的最大优势就是讲逻辑、讲实证,逻辑思维是一种实证方法。爱因斯坦在20世纪50年代给他朋友写过一封信,讲到西方的科学技术比中国发展得快有两个原因,一是有系统的逻辑思维,二是有严密的实证方法。思维是系统逻辑的思维,实证是严密的实验证实。实证对科学发展有巨大的作用。

在人文文化方面,知识很可能是多元的,思维很可能是形象、直觉、顿悟的,而方法很可能是靠体验的,精神主要是满足人们求善的需要,但人文文化中的方法并没有排除实践。司马迁讲过"读万卷书,行万里路",行万里路还是讲实践,一切文化都来源于实践。因此,人文文化也不能离开实践,人文体验好不好,基础还是实践。由此可认为,实践是最根本的东西。中国有个很好的传统,就是把学习和知识、思考和思维、实践和方法紧密联系起来。曾子曰:"吾日三省吾身:为人谋而不忠乎?与朋友交而不信乎?传不习乎?"其中,"省"就是反省,就是思考;"谋""交"就是实践;"传不习乎"中的"习"不仅是学习,而是实践,"传"是对经典的学习,而"习"是对经典的学习、实习、实践,学习不能不去实践,这话是总结性的。"为人谋而不忠乎?与朋友交而不信乎?"忠不忠,信不信,实践如何?是很典型的东西。中国对这个问题解决得是相当好的。

(二)知识是基础

如何看待知识,如何看待思维,如何看待实践是几个重要的问题。如果没有知识,一切是空的,知识是基础。要好好学习、天天向上。讲学习,知识是基础。一谈到素质教育,认为知识就不重要了,这是一种误解。没有文化就没有载体。社会进步是生产力的发展,生产力的发展是靠科学技术知识创新,没有科学创新,哪有社会进步呢?我们国家如果没有金属的发现、金属工具的发明,能有农业社会吗?没有各种材料的发现、没有各种加工方法和蒸汽机的发明,能有第一次工业革命吗?没有电磁现象的发现,没有电器和电机的发明,能有第二次工业革命吗?没有半导体的发现,没有芯片、计算机的发明,能有第三次工业革命和信息革命吗?都没有。所以知识绝对是基础,任何忽视知识的观点都是错误的。中国人讲究学习、读书,有一定道理,想要发展与创新就是要学习知识。培根讲过"知识就是力量",这句话不确切。有知识不一定有力量,一个书呆子怎么有力量呢?应该反过来讲,"没有知识就是没有力量",这是对的。讲有知识就有力量,容易搞成书呆子;讲没有知识就没有力量就不会搞成书呆子。有知识不一定有力量,但有力量必定有知识。

(三)思维是关键

知识是基础,思维是关键。人与动物不同的是人有思维。计算机有知识,但我们不能把"大脑"存储进去。"深兰"机器人,你通常赢不了它,因为它很会计算,但它不能思维,只能照章办事。"深兰"机器人跟国际象棋大师走棋第1次走赢了,但第2次失败了。为什么?国际象棋大师走的是最蹩脚的一步棋,只要是会走国际象棋的都不会走这步棋,但是他走了。"深兰"机器人讲"查无此程序",说明它只能照章办事。这正是因为它不能思维。要思维就要有知识。人是万物之灵,人不仅有知识,还能创造性地运用知识,而且能发展知识。这是任何动物所不能及的。恩格斯在自然辩证法中的一句话讲得非常好:"地球上最美丽的花朵是人类的智慧,是独立思考的精神。"人类的智慧是独立思考,没有这一点,就失去了人最宝贵之处。因此,思维是关键。

(四)实践、方法是根本

你想的对不对,错不错,对多少错多少,凭什么?凭实践。南京了不起,南京大学更了不起,发表了文章《实践是检验真理的唯一标准》。小平同志用它拨乱反正,就是讲的实践。没有实践,一切都是空白。杨院士总结了实践至少具有四个作用:第一,检验真理的唯一指标。第二,实践是最广、最活、最丰富的教科书;教科书中有的它有,教科书中没有的它多得很,是一切知识的源头。第三,能力来源于实践。学游泳,你读一百遍游泳书,不下去游泳,你会游泳吗?绝对不会。第四,品德、道德、德行来源于实践。不管是什么能力,如业务能力、德行都是人的素质的表现,素质是内涵的,能力、品德是外表的,素质来源于实践,能力、品德也来源于实践。素质的形成需要先天的基础,但也需要后天的熏陶。问题很简单,例如"狼孩""猴孩"生下来跟狼或猩猩一起生活到二三岁,是人但又不是人,缺少人性和灵性,那不行。关键是实践,实践是根本。

(五)创新源于实践

创新一定要从实践提出问题。没有问题创什么新呢?包括数学,数学也要实践,不同领域有不同的专业实践形式。在实践中要考虑问题,问题来源于实践,解决问题依靠实践,成功也要实践。创新源于实践,贯彻于实践,而终结于实践,实践是根本。杨院士一再强调学习、思考、实践三层关系。最典型的是长沙岳麓书院有四句话,即:"博于问学,明于睿思,笃于务实,志于成人。"博于问学,学、问,才会知识渊博。明于睿思,明,清晰;睿,深刻;思考要明晰、深刻。笃于务实,笃,全心全意,要重于实践。志于成人,然后才能成就人才。博于问学讲学习知识问题,明于睿思讲思考问题,笃于务实讲实践问题、方法问题,志于成人讲成就人才。孙中山先生给中山大学的题词:"博学、审问、慎思、明辨、笃行",也是讲这三点。博学、审问,讲的是学习;慎思、明辨讲的是思考;笃行讲的是实践。在我们教育界应该解决知识、思维、实践问题。不同层次有不同的解决办法。小孩注重的是知识积累,即使他不理解,但可以先进行知识的积累。涂又光先生是冯友兰先生的高足,快80岁了。他讲得非常好:这三个关系要处理好,才能成就一个真正的人才。他提出,牛、骆驼都是反刍动物,其实人也是反刍的,人是精神反刍。小时候学很多知识,不懂没关系,长大了,反刍。中国有许多名家,小时候都受过中国传统优秀文化的熏陶。不一定理解了才学,学了就理解。小时候不理解没关系,长大后会理解的。小时候记忆力最强,可以把大量的"东西"吃下去,慢慢地反刍。然后等他理解了,便会取其精华,去其糟粕。例如吃饭,什么是精华,什么是糟粕,有时候很难区分,你要吃下去,通过慢慢消化而取其精华,弃其糟粕。

知识一定是基础,低年级时是知识问题,年级越高越要强调思维。因为只有通过思维,才能使书越读越厚,再越读越薄,才能到达更高层面。禅宗里有三句话:最低层次是开门见山;中层是开门不见山;最高层是开门又见山。这里见到的"山"是抽象的形而上的东西,既看到形而下,又看到形而上,统一了,这达到了最高层次。高层次人才培养一定要强调思维。但是,不管高层次还是低层次,都要实践。小时候要实践,中学要实践,大学要实践。什么阶段离开实践都不行。为什么铁梅唱:"穷人的孩子早当家",因为她有实践,她懂得人生。现在有些家长对待孩子的方式是很片面的,培养小艺术家、小美术家、小音乐家、小作家。这只是培养某一方面的材料,很不妥当。应该让小孩懂得人生,懂得实践。有人认为现在独生子女有三大特点:第一,对人不感激;第二,对事不满意;第三,对物不爱惜。归根结底是:对己不严厉。这是实践、教育问题。问题是要做,知识再多,不做也是空的。因此从小要实践。研究生同样要实践,读书所得的东西是有限的,行不行,要通过实践检验。大学生需要的实践和小孩不一样,小孩是理解人生、理解基础,大学生是去创新,是更高层次的实践。现在有句话是"学中做""做中学",大学里是"学中研""研中学"。"做中学""研中学",连接"做"和"研"的关键是思维、思考。学的中间去思考,才能有好的实践。做中去思考,才能去学习。学和做靠思考紧密连在一起。只有在研究中思考,才能在研究中学习。研究生要在实践中思考、学习中思考,任何一个研究都离不开思考。关键是你要去做。不管哪种文化,知识、方法、思维、精神的落脚点是实践,是方法,是"做",不做怎么会真正懂呢?怎么会熟悉呢?学习的很多理论,不去做,是空的。所以在这几方面中,"做"是最根本的。

(六)创新型人才培养必须坚持科学教育与人文教育相融合

人类五千年的历史沉淀主要是文化,是文明。但是,往往有"文"而不"化",从而有"文"而不"明"。人类两大文化是人文文化和科学文化。知识不等于文化,有知识不等于有文化。我们往往批评我们的教育重理工、轻人文,或重科学、轻人文。其实,这只讲对了一半,即轻人文;另一半,重科学,却非如此。科学文化是个整体,应包含科学知识、科学思维、科学方法、科学精神。科学知识,即符合客观实际的知识;科学思维,即严密的逻辑思维;科学方法,即基于科学知识基础之上以科学思想为指导的可行的方法;科学精神,即求真务实的精神。而我们的教育,往往只重视某些"有用"的科技知识和某些"有用"的方法,而轻视科学思维,漠视科学精神,进而无视科学文化整体。"有用"的才重视,"无用"的就不管,从而浮躁不安,不务实,欠求真,以致出现不应有的行为。这绝非科学的躬行、科学的实践,从而也决非科学文化。至于人文文化,往往只重视某些"有用"的人文知识和人文方法,轻视人文的形象思维、直觉、顿悟、灵感,漠视人文的求善精神,更无视人文文化整体。既无视科学文化整体,更无视人文文化整体,怎么可以说这是博学、是深思、是笃行?怎么可能化育出具有高洁人性与高度灵性的高级专门人才?

科学文化本身是个整体,不能割裂;人文文化是个整体,不能割裂;而且科学文化与人文文化也是一个整体,不能割裂。早在1948年梁思成先生就深深感到"文理分家"的教育时弊,呼吁要走出"半个人"的时代。在北京大学百年校庆的一次会议上,李岚清同志告诫我国师生不要只"精于科学,荒于人文"。科学文化是"立世之基",不按科学办事,必遭失败;人文文化是"为人之本",丢失了人文,就似人非人。科学教育与人文教育的融合已是时代的潮流与历史的必然。

科学文化与人文文化同源于实践,同植根于人的大脑。一切有成就的科技工作者、文艺工作者及有关人士,第一,莫不承认客观实际;第二,莫不致力于掌握客观实际的本质;

第三，莫不追求认识客观实际的规律。一句话，立足于实际，投身于实践。我国有个优秀传统，不但强调"读万卷书"，而且更强调"行万里路"，强调源于生活，源于实践。毛泽东同志《在延安文艺座谈会上的讲话》的一个重要精神就是，实践是"唯一的最广大最丰富的源泉"。

科学文化与人文文化虽彼此互异，但正因为互异而又同源，所以又是互通的，是需要互补的。我们的教育就应该将科学教育与人文教育在学习、思考、实践三者紧密结合的基础上，彼此融合而互补，这对于高洁人性与高度灵性的化育有重要作用，有利于：

第一，形成正确的人生追求。科学是求真，人文是求善。科学不能保证其研究方向或研究成果的应用方向正确，应以人文导向；人文不能保证其基础正确，应以科学奠基。求真，是负责；求善，是负责；两者结合才是全面的负责，才是正确的人生追求；从而才能产生巨大的动力与无比的激情，才能在为这无比激情所升华的精神境界中迸发出不可思议的创造奇迹。

第二，形成完备的知识基础。科学知识是关于客观世界的知识，人文知识是同精神世界紧密联系的知识。人，当其处世，既同客观世界有关，又同精神世界有关。对于知识，只知其一，不知其二，知识就不完备，没有完备的知识基础，就是"半个人"，就难有创新。

第三，形成协调的工作作风。科学求真，必须讲究严谨周密；人文求善，应该讲究活泼宽松。严谨周密保证工作井然有序，活泼宽松保证工作生机盎然；严谨周密有利于规范活泼宽松的界限，活泼宽松有助于丰富严谨周密的内涵。两者协调，利于创新。

第四，形成优秀的思维品质。科学思维主要是逻辑思维，保证思维正确；人文思维主要是形象思维、直觉、顿悟、灵感，保证思维的原始创新性。逻辑思维是优秀思维的基础，而形象思维是优秀思维原始创新性的主要源泉。

第五，形成健康的生活方式。健康生活方式包括两方面，一是物质生活主要应符合生理健康，二是精神生活主要应符合心理健康；前者主要取决于科学，后者主要取决于人文。没有健康的心理、生理作为基础，就难于有创新的基础。

第六，形成和谐的同外界的关系。科学承认外界，人文关怀外界，既承认，又关怀，才能同外界和谐，即同他人、同集体、同社会、同自然界和谐，乃至达到"天人合一"。只有具备了和谐的关系，才有可能凭借外界条件充分发挥个人的作用，才可能为创新提供外界条件。当今高度重视的"团队精神"就是这种和谐关系的体现之一。

显然，上述六点，第一点是有理想，第二至第五点是有能力，第六点是善于驾驭外部条件，当然这也是一种能力。一个有理想、有能力、善于驾驭外部条件的人，毫无疑问将具有巨大的创新能力。科学教育与人文教育相融合的教育，才是一个完备的教育，也是培养全面发展、具有创新能力的人才的教育所应遵循的原则。当然，执行这条原则的基础是学习、思考、实践三者的紧密结合，只有这三者紧密结合，才有科学与人文的融合。

二、实践是创新能力发展的动力

人类的进化，同时也意味着人类本能的退化；人类越向前发展，就越无法靠自然的本能而生存；人类越走向文明，就越需要依靠自己的实践活动去创造新的生活。这是人类进化和文明发展的一个基本规律。在这个历史进程中，人的创新能力得到了越来越快的发展。因此,实践是人的创新能力发展的动力。

大自然造成了人在本能上的"缺陷",使人不得不去寻找和发展自我保存的能力,以弥补这种"缺陷";大自然没有给人事先"设计"好一切行为的必然性"指令",这等于"抛弃"了人,让人成为四处流浪的"弃儿",但人却由此而上升为自然和自身的"主人";大自然使人的本能日趋退化,这等于让人在威力无比的大自然面前"无能为力",但人却由此而变得大有作为;大自然剥夺了人的天然的生存权利,人却由此而自己去创造出自己的生存权利;大自然似乎对人十分吝啬,赐惠很少,人却由此而变得十分充实。这正可谓"因祸得福"。

所谓人的普遍的、统一的本质,就是人与动物的最基本的区别和人作为人而存在的最主要、最根本的根据。这个区别和根据就是人的自由自觉的、现实的实践创造活动。人作为人而产生,是人类自己创造的;人作为人而存在,是人类自己创造的;人生活于其中的感性世界,是人类自己创造的;人类的历史、传统、社会、文化,是人类自己创造的;人的丰富本质及人所是和应是的一切,也是由人类自己创造的;人类的未来和理想,同样将由人类自己去创造。没有人类自己的现实创造活动,也就没有人类和人类现在所拥有的,以及将要拥有的一切。因此,人是一种不得不去实践创造的生物,而且也是一种过去、现在和未来都进行着实践创造的存在物。创造绝不只是少数人的事,更不只是少数人的特权,而是人作为人而存在的根据,是植根在每一个人的所有内外存在结构中的一种内在的必然性和现实的可能性。人就是自我追求、自我造就、自我创造和自我发展的存在物。

人在改造世界的活动中,经常遇到新情况、新问题,旧的矛盾解决了,新的矛盾又会产生。人必须不断地突破常规,寻找新的办法,经过大量的尝试,反复修正自己的谬误,总能找到正确的道路。这个循环往复的过程,也就是创新的过程,因此,实践是促进人的创新能力不断发展的动力。

三、实践是检验创新成果的唯一标准

人们从事创新活动所获得的结果,不论是物质性的还是精神性的,都需要再拿到实践中去检验。有人说,既然创新活动本身就是在实践中进行的,创新结果就是从实践中来的,为什么还要再拿到实践中去检验?我们认为,同真理需要实践检验的道理相似,一项具体的创新活动究竟是不是获得了成功,结果达到了什么水平,具有什么样的价值,都还是未确定的,或者说是不能给出肯定答案的,这就需要用某种比照标准来检验它,而这个比照标准只能是实践。

对某项具体的创新成果的检验,一般从如下三个方面进行:

首先,某项具体的创新活动是否获得成功,活动的结果是不是创新成果,需要拿到实践中去检验。检验的结论一般有三种:①该项创新活动是成功的,活动的结果是创新成果;②该项活动是失败的,活动的结果不是创新成果;③该项活动在研究方向和路线上是正确的,也获得了一定程度的成功,但还存在着许多没有解决的问题。针对这三种不同情况,该项活动的组织者和执行者就会提出不同的措施,或者总结经验,加以应用和推广;或者吸取教训,另谋新路;或者制订修改方案,继续研究,进一步完善。

其次,某项创新活动的成果达到了什么水平,也需要拿到实践中去检验。检验的结论

一般是给该项活动或该项成果做出一个评定。在科学技术领域内,常常采用成果鉴定会的形式来做出判断。

再次,某项创新活动的成果具有什么样的价值,还是需要拿到实践中去检验。检验的结论一般是"具有理论价值""具有实用价值""预期具有远期价值"等。

对任何创新活动和创新成果都应进行检验,且都应拿到实践中去检验,这是毫无疑问的。至于在现实生活中,一些成果鉴定会、评奖活动"走了样""变了味",那是另外一个问题。我们不能因噎废食,把澡盆里的婴儿和洗澡水一块儿倒掉。

总之,实践是人的创新能力形成的唯一途径,又是人的创新能力发展的动力,还是检验人的创新活动成果的唯一标准。创新之根在实践,要创新就要努力实践。不论什么人,都不能也不应仰仗自己的先天条件(身体素质)好,后天条件(环境)也好,就指望自己能够自然而然地有什么发明创造或大作问世。

第四节 主动实践是创新能力培养的关键

华中科技大学原校长李培根院士在第三届中外大学校长论坛上就主动实践问题发表了很好的看法,对于我们如何开发创新潜能具有重要的指导意义。他认为,如何加强实践环节,如何真正有利于学生创新能力的培养,对于这两个问题很多人缺乏思考,观念依然陈旧落后。必须引导学生进行主动实践,这是创新能力培养的关键。

一、被动实践是中国高等教育的严重问题之一

自20世纪90年代末期以来,中国高等教育得到了迅猛发展,这为未来中国科技的发展及社会进步奠定了基础,为满足老百姓需求做出了巨大贡献。在这个迅速发展的过程中,一些学校有少数环节未能及时跟上,学生实践环节便是其中之一。对此,很多管理者及教师都非常重视,无论教育部还是学校都在努力改变这一现状。很多学校纷纷建设实训基地,加强实验室建设,学生的实践活动条件正在得到迅速改善。

硬件条件的改善的确不是一件太难的事,但仅仅停留于此是远远不够的。不妨稍稍审视一下中国高等教育中的实践环节。在中国的大学尤其是重点大学中,从来没有缺少过实践环节。但是若总体比较一下中国和西方发达国家的大学生,则明显感到我们学生解决实际问题的能力以及创新能力不足。产生这个差距的原因是多方面的,但被动实践是其中的一个重要原因。

被动实践即实践的对象、方法、程序等关键要素都是由老师制定的,学生在老师规定的框架中,沿着老师制定的路线去完成实践任务。不难想象,在这样的框架中,学生的创新思想难以自由驰骋;在基本规定的路径中,为了达到目标,他们很难发挥自己的想象力。审视中国高等教育中的实践环节,我们不难发现,绝大多数都是被动实践。被动实践不仅抑制学生的创新思维,而且由于这种实践给学生留下的印象也难以深刻,自然影响学生日后处理实际问题的能力。

由此可见,在我们越来越强调培养学生创新能力的今天,被动实践不得不说是中国高等教育的严重问题之一。创新能力的培养呼唤主动实践。

二、从认识论的高度看主动实践

知道了什么是被动实践,自然就容易理解主动实践的概念。主动实践是让学生尽可能地真正作为主体参与实践活动的各个环节,包括对象的确定、方法的制定、程序(路线)的设计、问题质疑和分析总结等。在我们现在的很多实践环节中,学生并未真正成为活动的主体。由于与活动相关的很多内容都是由教师设计的,因此,教师才是真正的主体,或是背后的主体。从严格意义上讲,被动实践只类似于做习题。

可以从认识论的角度看主动实践。人们认识客观世界可以通过学习前人掌握的一般的共性知识(如从书本上),另外还可以进行从一般到特殊或从特殊到一般的分析与综合。人们可以把已知的一般性知识,通过分析或综合,用到某一个特定的或特殊的个体事物或活动上,以获得对特定事物或活动的尽可能完整的认识。这就是从一般到特殊的过程。从特殊到一般是指由特定的事物或活动,通过发现、分析、综合等手段,抽象总结出一般的共性知识。众所周知,中国的教育(从小学到大学)长于让学生学习书本上的知识。问题就出在一般与特殊之间的分析与综合上,而改变这一点则需要依赖主动实践。

被动实践不能说没有用处,它是对从书本上学到的知识的一种巩固。然而,真正使知识成为活的知识,真正让学生融会贯通的,则需要从一般到特殊和从特殊到一般的认识过程,应该由认识的主体去完成这种过程。一般与特殊之间的分析与综合之所以要由学生去完成,是因为"特殊"需要认识主体去识别、构建,如果让老师去识别、定义、构建"特殊","特殊"恐怕就不成其为"特殊"了,至少对于学生而言是如此。对于从一般到特殊,一个优秀的学生可以做到:①把某个一般性原理或知识用到某个存在的特殊个体;②把多个一般性原理用到某个存在的特殊个体;③通过一般性原理建立新的特殊个体或案例。对于从特殊到一般,学生有可能去做:①从特殊个体中更深刻体会某个一般性原理应用的条件、优劣等情况;②在特殊个体中发现若干原理综合及其相互联系的条件、形式等;③从特殊中发现新原理。对一个学生而言,他不必完成所有这些,哪怕努力去做其中之一,都是对自己能力的很好锻炼。如果每个学生都能主动实践,主动地进行一般与特殊之间的分析与综合,那么一个学生群体的主动实践工作一定能产生一些生动丰富的特殊个体或案例。

三、主动实践是创新能力培养的关键

人们认识客观世界的一种重要形式,即是一般与特殊之间的分析与综合,它需要借助于主动实践。实际上,对于大学生而言,主动实践是创新能力培养的关键。

对于从一般到特殊的认识过程而言,实践的主体应该如何去"实践"?一个思想活跃的主体可能会首先思考、寻找什么样的实践对象?他不会从已学的一般知识中去复制一个对象,或去寻找一个极其相似的对象。因为他明白,这于其学习没有丝毫好处。他会尽可能选择别人未曾处理过的对象,或者希望发现新的对象。这种"发现"可能是新原理的产生,或者是知识的新的集成。这样的"发现"其实就是创新。当然,不是每一个人这样做都一定可以达到创新,绝大多数人可能都达不到。但是,这个过程却是对人的创新能力的一种锻炼。例如,机械专业的学生学过机械原理与零件课程以后,他有可能根据工业或社会需求,构想一种新型的机械,或许其中所用的所有原理都是已知的,但其知识集成却可能是新的。然而,如果教师指定学生设计某种用途的装置(如减速器),规定了参数范围,甚至提供参考图纸等,在这种情况下,学生总体的创新潜能肯定会被抑制甚至扼杀。

对于从特殊到一般的认识过程,思想活跃的认识主体会思考:这个特殊的对象还存在什么问题?对象的特性是否可以更好一些?若可以,如何能做到?已知的一般性原理是否能解决?不能解决的话,是否能找到新原理、新方法?另外一种思考是,如何建立多个特殊个体之间新的联系(原来没有联系)或新的联系方式?这两种思考方法都有可能产生新原理、新方法,或者新联系及新的联系方式,其实不就是创新?

人们可能会问,老师帮助学生进行那样的思考不是更好吗?如果帮助是启发,这当然是好的。而在我们通常所进行的实践活动中,老师更多的是"代替",而不是"启发"学生进行那样的思考。学生是按照教师的思维模式进行思考的,他们本身的创新能力发展则受到抑制。

另外,一个教师个体的知识和经验可能比单个的学生强,但他的创新思维能力可能不及学生群体的思维创造力。

还有,学生就某一个问题进行的主动实践,不一定或多数并未产生创新思维的效果,但这并不能说主动实践就没用,它至少是对学生创新能力的一种培养方式,会大大增加学生今后获得创新成果的机会。

总而言之,教师应该启发学生进行主动实践,这恰恰是创新能力培养的关键。

四、主动实践的要领与要素

(一)主动实践的要领

1. 主动实践的理念适合不同的学科,但表现形式不一样

不同的学科都需要创新思维,而主动实践正有利于创新思维的培养,只是我们要更注意不同学科的特点。

工科学生所面向的"特殊",更多地注重实体的对象,如机器、零部件等。医科的学生可能会更重视对"问题"的把握,基于问题的教学就有可能得到更多更好的效果。医科学生对对象的处置权与工科学生相比也应有很大的不同,因为医科的对象是人。

文科学生在面向"特殊"时,也不一样。他们主要关注案例,如社会主义市场经济,它所表现出的一些特殊的社会现象、社会组织形态等,这显然不同于工程中的某个机器或零部件。

虽然说不同学科主动实践的表现形式很不一样,但其理念和本质基本都是相同的。

2. 把主动实践的理念贯穿在学习的各个环节

主动实践能力的培养并非只是在课程实习、毕业设计这样的典型实践环节中。哪怕是在非典型的实践环节,甚至在基础科目的学习环节中,其理念也可用到。

以工科学生为例,学生在学习优化原理时,教师完全可以让学生自己去寻找一个优化问题,然后自己构思目标函数、约束条件,直到最终把问题解出来。这种学习方式与老师提出一个优化问题让学生去解的效果显然是不一样的。这其中就包含着主动实践的理念,而优化原理正是典型的基础理论。

第一章 创新潜能及其开发

3. 对不同的学生,主动实践的程度与形式不一样

虽然,主动实践的思想对不同的学生都可以适用,但毕竟学生的基础、理解力、悟性等都不一样。因此,对不同的学生主动实践的程度、形式应有所不同。教师在组织、启发、引导方面应有针对性。针对的因素主要是基础知识与动手能力。具体而言,学生可分为以下几种:基础强,动手能力强;基础弱,动手能力强;基础强,动手能力弱;基础弱,动手能力弱。

对上述四种类型的学生,教师对前者应更放手,越是后者,其主动实践的能力越差,被动实践的成分也越大。

(二)主动实践的要素

1. 质疑力

耶鲁大学校长莱文与北京大学校长许智宏在讨论中美学生的最大差异时谈到,总体而言,中国学生的质疑能力不如美国学生。这的确是我们教育中的一大问题。当然,这个能力差异并不只在大学期间形成的。但作为大学教育而言,应该尽可能地在这方面进行弥补。在学生的实践环节,教师应该启发学生质疑:

——某个一般性原理的适用范围?

——某特殊个体的性能、特征是否还会变化?在什么条件下变化?

——某特殊个体可否与其他的个体建立联系或新的联系方式?

等。质疑本身就是"主动"的表现。同时质疑力也是想象力的基础。

2. 观察力

主动实践是培养学生观察力的很好手段。因为主动实践与被动实践的最大差别是让学生自己去发现问题,尽可能找到最本质的东西。这就需要学生仔细观察某个相关领域中的事物和现象。如某工程领域中目前最本质的需求是什么?最需要优化和解决的问题是什么?现在社会领域中最大的矛盾是什么?某些社会现象的本质是什么?类似这些问题都需要学生仔细观察。如果将这样的主动实践坚持下去,学生的观察力乃至洞察力自然会大大提高。

3. 协同力

在很多领域,如工程、社会科学等,稍微大一点的项目都不可能由一个人去完成,也就是说,需要多个人协同去完成。对每一个学生个体而言,其协同力就是指他主动与别人协同的能力。这是他今后能否做好项目的关键之一。教师应引导学生注重这一点,学生也应有意识地注意自己这方面能力的锻炼。

4. 领导力

很多项目都需要有人领导。一个团队在协同完成某项任务时需要有人领导,很多创新的工作往往也需要一个团队,自然也需要有人领导。因此,在主动实践的过程中,应该培养学生的领导力,尤其是培养那些优秀的、能力强的学生。

上述要领和要素是主动实践的关键,同时也是学生创新能力培养的关键。

第五节　做一个特立独行的人

在人类的历史上，可以毫不夸张地说，每一个成功的科学家、企业家、政治家，都是特立独行的人，否则他们就不会成为伟大的人物。在创立伟业的过程中，他们要么敢于向占据主流的传统（或权威）挑战，要么敢于标新立异，从而获得了成功。因此，特立独行是一种创新性的品格，是一个人生理、心理、才识、意志等多种素质的整体表现。

一、特立独行的几种类型

（一）自我设计，走自己的路

自我设计是根据自己的兴趣和价值观选择自己的职业，选定自己的道路，规划自己的未来，掌握自己的命运。很显然，这与那些有依附性的人和由他人来安排自己命运的人是截然不同的。艾萨克·阿西莫夫（Isaac Asimov，1920～1992）是世界最负盛名的科幻小说家和科普作家，至今尚无人能够超过他。那么，他是如何获得成功的呢？他1920年出生于俄罗斯，1923年移居美国，1928年加入美国籍，1948年获得哥伦比亚大学博士学位，次年起任教于波士顿大学医学院，从事生物化学的教学与研究工作。对于一般知识分子来说，得到这种工作应当是心满意足了，但是阿西莫夫却陷入了从事生物化学研究与科普写作之间的矛盾之中。面对这种两难的境地，他对自己的情况做了冷静的分析，得出了结论："我不大可能成为一流的科学家，但我可能成为一流的科幻小说家和科普作家。"于是，他毅然告别了大学的课堂和实验室，回到家里的书房，专门从事写作。这是他自己设计的一条道路，并从此改变了他的命运。

那么，他设计的这条道路怎么样呢？事实做出了最有力的回答：这是一条成功之路，是给他带来无数荣誉之路。直到1992年去世为止，他一共写了480本著作，几乎涵盖了杜威十进分类法的所有学科。如果说"著作等身"对于普通人来说，只不过是一个形容词而已，但是用来形容阿西莫夫却是再恰当不过了。正如他在自传中所说："历史上还没有一个人在更广泛的题材上写出比我更多的书。请相信我是很谦虚的，我这么讲自己都觉得很尴尬，可我不能说谎。"听起来，似乎他很自负，这又和一般的所谓"谦谦君子"是不同的。但是，这正是他特立独行的性格的表现，他敢于说自己"行"。对于"自负"的说法，他的回答是："除非有人能证明我说的仿佛很自负的事情不属实，否则我就拒绝接受所谓自负的指责。"

（二）敢于冒险，志在求索

冒险是一种大无畏的精神，是特立独行的重要品格。试想一下：如果没有哥伦布（Cristoforo Colombo，约1451～1506）的冒险，可能至今还不能发现美洲大陆，或者要推迟几个世纪才能发现；没有苏联宇航员加加林的冒险，就不会有今天的载人宇宙飞船，更不可能在月球上建立定居点；没有诺贝尔的冒险，就不可能发明安全炸药；没有居里夫人的冒险，就不可能有今天原子能的和平利用……因此，人类的发展过程就是一部冒险的历史，每一个重大的科技发明，都是冒险家们付出代价换来的。

罗杰·恩里科（Roger Enrico）是美国百事可乐公司的总裁，他一向爱冒险，他的冒险精神是出了名的。他出身于普通工人家庭，靠一笔奖学金才得以完成大学学业。大学毕业以后，他到通用食品公司任职，但他很快便感到厌烦了，于是他要求参加越南战争。他的箴言是："要完成任务，就不能循规蹈矩。"后来，他到百事可乐公司下属的一家公司工作，他总是能以非同寻常的方式完成任务，无论在哪个部门都干得很出色。于是，他的冒险精神很快出了名，并不断地得到提升。1996年，他被任命为百事可乐公司的总裁，年薪100万美元。但是，他把全部工资捐献出去，帮助普通工人子女上大学，这再一次表现出了他与众不同的特立独行的个性。

（三）标新立异，自成一家

顾名思义，标新就是提出新奇的主张，立异就是创立与众不同的新理论、新学说。纵观科学发明的历史，那些标新立异者，他们不仅具有敢于标新立异的勇气，而且还能够从事创新的才华。弗雷德·霍伊尔（Fred Hoyle，1915～2001）是英国著名的数学家，一个被认为是"世界期待已久的天才"。他4岁就学会了乘法表。不久以后，他就向传统的教育制度宣战，他认为"坐在教室里，由别人告诉自己学什么是不能接受的"，于是，他躲到当地电影院里，一边看电影一边通过字幕认字。就这样，他学会了阅读，获得了知识。他18岁进入了英国伊曼纽尔大学学习数学，并以最好的成绩毕业。如果说霍伊尔在学习上采取了与众不同的方法，那么他在科学研究中更是一个标新立异的人。他的这一性格，使他走上了最伟大的发现道路。

在几十年的研究中，霍伊尔把全部的精力都放在解决宇宙起源之谜上，他提出了离经叛道的"稳态理论"，根据这一理论，他认为宇宙从来就是存在的。他还探讨了地球生命起源的问题，并认为地球生命起源于太空。他发现超新星中的温度达到数十亿度。这一重要发现表明，恒星能够成为锻造出化学元素的熔炉。他的理论是无懈可击的，因为在恒星上有足够的温度和时间使创造化学元素所需要的一些特殊反应发生。霍伊尔不相信权威，直言不讳且不遵守科学的门户之见，这使他成为一个有争议的人物，并最终与诺贝尔奖无缘。令人难以置信的是，诺贝尔奖评委会却把1983年的诺贝尔物理学奖的桂冠戴在了福勒的头上。就是这个福勒当初还认为霍伊尔是个疯子，可是他后来却证明了霍伊尔的理论是正确的。难怪霍伊尔后来批评诺贝尔奖评委会："没有把诺贝尔物理学奖颁发给剑桥的一位女生，性别当然是主要的原因。"

（四）不怕失败，百折不挠

"失败乃成功之母"，这是古人的训诫，其中蕴涵着深刻的哲理。在人生的道路上，困难是客观存在的，如果能够战胜困难，那么就能获得成功。如何对待困难，这不仅是对待人生的态度，而且也是特立独行品格的一种表现。在这一方面，典型的例子很多，他们的事迹是人生的活教材。例如，俄罗斯著名的持不同政见者亚历山大·索尔仁尼琴（Aleksandr Solzhenitsyn，1918～2008）就是一个从囚徒走向诺贝尔文学奖的成功者。他于1941年毕业于罗斯托夫大学，同年应征入伍。1945年，他因在通信中表达了对斯大林的不满，被判刑8年，1953年改为流放，1974年被驱逐出境，强行被送到德国法兰克福机场，从此开始了流亡生活。他别无选择，被迫走上了文学创作之路。他的著作有《伊凡·杰尼索维奇的一天》《第一圈》《古拉格群岛》《癌病房》,并因《癌病房》的创作而获得1970年诺贝尔文学奖。不言而喻,他在逆境中创作,其囚徒生活对他的创作起了决定性的作用。这正如他自己所说:"我的技巧是流放的技巧,劳改营的技巧……我在流放中受到教育,并且留下了永恒的印记。"

(五)金无足赤,瑕不掩瑜

人无完人,这是众所周知的道理。但是,在现实生活中,一些用人单位还是不喜欢有缺点或有争议的人,特别是在中国这一点有着深刻的思想根源。由于这种思想作怪,往往一些有才华的人被扼杀了,一些有成就的人也得不到认可,以至于造成了人才上的极大浪费。人非圣贤,孰能无过呢?这话当然也适用于有创新性的人。

一个典型的例子是美国"原子弹之父"奥本海默(Julius Robert Oppenheimer, 1904~1967)。他一方面因为领导了"曼哈顿"计划工程,造出了原子弹、氢弹,从而享有极高的声誉,被称为"原子弹之父";另一方面,他又受到麦卡锡主义的迫害,被剥夺了安全特许证,蒙受不白之冤。他从小就被教导要生活在一个公正的、和平的社会中,学习的目的是为了创造一个更美好的社会。个人从事的职业只是他服务社会的一个工具,而决不能成为他的晋升之阶。一个物理学家,首先应当是一个人,其次才是物理学家。一些历史学家研究了他的个性特征,认为他有着双重性格:他家庭富有,但却是穷人的代言人;他虽然受的是犹太教育,但拒绝接受犹太教教义;他极端聪明,但个性奇特;他热情似火,极具有说服力,有时甚至让人着迷,但又极度傲慢,为人尖刻,让人畏惧,不能容忍哪怕一点委屈。对于这样一个具有创造性的大师应当如何看待呢?毫无疑问,我们必须肯定他在科学上的巨大贡献,承认他在科学上的地位,决不能因为他的个性上的缺点而否认他的成就。

以上我们列举了特立独行的人的一些主要表现,当然不可能将全部特点都囊括其中。事实上,每一个特立独行的人,都有他们自己独特的性格。这正如画家不可能画出两幅完全相同的画一样,我们也不可能在现实生活中找到性格完全相同的两个特立独行的人。知道了这个特点,我们就能正确对待他们,从而保护他们的优点,充分发挥他们的创新性。

二、创新者的人格特征

在研究创新者的人格特征方面,心理学家最早将研究对象锁定在科学家、发明家、工程师和艺术家身上,归纳出不同创新者的人格特征。

(一)自然科学家

创造心理学家巴伦(Barron)归纳出自然科学家所具有的共同特征为:

(1)具有高度的自我强韧力及情绪稳定性。
(2)对于独立与自治有强烈的需要,自我满足、自我指导。
(3)高度的自制能力,能有效地控制冲动。
(4)具有勇于超越的能力。
(5)喜欢进行抽象思考,并有求知与获得赞美的欲望。
(6)在思考上拒绝外在的压力(虽然在社会行为上并不一定如此)。
(7)在人与人的关系上距离较远,态度较超然,但又不是没有感应力与洞察力;喜欢处理物质或抽象的问题而不喜欢与人来往。

（8）只要是在个人的力量所能决定成败的范围之内，对"向未知下赌注"极感兴趣。

（9）喜欢秩序、方法、正确，但也接受由矛盾、例外和无秩序所产生的挑战。

（二）社会科学家

人本主义心理学家马斯洛（A. H. Maslow）研究认为，社会科学家在人格方面主要有如下特征：

（1）比较有效地观察现实，而且与现实的关系也比较和谐。就整体而论，他们对隐晦的或杂乱的事物的观察力相当敏锐，预测力也比较客观而正确。

（2）接纳自己、他人及自然。接受自己的缺点与优点，而无须对自身所有的感到羞耻、罪恶与焦虑。也由于这个缘故，他们没有将精力用在自我防卫上。

（3）自然流露。他们的行为没有矫揉造作，只有随遇而安，颇能达到"率性"的地步。

（4）以问题为中心而非以自我为中心。他们通常都有一个人生目标，有任务尚待完成，有工作使其忘我。

（5）超然物外。他们有保持不受他人打扰的毅力，能集中精力从事工作。

（6）自立自主，不受文化与环境的影响。他们不以现实环境为满足，不为生活中受到的种种打击与挫折而感到懊丧，或不为环境所造成的种种不如意而愤忿不满。

（7）不断地体验到新鲜的滋味。这些人能对于生活一而再地感到新奇、愉快与欢乐。

（8）有洞察玄奥与物我两忘的感觉。

（9）具有大慈大悲、济世救人的宽大胸襟。

（10）具有很深厚的人际关系。这些人的交往范围可能很窄，但与少数的朋友有很深厚的友情。

（11）具有民主的风度。对各种各样的人，受过教育的或未受过教育的、有色人种或无色人种、穷人或富人等，都一视同仁。

（12）这些人对于方法与目的区分得很清楚，方法总是以目的为依归。

（13）具有非敌意性但又富于哲理性幽默。换言之，幽默而不尖酸刻薄。

（14）富有创造性。这种创造性并不一定表现在写作、音乐、绘画及不朽的发明上，而主要表现在健康的人格及日常生活上。对一件小事的独创亦是创造性的表现。

（三）发明家

心理学家阿尔鲍姆（Albaum）研究认为，发明家通常具有以下三项共同特征：

（1）富于情绪，热诚，坦白，有进取心，但也有盲动的倾向。

（2）具有苦干精神和竞争意识。发明的动机比较内在，而且比较有目的性。独立性强，谨慎自足，能随机应变。

（3）有浓厚的个人发展需求，有冒险精神。

（四）工程师

在工程师的创造性人格特征方面，心理学家麦金农（Roderick Mackinnon）选择了建筑家进行研究。他认为一个建筑家，必须兼备工程科技知识和创造性智慧方可事业有成，出人头地。最富有创造性的建筑家所具有的人格特质，可代表工程领域的创造性人物的人

格特征。他的研究表明:
(1)100%富于创造性的建筑家都很有警觉性、艺术性,也都很有智慧,颇负责任。
(2)90%的人都很积极,有自信心、勤奋、可靠。
(3)88%富于想象力,并且很通情达理。
(4)85%很有进取心,有多方面的兴趣及独立性。
(5)82%精力旺盛、适应力颇强,有决心、有毅力,既率直又诚恳。
(6)80%个人欲望很强,而且也很庄重。

(五)艺术家

心理学家巴伦(Baron)曾经研究过56位职业作家。在这些职业作家中,有30位是在美国已成名的,其余只是稍有成绩,并没有表现出卓越的才华。巴伦将实验结果中的突出特征依次列出12项,其中前5项是富于创造性作家的最突出特征:
(1)表现有高度的智能。
(2)真诚地推崇智慧与认知的活动。
(3)尊重自己的独立与自主。
(4)非常灵敏,可以很技巧地将观点表达出来。
(5)作品丰富,可以将事情完成。
(6)对哲学问题很感兴趣,例如,宗教与生命的意义等问题。
(7)自我期望很高。
(8)具有多方面的兴趣。
(9)具有超俗的思想过程,并有异常的思考与联合观念的能力。
(10)是一个非常有趣而且引人注意的人物。
(11)与人交往直率而坦白。
(12)行为合乎伦理与个人的标准。

三、与创新潜能开发最为密切的人格因素

庄寿强教授在《普通(行为)创造学》一书中对与创新潜能开发关系最为密切的人格因素进行了系统的论述,他认为这些因素包括:自信、质疑、勇敢、勤奋、紧迫感、好奇心、兴趣、情感、认真求实和动机等。

1. 自信

自信是成功的第一秘诀,自信的反面即自卑,当然自卑亦是开发创新潜能的第一障碍。自信心差即自卑感较强的人,常会错误地认为自己没有创新潜能,总是盲目地认为创新活动只是天才和"大人物"的事,而与自己毫不相干。自卑感常使他们看不到自身本已存在着的天生创新潜能,也意识不到这种潜能有待自己主动地去开发,这样,他们常常只看到自己的短处而看不到自己的长处,或根本就缺乏自知之明、不知己长。事实证明,客观地看待自己,注意增强自信可以使人变得富有创新性。

2. 质疑

学问是在"学问"中获得的,"学问",即学着询问、学着质问、学着反问,更基本的前提是:学着发现问题。一切创新,尤其是原始性创新,并不是一开始就进行对问题的分析和

解答的,所分析的问题从何而来?没有进一步的问题发现,分析又如何深入下去?不仅学问需要学,"学问"也需要学,可能更需要学,也更难学,而这恰恰是创新所必需的。我国著名教育家陶行知就曾写过一首名为《每事问》的诗来教育人们:"发明千千万,起点是一问。禽兽不如人,过在不会问。智者问的巧,愚者问的笨。人力胜天工,只在每事问。"

3. 勇敢

有人把勇敢称为创新者的第一素质,这似乎不无道理。例如,开发创新潜能、进行创新活动,就是要去做别人没想过、没做过或虽做过却没做成功的事,因此,没有勇敢精神是不行的,没有鲁迅所说的"第一次吃螃蟹"的精神也是不行的。法国微生物学家巴斯德为了探索狂犬病的奥秘,曾用一支玻璃管直接从疯狗嘴里口吸唾液;美国医生卡纳罗为了治疗黄热病,竟用自己的身体做实验,这些都需要有勇敢的精神。

4. 勤奋

虽然每一次努力都不一定能成功,但每一次成功都离不开努力,因此,只有勤奋才有可能取得成功。懒惰是世人的通病,是无数人失败的原因。开发创新潜能、进行创新活动是一个艰苦的过程,需要付出艰辛的劳动,因而需要勤奋精神。懒惰、倦怠使人精神萎靡、不思进取、思维凝滞、想象贫乏。事实表明,具有非凡创新性"天才"的人无一不是勤奋的。

5. 紧迫感

所谓紧迫感,就是急于将观念付诸实际行动的一种欲望。有紧迫感,除要充分利用、合理安排时间以外,更重要的是干什么事情都要从现在做起、从今天做起,而决不能从明天、从下星期、从下学期、从明年做起。紧迫感常常反映出一个创新者的精神面貌,是对创新者的必然要求。

6. 好奇心

好奇心,通常是指由力图弥补已有知识与未知领域的差距而产生的一种心理现象。研究表明,几乎所有的发明家对于事物都具有独特的好奇心。

7. 兴趣

兴趣对动机有决定性影响,在创新中拥有特殊的地位。兴趣可以把一些在别人看来很苦的工作变得很愉快。对于开发创新潜能来说,首先应该培养广泛的兴趣,在其基础上及时确定某一专一兴趣,并有意识地在理性指导下把专一兴趣上升到追求的高度、理性的高度,这样,兴趣才会对开发创新潜能具有真正的促进作用。

8. 情感

不同性格和情感的人,对于创新的态度很不相同。一个执着追求的创新者,其情感是较稳定的,虽然外界条件变化多端,但他却不会受其干扰而执着地追求着自己的创新目标,他能够在自己创新的道路上做到"任凭风流起,稳坐钓鱼船",从而极大地开发自己的创新潜能,展示自己的创新才华。一份对祖国或亲人的深厚情感,一种对事业的憧憬、对前途的乐观,往往能够唤起人们对创新的向往,从而产生无穷的创新欲望和持久的创新动力。

9. 认真求实

创新既需要有满腔的热情、冲天的干劲,也需要有踏踏实实的认真精神。创新总是

"第一次"解决人类所不知道答案的问题，面对既庞大复杂又细致精美的大自然和人类社会，如果没有一种处处都一丝不苟的认真态度，没有始终尊重客观的求实精神，创新活动是很难坚持下去的。

　　10.动机

　　创新动机就是推动人进行创新活动的一种念头，它是从事创新活动的一个动力来源。虽然经常"想"创新的人不一定都能有创新的成果，但是，从来都不"想"创新的人则肯定不会有创新成果。所以，"想创新"非常重要。一个人要保持创新的动机，就应该经常自问有关创新方面的问题，诸如现在我能创新什么，什么东西需要我去创新，我应该怎样去创新等。只有长期沉浸于这种状态之中，他才会在时机成熟时顺利地进入创新境界。

　　综上所述，人们要提高自己的创新能力，开发自己的创新潜能，就应该主动地、自觉地加强各种创新性人格修养，努力做一个特立独行的人。

第二章 创新性思维及方法

人类创新能力的物质基础是以大脑为核心的发达的神经系统,没有这个物质条件,所谓创新能力就是无源之水、无本之木。人具有社会性,只有形成了人类社会,而且人的社会性在人类的发展中居于主导地位,人的创新能力才能获得长足的发展,并且通过教育向同时代人传播开来向后代人传递下去。人,只有通过实践,才能认识世界、掌握客观规律,继而才能创新。毫无疑问,身心素质、环境和实践是人形成创新能力的三大必须条件。但是,仅具备这三个条件就够了吗?

人类创新活动的灵魂是什么呢?只要对古今中外的创新活动进行一番认真的考察,就会发现:没有创新性思维,就没有创新活动。人在从事科学研究、做出科学发现时,需要创新性思维;人在从事技术工作、做出技术发明时,也需要创新性思维;人在从事文学艺术活动、塑造文学艺术形象时,亦需要创新性思维;人在学习时,更需要创新性思维。因此,创新性思维活动是人的创新活动的灵魂,相应地,创新性思维能力是人的创新能力的核心。

第一节 思维与创新性思维

一、思维

什么是思维?思维,英语为"thinking",意即"思考""想"。人能进行思考,是人脑具有的意识能动性的反映。人对事物进行思考,其目的是要把事物的本质、真相和其内在的必然联系找出来。

美国心理学家克雷奇认为:"思维被认为是进化的最高成就,而且确实被认为是表明人类存在的本质的东西。"有了思维,人类得以有效地认识自然和改造自然,并推动了人类社会不断向前发展。恩格斯把思维着的精神誉为"地球上最美丽的花朵"。

爱因斯坦曾既深刻又形象地指出:"准确地说,思维是什么?当接受感觉印象时出现记忆形象,这还不是思维。而且,当这样一些形象形成一个系列时,其中每一个形象引起另一个形象,这也还不是思维。可是当某一形象在许多这样的系列中反复出现时,那么正是由于这种再现,它就成为这种系列的一个起支配作用的元素,因为它把那些本身没有联系的系列联系起来,这种元素便成为一种工具,一个概念。"这个定义虽然冗长了一些,但意思是十分明显的。思维是一个过程,是人脑对客观事物间接的和概括的反映,最后形成了概念。任何思维,特别是创新性思维,总是通过意象进行的,没有意象,就永远不可能思考。

为了具体认识思维的性质和特点,有必要对思维进行分类。与其他科学分类一样,用不同的标准,就会有不同的分类法。思维类别是按思维内容的性质来划分的,研究思维内容与它所反映的对象客体的一致性。人的思维从总体上分为个体思维和社会思维,前者是后者的基础,而后者是前者的综合。就个体思维而言,按照钱学森先生的意见,最基本的有三种:抽象思维、形象思维与灵感思维。同时,他还认为:"虽然划分为三种思维,但实际上人的每一个思维活动过程都不会是单纯的一种思维起作用,往往是两种甚至三种先后交错在起作用。比如人的创造思维过程就绝不是单纯的抽象(逻辑)思维,总要有点形象(直感)思维,甚至要有灵感(顿悟)思维。所以三种思维的划分是为了科学研究的需要,不是讲人的哪一类具体思维过程。"

二、创新性思维

创新性思维是人类独有的,是思维的最高形态,是获得一切发明成果的思维方法。在效能上它具有最大的价值,它与一般思维(或称常规思维)的不同之处在于其具有新颖性、独创性和突破性。思维是大脑对客观事物的间接和概括的反映,而创新性思维就是对客观事物创新性的概括反映(刘道玉,2009)。

创新性思维的精华在于它得到的思想成果具有创新性。创新就是不重复,不墨守成规。它所体现出来的创造力,是首创事物的能力。创新性思维往往以"奇""异"制胜,与其他思维方式相比,更具独立性、联动性、多向性和跨越性。所谓独立性,即与众人、前人有所不同,创新性思维主体敢于对"司空见惯"或"完美无缺"的事物提出疑问,力破陈规,锐意进取。联动性则表现了一种"由此及彼"的思维能力,即发现一种现象后,立即深入一步,探究其产生原因;或联想到其反面,或联想到与之相似、相关的事物。多向性,即善于从不同的角度想问题,在问题面前尽量提出多种解题方案,在一个方向受阻时,立刻转向其他方向,并能在多种答案中用心寻找最优方案。跨越性,即思维越出常规,或跨越时间进度,或转换角度以省略思维步骤,加大思维的跳跃性和灵活性。

三、创新性思维的形成机制

创新性思维的"新""奇""异"令人赞叹不已。然而众所周知,创新是一种难以预料的事情,有时甚至无法预料。每天世界上的创新性成果层出不穷,一项新的创新成果的出现,会使许多人感到惊异,而有趣的是,创新者本人却往往不知道是怎样通过创新性思维来得到它的。

创新性成果所具有的迷人诱惑力,使人们企盼存在创新性思维的一般模式,但有人却提出了令人沮丧的所谓"创新性思维模式的悖论"。该悖论的意思是,如果存在创新性思维的一般模式,人们就会竞相套用这种模式,其结果是人人只要重复了这一模式,就会像遗传工程中的克隆技术一样,源源不断地"克隆"出"创新性成果"来。然而,克隆出的"创新性成果"却是千人一面、千篇一律的,绝无新颖性和独特性可言,这还能谈得上是创新吗?

实际上,人们对滥用克隆技术的一种担忧便是克隆得到的生物个体完全一样,不存在差异。如果消除了个体之间的差异(变异),那么整个世界将会因失去多样性而变得索然无味。更为严重的是,物种因个体消除了变异失去了进化的依据而只能退化。同样的,如果有"克隆"出创新性成果的固定思维模式,那么它所引起的后果只能是使创新不再是创新,失去了其原来的价值和意义。

诚然,那种在掌握之后人人都能得到创新性成果的"创新性思维模式"是不存在的;但学习他人成功进行创新的经验,吸取他们失败的教训,找出影响创新性思维的因素,探讨形成创新性思维必需的条件和要求,不但是应该的,而且也是可能的。这对我们成功地进行创新性思维,避开陷阱,少走弯路,较大程度地激扬创新性智能,尽多尽好地获得创新性成果是必不可少的,也是大有裨益的,许多国家的学者在这些方面都进行了研究、分析和总结,得到了一些有意义的东西并加以宣传和推广,起到了较为明显的作用。

第二节 创新性思维"方法"和"艺术"

诚然,进行创新性思维,取得创新性成果有一定的要求和条件,但这并不是高不可攀的。创造学里有两条很朴素的基本原理:第一,人人皆有创造能力;第二,创造能力主要靠后天培养。我们要培养和发展创新性思维能力宜从大处着眼,小处着手。你只要留心一下周围,就会发现存在那么多需要改变的不方便、不合理、不称心、不完善的事物,你哪怕只是提出了一丁点新的设想,做出了小小的改进,也就意味着在着手创新了。其实干就是学习,边干边学是培养各方面能力(包括创新性思维能力)的最有效途径。

学习一些"创新性思维方法"是有益处的。创造学家们根据前人的创造成果,追寻和推测他们的创造过程,概括和总结出了前人得到创造性成果的所谓的"方法",并加以宣传和推广。了解这些方法,你会得到启示,至少你会知道,创新性思维似乎也可以按照具有很强操作性的程序来进行;应用这些方法,你也许会真的获得某些具有创新性的成果。

然而,在你感到大有收获的同时,却也会感到某种程度的失望,甚至会感到茫然。因为它们确实是某种方法和规律,但又如此笼统和一般,并没有直截了当地指出达到创新性思维成果的详尽途径和每一细节。它们在前人解决问题时,确实是非常有效的,但对你要实现的目标来说,生搬硬套前人用过的方法,恐怕未必见效。

事实正是这样,这不仅是创新性思维方法的特点或弱点,也是其他许多领域所谓的方法的特点。作曲方法可以告诉人们基本的乐理知识、作曲的一些规律和技巧,但不能保证每位学生都能写出优美的曲调;语法告诉我们怎样正确地遣词造句、构思文章,但我们学习之后,并没有个个都成为文学家。实际上,与其他方法一样,创新性思维方法是为进行创新性思维的人提供一些要遵循的基本原则,指出若干必要步骤,介绍一些可供参考的途径和技巧,为他们进一步开发自己的聪明才智,综合应用各种方法、手段,不拘一格地进行创新提供一个有益的起点而已。

从某种角度来讲,进行创新性思维活动是一种艺术。每一种创新性思维方法都提供了某些原则、规则和步骤。我们在应用时都必须遵守,但这些仅是方法的技术方面,究竟解决问题用什么方法,用一种或多种方法,先用哪种方法再用什么方法,这些都没有规则和步骤可循,我们只有在掌握了方法的技术方面的前提下,机敏、灵活地应用它们,方能有效地开展创新性思维活动,做出创新性业绩来。这种机敏、灵活地使用方法的技巧,实际上就体现了艺术性,创新性思维活动的魅力或许就在于这种艺术性。试想,如果创新性思维方法都是类似于计算机程序那样的东西，有了它就能自然而然地一步一步达到创新性成果的目的，那么创新性思维活动就成为一种可以循规蹈矩的刻板式思维活动而变得索然无味，这种活动得到的成果也会变得千篇一律，令人感到单调和枯燥，这其实是走向了"创新"的反面。

值得注意的是，创新性思维尽管可以作为与其他思维方法平行的一种思维类型来加以研究，但它并非游离于各种思维方式之外而独立存在。实际上，创新性思维产生于多种思维方法的长期综合交融之中，它往往是以各种惯常思维方式作为要素构成的整合思维，它恰恰产生于多种思维方式的有机结合之中。科学研究成果的获得，实际上是各种研究方法综合应用的结果。从科学问题的提出，收集科学事实，进而进行抽象和科学思维，提出假说，对假说的验证，直到理论的构建这整个过程中，既有逻辑思维的理智，又有形象思维的勾画，还有灵感思维的直觉和顿悟；既有类比、分析、综合、归纳和演绎的逻辑方法，又有超越这些方法的发散、收敛、统摄方法等。

人们往往忽视逻辑思维在创新性思维中的重要作用，甚至把它与创新性思维割裂开来，例如有的人就认为创新性思维主要是非逻辑的。这其实是很片面的，例如形式逻辑的演绎推理，尽管前提与结论之间有蕴涵关系（这往往是一些人认为其不具创新性的理由），但演绎外推完全可以进入到尚没有被人类考察过的未知领域。科学史上亚当斯（J. C. Adams）和勒威耶（U. J. J. Leverrier）对海王星的预言，堪称精彩的一例，他们各自独立地利用建立在万有引力定律上的行星摄动理论计算已知行星的位置，并在计算中发现天王星的理论计算与观察实际符合得不理想，于是就推测有一颗未知的行星在影响天王星的运行，经过繁杂的数学计算，他们预言了这颗未知行星的位置。在1846年9月，人们果然找到了这颗后来被命名为海王星的新行星，海王星被称为是"在笔尖下找到的行星"，这是以万有引力定律作为大前提进行数学演绎发现的。门捷列夫利用元素周期表对钪、镓、锗等新元素的预言被证实，也是这方面极好的例证。归纳推理的结论虽然不具备逻辑的必然性，但却明显地体现了其探索未知的性质，尤其是归纳，著名的哥德巴赫猜想，显然是与这种直觉归纳过程分不开的，可以这么说，归纳推理是创新性思维的重要形式。

创新性思维必须是以逻辑思维为基础的"超越逻辑思维"。未经逻辑思维的基本训练，以纯粹的想象力为基础的零散的四处辐射的思维，虽然有时也很有思想，有智慧的闪光，但深度却往往不够，形成的往往是无根基的或断线风筝式的游思，甚至是纯粹的幻想，除了表现"孩童式"的美感外，对新观点的培养并无多大用处。而经过良好逻辑思维训练的，与逻辑思考有机结合的丰富想象，灵活跨越式的思维，既具开创性，又有洞察力；既有发散性，又有深刻性，这才是有质量的创新性思维。

创新性思维必须以逻辑思维为基础，这是因为，只有经过逻辑训练，熟知逻辑规则，才能超越逻辑，达到更高境界，这就好比打扑克：创新好比不严格按牌理出牌，最劣等和最高明的牌手都是不按牌理出牌的，然而前者往往乱出牌，因而经常一败涂地，即使偶尔取胜，也纯为巧合；后者却往往形成妙牌，出奇制胜。两者的区别就在于后者受过严格的牌理基础方法训练，而前者则没有。在人类文明史上，许多有伟大创造成果的人，其创造想象力的强化往往归功于逻辑的训练。如大哲学家怀特海（A. N. Whitehead）和罗素（B. Russell）

合著的《数学原理》,既是数学发展史上的里程碑,又堪称是逻辑史上的金字塔。

第三节 创新性思维方法择要

一、创新性的观察思维方法

思维始于观察。观察是人们有意识、有目的地去认识客观事物,是积极主动地认识与改造客观世界活动的开端。因此,学会观察事物,养成仔细观察的习惯,是提高思维能力的首要步骤。

科学的观察可以分为直接观察和间接观察,前者是通过视觉器官,后者是借助观测仪器。无论是直接观察或间接观察,从总体上看,它们都具有以下特点:

1. 直观性

所谓直观性,是用感官直接观察或感知客观事物的一种思维能力,是每个人与生俱来的一种本能。仅就感知能力而言,并不是人类所独有的,动物也具有感知,如它们饥饿时会到处寻找食物,感到寒冷时会躲进洞穴,受到威胁时会逃遁等。然而,作为最主要感知功能的有意识的观察能力,唯有人才具有。人类正是凭借着这种独有的创新性观察能力,才把其视野拓展到无限广阔的宇宙,深入物质的微观世界,从而催生出一系列伟大的发现与发明。

伊万·彼得罗维奇·巴甫洛夫是俄国著名的生理学家,他长期进行消化生理研究,设计了巴氏小胃等手术方法,对未麻醉动物消化液分泌等功能进行终身观察,这是多么可贵的执着观察精神。由于他对消化生理研究的贡献,获得了1904年诺贝尔生理学或医学奖。进而他又从唾液腺的精神性兴奋出发,转移到对高级神经活动的研究,从而创立了条件反射学说,证明语言功能为人所特有,并且是以语词的刺激作条件反射的。巴甫洛夫是成功科学家,他成功的最主要原因在于观察,他把自己的座右铭"观察,观察,再观察"贴在实验室的墙上,时刻勉励自己。

2. 连续性

无论是物质运动,还是思维活动,一般都具有连续性,由量变到质变。因此,无论是对客观事物进行观察还是进行科学实验,都应当坚持连续性,从而发现新奇的现象,总结出新规律,发明新理论。我国现代气象事业的创始人、著名的气象地理学家竺可桢,从青年时代便坚持每天测量气温、气压、风向等气象数据,长达半个多世纪,共记录了40多本资料。他晚年出版的《物候学》,体现了他全面系统地观察我国气候变迁的丰硕成果。

3. 典型性

在观察客观事物时,无论是目测,还是借助科学仪器,都无法对事物的整体进行观察,而只能选择典型的样本进行观察,进而用数理统计的方法,求出总体的统计规律。例如,在生物学的研究中,奥地利遗传学家孟德尔选择豌豆作为植物杂交的典型试验材料,创立了现代遗传学说。美国遗传学家摩尔根选择果蝇作为动物试验材料,经过观察研究,创立了现代基因学说。从应用上看,选择典型试样观测的方法得到了十分广泛的运用,如血象化验、生理切片、化学分析、产品质量检测等。因此,善于选择典型、仔细观察典型样本是培养创新性观察思维能力的一个重要方面,必须自觉地学习和应用。

4.求异性

在观察客观事物或进行自然科学实验的过程中,从观察到的反常现象入手,经过深入研究而获得科学发现与发明的例子是不胜枚举的。最典型的代表是青霉素的发现,它虽然产生于偶然,但却孕育于必然之中。英国细菌学家弗莱明于1922年从某种植物和动物的分泌液中,发现了一种被称为"溶菌酶"的杀菌物质。1928年,他在研究培养葡萄球菌时,发现培养皿中完全没有生长葡萄球菌,却长出很多绿色的霉菌,这是一个反常现象。细心的弗莱明并没有放过这个可疑的现象,他要追究个中原因。经过艰苦的研究,他发现这种绿色霉菌能杀灭葡萄球菌,因为它是绿色的,故将它命名为"青霉素"。这的确是一个重大的发现,后来澳大利亚病理学家弗洛里和德裔英国生物化学家钱恩肯定了它的治疗价值,把它作为一种抗生素广泛应用在医疗上,从而挽救了无数人的生命。由于这项发现的重大贡献,他们三人共同获得了1945年诺贝尔生理学或医学奖。

二、创新性的抽象思维方法

抽象思维是用概念进行逻辑推理的过程,所以也称逻辑思维。那么,什么叫作创新性抽象思维方法呢?人们在认识客观事物的过程中,借助于概念、判断和推理的帮助,用科学的抽象概念揭示事物的本质,发现和发明新事物的方法,称为创新性抽象思维方法。人类的思维活动依赖于概念,它是由具体事物抽象出来的,而概念思维以言传认识为基础,遵循着形式逻辑规律。因此,依赖于概念思维的方法,既可称为抽象思维方法,也可称为逻辑思维方法。

作为人类三大基本思维方法(抽象、形象、灵感)之一的抽象思维方法,在认识和改造客观世界的过程中具有重要作用。这正如列宁所指出的:"当思维从具体的东西上升到抽象的东西时,它不是离开真理,而是接近真理。物质的抽象,自然规律的抽象,价值的抽象及其他等等,一句话,那一切科学的(正确的、郑重的、不是荒唐的)抽象,都更深刻、更正确、更完全地反映着自然。"例如,英国著名的物理学家麦克斯韦,基于法拉第等人对电磁现象所做的观察,进一步对电磁现象的各个局部性规律做了新的抽象概括,将其表示为一组普遍适用的微分方程。抽象的麦克斯韦方程不仅完全符合法拉第等人发现的若干电磁现象的规律,而且还预言了电场、磁场可以用一种传播着的电磁波的形式存在,并且是以光速传播的。麦克斯韦预言的电磁波后来果然被赫兹在实验中发现,再经过波波夫、马可尼的利用,最后发明了无线电,成为20世纪给人类带来最大福利的伟大成就之一。

抽象思维具有以下特点:

(1)概念化。这是抽象思维最大的特点,也是它与其他思维方法的不同之处。什么叫概念?顾名思义,是指经过概括的理念,即从个别事物中总结出一般的、本质的东西,这就是概念;或者从感性认识上升到理性认识,这也是概念。

在生活、工作或科学研究中,都存在着抽象概念的两种形式:一种是从具体事物抽象出的,但又不能具体指明为何种事物的概念,如食品、营养、衣服、工具等;另一种是现实世界上并不存在,但却能反映现实世界中的某种模式的抽象概念,如数学中的没有具体形状的"点""线"和"面",电学中没有空间大小的"点电荷",化学中溶质与溶剂混合时既不放热也不吸热的"理想溶液",生物学中没有分化特征的"模式细胞"等。虽然这些抽象的概念看不见,摸不着,似乎是玄妙的,但它却能使人的认识从现象到本质,是人们从事发明创造的重要思维方法之一。

(2)信息的广泛化。所谓信息,就是经过抽象化了的客观物质运动中所发生的一切现象,它们可以以图书、报刊、影视、网络、专利、技术、工艺、物资设备等媒体形式存在。根据思维三项式(思维的主体、思维的原料和思维的工具),信息是思维的原料,而抽象思维必须以大量的观察资料作为基础,否则抽象思维就成了无源之水。

(3)抽象形式的多样化。逻辑作为一门学科已发展出诸多的分支,即存在不同类型的逻辑,每一类逻辑反映一种特殊的抽象概念,因此这一类思维抽象的形式具有多样化的特征。到目前为止,学术界已公认的逻辑类型有形式逻辑、归纳逻辑、数理逻辑和辩证逻辑,以它们为基础,又可以衍生出理论逻辑和应用逻辑。每一种逻辑就是一种思维工具,体现一种思维形式和思维规律,在抽象思维过程中有着各自的用途,有时它们又交叉或者综合起作用。例如,笛卡尔等人经过长期观察发现能量守恒和转换定律这一过程,就是运用了形式逻辑的推理,然后通过实验予以证明。法拉第发现电磁场、普朗克发现量子现象都借助了归纳逻辑思维的方法,因为这种方法最有利于重点突破式的发现和创造。德国数学家莱布尼兹提出了大胆的设想,把思维逻辑推演过程变成计算过程,以提高思维的效率,后经过众多科学家的研究,终于创立了数理逻辑,为人类又提供了一种创新的思维工具。马克思创立《资本论》,是自觉地运用辩证逻辑思维方法的杰出代表。其他如爱因斯坦创立的相对论、巴甫洛夫创立的高级神经活动学说,也都是自觉或不自觉地运用辩证逻辑思维方法而获得的成功。

三、创新性的形象思维方法

所谓形象思维方法,就是通过或借助图画、音乐和景物等进行思考的方法。由于形象思维方法与人们的生活、学习和工作的关系最密切,用途最为广泛,涉及文学、艺术和科学技术等领域的大部分知识,所以应当把学习与研究形象思维方法作为一项重要任务。

与其他思维方法不同,形象思维始终离不开形象。什么是形象?顾名思义,形象就是客观事物有形的状态、姿态,或是客观事物在大脑中再现的表象。如果加以分类,我们可以把它分为自然形象和人造形象,后者又可划分为艺术形象和科学形象。

1. 自然形象

自然形象如山峰、森林、冰川、江河、鸟兽……,又如春兰、夏荷、秋菊、冬梅、雷电、风云……

2. 人造形象

(1)艺术形象。

艺术形象如山水画、音乐、雕塑、电影、电视剧、小说、相声、京剧……

(2)科学形象。

科学形象如汽车、火车、飞机、坦克、火箭、电脑、人造卫星、宇宙飞船……

形象是客观事物通过感官产生和感受到的,因此按照感官划分,又可以分为视觉形象、听觉形象和语言形象等。当然,形象的分类是相对的,有时候某些形象是综合的,如

1999年建成的昆明世界园艺博览园,其中所展现的形象既有自然的又有人造的,既有艺术的也有科学的,既有视觉的还有听觉的。我们了解形象的分类,是为了更好地掌握各类形象的特点,以便更好地促进形象思维能力的发展,并创造出更多的新形象。

形象思维具有以下三个主要特点:

(1)形象性。形象是客观事物直接或间接在大脑中再现的表象,是思维的对象,也称作思维的原料。这一点很重要,离开了形象,形象思维方法就不存在了。

运用形象进行创作,最典型的要算是画家了,其最杰出代表非毕加索莫属。毕加索在识字之前就开始学画了,在整整60年间,他成了勇猛的旗手,忠于艺术,给予当代人以一种想象和智慧的无边自由。他的创作是变化多端的,大约3万件油画、雕刻、素描和版画,就是他不断创新的证据。毕加索运用形象创作,同时他本人就是一个形象——创新狂的形象。人们形容他是令人困惑的艺术家形象,他完成一幅作品,就立即转向另一个方向,好像每次展览会都是在否定自己。

(2)情感性。这个特点在文学艺术的创作中反映得尤为突出,这是因为作家、画家、音乐家在创作时,总是把自己的感情倾注于形象中。他们对所创造的人物或作品,爱其所爱,悲其所悲。例如,《红楼梦》是曹雪芹用10年的时间创作的一部反映封建社会矛盾的作品,是我国古代长篇小说中现实主义的巅峰。他以贾、史、王、薛四大家族为背景,以贾宝玉、林黛玉的爱情悲剧为线索,塑造了许多富有典型性格的人物形象,如贾宝玉、林黛玉、王熙凤、薛宝钗、尤三姐、刘姥姥、晴雯等。有人说,《红楼梦》是作者根据自己的身世创作的,不管是否属实,作者所反映的事件无疑是他经历过的,他所塑造的人物是那个时代存在的形象,无论是反对的或是歌颂的,都渗进了作者的感情。

(3)创新性。形象思维不仅在文学艺术中具有独特的作用,而且科学家、工程师、医生的发明创造活动也离不开形象思维。因此,创新性是形象思维方法的共同特点,无论从事何种工作,如果要实现自我超越,要发现新的东西,那就要发挥形象思维的创新作用。

形象思维方法在科学发现和发明中有着突破性的作用。在科学实验中,一些形象图式、结构式、模式等,都是科学家运用形象思维方法抽象出来的,而运用这些形象图式、结构式、模式,又可以带来新的发现和发明。如赫兹根据电磁理论,运用形象思维方法设计和制造出了发射电磁波的模型,并进行了成功的实验,为实现无线电通信做出了贡献。

四、创新性的灵感思维方法

所谓灵感思维,就是一种用直觉为接通媒介的突发性和非自觉性的创新性的思维活动。灵感思维具有以下几个特点。

(一)灵感思维的特点

1. 突发性

这是灵感思维最大的特点,它是突如其来的,是出乎作者意外的。这正如毕加索所说:"一幅图画,不是事先设想的,也不是早就定型的。当人们作画之时,它就随着作者的思维而变化。"有人说,每个画家一生不可能画出完全相同的两幅画,这是因为画家凭灵感创作,而每次灵感是不能重复的。据报道,列奥那多·达·芬奇的一份手稿,以3 080万美元被拍卖,创造了画作拍卖的高纪录。这份手稿包括他用左手反写的文字和细致入微的绘画,被认为是艺术与科学完美的结合。与其说画的价值贵重,毋宁说是创造画的灵感珍贵,因为灵感是不可能失而复得的东西。

2. 不由自主性

灵感这东西的确有点怪,有时希望它来时它偏不来,不希望它来时它却蓦然出现。例如,法国音乐家柏辽兹有一次为一首诗谱曲,全曲都谱成,只有收尾一句怎么也谱不出来。于是,他不得不把它搁起来。两年以后,他到罗马去游玩,不慎失足落水,当他从水中爬起来时,不由自主地随口哼出了一句曲调,他立即感到惊喜:这不是我两年前苦苦寻找的那一句乐曲吗?

3. 非逻辑性

非逻辑性是相对于逻辑性而言的。所谓非逻辑性,是指这种思维活动不遵守逻辑思维规律,所思考的事物之间亦无因果关系。灵感产生的机理是:问题—思考—思考中断—某媒介(或接通物)的出现—联想和类比—灵感。从这个过程看,灵感思维与问题之间没有直接关系,也没有三段式的逻辑关系,而是通过中间媒介的联系(如图画和诗的联想或梦境和幻想的刺激),从而诱发出了灵感。

4. 瞬时性

每个人都做过梦,对梦"稍纵即逝"的现象是有体会的。其实,灵感也具有这种特性,它是不容易闪现的,但却是很容易消失的。罗丹曾谈到《流浪的犹太人》的创作:"有一天我整天都在工作,到傍晚时正写完一章书,猛然发现纸上画了这么一个犹太人,我自己也不知道是怎么画成的,或为什么要去画他。"这是不自觉的瞬间的行为,幸好罗丹抓住了它,否则这个灵感将再也不会光顾他了。

5. 独创性

灵感思维打破了常规思维的规律,是一种突破性思维,它往往会催生出科学发现与发明。今天,汽车轮胎对我们来说已不足为奇,那么,既耐摩擦又有弹性的橡胶是如何发明的呢? 说起来,这里还有一段动人的故事。

魏特亚本是一家小轮胎店里的童工,但他进取心很强,终日都在思索着改良轮胎的问题,如何使它更具有耐摩擦性,更富有弹性。

有一天,他过度疲劳,于是早早地入睡了。他睡得很沉,忽然做了一个梦,他梦见把橡胶与硫黄混合均匀后,把它晒干就成了一种坚韧的橡胶。他立即醒来,疾步跑到实验室,照着梦中的方法做实验,得到了与梦中相同的结果。但是问题仍然没有解决,这种橡胶虽然很坚硬,但缺乏弹性,它的应用受到了很大的限制。魏特亚并没有灰心,继续进行实验,并决心攻破难关。

在一个寒冷的冬天,为了暖暖手,他把粘有混合橡胶和硫黄的手挨近火炉,他不自觉地叫了一声:"好烫!"他把手缩回来一看,粘在手上的混合物竟变成了富有弹性的橡胶。他感到惊奇,接着研究橡胶、硫黄与温度的关系,发现 130 ℃是使混合物变为优质橡胶的最佳温度。这是魏特亚从梦中得到的灵感配合伸手取暖的偶然发现而促成的一项重要发明,由此橡胶的硫化方法和工艺正式诞生了,他本人也因此成了号称世界第一的美国魏特亚轮胎公司的董事长。

(二)灵感的产生

既然灵感如此重要,于是有人就专门研究何时何地最容易产生灵感。据有关专家调查的结果,从时间上看,灵感经常产生在似睡非睡、似梦非梦的闪现念头中,大约40%的人会在相同的时间区域里产生灵感。特别容易激发灵感的时间是早晨起床后、深夜、睡觉醒来和进入梦乡后,这几个时间被称为思维的"黄金时间"。在工作或学习中,最容易想出好主意的时间是上午10时至11时。

从地点来看,人在什么场所容易产生灵感呢?另一份调查结果表明,有三大场所容易使人产生灵感,依次为躺在床上、步行时和在车船上。这是因为,在这三种场所下,人的精神放松了,思想处于迷迷糊糊的状态,这正是诱发灵感的理想状态。如果按家中、工作间和外面来划分,那么灵感产生的百分率大致为:家中为42%,工作间为13%,外面为45%。

五、创新性的发散思维方法

发散思维又称求异思维、扩散思维、分散思维、辐射思维。这种思维方法,常常把人们带入一个广阔的天地,使人的思维趋向灵活、多变,激发"异想天开",促进发明创造。刘道玉教授将其定义为:根据某一点信息(或称为信息源、思维基点、出发点),应用已有的知识、经验,通过观察、实验、推测和想象,并沿着不同的方向去思考、重组已有的信息,进而产生新信息的方法称为发散思维方法。重组的过程就是创造的过程,产生的新信息就是创造的产品。

从思维科学上讲,发散思维方法具有全方位性、流畅性、交通性和独创性。

1. 全方位性

所谓发散,是由一点向四面八方散开,如凹透镜的原理就是发散性的,平行光线透过凹透镜以后,光线向四周散射。达尔文创立进化论学说,就是运用全方位发散思维方法的典型事例。为了研究物种的起源,他于1831年以博物家的身份,乘英国海军勘探船"贝格尔"号作历时5年的环球旅行考察,于1859年出版了震动当时学术界的《物种起源》,沉重地打击了唯心主义的神创论,因而这一学说被恩格斯誉为19世纪自然科学三大发现之一。在考察过程中,达尔文采用的就是全方位发散思维方法。例如,在采集样品时,他不限于单一的物种,而是尽可能多地收集各种动物、植物、矿物和化石;从地区上,他不限于一地,而是环行五大洲,跨越了不同的气温带;从时间上,经过5年的环球考察,又积累了27年的资料,故绝非一日之功;从物种特性看,他考察了物种的自然选择性、人工选择性、变异性、遗传性、生存竞争和适应性等各个方面。正是在这些全方位考察的基础上,他才创立了以自然选择为基础的进化论学说。

2. 流畅性

流畅性是发散思维低层次的特点,是思维发散的最基本要求。譬如,一个人说话迟缓、停顿、词不达意,这至少说明他的思维不流畅。保持思维的流畅性,不仅是提高学习和工作效率的需要,更是激励创意的必要保证。"头脑风暴法"是激励创意的一种方法,它的原则之一是"以数量保质量",即要求在单位时间内提出尽可能多的创意。日本是推行"头脑风暴法"最好的国家之一。早在20世纪70年代,日本就号召在全国开展提合理化建议的活动,并收到了极好的经济效益。仅1977年,日本丰田汽车公司职工就提出38.1

万条有创意的建议,公司虽支付创新奖金3.3亿日元,但获益却高达160亿日元。

3. 变通性

变通性又称灵活性,与"死脑筋"和脑子不转弯是相对立的。中国有一则古代寓言,讲的是一个乡下农夫进城买鞋的故事。他事先用线绳量出了自己脚的长度,但出门时偏偏又忘了把量好脚长的线绳带在身上,到了城里的鞋店后,找不到那根线绳,于是又跑回家去找。这虽然是笑话,但讥笑的恰恰是脑子不转弯。自己的脚不是买鞋的最好标尺吗?为什么要用线绳比量脚长,又为什么要回家去寻找那根线绳呢?如果具有良好的思维变通的素质,不仅会排除工作中的许多难题,而且还会帮助你从事发明创造。

4. 独创性

独创性是发散思维最高层次的特点,这种思维能力使人们突破常规和经验的束缚,并对事物做出新奇的反应,促使人们获得创新性的成果。在运用发散思维方法时,要求人们想得快、想得多、想得奇、想得新,这是许多发明家的共同特点。爱迪生于1879年发明了世界上第一盏白炽灯,它正是爱迪生运用发散思维,从设计的7 600种方案中筛选出来的。为了寻找到一种适合做灯丝的材料,他运用发散思维,试验了从金属、合金到人的胡须等各种丝状的物质。最初,他用碳丝作为灯丝,但白炽灯的寿命只有45 h,后来改用碳化竹丝,使寿命提高到1 200 h。但是,电灯真正成为照明的工具,还是在美国人柯里奇用钨丝代替碳丝后才实现的。从此以后,照明的灯具得到了迅速发展,诸如白炽灯、日光灯、霓虹灯、碘钨灯等形形色色的电灯,把我们的世界装饰得五彩缤纷。

虽然发散思维具有十分重要的作用,但绝大多数的人都不善于运用这种思维方法。究其原因,主要是思想懒惰,得过且过,不思进取;循规蹈矩,怕犯错误,追求标准答案;从众心理,随波逐流。有人把这种从众心理概括为新"三从四得(与德为谐音)"。"三从"是:一从过去,轻车熟路;二从领导,不担责任;三从老规矩,不冒风险。"四得"是:一得省心省事,二得保险无事,三得领导欢心,四得群众拥护。很明显,从众心理与发散思维(即求异思维)是相悖的,是从事发明创造之大忌,必须坚决予以克服。

六、创新性的聚合思维方法

人们从不同的方向,以不同的材料,沿着同一方向,去寻求相同的目标和结果的思维方法称为聚合思维方法。聚合思维也称为求同思维、收敛思维、综合思维、集中思维等。发散思维方法与聚合思维方法虽然有着质的区别,但是在实际思维过程中,它们往往交替使用,互相补充。一般来说,集中思维方法的特点是继承与发展,发散思维方法的特点是求异创新,但是这种划分又不是绝对的,亦不能偏执于一方。正确的态度是,坚持二者的有机结合,发挥它们的互补作用。

发散思维方法与聚合思维方法的统一过程,是遵循聚合思维—发散思维—聚合思维……经过多次循环,逐步深化发展,直至思维的最高级阶段——发明创造。人类大脑的"可塑性",就在于这样的统一过程。

聚合思维方法的特点,概括起来共有5点:

1. 目的性

这是思维活动的出发点和归宿,没有目的的思维,是散乱的,是无效的,当然也就谈不上聚合了。1999年1月2日,挪威邮政局发行1套2枚的"发明创造"纪念邮票,向人们讲述了回形针发明的故事。约翰·瓦勒(Johan Vaaler)是一位自学成才的数学天才,他用一根铁丝弯曲成回形针,目的是为了把分散的纸夹在一起。当时挪威尚没有专利法,他只好到德国去申请专利,于1899年获得批准。

但是,瓦勒当初万万没有想到,这种小小的回形针,在第二次世界大战期间,竟然成了挪威爱国者的象征性标志。回形针可以把分散的纸聚焦起来,于是挪威人就把回形针佩戴在西服的翻领上,象征着千千万万的挪威爱国者也将团结成一个整体,共同反击德国法西斯占领军的侵略。同样地,瓦勒也不曾想到,一个世纪以后,这个小发明已经普及到了世界的每一个角落,成了人们学习和工作中不可缺少的小工具。这正是:小发明,贡献大;价格低,效益高。

也许,瓦勒发明回形针是一种偶然性的行为,并未自觉意识到他采用的思维方法,但其目的是明确的。事后看来,他的发明思路运用的是聚合思维方法。

2. 信息的多样性

当人们进行聚合思维活动时,必须给思维的主体输入大量的原料,否则这种聚合加工过程就成了"无米之炊"。这里所说的原料,也就是思维原料——信息,它不仅要有足够的数量,而且还必须具有广泛的多样性,否则就加工不出新的思维产品。1969年之前,在世界几个地区先后发生了因喂食了霉花生而导致飞禽和家畜死亡的事件,后来人们从四面八方收集到广泛的类似材料,运用聚合思维方法,找到了导致这些禽畜死亡的原因。案例如下:

1960年,英国一家农场的10万只火鸡、小鸭因喂食了霉花生,在几个月内全死光了;

1964年,澳大利亚一些地方用霉花生喂了大白鼠、鱼和雪貂,过了一段时间,也出现了与英国农场同样的后果;

中国的一个研究所和许多农户,用霉花生喂小鸡和猪,结果也未能幸免于难。

于是,来自欧洲、澳洲和亚洲的信息以及火鸡、小鸡、小鸭、大白鼠、猪、鱼和雪貂等七种动物的死亡资料成了聚合思维的基点,而霉花生则成了思维目标。那么,霉花生又为什么会导致动物死亡呢?经过研究,发现霉花生中含有一种叫黄曲霉素的化合物,它正是罪魁祸首,是一种强致癌物质。

3. 客观性

在思维活动过程中,无论是思维的原料或思维的产品,尽管它们往往是以概念化形式表现出来的,但它们却是客观性的,是接受实践检验的。例如,英国外科医生李斯特(Joseph Lister)曾长期为手术后伤口感染而发愁,希望找到一种既不伤人又能杀菌的药物。说来也很巧,"踏破铁鞋无觅处,得来全不费工夫"。有一次,他在马路上散步,看到一个清洁工人在掏阴沟,一股恶臭向他扑来,他掩鼻疾步躲开了。当他再度经过时,只见清洁工正在向沟里喷洒药水,难闻的气味一下子消失了。他问清洁工人:"这是什么药?"答复说:"石炭酸。"李斯特立即想到,石炭酸是否可以用作杀菌药物呢?经反复试验,终于证明了石炭酸是一种理想消毒剂,使用这种消毒剂,医院外科病人的治愈率一下子上升到95%以上。

4. 选择性

多样化的丰富信息是思维活动的基础,要达到思维目标,就必须对大脑中存储的信息进行筛选,保留有用的,去掉无关的。例如,在 19 世纪,疟疾在世界很多地方肆虐,人们只知道疟疾是由疟原虫引起的。但是,疟原虫是怎么钻入人体的呢?为此,英国细菌学家罗斯(Ronald Ross)于 1895 年选择疟疾猖獗的印度来研究传播疟原虫的媒介。他调查的几个重疫区,尽管自然和社会条件差别很大,但有一点是相同的,那就是蚊子很多。于是他想:难道蚊子就是传播疟疾的媒介?经过细致的研究,他在蚊子的肠道内发现了疟原虫,证实了蚊子是传播疟疾的媒介。为此,他荣获了 1902 年诺贝尔生理学或医学奖。

5. 创造性

上面我们已经指出,不仅发散思维具有创造性,而且聚合思维也会促成发明创造。反映这种思维方法的还有可控热核聚变研究。可控热核聚变是公认的世界未来替代能源的希望所在,因此,美国和欧共体都在积极研究开发这种能源。自 20 世纪 90 年代初,我国等离子体物理研究所着手这项研究,并获得重大突破,等离子体放电时间达到 10.71 s,该数据标志着我国在这一重大基础理论研究领域进入世界先进行列。

七、创新性的联想思维方法

凡是借助于一(或多)人、事和物而推及相似或相近的一(或多)人、事和物的思维方法,就称作联想思维方法。联想和想象虽然都是思想活动,而且具有密不可分的关系,但它们却是不同层次上的思维形态。一般来说,联想是向想象过渡的低级形态,是想象产生的重要条件,或者说想象是联想的高级形态。为什么这样说呢?这是因为,联想必须以客观的人或物为中介,进而推及相似或相近的另外的人或物,所以它是想象的低级形态。然而,想象可以借助于联想而展开,也可以不通过中介而依赖于概念而发挥。所以,爱因斯坦说:"想象力比知识重要,因为知识是有限的,而想象力概括着世界上的一切,推动着进步,并且是知识进化的源泉。"例如,刘勰在《文心雕龙·神思》中说:"寂然凝虑,思接千载;悄焉动容,视通万里。"他的话的确有点"神思"的味道,通过想象的作用,一下子把人的视野放大到千载的历史长河和万里之遥的空间。很显然,如果没有联想思维,不可能获得如此的效果。

提到联想思维方法时,我们有必要了解联想是如何组成的。从思维发生的观点看,联想思维方法由联想体和联想物两部分组成,它们的彼此关系如图 2.1 所示。

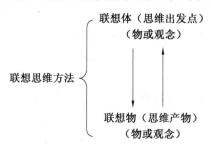

图 2.1 联想思维方法的构成

从二者的关系看,联想体是基础,联想物是产物,联想物依赖于联想体而存在,没有联想体就没有联想物。反之,没有联想物,联想体也就失去了存在的意义。从唯物辩证法的角度看,联想体和联想物不仅是相互依存的,而且可以相互转化。例如:老人-儿童,男人-女人,白猫-黑猫,白天-黑夜……

联想思维按照其思维活动的不同侧重点,又可以分为四个类型,下面分别予以阐述:

一为相似联想。所谓相似,是指一物与另一物在形式上或在性质上存在相同与相近之处,借助事物的相似性进行联想,就称为相似联想。

二为接近联想。一事物与另一事物在特性上比较接近,但不相似,更不相同。利用事物相接近的特性进行联想,称为接近联想。

三为对比联想。凡是可以比较的两个事物之间,它们因相比较而存在,在比较中体现出各自的特性。例如古与今、新与旧、冷与热等,它们是相对比较的,由一面可以联想到另一面,运用这种特征进行思考的方法,就称为对比联想。

四为因果联想。原因与结果是反映客观事物逻辑关系的一对重要哲学范畴,是客观事物普遍联系和相互作用的表现形式之一。世界上的任何现象都有它产生的原因,任何现象也都必然会引起一定的结果。因此,由因可推知果,而由果又可以联想到因,这是人类认识发生的必经过程,也是应用最广泛的思维方法之一。

联想思维方法是一种科学思维方法,它是有规律可循的。古希腊人在哲学方面有过辉煌的成就,其中就包括发现了联想思维三定律,即联想思维的接近性、相似性和对比性。兹举例如下:

接近性:婴儿鞋-婴儿,车床-工人,冲锋枪-战士,学校-学生,……

相似性:虎-猫,狼-狗,猿-猴,青蛙-癞蛤蟆,鸽子-斑鸠……

对比性:高个子-矮个子,白人-黑人,男人-女人,胖子-瘦子,冷-热,新-旧……

联想思维三定律,实际是联想思维的三个特点,只有认识这些特点,才能自觉运用联想思维。

八、创新性的逆向思维方法

逆向与顺向(或叫正向)是相对应的,逆向表明某一事物的另一面,或者事物运动与变化的另一方向,如逆风、逆流、数学上的逆定理和化学上的逆反应等。因此,所谓创新性逆向思维方法,即为了实现创新过程中设定的目标,悖逆常规现象或常规思维方法与习惯,采用与常规相反的思维方法来实现发明创造的一种思维方法。例如:

1800年,意大利物理学家伏打发明电池,实现了把化学能转为电能(正向);

1807年,英国化学家戴维发明了电解反应,获得了钾、钠、钡、镁、钙、锶等新元素(逆向);

1820年,丹麦物理学家奥斯特发现了电流的磁效应,第一次证实了电流产生磁场现象(正向);

1831年,英国物理学家法拉第发现了电磁感应现象,证实了磁铁在电路附近运动可以产生电流(逆向);

1841年,英国物理学家焦耳发现了电流热效应,即电能变热能(正向);

1861年,德国物理学家赖斯发明了电话机,第一个实现了电声(正向)和声电(逆向)的互相转换;

1866年,德国电工学家西门子发明了发电机,实现了由热能向电能的转变(逆向);

1895年,德国物理学家伦琴发现了X射线,实现了由电向光的转化(正向);

1902年,德国物理学家勒纳德发现了光电效应,即在光的照射下,电路中产生电流的现象(逆向)。

以上我们列举了9项科学重大发现(发明),其中包括5对能量的转化,即化学能与电能、电与磁、电能与热能、电与声、光与电的互相转化,它们反映出了客观事物对立统一的规律。作为指导和认识客观事物的思维活动,也适用于对立统一规律,具体表现为正向思维方法和逆向思维方法。

逆向思维方法有什么特征呢? 归纳起来主要有3点:

1. 非定势性

势是指态势、趋势,非定势是指思维不是沿着固定的方向进行,不受潜意识的暗示,具有明显的非逻辑性。例如,野生动物园的创建,其创意就是在这种思维非定势性的指导下形成的。据说,美国一家动物园主任深为老虎数量的日益减少而发愁,他计划召开一个座谈会,专题讨论如何捕捉老虎的问题。参加讨论会的不仅有动物学家、捕猎专家,而且还有数学家。会上大家各持己见,畅所欲言,提出了各种捕捉老虎的方案。一位拓扑学家边听边画,他突然发言道:"现在老虎已经在我的圈子里了。"原来,这位数学家运用逆向思维方法进行了一次拓扑图形的变换,即人与老虎的位置实行对调,老虎不是关在铁笼子里,而是自由地生活在开放的自然环境里;人则坐在汽车里观赏动物。动物园主任是位有心人,采纳了拓扑学家的建议,于是世界第一个野生动物园诞生了。

2. 辩证性

毛泽东曾指出:"按照辩证唯物论的观点看来,矛盾存在于一切客观事物和主观思维的过程中,矛盾贯穿于一切过程的始终,这是矛盾的普遍性和绝对性。"物质的化学和物理运动存在着辩证的关系,那么反映这种变化的主观思维过程也具有辩证性。例如,1901年吸尘器的发明,就是英国土木工程师布斯运用辩证逆向思维方法而获得的成功。当时,他到伦敦莱斯特广场的音乐厅参观美国的一种车厢式除尘器。这种除尘器是利用压缩空气的力量,把灰尘吹入容器里。于是,布斯设想,如果反过来,利用真空的作用,岂不是可以把灰尘吸进来嘛。从压缩空气向外吹,转换为借助真空的作用向内吸,这正好是对立统一的辩证关系,是逆向思维方法引发了吸尘器的发明。

3. 因果性

古希腊哲学家赫拉克利特(Heraclitus)在2 500年前曾说过:"除却变化,别无永恒之物。"世界上的事物无时无刻不处在变化之中,凡变化必有因,而有因必有果。例如,德国地质学家韦格纳(Alfred Wegener)于1912年提出了具有独创性的大陆漂移说,轰动了全世界。他是如何发现大陆漂移的呢? 在韦格纳之前,生物学家密卡尔逊在调查蚯蚓在地球上的分布情况时发现,美国东海岸有一种正蚯蚓,而欧洲同纬度地区也有一种正蚯蚓。为什么出现这种情况呢? 密卡尔逊没能做出回答。恰恰在这个时候,韦格纳正在研究大陆和海洋的起源问题,于是他把注意力转移到正蚯蚓的分布与大陆和海洋起源的关系上来。他认为,蚯蚓的活动能力是有限的,它们无法从美洲迁移到欧洲,或者反之。唯一可能的解释是:美洲大陆与欧洲原来是连成一体的,后来才裂开分为两个洲,而大西洋东西两岸生存的同一种类的蚯蚓就是证据之一。韦格纳把这一观点写进了《大陆与海洋起源》一书中,认为大陆像冰山一样会在海洋底部易变形的硅镁岩层上漂动。

这一学说公布以后,在地理学界引起了强烈的反响,支持者颇众,反对者亦有之。1926年11月,美国石油地质协会专门讨论了韦格纳的大陆漂移说。这是在漂移学说史上调子最低沉的一次会议。若把大陆漂移说比作一首乐章,那么这次会议就如同一曲悲凉的咏叹调。会上,在14名权威地质学家中,只有5人支持这一观点,7人坚决反对,2人保留意见。反对者对该观点持贬斥、歪曲的态度,甚至把它讥讽为"积木游戏",对出席会议的韦格纳本人进行诽谤和人格上的非议。此后,大陆漂移说便被认为是韦格纳狂想曲,处于奄奄一息之中。科学的地球观从此徘徊在历史的十字路口。直到20世纪60年代,E.布拉德和他的同事用电子计算机证明了大西洋两岸良好的吻合性,才使大陆漂移说得到新的科学证据。总之,大陆漂移说是从结果(蚯蚓分布)找原因(大陆漂移)的假说,是运用逆向思维方法获得的重大科学新发现。

九、创新性的演绎思维方法

所谓演绎思维方法,是从一般到个别、由普通到特殊的思维方法,与归纳思维方法恰恰是对立的。如果要给出一个定义的话,我们可以这样界定:凡从正确的公理、定律、法则、理论出发,运用逻辑推理(包括数学计算),得出一个创造性的结论;然后,又根据这个结论及原来的公理、定律、法则、理论,运用逻辑推理,得到一个新的创造结论;如此继续下去,层层推理,往往可以得到许多新的结论,这就称为创新性演绎思维方法。其特点如下:

1. 方向性

创新性演绎思维方法最显著的特点就是方向性,即从普遍到特殊(一般到个别)。氟利昂制冷剂是广泛应用于电冰箱和空调机的制冷介质,它的发明,就是由一般到个别的典型案例。氟利昂制冷剂是美国人米奇利于1931年发明的,他依据的理论是:凡是无毒的稳定发性的化合物,均可作为制冷剂。于是,米奇利把元素周期表中可以生成稳定性、挥发性的化合物列成一张表,其中有氮、氢、硫、氯、氟等元素化合物,但通过对照发现,在已用作制冷剂的化合物中,没有氟化物。这是什么原因呢?是不是因为元素氟有毒,便认为有机氟化合物也有毒,所以才未予考虑使用?为了弄清有机氟化合物是否有毒,米奇利首先合成了二氟二氯甲烷,它的沸点是-20℃。经过对老鼠的毒性试验,证明它是无毒、稳定、挥发性很强的制冷剂,于是从1931年开始大量生产氟利昂制冷剂。然而,自20世纪70年代末,科学家发现,逸泄到大气层的氟利昂,对大气层中的臭氧有破坏作用,造成了南极上空大面积臭氧层空洞,对地面上的动植物造成了威胁。于是,一部分发达国家从20世纪90年代初停止使用氟利昂制冷,以更先进的产品或技术代替它。不过,在讨论从演绎思维方法促成科学发明时,发明氟利昂的故事还是值得一提的。

2. 因果性

创新性演绎思维方法的因果性是运用演绎思维方法推理,建立在前提与结论之间的因果关系上的。例如,一种被称作"铜草"的植物,就是地质学家运用演绎思维方法发现的。他们在勘探时发现,凡是含铜元素丰富的地区,这种植物都生长得郁郁葱葱;反之,如铜元素含量不足,这种植物就生长不良,叶子细萎,花朵憔悴。于是,地质学家把这种植物叫作"铜草",它是铜矿的"指示剂",哪里有"铜草",哪里就蕴藏着铜矿。

3. 有效性

创新性演绎思维方法的有效性,表现在它所推出的结论,是一种必然无误的断定,这是因为它的结论所断定的事物情况,并没有超出前提所提供的知识范围。

十、创新性的归纳思维方法

恩格斯说:"归纳和演绎,正如分析和综合一样,必然是属于一个整体的。不应当牺牲一个而把另一个捧到天上去,应当设法把每一个都用到该用的地方,但是只有记住它们属于一个整体,它们是相辅相成的,才能做到这一点。"这一论述是很深刻的,人们在思维过程中,实际上归纳法和演绎法是统一不可分割的,人们的认识总是从个别到一般,又从一般到个别,循环往返,不断深入,因而人们总是交替使用归纳和演绎两种思维方法。它们分别可以用图2.2来表示:

图2.2 归纳和演绎两种思维方法的图示

根据考察客观事物的范围,又可把归纳法划分为完全归纳法和不完全归纳法。所谓完全归纳法是根据对事物全部个体对象的考察,发现它们共同具有(或不具有)的属性,从而推出该类所有事物都具有(或不具有)某种属性的思维方法。

虽然完全归纳法是一种严格、科学、可靠的思维方法,在科学研究、现代决策管理和日常生活中有着广泛的应用,但是由于完全归纳法必须考察事物的全部对象,这就限制了它的运用。在客观事物中,有些事物的个体对象是无限的(如宇宙中的星球、物质的原子等),或者个体的数量很大(如稻田谷穗、一批火柴梗等),无法对个体一一考察或没有必要作一一考察时,可以使用不完全归纳法。它是根据一类事物中部分对象个体具有(或不具有)的某种属性,推导出这类事物都具有(或不具有)某种属性的一种思维方法。

不完全归纳法又可分为简单枚举法、科学归类法、概率归类法和划类归类法等4种,它们分别在不同场合有其应用价值。例如,19世纪末奥地利病理家兰特斯坦纳(Karl Landsteiner),因发现人类的主要血型系统及研究出A、B、O血型检验方法而获得了1930年诺贝尔生理学或医学奖。那么,他是怎么发现人类血型的呢?1901年,他将人类血液按红细胞质膜上所含糖蛋白的不同分为不同的类型,凡红细胞只含有A凝血原的称为A型血;只含有B凝血原的称为B型血;既不含A也不含B的称为O型血。次年,他又发现了同时含有A和B两种凝血原的AB型血。1927年,他发现了MN血液系统。这些发现揭示了人体血型的规律,解决了临床医学上的一大难题。

兰特斯坦纳是怎么发现人体血型的呢?显然,他不可能对人类的每一个个体进行测试,然后再把他们的血型分类。他所采用的方法就是不完全归纳法,他仅选择了人群中的部分个体,通过他们的血型而推导出人类共同具有的血型。

不完全归纳法与完全归纳法有一个重要的区别:完全归纳法所得出的结论是必然的,是完全可靠的;而不完全归纳法所推导出的结论具有或然性,其可靠程度比完全归纳法要低,有时尚需其他方法验证或经过较长时间的检验。

十一、创新性的水平思维方法

所谓水平思维方法,是相对于垂直思维方法而言的。垂直思维方法是一种常规的思维方法,它是以逻辑学和数学为代表的传统思维方法。它所强调的是缜密、精确、严谨、程序化,主张由浅入深一步一步地解析、演绎、推理、立论。德·波诺认为,在很多场合下,垂直思维方法是一种过时的思维方法,因为它存在很多的局限性。垂直思维方法的缜密性往往把人们的注意力引向现存事物的问题情境,从中寻觅事物的错误,这虽说也是思维的一项重要的功能,但如果仅仅限于此就不能促成旧事物向新事物的转化,从而缺乏建设性。水平思维方法的重要特征是非逻辑性和非因果性,其超越性也是十分明显的。

德·波诺曾经做过一个试验,他出示了三组图案组成的画板(图2.3),让受试者观看10 s,然后让受试者凭记忆再把三组图案画出来。

试验结果表明:90%的人正确地画出了图2.3(a),60%的人正确地画出了图2.3(b),而只有10%的人正确地画出了图2.3(c)。为什么会出现这样的结果呢?这主要是思维习惯问题,因为图2.3(a)(b)基本是左右对称图形,比较容易记忆;而图2.3(c)不是对称形的,左、右两图的形状差异较大,难以在瞬间记住。这个简易测试给人们的启示是:人们在记忆或思考时,往往习惯于从事物的外观形状出发,这是一种常规思维方式,很难产生新的创意。按照既定的模式和结论思考,被逻辑思维牵着鼻子走,这是创新的"大敌"。

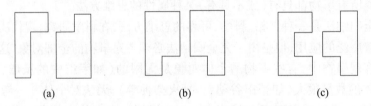

图2.3 测试思维方法的不同形状的画板

水平思维方法与垂直思维方法的不同之处在于,它以逆向思维为特点,突破事物的老框框,使事物按照新的方向去发展,以获得新的结果。就以水的流向来说,常规思维方法只能是"水往低处流",但是以水平思维方法来看,水也可以向高处流,关键是要造就向高处流的条件,如虹吸管的发明。

如何实现水平思考呢?一般认为,通过以下7个步骤可以激发水平思考,从而产生新的创意。

(1)借助于"加法"和"减法"的帮助,对事物进行新的观察,以开阔思路,突破定势思维,从而促进事物向着新的方向变化。

(2)考虑事物的全部因素,既不忽略每一个细节,又不放弃任何一个异常的现象,注意从细微和异常之处发现新的事物。

(3)要考虑事物变化的后果和结局。这是对预见性的提示和对预测能力的要求,创新者必须学会系统地运用想象力、预测力及分析判断能力。一般来说,人类行为后果可分为4个时间段:即刻、短期(1~5年)、中期(5~25年)和长期(25年以上)。预测能力的把握,对于创新的成功影响极大。

(4)要确定和列出包括目标、目的、任务在内的动机明细表,以便为实现这些任务做好准备,有针对性地掌握这些任务的性质和特点。

(5)要优先考虑重要的事情。在众多的创意构思中或创新可能性中,要挑选出关键性的重点,以便分清轻重缓急,这是争取创新突破关键的一步。

(6)要持可取、可能、审慎的态度。如果在考虑至关重要事物的基础上,仍然未能达到目标,就要考虑寻求超常规思维方式以外的可能性,包括那些在通常看来是不切实际的或是荒谬的想法,特别是要考虑与常规思维相反、相悖的一面,然后从中寻找可取的方法。

(7)要重视并乐于采纳他人有益的意见,善于发挥"外脑"的作用。对他人的观点,不论是局部的合理内核,抑或仅仅是某种启迪,都要认真考虑。特别是不要把那些貌似相悖的观点拒之门外,因为逆言中有真理。

以上7个步骤并不都是必需的,它们可以单独使用,也可以几个步骤联合发挥作用。实际上,水平思维方法也是一种综合多种创造技法的创新思考系统。

十二、创新性的立体思维方法

所谓立体思维方法,是相对于垂直、水平的或平面思考方法而言的,它又称为空间思维方法,是一种反映对象的整体及其周围事物所构成的立体联系的思维方法。这种方法能够更全面、更深刻地反映事物的本质,揭示其他思维方法所不能发现的问题。

运用立体思维方法,是在对事物进行纵向和横向分析的基础上,把分析所获得的各个层次、各方面的认识融汇成为一个整体,形成新的认识,完整地揭示事物立体联系的原貌。自然中万事万物大多有立体的构象,因此立体思维方法在认识客观世界中有着非常重要的作用。

1. 在学习自然科学中的作用

出席美国1998年科学年会的科学家和教育家认为,21世纪的教育应当把几何学放在头等地位。这是因为当代的许多高新技术,无论是CT扫描、核磁共振仪、多普勒彩色B超等医疗设备的成像技术,还是机器人、光盘、高清晰度电脑、天文学研究,都离不开传统的和现代的几何学理论。换句话说,也就是需要广泛利用立体思维方法。所以有人说:"21世纪的教育——几何学万岁!"

2. 在创造发明中的作用

运用立体思维方法从事科学技术发明的一个典型例子就是集成电路的研制。在现代科学技术和军用装备中,经常要用到非常复杂而且灵敏度很高的电子设备,而装配这些设备,往往需要几十万甚至几百万个晶体管、电阻、电容等电子元件。如果把数量如此之大的元件组装成设备,不仅体积庞大,携带和使用不便,而且设备的性能也会受到极大的影响。怎么解决这个矛盾呢?能否把所需要的电子元件整体地制作在半导体的晶片上,从而制成具有特定功能的集成电子线路呢?科学家们经过研究,把电子元件的平面式接线方式改为立体式连接,充分利用真空扩散、表面处理、掺杂等工艺,制成了平面型的包含晶体管、电阻、电容的固体组件,并且把这些很薄的固体组件通过层层重叠的方式组装起来,构成了微型组合电路。在经过了小型、中型和大型的试验后,第一块大规模集成电路诞生了。在 30 mm² 的硅晶片上,设置了 13 万个晶体管。很显然,如果没有立体思维方法的指导,那么就不会有集成电路的发明,也不会有今天高度发达的微电子工业。

3. 在建筑和交通上的应用

一幢结构别致的高楼大厦,其本身就是一个立体的景物。作为建筑设计师,必须具有丰富的立体观念,他们的每一个设计产品,就是一种立体思维的再现。

现代化的大都市,随着人口的增加和私人汽车的普及,城市交通越来越拥挤。出路何在呢?发展立体交通是解决问题的出路之一。用立体思维方法来思考交通问题,突破了平面的限制,为解决地面交通拥挤提供了多种可能性。例如地下铁路、地下隧道、双层公共汽车、高架桥车道、立交桥、地下停车场、立交车库等,可以极大地提高空间的利用率。

4. 在艺术创作上的作用

在以油画和雕塑为特色的西方艺术的创作中,立体思维方法更是具有举足轻重的作用。在现代艺术史上,雕塑作品《思想者》具有极大的影响力。《思想者》是罗丹于 1880 年创作的,先是泥塑的,后由石膏模子铸成青铜像,高仅 72 cm,全世界仅有五六十尊。1902 年罗丹应雕塑家亨利·勒博塞的要求,制作了"巨无霸"式的《思想者》,高 2 m,重 700 kg。现在,已知的"巨无霸"式《思想者》塑像仅 22 个。《思想者》是一件雕塑作品,栩栩如生,是作者立体思维的再现。

5. 立体思维在农业发展上的应用——立体农业

"树上结西瓜"是立体思维在发展立体农业方面的一个典型,此外,如无土栽培蔬菜、池塘分层养鱼、多种作物套种、改造梯田等,都是以立体思维方法建立的多层次、多功能、多途径的高效农业生产系统。

十三、创新性的直觉思维方法

人有耳、目、舌、鼻和身体,它们构成了人的听觉、视觉、味觉、嗅觉和触觉。人们认识客观世界,无论是获得直接知识还是间接知识,都离不开这五种感觉。

那么,人还有没有第六种感觉呢?如果有,它又是什么呢?人人都有第六感觉,它不是指人体的某一器官对客观事物的感知,而是凭直觉感知客观事物。所谓直觉思维方法,是思维主体从直接经验中,直接洞察出事物本质和规律的一种飞跃认识的创新性思维方法。直觉思维方法是一个发现范畴,因此是创新性思维的一个重要组成部分。有时,人们称直觉思维是"思维的洞察力",有时也称为"心灵感应能力",它具有独特的"智慧视力"的作用。我国玄学家称,人具有超能力,只不过有些人多一些,有些人少一些,例如音乐的潜能,世界音乐奇才帕瓦洛蒂就是一个典型的例子。

直觉思维方法与逻辑思维方法是完全不同的,它具有自身的独有特点,概括起来主要有以下 5 点:

1. 直接性

直接经验是产生直觉思维的基础,它产生的机制是:直接经验——直觉(顿悟)。也就是说,从直接经验到直觉思维的产生是直接的,既不需要中介,也无须有意识的思考,就能够洞察出事物的实质或变化的规律。爱因斯坦认为,"从特殊到一般的道路是直觉的,而从一般到特殊的道路是逻辑的",直觉思维就是"直接的顿悟"。

2. 非自觉性

人们在思考问题时,有时是自觉的,有时是非自觉的。所谓自觉性,是人们根据已有的事实材料,按照一定的目的,一步步地归纳、演绎,以便得到所希望的新认识。而非自觉性则刚刚相反,或是一个偶然机会,或是在睡觉前、散步中、洗澡时,一个特殊的信息与记忆中的其他信息相碰撞,获得了经验事实中无法得到的新联系,这就是直觉思维的产品。

3. 瞬时性

直觉思维与灵感思维一样,它往往是一瞬时的顿悟。例如,阿基米德悟到浮力定律,是在浴盆里洗澡的时候;哈维发现血液循环,是在海边散步想到环球旅行的时候;杨振宁和李政道解决宇称不守恒定律的关键问题,是在纽约餐馆吃饭的时候。当然,他们的这些直觉并不是凭空想出来的,都是以丰富的经验和经久的思索为基础的。

4. 非必然性

这一点是直觉思维与逻辑思维不同的地方,即直觉思维具有一定的或然性。也就是说,直觉思维虽然能够揭示事物的本质与规律,但这在很大程度上仍然带有假设的性质,其正确性尚待进一步证实。例如,爱因斯坦关于狭义相对论的质能关系式 $E=mc^2$ 的假说的正确性,直到第一颗原子弹爆炸成功以后,方得到证实。

5. 随机性

直觉思维不是按照预先的设计而出现的,也是不能按照固定程序操作的。它像是一位傲慢的客人,有时不请自来,有时三请四请也不来。因此,我们要做捕捉直觉思维的有心人,积极营造滋生直觉思维的条件,一旦当它到来时,就要把它抓住,并把它转化为创新的成果。

直觉思维与灵感思维都具有创造性的特点,二者既有联系又有区别。一般说来,灵感思维有助于强化直觉思维,使直觉思维的"智慧视力"更加敏锐。直觉思维具有自主性和理智性,而灵感思维必然达到直觉的领悟,但直觉思维不一定出现在灵感中。另一方面,直觉思维与灵感思维的创造性也是有区别的,前者是间接的,而后者是直接的。科学家多运用直觉思维,而文学艺术家更偏爱灵感思维。它们所不同的是,文学家的灵感一来,想到佳句就马上记下来,一经整理,即可成文;而科学家在直觉思维产生以后,还要走一段比文学家更为艰苦的路程。

十四、集体智慧法

利用集体的智慧和群体的交汇想象,也是获得大量创新性设想和思路的有效途径。科学技术越发展,集体智慧的作用越是突出。20 世纪之前,人类进行创造活动的主要方式是个人单独进行探索,20 世纪以来,科学创造活动日益社会化,创造发明的方式由主要依靠个人的聪明才智转变为依靠集体的智慧。集体智慧法应运而生。

头脑风暴法永远与美国创造学家奥斯本的名字联在一起。20 世纪 40 年代,奥斯本任美国广告代理店副经理时提出这种开会的方法,旨在使与会者多出主意,他首先用这种方法在广告创作上取得效果,以后推广到其他方面,大获成功,这种方法因此而风靡一时。

头脑风暴法规定，每次会议人数6~12人，会议时间20~60 min。会议发起者在事先把要解决的问题告知大家，使与会者明确召开会议的目的。会议开始并不急于讨论问题，而是极力制造一种轻松愉快的气氛，例如可以请人讲幽默的故事，逗人发笑，然后再自由畅谈讨论主题。为鼓励与会者发表见解，会议做了一些规定（规则）。了解这些规定，对于我们的领导干部怎样把会开得富有成效也是大有裨益的。

一是平等原则。即与会者不论职位高低都是平等的出谋划策者，身居高位者不能以俯视、评判的姿态出现。

二是延迟批判原则。对任何见解禁止做批评，避免说具有批判性或带有感情色彩的话。

三是以量求质原则。即认为见解和建议越多越好，量多是质高的前提和保证。

四是自由畅想原则。要求与会者不受常识和已知条件的束缚，善于从多角度、多方面考虑问题。

显然，前三条原则为自由畅想原则的实行做了准备。会议结束后，主持人对与会者所提见解和建议加工整理后，再寄给与会者，收集他们在会后产生的新的想法。

头脑风暴法可以收到很好的效果。据称在60 min的会议中，最多能产生150~200个设想，与会者在会后又提出数十个设想和建议，寄回给主持人。一些绝妙的主意就出自其中。有一年，美国北部下大雪，积雪压断了高压电线，造成重大损失，为此美国通用电力公司召开会议，以期用头脑风暴法找出解决方案。有人提议用线路加温器消融积雪，有人则提议安装振荡器以抖掉积雪，也有人幽默地提出："最简便的方法莫过于用大扫帚沿线清扫一下"，这句话激起了另一位与会者的思想火花："用扫帚来清扫？我们开架直升机不就行了吗？"确实，飞机的速度和风力足以快速地吹掉高压线上的积雪，最后采用这一方案果然奏效。

头脑风暴法之所以能激发创新性思维，是因为集体讨论能激发热情，形成竞争机制，激发表现欲望，引发联想反应，碰撞出思想火花。自此以后，人们仿照这种方法，并加以改进，又提出了一些方法，如克里斯多夫智暴法，要求与会者把想法写在卡片上，这样可以吸取不善于口述者的意见。戈登智暴法则把要解决的问题包含在广义的问题中分阶段提出，更有利引起人们的广泛联想。反向头脑风暴法，要求与会者紧密围绕主题发表意见，但只能对他人的意见做反驳与质疑。反向头脑风暴法与头脑风暴法在功能上是互补的，往往配合着使用，使提出的建议和设想更周到、更完美。

第三章　创新性学习

创新性学习能力,是创新精神和实践能力的一个重要组成部分,也是大学生必备的重要能力。大学生在学习过程中注重树立高层次的学习价值观,理解创新性学习过程的本质特点,构建科学的学习模式,掌握科学的学习方法,对于培养创新性学习能力,以适应社会和将来工作的需要,具有重要的现实意义。

第一节　什么是创新性学习

一、创新性学习的含义

《学无止境》认为,学习有两种类型,一是维持性学习,这"是一种目的在于维持现有体制或已建立的生活方式的学习"。维持性学习,也称为适应性学习。它的功能在于获得已有的知识和经验,以提高解决当前已经发生的问题的能力,即"学会"。二是创新性学习,这"是一种可以带来变化、更新、重建和重新系统地阐述问题的学习"。创新性学习,也称为自主创新性学习,它的功能在于通过学习提高一个人发现、吸收新信息和提出新问题的能力,以适应社会的飞速发展和日新月异的变化。创新性学习,往往把学习过程当作一种创造性劳动。大学生在接受知识时,要像前人创造知识那样去思考,去再发现问题,在解决问题的各种学习实践活动中,力图提出有新意的甚至是有创新的见解和方法,在积累知识的同时注意不断地培养、发展自己的创新性学习能力。

二、创新性学习与维持性学习的关系

1. 从学习目的看

维持性学习的目的是继承前人已有的知识以求应用,承袭前人的成果以求再现,因而注重知识的接受、理解、记忆、运用,讲究"衣钵相传",追求"得道真传";而创新性学习则以在继承前人知识的基础上发展、开拓、创新为目的,因而注重知识的发展性理解,了解知识的过去、现在,展望未来,掌握已知领域,展望未知领域,追求"青出于蓝而胜于蓝""踏着前人的肩膀向上攀登"。

2. 从学习目标看

维持性学习以完善掌握前人知识为终点,以提高应用能力解决实际问题为目标,因而注重知识的系统性、完整性,注重应用的技能、技巧,讲究"根底深厚""熟能生巧";而创新性学习则以掌握前人知识为起点,以应用并且发展知识为目标,因而注重知识的相对真理性、发展性,注重为发展知识而去掌握知识,在提高应用能力的基础上培养创新的能力和技巧,讲究"温故知新""推陈出新"。

3. 从学习标准看

维持性学习以掌握知识的深度、广度和应用能力的强弱为标准,因而注重知识的广博性、学科体系的完整性、应用知识的熟练程度,形成了一套考试测验方法。考试成绩被视为学习成果唯一的衡量标准,加上种种社会因素,造成了"应试教育"的诸多弊病,造就的是"知识库"型人才;而创新性学习则以建立合理的知识结构、提高应用和创新能力为标准,不盲目追求掌握知识的数量,注重知识的结构,注重获取新知识的方法,注重分析和解决问题的实践能力,把学习能力、实践能力、创新能力视为衡量学习成果同等重要的标准。

4. 从学习内容看

维持性学习以结论性知识、书本知识、应用操作性知识为主。学生面对的是"天衣无缝"的教科书理论体系和种种规则,很少能看到千百年来知识发展变化的历史踪迹,也无法从中获得开拓创新的灵感,甚至只是一些脱离实际的空洞教条。这样的学习内容,我们没有理由责怪学生死读书、读死书;而创新性学习则在掌握结论性知识基础上,进一步追求知识产生发展过程和获得新知的方法,追求书本背后的东西,既要知识的"金子",也要"点石成金"的手指。这样的学习内容,必然是丰富多彩的、生动活泼的、不断发展的知识体系,在重视结论性知识的同时,方法性知识也必定占有相当比重。

5. 从学习态度看

维持性学习囿于前人知识窠臼,缺乏开拓创新的视界和眼光,满足于知识财富的获得,形成小富则安的因循守旧心理,视前人知识为万古不变的教条,"不敢越雷池一步",造成唯书、唯上教条主义的学风,创新精神被无形抑制;而创新性学习则以发展、批判的眼光审视一切知识,以追求真理的精神不断探究反映客观规律的真理,并且不断探究反映真理的客观规律,不盲目崇拜前人、权威,赞成孟子所说的"尽信书不如无书",以柏拉图"吾爱吾师,吾尤爱真理"的精神,敢于向前人、权威挑战,即使最后证明前人获得的真理性知识不可动摇,也将在批判、探究中获得对知识的深刻理解。

6. 从学习思维看

维持性学习偏爱形式逻辑思维、收敛思维,造成思维的封闭性、局限性,分析问题依赖刻板的逻辑规则,解决问题依赖单纯的逻辑推理,习惯于解题运算的唯一正确答案,拘泥于操作规程的固定程序,因循前人的经验和思路,鲜有独立思考和见解;而创新性学习则不满足于形式逻辑思维,同时十分注重辩证逻辑思维、发散思维、创新思维,形成思维的开放性、求异性,即重视前人获得的结论性知识,尤其重视前人创新知识的思维路径和特点,如爱因斯坦所说,"发展独立思考和独立判断的一般能力,应当始终放在首位"。这种在学习过程中进行的创新思维训练,不仅能极大地提高学习深度和质量,而且为以后工作中的创新和创造提供了锐利的思维武器。

7. 从学习方法看

维持性学习以认知方法为主,推崇师承学习,注重博闻强记,提倡熟读经典要成诵精熟、倒背如流,主张掌握知识过程是"一讲、二练、三考",学会应用知识依靠"举一反三""熟能生巧"。围绕对前人知识的完全吸收、消化、掌握,讲究依照认知规律运用科学的学习方法、提高认知能力。而创新性学习则主张以探究式学习方法为主,提倡用探索和研究的方法进行学习,在学习中提高探索和研究的能力;认为探究式学习既有利于对前人知识的深刻掌握,更利于培养创新和创造能力。"发现法"学习的倡导者皮亚杰主张,"一切真理都要让学生自己获得,或者由他重新发明,至少由他重建,而不是简单地传递给他"。《美国国家科学教育标准》提出,"学科学的中心环节是探究"。卡内基教学促进基金会的报告《重建本科生教育:美国研究型大学发展蓝图》也提出:"本报告倡导的以探索为本的学习要求在本科生教育方式上进行深刻的重构""本报告所体现的理念,将把流行的学生作为接受者的文化转变为一种学生作为探索者的文化,一种教师、研究生、本科生共同进行探索之旅的文化"。

8. 从师生关系看

由于维持性学习着重知识的灌输、传承,强调以教师为中心,师道尊严被推崇到神圣不可侵犯的地位,学生处于被动接受的不平等地位。古人提倡的教学相长实际上已不复存在,青少年探索求新的天性从小就被无情地抑制,甚至有些青少年被训练成唯唯诺诺的庸才。学生学习缺乏自觉性、主动性、积极性,把学习视为苦差事,渴望获得解放。而创新性学习,由于着重在继承前人知识的基础上引向创新、创造,因而提倡"学为主体、教为主导",师生之间是一种共同探究的合作平等关系。教师的任务在引导、帮助学生学习,真正把学生放在学习的主体地位,全面履行"传道、授业、解惑"的职责,即不仅要"授业、解惑",更要向学生传做人之道、治学之道。唯有这样的师生关系,才能使青少年探索创新的火光不致湮灭。

9. 从学习规格看

国家和教育机构制定的学习质量规格,出于维持性学习的理念,侧重在统一的规格要求,甚至走向千人一面的模式化极端,创新人才培养所需要的多样化、个性化发展被这种统一化、规格化所淹没,创新人才失去了赖以成长的土壤。而出于创新性学习理念的学习质量规格,则主张在必需的基本规格的基础上,侧重打造人才多样化、个性化的发展环境,积极推行学分制、双学位制等有利于创新人才成长的教学体制和措施。

10. 从学习与创新关系看

维持性学习认为,创新能力主要和掌握知识的多少有关,而与怎样获取知识的学习过程无关,认为学习过程和创造过程是截然分开的两个阶段,教师常常对学生在学习过程中迸发出来的创新火花、对学生提出的一些"奇思怪想"抱不屑一顾甚至奚落贬斥的态度,以为是好高骛远的有害行为,会影响承袭前人知识的主要任务,并因此对创新学习抱否定或怀疑态度。这种认识产生于误以为创新性学习是要求学生在基础学习阶段就从事创新、创造活动,是提倡学生不掌握基本知识就急于去搞创造发明。如果那样理解创新性学习,自然是违反客观规律、是荒谬的。实际上创新性学习认为,创新能力不仅和掌握知识的多少有关,和知识内容的结构有关,而且和学习过程中获得知识的方法有关。显然,单纯的"知识库"型人才,不过是"立地书橱",很难有创新能力;教条主义的"记问之学",也难以成就创新人才。从本质上看不难发现,学习过程和创新过程在思维形式和科学方法上是高度一致和密切相关的,在科学研究和创新中需要的观察能力、分析能力、思维能力、判断能力、想象能力、实验能力等,不仅要在学习中培养,而且是提高学习质量的必需条件。说到底,创新是不断追求反映客观规律的真理;而学习的核心在于追求反映真理的客观规律;创新性学习正是追求这二者之间的统一。因此,创新性学习绝非要求学生在基础学习阶段就从事创新活动、获得创新成果（研究生和极少数优异学生除外），而是要把主要精力集中在"追求反映真理的客观规律"上，也就是说，要着力提高学习能力、实践能力和创新能力。关键是，这种要求必须通过创新性学习才能真正达到。

从以上比较中可以看出：

第一，维持性学习和创新性学习不是彼此对立、互不联系的两种学习理念。维持性学习是创新性学习的基础；创新性学习是维持性学习的发展和提升。不能否定维持性学习，它有着历史性作用和现实性作用，但又不能停留于维持性学习，不能漠视单纯维持性学习的弊病，特别不能忽视其对创新能力培养的抑制影响。必须努力在维持性学习基础上向创新性学习发展。

第二，创新性学习不是维持性学习的简单提升，而是必须对维持性学习有所扬弃。即某些方面要发展、提高，某些方面要舍弃、改变，要看到二者之间在学习理念上的本质区别。

第三，创新性学习不是近代才产生的，其历史和维持性学习一样久远。从孟子的"尽信书不如无书"，荀子的"青出于蓝而胜于蓝"，到王充的"距师""问难"、反对"信师是古"，到朱熹的"温故知新"、张载的"守旧无功"，即使在被认为是"因循守旧"的儒家文化中，也闪耀着创新性学习思想的光辉。歌德有一句名言："单学知识仍然是蠢人。"德国教育家第斯多惠说得很尖刻："一个坏的教师奉送真理，一个好的教师则教人发现真理。"从"发现法学习"到"以探究为主的学习"，西方的现代教育思想极为重视创新性学习。知识经济社会和学习化社会的到来，使创新性学习受到更大的重视。

通过以上分析，我们可以用以下一句话来概括创新性学习：创新性学习是在继承前人知识的基础上以应用知识并发展知识为目的，通过有利于培养创新精神和创造能力的学习方式进行学习的教学理念。

第二节　创新性学习的形成机制

"人是在创造活动中并通过创造活动来完善自己的。"一个人只有通过创造才能在以知识为基础的经济社会中缔造新格局，才能为社会做出更大的贡献，才能使本身得到充分的发展，成为一个完善的人。创新精神和创新能力要经过大量的创新磨砺方能发展起来，教育就是理想的磨砺途径之一，但由于教育既有培养创造精神的力量，也有压抑创造精神的力量，为了保证教育对创新性的弘扬和扶植，就要从思想观念到具体操作层面对教育进行全面的重新审视和革新，一个重要的方面就是把重点放在引导学生完成关于学习观念的实质性转变，并在此过程中建立起创新性学习机制。

一、大学生的学习需要革命

对于在校的大学生，学会学习是最基本的任务。然而，在传统教育思想和教学方式的束缚下，大学生的学习中还存在着很多不利于提高学习能力和创新能力的现象。

1. 在学习方式上，从师型过多，自主型过少

学生进课堂听教师讲课，本是天经地义的事，但是很多学生对教师、对课堂依赖性过

强,完全跟着教师的指挥棒转,自我发挥不够,主动钻研不够,独立学习能力不强。我们的课堂教学,教师大多讲得很细,使学生当堂就能全听懂,课后用不着再下功夫。教师就像喂婴儿一样,把食物嚼得很细,口对口地喂给学生,学生吃得很省劲、很舒服,但是日积月累,学生自己找食吃的能力和消化能力都退化了,其独立学习的能力及创新能力便明显不足。

2. 在思维方式上,求同性过多,求异性过少

教师要求学生按自己的思路一步步走下去,学生认为能读懂教材的内容,听懂教师的讲授,自己的理解与书上写的、教师讲的相同,就是学会了,就完成了学习任务。习惯于"是这样",而不习惯于提出"为什么是这样,为什么不能那样"。

3. 在学习状态上,盲从型过多,问题型过少

教师们普遍反映,辅导答疑时间来提问题的学生极少,只有到了考试前,学生才纷纷来打听考试要求的范围,或问一些应试所急需解决的问题。而在学习过程中,对学习内容的理解处于似是而非状态的人有很多;就算是那些所谓学习好的学生,深层次的问题也会很多。无论是哪种程度的学生,围绕着学过的内容去思考问题、提出问题、研究问题和解决问题,是学习向前推进的最重要的方式和步骤。然而从教学实践来看,学生不乐于提问题或提不出问题,这本身就是学习中的一个大问题。

4. 在学习层次上,继承性过多,创新性过少

大学生的学习,首先是继承前人积累的科学和文化遗产,为以后的学习和创新打好基础,所以继承性学习是必要的。然而,大学的学习与中学相比,要更强调创新;今天的学习与过去的学习相比,也要更强调创新。这种创新不一定是知识上的创新,也不一定要创造一个新概念或新定理,而是创新性学习。在掌握知识的过程中,就可以体现出创新性。"知识"二字,可以一分为二:"知"表示对信息的接收、获取和储存,而"识"则意味着识别、判断、分析,是对信息的消化和处理。"知"是接受别人的东西,"识"是自我加工和运作。同样的信息被不同的人接收,会有不同的作用和效果,原因就在于"识"的程度不同。"知"具有继承性,而"识"则带有创新性。如果说中学生的学习重在获知,则大学生的学习应重在求识。在现实中,很多大学生还没有很好地实现从中学到大学学习方式和学习层次的转变,求识的意识不强,创新性学习很不够。

5. 在学习情感上,应试型过多,兴趣型过少

学习是为了应对考试,而不是凭自己的兴趣去探索和钻研。一部分学习吃力或不下功夫的学生,学习的直接目标是考试过关,"60分万岁";一部分学习基础较好的学生准备考研究生,主要精力放在啃考研的几门课,要在几张考研试卷上决定自己的前途和命运;其余的学生中,由于评奖学金、发展入党、评各种先进等都要与学习成绩挂钩,所以大多数人在为考个好成绩而奋斗。在这个过程中,能够带着兴趣学习的学生为数很少。然而,学习需要有兴趣,有了兴趣,才能真正调动起自身的内在动力,真正地钻研进去,乐此不疲,真正成为自己学习的主人,这是学习的基本规律之一。

以上"五多五少",是由于我们传统的教育方式和学习习惯所形成的,在我国各级各类学校中都长期地不同程度地存在,是我国民族创新力不足的一个重要根源。改变这种状态,首先需要从转变学习观念开始。

二、树立面向未来的学习观

学习观是学生学习的指导思想,学习观决定了学习方式和学习效果。无论是学习内容的选择还是学习方法的改进,都直接与学习观念的更新密切相关。我们认为大学生应该树立以下四个方面的学习观。

(一)修身学习观

学生在学校接受的教育至少包括两大方面:其一是谋生所需的知识技能;其二是有关立身处世的人格教育。只有知识技能和人格修养的协调发展,才能造就一个全面发展的大学生。而学会做人乃是立身之本。

我国是一个具有悠久历史的文明古国,历来十分重视立身处世之道。所谓立身,是指培养高尚的思想道德品质,树立正确的人生观,确定做人的价值标准。我国最早的儒家经典《大学》有云:"物格而后知至,知至而后意诚,意诚而后心正,心正而后身修,身修而后家齐,家齐而后国治,国治而后天下平。"又说:"自天子以至于庶人,壹是皆以修身为本。"两千多年来,这些箴言一直是文人学士们道德修养的理论基础,是祖国优秀传统文化的遗产,应当在新形势下发扬光大。

大约在一百年之前,西方人曾把中国的落后归咎于儒家的说教和社会道德观念。然而,到了20世纪90年代初,西方人发现:亚洲四小龙经济腾飞的原因之一是中国具有以儒家文化为特征的社会传统。相比之下,西方国家实现工业化后,暴力、吸毒、艾滋病、家庭破裂和非婚生育等社会问题日趋严重。于是,一些西方的开明人士,抛弃了历史的偏见,把希望的目光投向了东方文化。

1988年,全世界健在的诺贝尔奖得主在法国巴黎召开会议,在会议结束时发表宣言指出:"如果人类要在21世纪生存下去,必须回溯2 500年,去吸收孔子的智慧。东方文化经过重新锤炼,必将焕发青春,鉴照今天与未来。它属于中国,也属于世界;它属于过去,也会照耀未来。"梁漱溟先生曾说过:"中国传统文化,是人类未来文化之早熟,世界的未来,将是中国文化的复兴。"一边是中国文化的巨擘,一边是西方的科学巨匠,但是他们的见解不谋而合,这无疑揭示了新世纪的发展理念与东方文化之间的某种内在联系。

东方文化的主流乃是以孔子为代表的儒家文化。孔子是中国教育的鼻祖,被尊称为"至圣先师"。陈立夫先生在评价孔学时曾说:"孔子一生的学问,就是发现了'仁'字的真义,'仁'字从二从人,其意义就是非一人生存之私而为二人以上共生共存之人际关系,亦即是'公'。所以孔学可称之为仁学,其所重视的问题,就是'人道',俗称做人的道理,亦可称之为'人理'。"正是基于这种理念,人民教育家陶行知先生才提出了"千教万教教人求真,千学万学学做真人"的箴言。

1998年,江泽民同志在庆祝北京大学建校一百周年大会上的讲话中明确指出:"求知与修养相结合,是中华民族的一个优秀文化传统。没有好的思想品德,也不可能把学到的知识真正奉献给祖国和人民,也就难以大有作为。青年时期注重思想修养,陶冶情操,努力树立正确的世界观、人生观、价值观,对自己一生的奋斗和成就将会产生长远而巨大的作用。"因此,德才兼备,把德育放在首位,仍是对新世纪合格人才的第一位要求。

(二)自主学习观

自主学习就是学生自己主动地学习、有主见地学习。自主学习具有以下六个特征：

1. 自我激励

自我激励是进行自主学习的前提。对于相当多的学生来说，不是学不好，而是没有好好学。持续激励自己，保持勤奋刻苦的学习劲头、探索求知的学习热情和坚忍不拔的学习毅力，是任何人学有所成的必要条件。

2. 自我识别

自我识别是自主学习的基础，就是学生对自己的智能特点、长短所在、兴趣爱好和学习状态的基本估价。例如，自己的个性体现在哪里？最有可能在哪些方面取得更大成就以至突破和创新？自己在学习上的特点是什么？在接受知识、培养能力过程中哪些方法最适用自己？这些都是在学习中需要自我识别的问题。

3. 自我选择

学习的方法林林总总，可学的知识无穷无尽。哪些方法对自己最有效？哪些知识自己最需要？这是不可回避的自我选择问题。这种选择是一种能力、一种智慧，要由自己去把握、去运作。三百多年前，培根说："知识就是力量"，今天，我们应该说："要选择最有力量的知识"。

4. 自我培养

大学生的学习是在自己的大脑中进行的，任何人都不能代替，也无法强行干预。学生在充分利用教师教的作用同时，要充分发挥自己的主观能动性，立足于自我培养。这种自我培养，就是不断地激发自己的学习热情，注意摸索和总结适合自己的学习方法，在各个学习环节中强化学习的主人意识和学习主体意识，通过自己的努力，实现知识的吸收和能力的提高。

5. 自我控制

大学生的学习需要自我控制。自我控制就是根据自己的学习状况和学习要求适时地修正学习目标，优化学习策略，调整学习方向，改进学习方法。

6. 自我评价

自我评价能够随时感知和评估自己的学习状态和学习效果，比自我识别更具有动态性，能产生更多的有效信息，是调整、完善自己的学习策略、学习计划、学习方法，把握学习力度的基本依据。

自主学习与自学既有联系又不相同。自主学习是一种学习体系，是学习观念、方式与方法的集合。而自学只是一种学习方式，是自主学习的一种体现。当然，自学能力是每一个大学生都必须培养和具备的能力，只有学会自学，才能真正实现自主学习。

(三)创新学习观

创新性学习具有3个基本特征：

1. 预期性

创新性学习的预期性表现为，它是一种积极的生存方式和学习态度。它要求我们主动面对现实世界的实际问题，面对人们的具体生活，为使现实世界变得更加美好，为改善人生而去获取知识和能力。它不满足于对前人已有知识的继承和理解,而是不停地探索、发现和创造,为将来做好必要的准备。创新性学习代表着一种面向未来的超前学习思想,它集中反映了学习者的个性思维和主动精神。

2. 参与性

如果说预期性反映的是创新性学习的思维特点,那么参与性则体现了创新性学习的社会实践功能。创新性学习是一种在完全平等、民主的体制下积极参与的学习和实践过程。美国心理学家罗杰斯认为,有效的意义学习是将学习材料中有意义的内容与学生个人的意义结合起来,或者说是让学生在学习中发现属于自己的意义。许多教师认为很有意义的材料,在学生看来可能就没有意义;而教师认为没有意义的东西,学生倒很有可能发现其极高的价值。这只有通过平等讨论和共同参与的实践才能得到澄清。对有些暂时无法澄清的问题,在美国的学校教育中教师则要遵循这样的原则:教师不能对学生的见解性观点做或是或非的判断。因此,这种参与性是创新性学习得以不断发展提高的动力,是优化创新意识、创新思维为创新实践的保证。同时,通过参与性学习,将有效地引导学生培养团体意识和行为,以及社会归属感、义务感、责任感等。有人提出,当你掌握了某项知识的60%的时候,就要开始运用和实践,并在运用和实践过程中补充和提高自己。这可能是现代人学习的一种最明智的做法。因为这种学习观念包含了创新性学习的重要精神,显示出创新性学习的参与性和实践性特征。

3. 独创性

创新性学习的独创性表现在学习者不满足于获得现成的答案或结果,对所学习的内容能展开独立思考,进行多向思维,善于发现事物之间的联系,并把它们综合为整体来认识,能创造性地运用所学习的知识去适应新情况、探索新问题,使自身得到发展。对学生的学习而言,其独创性不一定是首创前所未有的新知识、新见解,而应包括以下更多的内涵:在学习上能举一反三,灵活运用知识;有丰富的想象力,喜欢出"新点子"和解难题;具有发散思维,爱标新立异和发表与别人不同的见解;不轻易相信书本上的结论,而以怀疑的眼光审视一切;不满足于已揭示的知识间的联系,而试图建立各种知识间的新结构;善于利用所学的知识解决日常生活中遇到的各种问题及喜欢进行小发明、小制作、小设计等。也就是说,独创性这个概念不仅与学生的学习活动及结果相联系,更重要的是指向学生主体的品质、特征和属性。正如著名心理学家马斯洛所指出的,创造性首先强调的是人格,而不是成就,因为这些成就是人格放射出来的副现象,因此对人格来说,成就是第二位的。

(四) 终身学习观

终身学习是新世纪知识经济、知识社会发展和人的发展的必然要求。

首先,新世纪是科技发展日新月异和知识、信息呈爆炸式膨胀的时代。据权威预测,未来30年,人类的科技知识总量将在现有基础上再增加100倍。随着知识总量的迅猛扩张,知识更新速度的加快,一个大学本科毕业生在校期间所学的知识仅占一生中所需知识的10%左右,而其余90%的知识都要在工作中不断学习和获取。国外有研究表明,在农业经济时代,人们只要在7~14岁接受教育,就足以应付往后40年工作生涯之所需;在工业经济时代,人们求学的时间延长为5~22岁;而在知识经济时代,学习将成为人们的终身需要。人们只有不断学习,更新知识,才能跟上时代的步伐。

其次,新世纪也是经济结构和就业结构发生重大变化的时代。从一定意义上说,人类社会劳动的全部历史,就是一部从改造传统产业到形成新兴产业的发展历史。从国外的经验看,科技创新的进程引起的就业结构变化有两个特点:一是服务业对劳动力的需求越来越高于物质生产部门;二是脑力劳动者数量越来越高于体力劳动者。因此,在新世纪,劳动者不断地从低技能职位向高技能职位迁移将成为必然趋势,知识劳动者将成为社会劳动力的主体。社会劳动力的这种结构性变化意味着绝大多数国民都必须适应知识劳动的要求。即在新世纪,知识性工作与创新必然与学习合二为一。当你在从事知识性工作时,你就是在学习;同时,你也必须终身不断地学习,才能有效地从事知识劳动。在这个意义上讲,终身学习不仅仅是一种修养,更是人生存的基本手段。

再次,新世纪还是人们的职业和岗位变动更加频繁的时代。研究表明,在工业发达国家,在过去15年的时间里,由于自动化技术的发展,8 000多个原有的技术工种消失了,与此同时出现了6 000多个新的技术工种。美国人平均每人一生流动12次,经济合作与发展组织国家每人平均5年改换一次工作。这些情况表明,以往那种人们梦寐以求的"终身职业"已成明日黄花,一次性学校"充电"、一辈子工作中"放电"的时代已成为历史。作为学生,应该自觉建立终身学习观,把学习扩展至人的一生,使终身学习真正成为"21世纪的生存概念",并在大学学习阶段,为终身学习打下坚实的基础。

三、关于创新性学习的探讨

要把大学生培养成创新人才,首先需要引导他们开展创新性学习。创新性学习并不一定要求创造发明,而是要求在学习活动中激发创新意识,培养创新思维,养成创新性格,提高创新能力。要树立创新学习观,克服创新的神秘感。著名教育家陶行知说:"处处是创造之地,天天是创造之时,人人是创造之人。"创新性学习是每一个大学生都能做到也应该做的事情。

1. 培养创新思维

一切创新活动,都起源于创新性的思考,创新思维是一切创新活动的开始,并贯穿于创新活动。科学家的科学发现,工程专家的技术发明,政治家的治国方略,企业家的营销之术,大学生的创新学习,都是创新思维的具体体现。因此,创新的核心因素是创新思维,这也是培养创新人才的关键。

2. 培养创新性格

培养创新型性格是创新性学习的基础。创新人才的成长过程是一个不断养成和完善自身性格的过程。对创新型性格至少有如下几方面的要求:

(1)求知的欲望与探索的兴趣。旺盛的求知欲和浓厚的探索兴趣是创新人才的重要性格特征。

(2)怀疑态度与独立精神。创新活动始于问题,而问题则是由怀疑开始的。因此,怀疑是创新思维的开端,怀疑精神是创新者必不可少的基本素质之一。

(3)自信与勇气。自信是一个人能否成功的重要品质。只有相信自己,树立必胜的信心,才能激发起进取的勇气,最大限度地挖掘自身的潜力。

（4）意志与毅力。创新成果并不是唾手可得的，创新往往是长期、艰苦、充满困难与坎坷的事情。要实现创新，不仅需要精力上的投入，还需要坚强的意志和坚持不懈、百折不挠的毅力。

（5）合作精神。现在已不是牛顿时代单枪匹马地发现和发明的时候了。现代社会已进入大科学时代，科学研究、工程项目和其他实际工作的完成都要靠团队、讲合作。

3. 培养创新能力

培养创新能力的机会在大学生的学习过程中随处都有，每个学生都可以抓住机会培养自己的创新能力。

（1）创造性地听课与看书。听课时不仅要掌握知识本身，更要思考问题提出的思路和思维方法。对教师的讲授和书上的内容，不仅要采取求同思维，解决"为什么是这样"的问题，还要采取求异性思维，提出"不这样行不行"，"还有没有更好的或其他的办法"这类问题；对教师的结论与书上的结果，还要问一问"有什么局限性"，"如果我来做，一定是这样吗"之类的问题。要强化教学过程中的参与意识，课堂上积极思考，经常发现一些问题，通过课堂提问或课下质疑来讨论这些问题。要养成在教材上加评论与批注的读书习惯，力求在课堂上或书本里发现问题，提出问题。

（2）创造性地做作业。要一题多解，不满足于求得一种结果，而是追求不同的思路和方法，然后再通过分析和比较，找出最巧妙、最合理的解题方法。如果对解题的过程和结果从不同的角度进行分析、推理，有时可派生出新的知识和体会。要对理论问题找原形，把书本上、课堂上的内容和社会上或工程中的实际问题联系起来，培养问题来源于实践、又回到实践中去的意识。

（3）创造性地做实验。学生除完成一些验证性实验外，应格外重视做一些设计型、综合型的实验，而且应尽可能独立完成，实现自我设计、自我操作、自我分析、自我总结。要在实验中养成细心观察、善于分析的好习惯，不满足于书本上所限定的结论，大胆地提出疑问和设想。

（4）在课程设计、毕业设计中力争有所创新。这些教学环节往往要求针对一个实际问题提出方案，完成设计。面对这类问题，要分析要求，查阅资料，确定方案，给出总体设计和每部分的设计，很多题目还要求实际制作，完成调试，甚至形成产品。这个过程中的每一步，对学生独立工作能力、创新能力的锻炼都很重要。

（5）在各种课外活动中锻炼创新能力。大学课外活动形式多样，是培养创新能力的重要环节。如参与课外科技活动、大学生创新性实验计划、各种竞赛活动，参加教师的科研、各种社会实践，写读书报告、综述报告、现场实习或调研报告、科普论文甚至是学术论文等。

第三节 自我设计

人们都知道，要设计一种高质量的产品，或建筑一座漂亮的大厦，都必须先有高质量的设计方案。在人才的培养上也是一样，也必须搞好人才培养的设计。实际上，大学制订的培养目标，就是我们培养人才"产品"的设计蓝图。一个人要成才，必须首先立志，选择最佳的成长道路。在这里,不管是立志或是选择成长道路,实际上都是自我设计。可见,人才成长中的自我设计,是一种客观存在的普遍现象,也是当代大学生学习、成才的一条规律。

大学生处在长身体、长知识的黄金时期,追求成才和成功,是每个具有事业心的大学生的愿望。那么,对于一个大学生来说,如何来制订自我设计方案呢?根据人才成长的一般规律,我们认为重要的有以下几点。

一、选定目标,追求最高的价值观

目标是人的心理活动的反映,是人的意志活动的升华,是规定人们行动的指挥棒。一个人无论做何种事都不能没有目标,无目的的行动是盲目的行动,也肯定收不到好的效果。

创新性学习的目标不同于普通目标,它是一种最高层次的目标。有些人是为了获得大学文凭,于是只求门门功课及格,顺利拿到文凭就满足了;有的人是为了选择一个好的专业,大学毕业后能找到一份好的工作;也有的人是为了报考研究生,将来能拿到一个博士的桂冠等。所有这些,都是形式上的目标,而不是从本质上来规划自己的目标。怎样才能从本质上规划自己的目标呢?我们所说的本质是人的价值,每个人都应当有最大的价值,也就是为人类和社会做出最大贡献。文凭、职业和学衔只能反映一个人所受的教育程度,尽管它们可以为你的事业打下一定的基础,但毕竟不能完全决定你的成功与否,不能决定你的价值高低。

李政道先生一贯倡导要树立争第一的思想,他说:"不是第一,就是落后,就一定要赶上去,这个观念很重要。"争第一的思想,就是创新型人才的品格,就是追求最大的价值。每个大学生在制订目标时,都要有这个思想境界,要树立"立大志、求大智、做大事"的目标。只有这样,才能最大限度地激发你的全部精力,最充分地发挥你的才华,即使得不到第一,但也会获得最好的成就。

二、从实际出发,扬长避短

从实际出发,就是实事求是,正确地认识自己。美国第一任桂冠诗人沃伦(Robert Penn Warren)曾说:"是啊!你只要正确认识你自己,你就会获得成功和快乐。"在现实生活中,我们见到不少这样正反两方面的事例。有些人虽然才不出众,但能够从自己的实际出发,制订出切实可行的目标,并且努力去实现目标,结果获得了成功;也有些人把目标定高了,力所不及,不仅达不到高目标,甚至一事无成。因此,从实际出发很重要,对于智力高的人来说,如果目标定低了,则使才能发挥不出来;如果目标不符合自己的特点,也不可能做出成果。

在如何选定目标上,杨振宁先生可作为我们的楷模。杨振宁先生在文章《读书教学四十年》中,回忆了自己的成长道路,读后发人深省。他提到,对他一生影响最大的有三位教授,他们是费米、泰勒和艾里逊。最初,他跟着艾里逊教授从事实验物理研究工作,经过近20个月的工作,试验做得不太成功,他心里很不痛快。他的同学也同他开玩笑说:"凡是有爆炸的地方就有杨振宁。"然而,在考理论物理时,他却是佼佼者,同学们都考不过他。这说明，他不具备研究实验物理的特长，但却有专攻理论物理的天赋。于是，在艾里逊教授的建议下，他重新设计自己的目标，从实验物理转向了理论物理。这个转向是十分正确的，是扬长避短的一个范例，如果没有这次专业方向的转变，不仅没有杨先生的成功，也许宇称守恒定律也不可能被打破了。

三、全面规划，突出重点

创新活动是一种高级的思维活动，它不仅需要有高的智力，需要精通某一专业知识，而且还需要有多方面的素养，包括思想修养、多学科知识和艺术等。因此，在制订自我设计方案时，切不可"单打一"，既要有全面的规划，又要有主攻方向。

正确处理全面规划与突出重点，有时并不是很容易的。通常遇到两种偏向：一是面面俱到，没有个性，没有精深的专长；二是单科独进，只顾一点，不顾其余。这两者都有片面性，既不是真正意义上的全面发展，也不是所需要的重点突出。实际上，人的才华是相通的，除了少数的特例以外，具有高智力的人才一般是可以把这两者统一起来的。

按照创造性的原则，所谓的全面发展，是指各种思维能力得到全面的培养，要高标准地打好各科的基础，而绝不是蜻蜓点水。我们所说的重点，也是在高标准的全面发展基础上的重点，是创造性的个性，是特殊的专业爱好，是对某一研究领域的执着追求。在这一方面，美国经济学家西蒙（Herbert Alexander Simon）的学术研究道路颇有借鉴的价值。西蒙是美国著名的经济学家和多产的科学家，他精通经济学、计算机科学、心理学和行为科学等。他于1969年获美国心理学会的杰出科学家贡献奖；1975年获计算机科学界的国际最高奖——图灵奖；1978年获得诺贝尔经济学奖。他的学术研究道路与现代科学的多样化和综合化的趋势是同步的，他在跨学科的、无人涉足的领域中寻求，这里是产生新成果的沃土。他的经验是：兴趣要广泛，但在研究时，往往又要集中在某一重大课题上。大凡有成就的科学家，都有这样一些创造性的特质：他们对细小的问题，往往不介意，总是想解决那些最重要的疑难问题；他们总是去做书本上不允许做的事；他们总是企图闯入标有"禁止入内"的地区。

四、脚踏实地的实践行动

从心理学上说，行动是受意志支配的。对于大学生来说，制订自我设计的方案固然重要，但是实施方案更重要。一个切实可行的自我设计方案，不仅要有目标，而且要有切实可靠的实际措施，否则再好的方案，也只能是一纸空文而已。

青年是富有热情的，这是很可贵的财富，也是创新型人才必须具有的素质。但是，青年的心灵是脆弱的，正如幼小的树苗容易受折损一样。因此，大学生要逐步地完善自己的心理发展，经得起风吹雨打，增强抗干扰性。实现自我设计，不仅要有满腔的热情，而且要有扎扎实实地学习和研究的作风；不仅要解放思想，敢想、敢说、敢干，而且还要有细致、严谨、求实的作风。有了这一切良好素质，那么自我设计肯定会成功，大批创新型人才也会源源不断地涌现。

第四节　创建学习化团队

团队学习是创新性学习活动的典型特征,无论是参加大学生创新性实验计划、各类大学生科技竞赛,还是选修创新研修课程,都需要组建相应的学习团队。创建良好的学习伙伴关系和学习化团队(学习型组织),不仅是一种重要的学习能力,对团队中每个成员的学习效率产生着决定性的影响,而且对大学生健康人格的发展和协作、交往能力的培养具有不可替代的作用。

一、基本概念

(一)团队学习

团队学习既不同于个体学习,也不同于协作学习。因为在个体学习和协作学习中,学习的主体都是个体(协作学习是个体之间的协作,立足点仍然是个体),而在团队学习中,学习的主体不是个体,而是团队或群体。团队或群体虽然是由个体所组成的,但却是以整体的形式出现和存在的。当代系统科学的基本原理深刻地揭示出,整体不等于各部分之和。在有序化的整体和结构优化的组织中,整体的功能远远大于各部分功能之和,而在无序化的整体和结构不良组织中,整体的功能则小于各部分功能之和。学习化团队和学习型组织虽然是由个体学习者所组成的,但团队中的学习者已不再是孤立的个体学习者,而成为承担整体学习使命的团队成员,并从团队中获得接纳感、安全感、归属感和责任感。学习者之间以团队学习为共同愿景,以严格有序化的分工合作作为相互联系的纽带,他们共享学习资源、共闯学习难关,共创学习成就,成为不可分割的学习共同体。显然,在这样的学习共同体之中,学习的成果和效率必将大大超过个体学习者的总和,而且能使每一个学习者在学习群体中最充分地施展多方面的创新潜能,获得健康和谐的发展。

(二)学习型组织

"学习型组织"这一概念最初是由美国哈佛大学教授、系统动力学的创始人佛睿思特(Jay Forrester)在1965年发表的《企业的新设计》一文中首次提出的。他的学生,美国麻省理工学院彼得·圣吉博士将系统动力学的理论和方法成功地运用到企业的创新和培训中,系统地创立了"学习型组织"理论。

彼得·圣吉对激烈竞争的企业进行了系统和深入的考察,发现绝大多数企业都是短命的。而通过对寿命在100年以上的企业进行深入研究和概括总结,他获得了一个重大发现,所有"长寿企业"都有一个共同特征:具有很强的学习能力。这种学习不同于个体学习,也不是知识的学习,而是将企业作为一种具有生命活力的社会组织,对企业发展目标、现状和存在问题进行系统思考,改变企业决策者的心智模式(思维定式)。这是一种深刻的反思性学习,是以企业整体为学习主体的团队学习。正是在这种全新的学习模式中,企业决策者群体获得了清醒的自我意识,重新修订了可持续发展的企业目标,并以此作为共同愿景,组织团队学习,使企业上下获得新的凝聚力,焕发出为共同愿景而奋斗的生命活力,企业正是由此而不断实现自我超越,适应千变万化的复杂竞争环境,始终立于不败之地。

在1990年出版的《第五项修炼》一书中,彼得·圣吉对学习型组织的内涵做了概括:"学习型组织是一个不断创新、进步的组织,在其中,大家得以不断突破自己的能力上限,创造真心向往的结果,培养全新、前瞻而开阔的思考方式,全力实现共同的抱负,以及不断一起学习如何共同学习"。可见,以系统思考为特征的团队学习,是学习型组织存在和发展的生命源泉。

(三) 五项修炼

为了使学习型组织的理论转化为可操作性的实践模式,彼得·圣吉提出了创建学习型组织的五项技术,并在大量为实现企业改造而进行的培训实践中,总结出修炼这五项技术的具体方法和大量成功案例。

第一项修炼:自我超越(Personal Mastery)。自我超越的修炼需要不断理清并升华个人的真正愿望,在纷繁的世界中集中精力,培养耐心,加强定力,客观而冷静地观察现实,并用智慧来解决问题。自我超越的修炼兼容并蓄了东方和西方的文化传统,是学习型组织的精神基础。

第二项修炼:改善心智模式(Improving Mental Models)。心智模式根深蒂固于心中,影响我们如何了解这个世界,以及如何采取行动的许多假设、成见,或图像、印象。彼得·圣吉的研究发现,新的想法在组织中无法实施,常常是因为它和人们深植心中的对周边世界如何运作的看法和行为相抵触。因此,改善心智模式,有助于改善我们对世界本来面貌的固有认知和思维方式。对于创建学习型组织而言,这无疑是一项重大的突破——未来的学习型组织,将以组织共同心智模式为基础来做出关键性的决策。

第三项修炼:建立共同愿景(Building Shared Vision)。共同愿景是团队成员共同持有的意向或景象,它能创造众人一体的感觉,并且遍布团队成员的各项活动之中,使原来相互分割甚至对立的活动融汇起来。共同愿景对学习型组织而言是至关重要的,它为学习提供了必不可少的焦点与能量。

第四项修炼:团队学习(Team Learning)。团队学习是个体学习与协作学习的整合与升华,它可以发挥团队成员的集体智慧,使学习转化为现实的创造力。在学习型组织中,学习的主体是团队而不是个人。没有团队学习,组织学习便成了空中楼阁。只有众多的团队都成为学习化团队,并以学习为纽带,凝聚成一个不可分割的有机整体,才能成功构建一个生机勃勃的学习型组织。

第五项修炼:系统思考(System Thinking)。系统是一个能够被感觉到的整体。系统元素彼此联系,长期不断地相互影响并为了一个共同目标而运作。在最广阔的层面上,系统思考包含一系列相当含糊不清的方法、工具和原则,所有这一切都导向探讨各种力量的相互联系,并且将其当作共同流程的一部分。

显而易见,这五项技术都不是硬技术,而属于软技术。更确切地说,是教给人们在竞争激烈和错综复杂的现实生活中,如何科学地思维和更有效地学习的软技术。五项技术的修炼是创建学习型组织的核心。如果将学习型组织比作飞机或电脑等创新工程,五项技术的修炼便是这项创新工程中缺一不可的技术支撑。每完成一项技术的修炼,便是向学习型组织的理想前进了一大步。因此,要创建学习型组织就必须修炼这五项技术。

(四)大学生团队学习六要素

"学习化团队"是同"学习型组织"十分相近的概念,团队就是一种组织形式。二者的区别在于,学习化团队一般是指规模较小,层次结构比较简单的基层组织,如大学中的小组、班级、寝室、学生社团等,而学习型组织则往往是指规模较大、层次结构比较复杂的组织系统,如学校系统、社区系统等,它包含了基层组织,但更强调不同层次组织系统之间复杂的结构关系。因此,我们将大学生小组、班级、寝室、学生社团等基层组织的学习化建设,称为创建学习化团队,而将这些学习化团队之间的相互关系和整体学习化系统的建设发展,称为创建学习型组织,如院系和整个学校的学习化系统建设。

创建学习型组织已经有一套系统的理论和技术,而创建学习化团队则是对学习型组织理论的具体应用。

"学习型组织"的理论和"五项修炼"技术产生于企业创新和企业培训的实际需要,若要将其移植到学校教育的土壤中,尤其是中国大学生学习化团队建设的实践之中,则必须同我国高等教育、教学和校园文化建设的实际情况相结合。

桑新民教授从中国高等教育的实际出发,提出了一套便于我国大学生理解和操作的学习化团队建设方法与技术,围绕创建大学生学习化团队的具体过程,总结出"大学生团队学习六要素":

(1)组建团队。
(2)建立信任关系。
(3)形成共同愿景。
(4)制订并实施团队学习计划。
(5)营造高效的团队学习氛围。
(6)反思与总结。

二、组建团队

(一)组建团队的一般原则

组建团队时应尽量考虑到学习者特征,要充分考虑到同质分组和异质分组对团队学习的影响。所谓同质分组,是指团队成员在能力、性格、年龄、知识等方面比较接近;而异质分组是指通过异质分组建立起来的团队,其成员在上述各方面则具有多样性和互补性。如果学习或研究专题的内容复杂,团队目标的实现需要多方面知识和技能,则适宜采用异质分组来组建团队。

(二)学习团队的组织结构

学习团队中必须要有一名团队负责人来负责组织和协调团队成员的学习活动,也需要有团队学习活动的记录员来记录团队的学习及成长历程。在学习过程中这些人员一般不宜固定,轮流承担团队中不同角色有助于团队成员获得发展多种能力的机会。

三、建立信任关系

信任与被信任是一种很美妙的高级情感,我们都渴望生活在一个充满信任的环境中。

没有信任,团队学习则无从谈起。彼此缺乏信任的团队必须要花费大量时间和精力沟通和协调人际关系,甚至把很多时间与精力浪费在一些无意义的争论上,队员们惧怕开会,也不愿意主动向别人提出帮助。缺乏信任的团队大多士气低迷,效率低下,甚至会出现人际关系危机。

但是,大学生学习团队怎样才能建立队员之间的信任呢?这绝不会是一蹴而就的,信任关系的建立需要成员们长期同甘共苦,尊重彼此的个性,并理解各自的感受。不过,团队通过技巧性的努力,可以大大缩短建立信任所需的时间,从而能在相对较短的时间内建立起成员之间的相互信任关系。以下是一些行之有效的方法。

(1)队员自我介绍。

只需短短几十分钟,一个团队就可以完成建立相互信任的第一步。该步骤非常简单,只需大家围坐在一起,聊聊几个关于个人背景的问题。问题的设置不应过于敏感,通常可以包括家乡在哪里、学的什么专业、个人爱好、经历过什么样的挑战,以及求学生涯中有哪些重大的成功与挫折等。通过回答这些普通的问题,团队成员可以拉近相互间的关系,有助于相互理解。绝不可小看人与人之间简单而真诚的交流与沟通,这往往能大大减少彼此的误解、偏见与隔阂。

(2)信任游戏与团队活动。

大家在轻松的游戏氛围中,体验信任与被信任的感觉。许多学习团队都选择通过这种方式来建立或加强成员之间的信任关系。可以在网上搜索到大量的团队游戏,不妨根据团队的实际情况选择一些合适的游戏来做,可能会有意想不到的收获。

以上提到的活动可以使团队很快建立相互信任的关系,但必须配合课题的学习或研究活动进行,巩固取得的成果。同时,还需要不断评价和反思团队的活动,以确保团队不会失去持续发展的动力。当团队成员集体意识退步时,即使在很优秀的团队中队员之间也会失去相互信任。

尽管团队活动要投入的时间及精力较多,但只要团队成员们齐心协力、相互支持,活动就会对团队信任的建立产生可喜的效果,将它作为建立团队信任的方式,还是非常可行的。

四、形成共同愿景

共同愿景通俗地说就是"通过团队学习,我们要追求和得到什么?"但共同愿景决不只是一个普通的想法,而是一种感召队员去通过团队学习来实现共同成长的力量,它来源于团队成员对愿景的共同追求。如果队员们只是在心中各自持有相同的愿景,但彼此却不曾真诚地分享过对方的愿景,这充其量是表面上的"相同愿景",而不是共同愿景。只有当团队成员真正共同享有一个愿景时,他们的能力和智慧才会凝聚起来,产生共同的力量。

(一)描绘共同愿景

描绘共同愿景是组建学习团队的重要环节,应该认真对待,任何草率或不负责任的决定都可能给将来的团队学习设置不必要的障碍。建议所有成员都在描绘共同愿景之前做一些必要的准备工作:

(1)大致了解专题研究的主要内容和要求。
(2)初步确定具有可行性的团队目标,并思考个人目标。
(3)开展一些有利于在团队内部建立信任关系的活动。
(4)了解一些探询、聆听的技巧。

准备工作完成后,大家可以利用一段较宽松的时间,在轻松的环境中,带着舒畅的心情来描绘共同愿景。确定团队的共同愿景可以通过三个步骤进行:

首先,从成员的个人目标中归纳出团队的共同愿景,注意处理好个人目标、共同愿景和课题要求之间的关系,必要时可以适当地进行调整以寻求三者之间的和谐统一。其次,分析共同愿景的可行性,列出团队所拥有的资源,如时间、知识、能力等,分析为了实现共同愿景,团队中已经具备了哪些条件,尚缺少哪些条件,团队是否可能及如何创造所不具备的条件,是否需要调整共同愿景以使之切实可行。最后,明确共同愿景,共同愿景的最终表述形式应该是简洁、精练而有感召力的,冗长或呆板的表述只会令人望而生畏。当然,为了使共同愿景能更好地让人理解和接受,可以附加关于共同愿景的说明。

(二)讨论共同愿景

团队在形成共同愿景的讨论中,有可能会不知从何谈起,遇到这种情形时,不妨先从以下问题中挑选出几个大家感兴趣的话题进行谈论。在思想交流与碰撞的过程中,可能会产生一些关于共同愿景的灵感:

(1)我在学习和交流中,遇到过哪些我个人未能克服的困难?
(2)我选择本研究专题的初衷是什么?
(3)我对团队学习有何期望?我觉得团队学习对自己会有哪些帮助?
(4)我的学习过程和结果对团队的其他成员会有什么样的帮助?
(5)团队成员之间应该如何彼此交流和互助?
(6)我们将如何应对学习过程中的顺境和困境?
(7)我们能为其他学习团队提供哪些帮助?我们能给未来的学习团队留下点什么?

请记住,要让每个团队成员都有机会对以上的任何问题发表意见和看法。除了做会议记录外,最好能把它写在 Internet 上(如团队的网志或论坛上),让大家可以随时浏览或发表意见。在谈论共同愿景的活动将要结束时,不要忘记概括出团队共同愿景的雏形。如有必要,完全可以再进行一次更深层次的讨论。毕竟,为满足形式上的要求而草率确定的共同愿景是没有意义的。

(三)完善共同愿景

共同愿景的建立需要在队员们之间不断地进行交流,在实践中加以完善和强化,并保持共同愿景的动态发展。由谁来引导团队完善共同愿景呢?一般来说,最富有成效的办法是团队负责人在团队成员的支持和高度参与下来共同主持这项活动,要设法让全体队员都参与共同愿景的建立与完善,主要负责人只是其中的一个部分,要给每个人展现自己的机会。

以下列出了一些引导完善共同愿景的方法。

(1)深层次地把握共同愿景。要引导团队建立与完善共同愿景,必须先明白自己的愿景到底是什么,否则将很难引导。当你与其他成员开始讨论团队的共同愿景时,你应该和他们分享这个愿景对你的意义。

(2)实事求是,切忌纸上谈兵。许多书籍、文章上经常呼吁,如果没有共同愿景,你的团队将会衰败。但这并不意味着一定要引导团队制定出一个魅力十足却脱离实际的愿景,而是要齐心协力,以真诚开放、兼容并包的胸怀,尽可能多地了解每个人的需求和实际情况,设法洞悉真实的个人愿望。

(3)千万不要伤害队员的感情。要避免对团队的困难妄加贬斥;要避免说"我们团队的人自私又懒惰",或是"你们怎么就不在乎团队的利益呢"之类的话。即使你说的是有道理的,但是大多数人仍然会反对,抵制你的指责。这样说的结果很可能是,那一小部分人会听不到你说的话,而其他的人却平白无故地被冤枉了。最后,你不得不花很长的时间来消除这次失言给团队带来的伤害。

(4)以身作则,知行统一。在优秀的学习化团队中,负责人对于建立价值观和实践价值观,都必须投入全部的热情与真诚,其自身的言行一致是引导团队建立和完善共同愿景和价值观的重要因素。假如要求你的队员从根本上有所改变,那你就必须用实际行动为他们树立榜样,共同培育对共同愿景的情感。

五、制订并实施团队学习计划

(一)制订团队学习计划的重要性

团队学习计划与团队的愿景是密切关联的,一旦团队组建并初步达成了共同愿景,就需要考虑如何来实现这些愿景了。古人说:"凡事预则立,不预则废",学习亦是如此。有了计划,才能使学习有系统、有条理、有步骤,才能做到胸中有数。为了实现团队的愿景,团队成员必须共同制订完成愿景的计划、步骤,这样才能在将来的学习活动中统一步调。团队学习计划,既是前行的目标,又是日常学习的规范,既是指向性的,又是可操作性的,还要带有预测和前瞻的性质,一个系统周密而有弹性的团队学习计划是保证实现愿景的重要因素。

团队学习计划是实现愿景的基础,更是实现愿景的先决条件之一,因此,制订合理的团队计划是成功的团队学习的第一步。计划是否体现自主性、实践性、周密性、可操作性,对整个学习活动的顺利开展并达到预期目的起着至关重要的作用。如果团队能有组织、有计划地完成各阶段的学习任务,就不会给成员造成不必要的压力。学习计划表可以使团队成员了解自身的学习进度,清楚地知道不同阶段的学习任务,并自觉调整和分配各自的时间和精力;同时,还有利于团队对各阶段的学习进行评价、反思和总结。团队学习计划的制订,在一定程度上能形成积极的团队期望效应,加速团队学习的发展进程。

(二)如何制订并实施团队学习计划

首先,需要更具体地定位团队的愿景并将其分解。作为团队的发展方向和团队成员的共同追求,愿景可以不那么具体、清晰,但作为计划实施要达到的结果,愿景就必须明确、易懂。在计划中描述愿景时,应当避免使用空洞、泛化的词语。计划的陈述要一目了然,以避免引起队员们在认识上的分歧。计划中的目标还应该有层次性,既要有全方位的目标,又要有各个方面的目标;既要有长期的目标,也要有阶段性的目标。

其次,需要综合考虑各方面因素,逐个使每一个具体目标都落在实处,以确保计划的可行性。需要考虑的因素包括实现愿景所需要的时间、人员、技术条件、外部支持、自身水平能力及其他团队所掌握的资源等。许多计划从制订阶段就可以看出是无法执行的,原因就在于没有很好地分析上述因素,制订的计划缺乏可行性。如有的学习团队计划每天都安排团队的集体活动,而大家并非只选修了本课程,还有很多其他学习活动和个人事务,因此无法每天都按计划参加团队活动。这种计划忽视了队员精力的合理分配,必然导致失败和怨言。

再次,认真分析每一位队员的特点和兴趣是计划得到落实的又一前提条件。只有充分激发每一位队员的参与热情并发挥他们的特长,才能最佳地实施计划。

最后,在考虑了上述问题之后,应该制订一份详细的进度安排表,将每阶段的各项工作安排都列出来,并明确时间要求。此外,必须在计划时明确团队成员的个人责任,指定负责人和制订明确的检查、评价要求也是计划中的一个重要部分。整个团队计划需要有负责人,各子项工作也需要有负责人。通常我们建议,每项工作的负责人必须明确,如果是多人负责,就需要明确责任的顺序。对计划的检查和评价要求应该在计划实施前就确定,包括时间的要求、阶段工作结束的标志、评价的标准等,应避免使用不确定的表述,如"尽快完成""初步了解现有的研究成果"等,而改用"10月3日前完成""搜集5篇以上本专题的研究论文并写出对这些论文的评述"等。

当然,任何一项计划的制订都不可能十全十美,由于认识上的不充分,我们不应指望在一开始就制订出完美无缺的计划,随着时间的推移,事情还会发生一些变化,计划的调整也就不可避免。只有结合课程或课题目标、时间和队员的能力而不断地修正计划,使其逐步趋近科学、可行的方向,才能引导团队到达目的地。

六、营造高效的团队学习氛围

孔子曰:"三人行,必有我师焉。"只要是存在人类的地方,就存在交流的价值。交流是人类基本的生存技能,更是团队学习的一个最基本的要素。它贯穿于整个团队的学习和成长历程中,团队学习的成败很大程度上取决于团队成员能否进行有效的交流。不懂得交流就不可能建立起一个高效的团队,交流障碍通常会成为团队的致命伤。保证交流渠道的畅通才能够及时排除障碍,最大限度地提高团队学习的效率。通过团队交流,人们可以充分发挥集体思维的威力,发挥人的智力潜能;能使团队成员释放压力,点燃激情,以高度的热情投入学习;能激励和调整团队成员的行为,使之统一到实现团队共同愿景这一使命上来,并对正确的行为给予强化,可为团队学习的纵深发展提供充分的信息。

团队交流可分为正式与非正式两种类型。正式交流是事先计划和安排的,如定期的书面报告、面谈、团队会议等。非正式交流的形式也多种多样,如寝室与饭桌上的闲聊、散步中的交谈等。在实际应用时最好同时灵活运用多种方式。无论采用何种方式,以下交流技巧都将有助于团队提高交流效果。

(一)学会聆听

首先,要适当地运用体态语言。一个有效的倾听者,应通过体态语言表明对交流内容的兴趣,肯定性的点头、关注的表情和恰当的目光接触,无疑可以显示你正在用心倾听。要避免出现隐含消极情绪的动作,如看手表、翻报纸、玩弄钢笔、长时间地注视无关物体等动作,这表明你很厌倦,对交谈不感兴趣。身体最好呈现出自然开放的姿态,不宜交叉胳膊和腿,必要时上身前倾,面对对方,去掉双方之间的障碍物,如桌子、书本等。其次,尊重对方,不要随意打断对方的发言,在对方尚未说完之前,尽量不要做出反应。在别人思考时,先不要臆测,耐心等待对方说完,再发言。毕竟,倾听者最重要的任务是听而不是讲。也可在适当的时候提问,但提问的目的是引导别人思考和解决问题,从而更好地聆听。再次,避免草率地进行评价。评价应在明白说话人的意图之后进行,避免用评价性标签,如"没能力""失信"等,而应客观陈述发生的事实及自己对该事实的感受。最后,去掉令人不快的口头禅。你可以诚恳地请队员记下你在交流时的口头禅,让他们告诉你哪些会引起不快,然后有意识地完善自己的交流用语。

(二)学会探询

聆听并不是被动地接受倾诉,而是要在恰当的时候,运用探询的技巧,帮助对方将他的观点及形成这些观点的真实情感和依据实实在在地呈现在团队成员面前,以便开放地进行交流。思考以下问题,可以让你提高探询的技巧。

(1)他做出了什么判断?
(2)他是根据什么做出判断的?
(3)他的依据与判断之间有什么样的逻辑关系?
(4)他的话有何背景因素?
(5)恰当地说出你的推理并与他交流。

(三)学会表达

语言的力量来自于表达真我的力量。有技巧性地说出你相信和知道的事情,可以增强你的社交自信心。关于如何表达的技巧有很多,你可以在网上或图书馆中找到个性化的表达技巧。

下面有一套如何在不同情形下表达开场白的技巧。

情形:说话人表达了观点,却没有任何推理过程。

表达:"你可能是对的,但我理解得还不是很透彻。你能否说明……"

情形:所进行的讨论明显离题时。

表达:"我不清楚这与我们所谈的有何关联,你能否说出为什么你把它看作相关呢?"

情形:你怀疑自己的想法是否相关。

表达:"这可能是不相关的东西,如果真是这样,请告诉我……"

情形:某个成员不停地谈论,其他人只能充当旁听者。

表达:"对,你所谈的内容,是一些很好的想法,看看其他人还有什么想法?"

情形:多种观点出现分歧和争论时。

表达:"我们现在有几种说法(分别说出它们),我建议一个一个来……"

情形:觉察到别人的负面反应。

表达:"当……时我感到你……。如果真是这样,我想知道你为什么感到……,是因为我说了什么或做了什么吗?"

情形:你觉察到自己的负面反应。

表达:"这更多的是我的问题,而不是你的问题,但是当你说(举例)……时,我感觉……我是否对你的话产生误解了?"

情形:其他人看起来无动于衷。

表达:"我要说些什么或做些什么才能让你相信?"

当你刚刚开始应用表达技巧时,它们只是噱头而已。但随着经验的积累,你可能不需要预先确切地规划该怎么做,就能从表面的技巧跨越到更深层的实践。

(四) 善待冲突

在平庸团队的内部,通常以下列两种方式之一来处理交流中的冲突:一是用回避或掩盖矛盾的方式化解分歧和冲突;二是在极端见解的无益争论中僵持不下。在表面呈现和谐的团队中,队员们为了维持团队的和谐气氛,往往抑制互相冲突的观点,他们认为,如果每个人都说出自己心中的想法,团队将会被那些不可调和的分歧弄得分崩离析;而在一个意见极端化的团队中,互相冲突的看法根深蒂固地存在,虽然每个人都知道其他人的立场是什么,但少有愿意退让的。在一个杰出团队的内部,并不是没有冲突,但其冲突往往是那种具有建设性的。判断团队是否在不断学习的一项可靠的标准,是看队员们是否能弄清彼此想法之间的冲突,并积极地运用集体思维的力量来解决冲突。当团队中每个成员都苦于无法找到新的对策时,摊开相互间的冲突,让思想自由交流是很重要的,此时冲突实际上成了团队交流中的重要成分。

(五) 降低习惯性防卫

还记得被点名回答问题而没有答对的创伤吗?它是否让你从此害怕在课堂上回答老师的提问?彼得·圣吉在《第五项修炼》中指出,习惯性防卫是人的一种根深蒂固的习性,用来保护自己或他人免于因说出真正的想法而受窘,或感到威胁。阿吉瑞斯的研究也表明,习惯性防卫的根源是惧怕暴露我们想法背后的思维。对多数人而言,暴露自己心中真正的想法是一种威胁,因为我们害怕别人会发现它的错误。这种认知上的威胁自孩提时便开始,许多人在学校里更是不断地加重。

习惯性防卫种类繁多,而且常常发生,其主要原因有以下表现:

(1)为了保护自己,不提没把握的问题。误以为将没把握的问题提出来,错了就会损害自己的形象。

(2)为了维护团结,不提分歧性意见。误以为一提分歧性意见就会伤感情,引出不必要的麻烦。特别是看到大部分同意的意见时,明明看出问题,也就此缄口不谈。

(3)为了不使别人难堪,不提质疑性的问题。误以为提出质疑性问题,是不尊重别人、给别人难堪。

(4)为了使大家接受,只做折中性结论。误以为折中性结论能两面讨好,容易统一意见。

上述四种防卫也叫四种妥协,都是自我防卫的不同表现形式。共同点都是"以我为中心",筑起一道保护自己的隐形墙。正如阿吉瑞斯所说的:"防卫性的心理使我们失去检讨自己想法背后的思维是否正确的机会。"习惯性防卫会影响团体智慧的发挥。克服了习惯性防卫，便可发掘出原先不曾注意的团队学习潜力。

消除习惯性防卫所需的技巧是反思与探询。以探询的方式讨论问题的原因时，个人应毫不隐藏地摊出自己的观点和观点的推理过程，并鼓励别人也如此做。如此一来，习惯性防卫的危害便得以减轻或彻底消除。

七、反思与总结

团队学习的一个重要优势在于，可以促使每个人充分发挥自己的潜能，达到创造整体大于部分之和的学习绩效。而培养团队及其每一个成员的反思性学习能力，则更有利于激发学习者深入思考自己的学习历程，提高学习绩效。实事求是地审视团队学习和个体学习过程中的成败得失，并系统、客观地做出评价，然后在团队中交流并展开思想碰撞，共享反思成果，是迅速提升团队和个人学习能力的关键所在。

由于固有心智模式的影响，人们可能会避免提及失败或痛苦的经历，而倾向于回忆成功的辉煌。在团队中进行的集体反思，还通常会涉及由谁来承担责任这一敏感的问题，这些都将阻碍反思的有效进行。因此，学习化团队应该为集体反思和个人反思提供宽松的环境，树立正确的成败得失观，让反思不是停留于问题的表象，也不是进行肤浅经验的堆砌，而是借助团队智慧，对事件进行深入分析、提炼出精华，并将它上升为可以指导未来学习和生活的宝贵思想财富。

常用的反思形式有日记反思法、重大事件反思法、逆境反思法。通过日记反思法，真实地记录我们的思想变化和生活体验，可以让我们更好地了解自己，反省自身。其次，我们在重大事件中的表现和行为会比日常生活和行为中的表现更能表明我们的性格与优缺点。在经历重大挫折或受到某一重大事件的影响之后，在深入思考主观条件与客观条件的基础上做出抉择，实现"超越"。对重大事件的反思有助于我们了解自己的思维水平、解决问题的能力以及自身行为的影响与后果，并能在类似情景中做出恰当的反应。逆境与困惑也是一种重要的反思动力。逆境反思法不是消极逃避，也不是自我封闭，更不是怨天尤人地思考问题，而是开放地、有借鉴地进行辩证分析与思考，最好是能借助团队的集体力量进行。但如果当事人在这种情况下不进行反思，不去寻找导致这种境况的自身因素并加以克服，逆境是很难改变的。

反思与总结应该成为个体与团队学习的一种良好习惯，既贯穿于其他五要素之中，又要在每阶段结束时独立开展；既要用面对面的方式，又要有效地采用网络方式。

第四章 面向可持续竞争力的创新创业教育

第一节 未来工程教育形态

以新一代信息技术为代表的技术革命浪潮正在席卷全球。技术革命引发产业变革与结构调整的速度不断加快,新技术引领的新产业与新业态不断涌现,推动着技术与产业的跨界融合。"互联网+教育""智能+教育"、在线教育与慕课、智慧学习等"教与学"的新形式引导了高等工程教育不断改革与创新。工程科技改变世界,工程教育领跑创新。

新技术革命与信息化社会对人才的需求也在变化。新技术与新经济发展的跨界性与快速变化特征要求工程人才具备更高的创新创业与跨界整合能力,要求具有适应未来技术与社会变化的可持续竞争力。"可持续竞争力"是指面对未来社会变化和竞争的适应能力、基于使命和技术的创新能力、推动社会发展与科技进步的行动能力。如何培养具有可持续竞争力的人才成为高等工程教育面临的新挑战。未来的高校使命在于既要通过教育快速提高学生的知识、能力和素质并培养合格的毕业生,更要努力保持和提升学生在其终生职业生涯中的可持续竞争力与胜任力。这要求高校从传统的固定学制式教育向能够提供学生终生可持续竞争力的教育服务转型。这一新使命将引发高等工程教育形态与模式的大革命。

当前,世界各国都在积极探索着高等工程教育新形态,各种新型工程教育形态和模式不断涌现,并借助互联网和信息技术加速发展。"互联网+教育""智能+教育"已成为全球教育的大趋势;慕课带来的线上线下学习浪潮正在席卷全球;我国提出并正在大力实施新工科教育和产学合作协同创新教育;美国斯坦福大学提出了"开环大学(Open Loop University)"概念;美国麻省理工学院 MIT 正在推行"新工程教育转型(NEET:New Engineering Education Transformation)"计划;中国"计算机教育 20 人论坛"提出了面向可持续竞争力的"敏捷教学体系"和"开放教育生态";服务型教育也将成为未来高等教育的主流形态。

一、高等工程教育的发展变化

近年来,受到新科技革命的深刻影响,全球高等工程教育的发展态势呈现如下转变:

(1)学科交叉。高等工程教育从基于独立专业培养方案与核心课的教育向多学科交叉融合培养的教育转变,为学生提供更加丰富的教育内涵与学习选择。

(2)注重能力。从传统的以知识为核心的教育向面向能力培养的教育转变,为学生提供更加多样的训练与提升各种能力的教育环节及训练方式。

(3)项目实践。从注重课堂的教学方式向基于项目实践的学习方式转变,使学生通过各种创新项目的实践来提高综合素质与创新能力。

（4）信息技术。从传统基于黑板与书本的教育方式向信息技术与工程教育相融合的现代教育方式转变。通过各种互联网与智能化信息技术手段提高教学水平和学习效率。

（5）校企联合。从学校内部教育向产学合作与跨界融合转变，学校与企业协同培养人才，为学生提供更加贴近产业的教育师资与场所。

（6）面向未来。从关注当前产业界发展向面向产业未来发展转变，以面向未来的新机器与新工程体系办教育，使学生增加探索未来的创新能力与可持续竞争力。

（7）国际合作。从立足本校教育向跨校乃至国际合作教育转变。通过多种形式的跨国联合人才培养提高学生的国际竞争力。

（8）终生教育。从培养高质量毕业生向支撑学生终生职业能力的转变。通过全新的服务型教育为学生提供多阶段与持续的终生教育服务。

二、未来高等工程教育典型形态

随着新技术、新产业和新经济的迅猛发展，工程技术及产业呈现高度的交叉融合性、复杂系统性、跨界连通性及可持续发展等特点。相应地，面向可持续竞争力的未来高等工程教育发展也随之而变。下面列举几种已经或将要呈现的未来高等工程教育典型形态。

（一）目标导向的多学科交叉式工程教育

基于成效的教育（OBE：Outcome Based Education）已成为当今工程教育认证的核心标准内涵。OBE 是一种培养目标导向的教育模式，强调以学生为中心、以学习成效为导向、不断持续改进。由于新兴的技术产业不断跨界融合和日益复杂化，使得工程教育越来越关注面向未来产业的学科交叉和综合能力培养。2017 年 8 月，美国 MIT 启动了"新工程教育转型（NEET 计划）"，代表了美国工程教育的最新发展方向。NEET 计划强调工程教育以学生为中心，变革学生的学习方式与学习内容，以培养能够引领未来产业界和社会发展的工程领军人才为目标，构建面向未来的新机器与新工程体系；以工程人才培养为本，而非以学科为本，强调学生的工程思维、科学思维与人本思维，整合机械、信息、分子、生物、建筑、能源等跨学科资源，激发学生的主动探究与自学能力；组建了跨学科工作组、执行组等多个任务组，采取项目学习、小组学习、团队合作、智慧学习等手段，培养未来工程领军人。

（二）新工科教育

为了应对新技术、新产业、新经济对工程人才的新需求，教育部于 2017 年提出并实施了新工科建设战略。实际上，我国在新工科建设之前，就开展过战略性新兴产业相关专业建设、卓越工程师教育培养计划、示范性软件学院和微电子学院建设、CDIO 工程教育改革等探索。新工科教育涉及新的工科专业建设与传统工科专业的升级改造。新工科建设强调树立工程教育改革创新的新理念；构建新兴工科和传统工科相结合的学科专业新结构；探索实施工程教育人才培养的新模式；打造具有国际竞争力的工程教育新质量；建立完善中国特色工程教育新体系。新工科建设在基于跨学科交叉融合构建新专业、建设未来技术学院与现代产业学院、深化产教融合与校企合作协同培养人才、促进科学教育、人文教育、工程教育的有机融合等方面进行了许多有益探索,成为我国高等教育改革和引领未来发展的热点。

(三)产学合作协同创新教育

在工程教育发展进程中,始终都伴随着高校与工业界的密切合作,并通过校企技术与人才合作来相互影响。21世纪以来,作为工程教育的发源地,欧洲各国为了维持其国际竞争优势,一直在大力推进工程教育改革,强调产学研的密切合作,共建产学研联合实验室,共建课程体系,联合培养人才。我国近年来也在积极推动产学合作共同发展工程教育。国务院推动深化产教融合和创新创业教育,教育部组织了一大批产学合作协同育人项目。2018年设立2万多项,数百家企业投入82亿元,参与高校600多家。可以预见,高等工程教育未来发展将始终包含产学合作协同育人的形态,高校与工业界将在新兴工科专业建设、工程教育教学内容与课程体系改革、基于项目的学习、创新创业教育、校企联合实验室、实践条件与实践基地、学生企业实习实训、人才交流与师资培训、联合创新创业基金等方面不断深入合作,从而推动高等工程教育更加适应新技术与新产业的持续发展变化。

(四)"互联网+教育"与慕课教学

随着信息技术与教育的深度融合,"互联网+教育"对高等教育产生巨大的影响,其中,影响最大的当属慕课(MOOC:Massive Open Online Courses)。2012年,慕课兴起于美国,通过大规模在线开放课程在互联网上广泛传播,拓展了教学时空,改变了传统教育与学习方式,激发了学习者的学习积极性和自主性,受到世界各国的高度重视。我国以开放姿态迎接慕课浪潮的到来,并迅速行动起来。教育部发布《关于加强高等学校在线开放课程建设应用与管理的意见》,政府积极推动,高校主动作为,社会各方踊跃参与,慕课在我国蓬勃发展,成效显著。我国提出并实施了具有中国特色的慕课跨校协同教学模式和各种线上线下混合教学方法,构建了全国的慕课联盟。近年来,中国慕课建设数量超过1.25万门,在线学习者注册数超过2亿,中国已成为世界慕课大国。慕课带来的不仅是"以学生为中心"的现代教育理念,还引发了基于信息技术的教学模式与教学方法革命。基于MOOC/SPOC的跨校"1+M+N"协同教学模式、基于"MOOC/SPOC+翻转课堂"的混合式教学方法、多元化多渠道学习、交互式学习、主动式学习、线上线下群研讨式学习等都是未来高等工程教育可以借鉴和采纳的教育新模式与教学新方法。

(五)基于人工智能的"智能+教育"

当前,人工智能浪潮又一次席卷全球,并促进了"智能+教育"革命。人工智能技术不仅引发各相关专业教学内容变革,而且支撑着人才培养模式创新、教学方法改革、高校治理能力的提升。人工智能专业学科及其与其他专业学科教学内容的交叉融合、智能教育教学平台与智能辅助教学工具、网络化智慧课堂、仿真虚拟实验、基于大数据的教学质量精准评估、智能化教学管理系统等都是"智能+教育"的结晶。2018年,教育部发布了《高等学校人工智能创新行动计划》,对我国"智能+教育"进行了全面部署。"人工智能+X"的人才培养模式与教学改革、基于智能技术的现代教育、智能化高校管理体系将成为工程教育的重要发展方向,构建智能化、网络化、个性化、终身化教育体系也将是高等工程教育的未来发展目标。

(六) 开环大学教育

2013年,美国斯坦福大学发布了"斯坦福2025计划(Stanford 2025)",大胆地提出了具有颠覆性的开环大学的概念。开环大学计划采取了新型的教育教学模式、校园消费制度、教学方法和灵活学制,打破了固定式四年制本科教育模式,采用面向终生教育的自定节奏式六年制。开环大学将六年制分为CEA三阶段:Calibrate(调整)、Elevate(提升)和Activate(激活),学生可以在一生中随时离开或随时回到大学学习6年。学生可以在课堂及职业实践中汲取知识和增长能力,并在具有较丰富经验的基础上重回学校学习,再将知识转化到后续的实际项目服务、高水平研究和创业应用活动中。这种将"先知识后能力"反转为"先能力后知识"的轴翻转(Axis Flip)教学方式和目标性学习(Purpose Learning)将成为斯坦福大学本科生学习的基本模式。开环大学将建立若干学科交叉教学中心,通过"轴翻转"强化能力培养,实现目标导向学习。该计划贯彻社会化终生教育理念,关注人的自我发展和完善,健全人在发展过程中的社会性功能,对未来高等工程教育极具参考价值。

(七) 敏捷教学体系

为应对迅速变化的信息化社会对于具有可持续竞争力人才的需求,中国"计算机教育20人论坛"一直在研讨面向可持续竞争力的计算机人才培养与未来10~15年的教育新模式,并提出了全新的敏捷教学(Agile Education)概念。"敏捷教学"的提出是受到了20世纪90年代制造领域敏捷制造(Agile Manufacturing)和软件工程领域敏捷软件开发(Agile Software Development)等的启发。敏捷教学是应对新时代教学目标多元化和人才需求个性化的特征,以学生发展为中心,通过理论、技术、实践教学的交叉并行与快速重构,以及跨校跨界教育资源的高效协同,实现知识学习与能力提升的多轮迭代,具有高度灵活性和动态适应性的一种教学形态。敏捷教学面向可持续竞争力的大规模个性化学生培养目标,实施针对培养目标与要求的精准教学,充分利用网络化平台和智能教育等先进信息技术汇聚各类跨域跨界跨校的优质教学资源,动态分解教学内容、课程与能力训练环节,对教学内容与能力训练实行非线性组合及混合式并行编排与多轮迭代,实施精准优化的协同教学与培养进程,实现学生探究式、主动式、渐进式学习过程和能力的逐步增强。敏捷教学包括多元化培养目标与按需培养方式、面向学生需求的分类化与可灵活重构的模块化课程体系、支持理论与实践相结合的学做交叉并行的迭代教学过程及基于项目的学习方式、跨校跨院的协同教学模式及网络平台支持等方面。敏捷教学最大限度地允许学生根据自身能力和兴趣安排个人学习计划、自定学习节奏、课程选修,实现个性化教育与学习,并面对各种新兴技术,结合能力的多轮迭代培养进行课程重构,对教学内容与方法进行优化设计,易于学生学习、理解与掌握。敏捷教学体系还需要与之相适应的大学管理体系变革、敏捷教学资源与信息化平台支撑、基于大数据的教学质量精准评价与改进、开放教育生态环境等。这是一种面向未来的高等工程教育形态。

(八) 服务型教育

面对不断变化的信息化社会与经济的人才培养需求,高校办学目的将从学制型知识传授向持续型终生能力培养方向转变,着力培养学生自主学习能力和终生可持续发展能力。可以预见,面向可持续竞争力的服务型教育(Service Oriented Education)将应运而生。服务型教育将引发高校体制机制的变革,建立跨界交叉融合的持续型智能教育服务机构,以全新的形态为学生提供多阶段敏捷教学与持续的终生教育服务,不断保持学生的职业发展能力和持续应变的竞争力。

未来的高等工程教育可能会采用上述某一种形态或几种形态相融合,将各具特色、交相辉映、精彩纷呈、不断完善,但其目的都是为了培养具有可持续竞争力的人才。

三、面向可持续竞争力的服务型教育体系及要素

(一)服务型教育的背景与特点

在"互联网+"和"智能+"时代,新一轮科技革命不仅引发了社会与经济变革,也促使各种新业态、新模式不断涌现,服务化是一种重要趋势。以服务产品为主的传统服务业迅速转向以用户服务为中心的新兴现代服务业,以产品销售为主导的传统制造业也转向以服务为主导的服务型制造业。服务型制造是制造与服务融合发展的新型产业形态,也是制造业转型升级的重要方向。中国政府发布了《发展服务型制造专项行动指南》,文件指出,发展服务型制造,是增强产业竞争力、推动制造业由大变强的必然要求;是顺应新一轮科技革命和产业变革的主动选择;是有效改善供给体系、适应消费结构升级的重要举措。事实上,在高等教育领域也存在或将出现类似的趋势。以学位教育项目为主导的传统教育模式将转向以学生终生持续发展能力培养为目的的服务型教育模式。

服务型教育是指通过对传统的学制学位型教育体系重构而形成的一种"以学生终生可持续发展能力为中心"的多阶段、交叉型、持续性、应变式的教育服务新形态,它能够为学生提供多阶段敏捷教学与持续的终生教育服务,以保持和提升学生终生职业发展可持续竞争力。服务型教育是一种对传统高校教育体系具有颠覆性的新型教育模式,也是10~15年后未来高等工程教育的主流形态。服务型教育将颠覆人们关于传统高等教育的观念,重构高校的办学体系、组织架构与运行机制,建立更多的新型教育模式与服务提供机制,并根据学生的志向和职业发展需要提供多学科、多阶段、多领域的增值教育服务,保持学生的职业发展能力和持续应变的竞争力。

服务型教育的主要特点为定制服务化、应变持续化、迭代敏捷化、跨界协同化、智能网络化,涉及面向未来产业发展与可持续竞争力、面向学生终生职业能力需求导向的教育、以学生发展为中心的大规模个性化教育定制服务提供、多阶段迭代式与累加式敏捷教育服务、跨学科交叉融合与产学研跨界合作协同育人、在校与离校相结合的持续教育、网络化智能教育服务支撑、学习者价值提升及行业能力评估与认证等。

(二)服务型教育模式与形态

服务型教育的实现可以有多种教育模式与服务提供方式。典型的服务型教育模式与形态包括:基本型"基础+技术+能力"教育、升级型赋能教育服务、自定义学制的多阶段终生教育模式、基于慕课的跨校"1+M+N"线上线下协同教学、不脱产的业余教育与全脱产的在校赋能教育模式、基于第三方网络化服务平台的教育服务提供、产学研合作协同教育

模式等。

在服务型教育体系中,学历教育与职业教育的界限将越来越模糊,传统的继续教育学院经过改造将对教育服务发挥重要的支撑作用。

(三)服务型教育的关键要素与高校改革

为了实现服务型教育,高校需要组织和改造好教育教学相关要素,包括:个性化定制人才培养模式、多阶段自定学制与累加式教育教学、灵活的模块化课程体系与微课程、项目学习实践与创新创业教育体系、跨专业学习与跨校联合连续培养、产学合作协同育人与企业实习基地、多元化教师与导师制、完全学分制与累加学分制、学分银行、按需教育服务与服务计费方式、敏捷教学体系、教育质量评价与改进机制、信息化教学支撑系统、开放教育生态等。

服务型教育将引发高校组织与教学管理的改革,涉及学校组织管理体制改革、学制与教学体系改革、教学管理体系与机制改革、分级学历与学位改革、教师队伍结构改革、质量保障体系改革、面向行业或领域的交叉教学服务中心与网络化平台等。

(四)服务型教育的开放教育生态环境

服务型教育还需要开放教育生态环境的支撑,涉及学科交叉与跨专业学习、多阶段跨时空学习、基于慕课的线上线下跨校协同教学、产学研用融合、在校集中教育与离校业余教育、国际交流与学分互认机制、第三方行业资质与能力认证、教育服务提供机构与服务平台、社会实践与培训服务机构等方面,需要构建一个整合多方资源的教育服务生态。

图4.1 给出了一个开放式服务型教育的示意图。

图4.1 面向可持续竞争力的开放式服务型教育体系

信息技术革命改变着世界,改变着教育,也改变着工程教育。可持续竞争力人才需要适应未来变化的技术与社会,并具有国际竞争力。未来高等工程教育具有信息化、网络化、智能化、交叉化、跨界协同化等新特点。"互联网+智能+敏捷教学+服务型教育"将是10~15年后高等工程教育发展的高级阶段与形态。

面向可持续竞争力的服务型教育将对高校提出巨大挑战,并引发高等工程教育的革命,也将是我国高等教育实现跨越发展的重要途径。提供和保持学生的终生可持续竞争力是大学未来的使命,也是高等工程教育的目标,并将成为高校不断发展的持续驱动力。

第二节 面向可持续竞争力的敏捷教学体系

一、敏捷教学体系

敏捷教学(Agile Education)概念的提出,受到了制造领域和软件工程领域相关概念的启发。20世纪90年代,美国为了提振本国的制造竞争力,提出了敏捷制造(Agile Manufacturing)的概念,旨在通过动态灵活的敏捷虚拟企业组织的动态联盟、先进的生产技术和高素质人才的综合集成,形成新的制造模式和生产体系。这为美国近年来新兴制造业和经济发展提供了有力的技术与组织支撑。同是在20世纪90年代,软件工程领域兴起了一种全新的敏捷软件开发方法(Agile Software Development),以用户的需求进化为核心,采用迭代、循序渐进的方法进行软件开发,大大提高了软件开发效率,近年来得到了广泛应用。这些都是业界为了适应快速发展变化的新技术、新产品与新需求而创造的产品开发与制造新模式。

展望未来教育的发展趋势,面向可持续竞争力的大规模个性化创新人才培养将是高校教育的基本形态。这种形态将以大学培养目标与学生个人志趣相结合为特征,针对每个学生形成定制化培养方案,不断加强教学过程中教师学生之间的互动研讨,通过教学资源快速和灵活的组织,促进教学内容与环节的快速交替迭代和精准协同优化,实现个性化创新人才培养的目标。我们把这种全新的、主动响应社会需求变化、以学生发展为中心、实行目标不断进化的教学形态称为"敏捷教学",这将是未来大学教育发展的一种新形态。

敏捷教学是应对新时代教学目标多元化和人才需求个性化的特征,以学生发展为中心,通过理论、技术、实践教学的交叉并行与快速重构,以及跨校跨界教育资源的高效协同,实现知识学习与能力提升的多轮迭代,具有高度灵活性和动态适应性的一种教学形态。

敏捷教学面向大规模个性化学生培养目标,实施针对培养目标与要求的精准教学,充分利用网络化平台和智能教育等先进信息技术汇聚各类跨域跨界跨校的优质教学资源,动态分解教学内容、课程与环节,对教学内容实行非线性组合及混合式并行编排与多轮迭代,通过校内与跨校教学团队和学生之间交互式协作、校企合作协同育人、高校与社会之间的深度融合,实现精准优化的协同教学与培养进程,实现学生的探究式、主动式、渐进式学习过程和能力的逐步增强。敏捷教学是一种理论、知识、能力、素质等全方位全过程深度融合的教学体系,一种不断激发增长学生潜能优势的教学过程。敏捷教学终将推动面向学生终生可持续竞争力与职业发展的开放式服务型教育形态的产生。

敏捷教学体系应遵循以下四个原则：

(1)进化性原则。敏捷教学的培养目标充分考虑学生个体发展的差异,考虑学生接受教育不同阶段的变化。开始可制定简略目标,通过迭代和重组及反馈过程,使学生逐步清晰自己的潜质优势、个人志趣与发展目标,完成相应学业。

(2)灵活性原则。敏捷教学关注"学生不同阶段需要什么知识",使学生有更多的课程选择权;从刚性课程体系转变为可动态调整的柔性课程体系,从一元化选择到多元化选择,从固定学制教学过程转变为弹性学制教学过程。

(3)迭代性原则。敏捷教学体系强调目标演进与学习过程的迭代,通过理论、技术、实践教学的交叉并行与快速重构,实现知识学习与能力提升的多轮迭代。这种演进和迭代应建立在大数据分析与量化评估的基础上。

(4)协同性原则。敏捷化教学需要借助高校和社会优质教学资源,实现跨校跨界教育资源的高效协同,包括多校教学资源协同、多学科教师教学协同、产学合作教学协同、网络化教学资源协同等,促进知识快速更新和交叉协同教学。大规模在线开放课程为跨校跨界教学提供了便利。

敏捷教学不是主观臆断的空中楼阁。它是在分析和总结国内外大学的最新教学改革创新和实践经验基础上,经过提炼归纳而提出的一种新的教学形态。国内外某些知名大学已经对教学做了一些重大的甚至是颠覆性的改革,例如开环大学与未来教育、联通主义网络学习方法、基于慕课的线上线下教学、翻转课堂与混合式教学法、学做并行性学习、基于项目的学习方法、产学合作协同育人、创新创业教育实践等。其中一些具有敏捷教学特点的教学方式已经取得初步成效。我们也借鉴了"敏捷制造""敏捷软件开发"的思想。

斯坦福大学在其"2025 计划(Stanford 2025)"中提出了开环大学(Open Loop University)的概念,采用自定节奏的教育,将本科四年级学制转换为三个阶段的教育:校准阶段(6~18 个月)、提升阶段(12~24 个月)和激活阶段(12~18 个月)。这种目标进化、渐进式能力培养和开放式教育理念与本文提出的敏捷教学有相似之处。

二、构建敏捷教学体系的关键因素

教学体系是由课程体系和教学过程、活动、评价等构成的系统。敏捷教学体系必须对其关键要素进行改造与重构,建立多元化培养目标、分类化与灵活化课程体系、迭代化教学过程、协同化教学支持等。一般来说,重点考虑以下几点。

(1)培养目标多元化。敏捷教学根据学生发展的个性化建立多元化的培养目标,强调因材施教和按需培养,把专业标准化与学生个性化相结合。对学生的培养可实现由简略化向精准化的目标进化。高校应支持人才培养目标与专业教育目标的多元化。

(2)课程模块的分类化。敏捷教学应根据所有学生的需求,如大类专业学生的需求、细分专业/方向学生的需求和学生个性化需求等合理划分课程模块,包括通识教育类课程模块、专业基础类课程模块、专业技术类课程模块、跨学科拓展类课程模块、实践类模块等,为学生提供不同侧面的知识学习与能力培养。在课程模块内部可以有多种选择的课程与微课程灵活组合方式。学生根据学习和认知规律,不断反复学习,交叉并行,多轮迭代,递次提升。

(3)核心课程的体系化。实施敏捷教学,应对传统核心课程进行重构并使之更加体系化与灵活化,以实现迭代式能力培养与跨学科、跨知识领域重构。应面对各种新兴技术和应用,结合能力"迭代"培养需求进行课程重构,对教学内容与方法进行优化设计,使其更易于学生学习和理解。以计算机专业为例,计算思维和系统能力培养并不是一两门课程就能解决的,需要从整个教学过程来考虑。例如,对于计算机专业而言,宜采用三阶段迭代式能力培养模式,从认识计算系统概念与特征(一年级课程),到理解计算系统各种要素(二年级课程),再到设计与构造计算系统(三四年级课程),针对计算系统进行三轮认知学习与能力培养的交错并行和迭代。

(4)理论与实践的融合化。课程教学与项目实践的有机结合可为学生个性化发展创造更多机会。能力培养不仅是理论课程学习,还需要项目实践。除了关注知识传授与专业能力培养外,还应为学生创造各种成长与发展的机会及环境。为学生创造机会与教育学生同等重要。实践出真知,每个高校都应努力为学生创造学习名师名课、跨专业选修、按志趣转专业、开展创新创业、到实验室科研开发、到名企名所实习实训、到社会场所实践锻炼、到国外名校深造交流、高端高质量就业等机会,使学生在各类实践中拓展视野与增长能力。

(5)教学过程的敏捷化。敏捷教学强调教学过程的灵活性和敏捷性。应最大限度地允许学生根据自身能力和兴趣安排个人修习计划、自定学习节奏、完成课程选修,实现个性化教育。完全学分制、弹性教学计划、跨专业自由选课、累加式学习与考试、创新学分制等都是积极探索。这需要教学过程能够重组与优化,实现个性化学习和教学并行迭代。这对现有教学资源组织与教学管理都是挑战。

(6)教学资源的协同化。以学生为中心,协同多方优质教学资源是实现敏捷教学的一种途径,涉及多学科教学团队、多学院教学资源、多校合作协同教学资源、产学合作协同教学资源与社会优质教育资源等。通过跨院、跨校、跨界教学资源的协同化,可形成所谓的"虚拟教学中心"(这有些类似敏捷虚拟企业的动态联盟),以实现敏捷教学。近年来,我国的慕课教学实践展示了一种协同教学模式。中国高校计算机教育联盟(CMOOC联盟)提出并践行了一种"1+M+N"的跨地域、跨校慕课协同教学模式——"建好1门慕课,带动M所学校,教好N个学生",利用优质慕课资源有效完成了全国范围内各高校的协同教学,使我国500所高校数百万学生受益,获得国家级教学成果一等奖。

为了实现敏捷教学体系中培养方案与课程体系灵活化、教学过程敏捷化和教学资源的协同化,高校教师与教学管理者的教育观念需更新,要深刻理解敏捷教学的本质与内涵。教师教学能力需要提升和转变,教学方法需要变革,以适应敏捷教学。

敏捷教学体系示意图如图4.2所示。

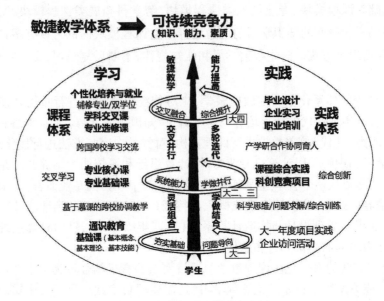

图 4.2　敏捷教学体系示意图

第三节　面向可持续竞争力的创新创业教育体系

"可持续竞争力"是指面对未来社会变化和竞争的适应能力、基于使命和技术的创新能力、推动社会发展与科技进步的行动能力。人才的综合素质和创新能力反映了可持续竞争力的核心价值,反映了个人在未来职业发展与创新工作中能够发挥重要作用的潜质。新经济发展的跨界性与快速变化的特征要求工程科技人才具备更高的创新创业能力和跨界整合能力。可持续竞争力能够体现和覆盖未来人才培养的时代要求和总体质量观,有可持续竞争力的创新人才将成为未来社会与推动新经济发展不可或缺的人才。可持续竞争力是高校未来人才培养的重要目标,自然也是创新创业教育体系建设的重要内容。

构建面向可持续竞争力的创新创业教育体系,要积极响应国家创新驱动发展战略,以推进素质教育为主题,以提高人才培养质量为核心,以培养创新人才为目标,促进高等教育与科技、经济、社会的紧密结合,加快培养富有创新精神、勇于投身实践的创新创业人才,为建设创新型国家做贡献。

要以能力为导向,强化创新创业教育。加强学校实践育人体系建设,完善创新创业生态结构,构建和完善课程、实践、平台、保障四位一体的创新创业教育体系(图4.3)。

一、哈工大创新创业教育课程体系

学校围绕拔尖创新人才培养的总体目标,整合优化基础实践教学体系,构建挑战度高、激励创新的专业实验教学模式,加强师资队伍和实验平台建设,坚持通过实践教育全面育人,使之成为培养学生实践能力和创新精神的有效途径。构建"基础实验+综合实验+创新实验+实习实训+毕业设计"递进式且与理论教学有机结合的实践课程体系。

图4.3 课程、实践、平台、保障四位一体的创新创业教育体系

(一)哈工大创新创业课程体系建设思路

1. 优化培养方案

做好培养方案的修订工作,明确创新创业能力培养要求。调整课内外学时分配,让学生有充足的时间和精力去探索求新。增大选修课比重,完善师生双向选择机制,强化个性化培养。建立一批跨院系、跨学科、跨专业的课程和优质的国际课程,拓宽学生的视野。

2. 丰富创新创业课程体系

提高现有的创新研修课、创新实验课、创业课等的课程质量和教学效果;增设新的创新研究、创业动力、创业实践、创业管理、创业法律等类课程。自行组织开发或引入校外优质的创新创业教育类MOOC加以共享利用。选聘优秀校外师资开设一批优质的创新创业类课程,举办系列创新创业类讲座。完善学生就业指导和职业生涯规划类课程建设。

3. 实施创新创业能力认证

在创新创业课程学习的基础上,针对创新、创业所需的知识结构、要掌握的技能和能力对学生进行专门培训,为参加规定内容培训并通过考核的学生颁发哈工大创新创业精英培训证书。

4. 实施科研优势转化

依托哈工大的科研优势,及时将优秀科研成果固化为教学内容以培养学生的创新意识;鼓励高水平教师开设创新类课程来培养学生的创新思维;让学生早进实验室、早进科研队伍以培养学生的协作攻关和创新能力;依托导师的科研课题来开展毕业设计;通过教师的创新创业实践活动带动学生的创新创业实践。依托哈工大"卓越工程师教育培养计划""工程领军人培养计划""科教结合协同育人行动计划""基础学科拔尖学生培养试验计划""英才培养计划"等,发挥工程教育和科学研究优势,培养工程应用型和学术型拔尖创新人才,把培养学生创新能力作为这些计划的根本任务。

(二)哈工大创新创业课程体系构成

13411 模式的课程体系:

1 融入:将创新创业教育融入每一门课程。

3 研讨类:创新研修课;创新实验课;新生研讨课。

4 指导类:创新指导课;创业指导课;竞赛指导课;团队建设指导课。

1 共享:创新创业教育在线开放课程(MOOC)。

1 讲座:创新创业讲座。

二、哈工大创新创业教育实践体系

(一)哈工大创新创业实践体系建设思路

1. 通过创新实验培养创新意识

全面开放学校的教学实验室和科研实验室为学生创新创业提供场所、设备和环境支持。提高实验教学中综合性、设计性,特别是探究性、创新性的实验项目比例,发挥实验教学对学生创新能力培养的重要作用。

2. 通过项目学习培养创新能力

实施"基于项目的学习计划",推动课堂学习与项目学习有机结合,鼓励学生组成团队,通过选题、制定计划、收集处理信息、活动探索、制作作品、交流成果等系列活动,培养学生自主学习、主动思考、实践创新、团队协作、领导决策、解决问题等一系列能力和素质。在成功实施一年级创新项目的基础上,完善大二创新实验项目、大三创新课程设计项目、大四创新毕业设计项目等内容,使项目学习的模式贯穿整个大学学习,有效培养学生的创新能力。

3. 通过创新创业竞赛催生创新创业成果

鼓励并支持学生积极参加"大学生创新创业训练计划""挑战杯"全国大学生课外学术科技作品竞赛和创业计划大赛、"互联网+"大学生创新创业大赛等各级各类竞赛。鼓励学生跨校、跨年级、跨学科、跨专业组建参赛队伍,发挥群体智慧,并安排导师做好指导。整合校内竞赛资源组织各类大赛,建立学院、学校、校外等多维度竞赛服务体系。通过竞赛让学生与校内外学生、企业等优秀人员交流切磋,不断完善项目和团队,培养创新创业能力,催生优秀项目和成果。

4. 建立项目评选奖励机制

加强学生创新和创业方向引导。积极挖掘并依托国家、黑龙江省、哈尔滨市的科技、人力资源等部门发布的创业项目指南和各级各类科研课题需求,坚持问题导向和需求导向,从需求反向推进学习和思考,引导学生识别创业机会,捕捉创业商机。定期组织哈工大"丁香会杯"创业大赛,评选出一批优秀的、最具潜力的项目,予以表彰并资金奖励,支持改进优化和后期研发。

5. 完善优秀项目推介和孵化机制

定期组织创业项目进入创业园的入园答辩会,及时将优秀创业项目引入创业园孵化,将项目变成创业成果。积极向企业推介优秀项目,支持企业对项目和团队进行考察和指导,进而选择合适的项目开展全方位合作,努力将学生创意、创新、创业的梦想变成现实。通过学校层面积极争取省市等地方政府和行业企业的支持,促进项目对接、落地转化、知识产权交易、项目融资,提供生产经营场所和企业孵化服务,提高孵化成功率,努力实现产业化。

(二)将创新创业实践贯穿大学四年

哈工大实践教学体系如图4.4所示。

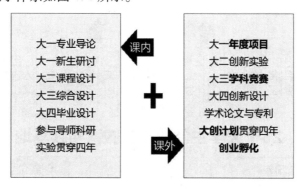

图4.4 哈工大实践教学体系

三、哈工大创新创业教育平台体系

(一)哈工大创新创业平台体系建设思路

1. 建设优质实验室并实施开放

建设国家级实验教学示范中心、国家级虚拟仿真实验中心、国家重点实验室等,保证各教学和科研实验室均能对学生的创新创业活动实施开放管理,为创新创业研究和实践服务。

2. 建设创业基地和创业教育基地

建设并利用好15个大学生科技创新基地、8个大学生创业教育基地,推动校企协同育人基地建设。积极整合内部资源,争取外部资源,完善基地条件,加大指导支持力度,健全运行机制,保证场地、人员、经费、制度"四到位",发挥基地的聚集效应和辐射效应,为学生创新创业打造良好的硬件设施和完备的软性服务。

3. 建设创业实验室和创新广场

依托经济和管理学院建设"国泰安"创业实验室,搭建一个国际化、高仿真的实验室环境,全面模拟创业企业的运营和管理,拓展学生创业思维,培养创业能力。建设哈工大创新广场,实施创新创业课程教学和指导,开辟创业活动空间,提供创业初期各种软件硬件服务、实训和社会创业资源对接等。

4. 建设大学生创新创业园

根据创客团队和创业企业的成长规律和实际需要,构建创客空间、创业孵化器、创业咖啡、展示大厅和机械电子加工平台等创新创业活动场所,打造功能齐全、配套支持到位、服务贴心便捷、创新创业联动、技术资本融合、资源连贯畅通、学业创业良性互动的创新创业生态系统。

(二)哈工大双创平台体系构成

哈工大创新创业教育平台体系如图4.5所示。

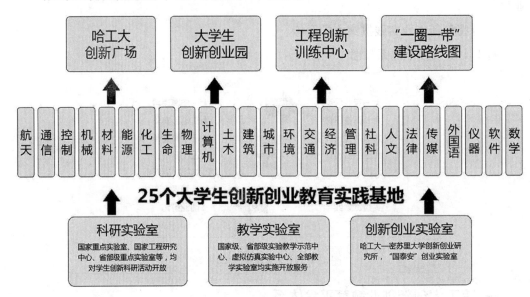

图4.5 哈工大创新创业教育平台体系

四、哈工大创新创业教育保障体系

(一)提升师资水平

1. 增强教师创新创业教育的意识和能力

发挥哈工大"国家级教师教学发展示范中心"作用,采取专题培训、交流研讨等形式增强广大教师投入创新创业教育的意识和能力。明确教师在培养学生创新创业意识和能力方面的责任,加大对教师实施创新创业教育的支持力度。鼓励教师在自己科研和创新创业的同时,基于科研项目带动学生创新创业,鼓励教师进行创新创业教育有关的理论、环境、需求和政策等的研究,编写教材和发表论文等,丰富创新创业教育的理论成果。

2. 鼓励教师开设创新创业课程和指导创新创业实践

将创新创业教育与专业教育相结合,鼓励广大教师在日常教学中融入创新精神、创业意识和创新创业思维和能力的培养。鼓励一批教师积极开设创新训练类课程,着重培养学生的创新思维、意识和能力。保证有一批具有专业知识的教师开设创业课程和实施专门化的创业培训。保证各院系有一批经验丰富、积极热心的优秀教师能为学生创新创业实践活动和参赛项目提供指导。保证有一批专兼职工作者为学生创业活动和实践提供常态化的指导和服务。培养一批优秀的辅导员以强化对学生日常创新创业活动的引导和指导。

3. 鼓励教师创新教学及考核方法

及时更新教学内容,鼓励教师将国际学术前沿、最新研究成果、创新实践经验等融入课堂教学,并通过对新兴学科和交叉学科的学习催生学生创意。深入实施启发式、研讨式、参与式的教学方法,培养学生的好奇心、想象力、批判性和创造性思维。改革考试办法,重点考核学生的创新实践能力和解决问题能力培养的效果,促进学生深入进行实践式、体验式学习。

4. 吸引校外师资参与创新创业教育

选聘一支由知名企业家、创业成功人士、金融投资专家等组成的校外师资队伍来校进行创新创业教育教学和培训,提高创新创业教育的广度和深度。建立一支创业导师队伍,通过双向选择的方式,为创业团队配备优秀导师并提供创业指导、创投指导和咨询服务。探索建立校企、校地、校所及国际合作的系统育人、协同育人的新机制,使学生深入了解市场与资本,引导学生将技术逻辑和市场逻辑紧密结合,提升创新创业教育的针对性和实效性。

(二)营造环境氛围

1. 建立创新创业类学生社团

大力支持现有的科技创新类社团的发展建设;结合学生发展需求,组建一批新的学生社团组织。举办创意交流分享、创新成果展示、创业政策宣讲、成功案例分析、创业榜样座谈等一系列活动,营造创新创业的文化氛围。

2. 搭建创新创业学生交流平台

依托"创客周""学术报告大赛""学术论坛"等活动开展创新交流;依托大学生创新创业园定期开展创业家讲堂、创业沙龙、创业论坛、创业真人图书馆、创业训练营、创业能力测评、创业计划竞赛等活动,构建创新创业文化生态体系。

3. 组织丰富的创新创业讲座

选聘知名公司、企业、研究所等单位的创业企业家、技术专家、投资经理及国内外优质的创新创业师资来校开展创新创业讲座和报告,与学生交流体会,启迪学生思想,激发创新创业热情,提升创新创业能力。

4. 建立创新创业专题网站

建设哈工大创新创业网站,构建国家政策宣传、创新项目匹配、创业企业展示、课程预约学习、创业导师对接和创业一站式服务等不同模块为学生创新创业就业等提供信息服务,为学生打造创意交流分享、创新成果展示和创业孵化服务的网络平台。

5. 强化常态化的引导和指导

加强院系辅导员队伍建设,在鼓励辅导员自我创新的基础上,系统培训、强化辅导员队伍对学生创新性学习、创新创业活动、职业生涯规划、就业指导等方面的指导、咨询、服务能力,让辅导员成为学生创新创业教育的领路人。

(三)强化管理和保障

1. 强化制度保障

根据社会和产业人才需求调整优化专业设置,建立需求导向的学科专业结构。将创新精神、创业意识和创新创业能力作为重要指标纳入人才培养的质量标准体系。建立创新创业学分并纳入学业考核要求,优化创新创业学分的认定。对于在创新创业方面取得突出成果的学生在评奖评优、研究生推免等工作中给予优先考虑。支持学生休学创业,实施学分制管理和弹性学制。健全创新创业教育的监督、评价、反馈、改进等质量保障机制。完善创新创业教育和实训实践的系列规章制度。

2. 强化经费保障

设立专项基金,为师资聘请、教学组织、学生活动、创业孵化等学生创新创业教育活动提供支持。设立创新创业奖学金和优秀项目奖励基金,激发学生参与创新创业的积极性。积极争取政府拨款、企业和个人捐赠,为学生创业项目推介、孵化、产业化等提供启动资金和引导基金。

3. 强化场地和环境保障

加强创新基地、创业教育基地、创业实验室、创新广场、大学生创新创业园等的建设。协同校内、省内和国内优质的生产加工平台资源,争取国家和省、市、区政府各部门财政补贴、税收优惠和贷款贴息等政策落地。优化免费一站式注册、法律咨询、财务代理等经营服务,为创业企业提供"一对一"全程指导服务,努力为学生创新创业提供良好的环境。

(四)加强组织领导

1. 构建工作领导机构

建立学校"创新创业教育工作领导小组",强化领导决策,优化顶层设计,合理资源配置,加强部门协同。

2. 完善教育组织体系

充分发挥院系、专业在学生创新创业教育中的主体和引导作用,完善教学部门牵头、多部门分工负责、协同联动的创新创业教育组织体系。

3. 健全指导服务机构

成立"创新创业教育工作指导委员会",健全专兼职结合的学生创新创业指导教师队伍,健全大学生创新创业园和大学生创新创业日常运行机制。

(五)注重贯彻实施

(1)各基层院系和专业、有关职能部门等要了解本单位应在创新创业教育中承担的职责,制定具体工作方案,明确责任分工,强化督导落实。

(2)加强对教师、学生的宣传引导,出台有效的措施和政策,激发广大师生从事创新创业的热情和积极性,形成勇于创新、善于创新、崇尚创新、宽容失败、全员育人的文化氛围,使哈工大的创新创业教育迈上一个新台阶。

第四节 哈尔滨工业大学大学生创新创业园

一、高起点谋划——组织化推动大学生创新创业园建设

哈工大高度重视大学生创新创业工作,紧跟国家发展战略,坚持把大学生创新创业放在挖掘释放龙江发展潜力、培育新的经济增长点的战略高度来谋划和推动,2015年4月24日时任黑龙江省省长陆昊专程赴哈工大调研大学生创新创业工作,明确提出"哈工大

要适当集中区域建立大学生创业园",并拨付专项基金用于支持哈工大大学生创新创业园建设。我校按照"高起点谋划、高技术导向、开放式办园、市场化运行"的建设思路,在学校教学科研用房十分紧张的情况下,划拨哈工大国家大学科技园大厦6 000 m² 场地用于学生创新创业。

校党委常委会专题听取大学生创新创业园建设进展情况汇报,专题研究创新创业园建设模式和发展方向;学校制定出台了《哈工大创新创业教育实施方案》,成立了哈工大大学生创新创业园服务管理办公室。在校领导的强力推动下,校团委、国资处、总务处、大学科技园等单位多次现场联合办公,全力推进大学生创业园空间腾退和装修改造工程。学校党委书记王树权书记多次到大学生创新创业园就创业企业运行、创客团队孵化等情况进行走访调研,与创业学生进行交流座谈,为园区建设指引"航向",为创业团队发展"把脉";周玉校长多次在全省介绍学校大学生创新创业工作经验,时常鼓励创业学生做到学业、创业两不误,提出了"努力探索出引领龙江大学生创业、具有龙江特色和哈工大规格的大学生创新创业模式"(图4.6)。

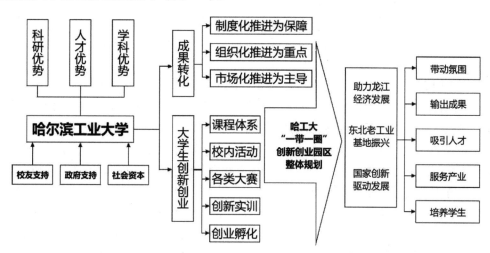

图4.6　哈尔滨工业大学大学生创新创业园工作流程

哈工大大学生创新创业园始终围绕学校培养拔尖创新人才的育人使命,注重技术、资本、市场对接,注重创意、创新、创业联动,组建了由创业导师、技术导师、投资经理和管理人员组成的专业服务管理团队,设立了大学生创新创业园服务管理办公室,注册了哈尔滨工业大学大学生创新创业园发展有限公司,构建了创客空间和创业孵化器两大功能区,搭建了"双五"服务体系(图4.7),为创客团队和创业企业提供包含从注册成立到正常运转、从吸引投资到产品生产的全过程、全要素、全方位服务,为创业企业快速成长提供了良性的生态系统。

二、努力走在全国前列——园区创业企业快速成长

学校十分注重发挥省政府5 000万财政专项资金的引导作用,采用基金参股和跟进投资的方式吸引中科招商、北京丁香汇创投基金、北京恒牛创投、南京存士资本等一批社会资本,达成了6亿元的创投基金合作意向。中科招商等十几家风投机构定期关注学生

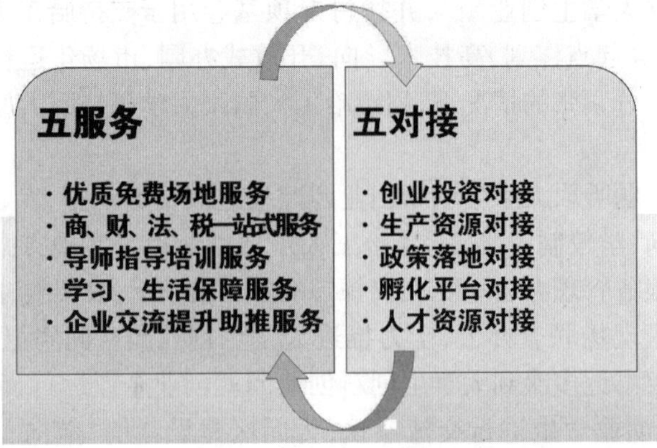

五服务
- 优质免费场地服务
- 商、财、法、税一站式服务
- 导师指导培训服务
- 学习、生活保障服务
- 企业交流提升助推服务

五对接
- 创业投资对接
- 生产资源对接
- 政策落地对接
- 孵化平台对接
- 人才资源对接

图4.7　哈尔滨工业大学大学生创新创业园"双五"服务体系

创业项目,并持续投资支持。创业园建立完善的规章制度,严格把关入园团队、严格实行经费的管理使用,邀请省内外风投经理和创业导师组成评审委员会,遴选创业企业和创客团队入园孵化。目前已有一批高技术企业集聚园区,驻园孵化的创业企业共计81家。截止到2018年底,园区企业共获得风险投资4.66亿元,2018年营业总额达1.05亿元,7家企业估值过亿元。

累计吸引276名在校学生、281名毕业生入园工作,10余名学生从德国、新加坡、美国等国家的高校返哈参与创业、57名省外生源毕业生留在龙江创业、70名高层次人才从中国电科集团等知名企业返哈创业,助力提升"哈工大指数"。创新创业园区获批国家级孵化器、黑龙江省科技企业孵化器、黑龙江省大学创业基地、黑龙江省创新创业示范基地;获评全国首批创新创业工作典型经验高校、全国首批深化创新创业教育改革示范高校、全国高校实践育人创新创业基地等荣誉称号。

乐聚智能创业团队聚焦教育、娱乐、服务型机器人的研发和生产,先后获得了包括腾讯、深创投、松禾资本等国内一线投资公司共计9 000万的投资、估值已达到20亿人民币,被政府确定为准独角兽重点企业,主营产品亮相平昌冬奥会"北京八分钟"(图4.8)。

图4.8　乐聚智能机器人亮相平昌冬奥会"北京八分钟"

万洲焊接(图4.9)组建了国内首条新能源汽车电池冷板搅拌摩擦焊生产线,迅速成长为国家级高新技术企业和科技部中小型科技型企业和省级民营科技型企业,成功成为特斯拉、蔚来、吉利帝豪等新能源汽车三电产品生产关键技术和配套支撑的提供商,创始人在读博士生万龙成功入选科技部创新创业领军人才。

图4.9 万洲焊接企业内景

在全国"大众创业、万众创新"的浪潮中,哈工大大学生创新创业园将充分挖掘哈工大学科优势、科研优势和人才优势,不断聚集资本、市场、服务要素,逐步形成高科技成果转化和高端人才投身创业的集群效应,打造东北亚高科技创业和投资的热土,形成具有国际影响力的创新资源密集区、国内高技术产业发展的引领区、东三省最具活力的创新创业中心,为龙江经济创新驱动发展和实现中华民族伟大复兴的中国梦贡献力量。

三、哈尔滨工业大学大学生创新创业园发展规划(2019~2023)

根据国务院《关于推动创新创业高质量发展打造"双创"升级版的意见》(国发[2018]32号)和《关于建设第二批大众创业万众创新示范基地的实施意见》(国办发[2017]54号)等文件精神,为落实立德树人的根本任务,深化创新创业教育体系建设,进一步激发全校师生的创新创业创造活力,让学生在"真刀真枪"中提升创新创业创造能力,打造创新创业创造百年名校名片,整合全校创新创业资源,全方位推动"双创"示范基地建设,特制定本规划。

(一)工作基础

哈尔滨工业大学的创新创业教育有着优良传统。学校坚持基础理论功底扎实、工程实践能力坚实、思想朴实、作风踏实、创新求实、创业务实、敢为人先、追求卓越的创新创业人才培养目标和"厚基础、强实践、严过程、求创新"的创新创业人才培养思路,出台了《哈尔滨工业大学创新创业教育实施方案》等系列文件,设立了创新创业学分,建设了哈工大-密苏里大学创新创业研究所、"国泰安"创业实验室、15个科技创新基地和8个创业实践基地。面向全体学生、覆盖全部新生开设纳入学分管理的114门新生研讨课、57门创新实验课、418门创新研修课和48门创新创业课程。面向创业学生提供了"五项服务、五项对接"的"双五平台"服务大学生创新创业,每年举办"创业大讲堂""创 Salon"等活动 120 多场,每年在校内组织"祖光杯""丁香汇杯"等创新创业比赛近百项,三年支持大学生创新创业立项 1 200 余项、选送学生 6 000 人次参加省级以上创新创业竞赛、获得奖励 2 100 余项,先后孵化大学生创业企业 58 家、资本估值累计超过 10 亿元、融资累计超过 1.07 亿元。自 2004 年中国青少年科技创新奖设立以来,我校先后有万龙、冷晓琨等 7 名学子获此殊荣,位居全国高校前列。搅拌摩擦焊处理团队和学生微纳卫星团队先后获得团中央"小平科技创新团队"称号,在全校范围内形成了创新创业的浓厚氛围。学生自主设计、研制与管控的"紫丁香二号"微纳卫星成功发射,被誉为在真刀真枪的创新实践中培养了学生的创新精神和能力。

(二)国内调研

2019 年 4 月 15 日~5 月 10 日,我们先后对同济大学、上海交通大学、浙江大学、中南大学、武汉大学、华中科技大学、北京航空航天大学和清华大学 8 所高校进行了深入调研。上述 8 所高校的共同特点是,学校对大学生创新创业工作高度重视,创新创业工作理念先进、体系健全、成效显著。

1. 主要特点

(1)同济大学。同济大学于 2016 年成立创新创业学院,学院设综合部、教学部、能力部和实践部,将隶属于本科生院的创新创业教学、隶属于团委的创业谷、隶属于科技园的创业孵化器进行整合形成创新创业教育体系,是校级平台型实体学院。创新创业学院主动对接融合不同专业学生创新创业能力培养,推进跨学科交叉的科技成果转化,形成具有同济特色的共生型创新创业的教育生态环境和人才培养模式。

(2)上海交通大学。2010 年,上海交大在全国高校中率先成立创业学院。创业学院通过在专业教育中渗透创新、创意、创造的精神和理念,开设创业教育通识课,开展大学生创新计划,举办创业计划大赛等,使全校同学得到创新创业氛围的熏陶、感染和洗礼;通过提供独具特色的创业课程,创业训练营的指导和辅导,创业苗圃预孵化和资金支持,培养部分有强烈创业意愿的同学成为大学生创业的"种子选手"。上海交通大学在原有的工程训练中心基础上建设"学生创新中心",包括"创新能力训练中心"和"创业孵化中心",通过两个中心培养学生的创新意识与创业技能,涵盖机、电、材、环、化、生命、医学、基础理科等学科的学生创新创业实践。

(3)浙江大学。浙江大学于 2017 年成立创新创业学院,倡导以创新为基础的创业,形成了学术研究、专业教育、创业培训、创业课程相结合的基于创新的创业教育体系。该体系有四大支撑点,一是基于"技术产业化"的创新创业教育方向引领,形成导向支撑;二是基于"通识教育"的创新创业教育课程体系建设,形成机制支撑;三是基于"全球国际村"的创新创业教育国际化实验,形成经验支撑;四是基于"全链条式"的创业教育过程实践(创业意识激发—创业技能培育—创业团队打磨—天使投资对接—创业项目落地),形成成果支撑。

(4)中南大学。中南大学在本科生院下设创新与创业教育办公室,建有大学生创业园。中南大学大学生创业园成立于 2008 年。创业园由校学生创新创业指导中心具体管理(学生团队运营),以培育大学生创业意识、创业精神和创业能力为宗旨,为学校创业教育提供实践环境,为大学生自主创业提供指导与帮助。创业园管理办公室负责创业园日常管理事务的学生组织,为中南大学学生创办的企业(工作室)提供各类咨询、项目资金申请、入驻等服务。校学生创新创业指导中心设课程部、实训部、创业网和创业园4个部门,管理团队学生总数达200多人。

(5)武汉大学。武汉大学在本科生院下设创业学院,秉承"创新、创业、创造"的三创育人理念,为学生提供多方位的创新创业体验和深度的创新创业项目孵化,提升学生创新创业能力。2016年,武汉大学成立大学生工程训练与创新实践中心。该中心是面向全校学生的建设工程认知、训练和创新实践的公共教学平台,同时建成了1 500平方米的以培养学生工程认知、体验和"三创"成果的展示平台。成立以来,先后有来自29个学生团队进驻训创中心,每年受益学生3 000余人,产生了一批标志性成果。

(6)华中科技大学。华中科技大学启明学院是创新教育实验区,致力于培养具有创新能力、创业精神和国际视野的未来杰出人才。启明学院在业界力量的支持下建立,建有超过12 000 m^2 独立的教学科研大楼"亮胜楼",为学生创新创业实践提供集中的物理空间,并提供政策、导师、资金、设备等支持。初期项目在启明学院免费入住,培育一段时间就转到大学科技园的大学生创业孵化专区,可以得到综合性孵化服务。

(7)北京航空航天大学。北航创新创业管理由校团委负责,2017年该校成立了创新创业学院,办公室设在校团委。工程训练中心作为学生创新创业实践加工平台,24小时提供预约服务。依托航模队、机器人队、无人机队和赛车队4个科技创新代表队,基于学科特色开展创新创业活动。每年开展"冯如杯"竞赛,已经开展了29届。"冯如杯"竞赛实现了"一杯三赛",包含创意、创新、创业竞赛,创意竞赛针对大一年级,创新竞赛要求做出实物,创业竞赛要求学生基于前一年的创新作品来参加创业大赛。"冯如杯"竞赛已成为学校的品牌,全校本科生有73%参加过"冯如杯"竞赛。

(8)清华大学。清华大学重点打造三创教育平台,包括"清华创+""清华iCenter""清华x-lab"三个平台。"清华创+"实践育人创新创业教育平台于2014年成立,通过商业和公益相结合、线上和线下相结合的方式,通过"创+平台""创+网站""创+实训"和"创+空间",服务有志于创业的大学生群体。2015年,"清华iCenter"投入使用,是全球最大的校园创客空间,每年可支持3 000名学生活动。"清华x-lab"倡导学科交叉、探索未知、体验式学习和团队协作的教育理念,探索新型人才教育培养模式,逐步建立起集学生教育、团队培育、资源聚集和学科交叉的"三位一体"生态平台,为清华大学的学生、校友和老师持续提供创意创新创业方面的教育和培养服务。

2.经验与启示

综合分析以上8所高校的创新创业工作,我们认为以下经验值得借鉴。

(1)在创新创业教育理念上,清华大学强调育人是大学创新创业教育的本质;浙江大学倡导以创新为基础的创业;武汉大学秉承"创新、创业、创造"的三创育人理念;北京航空航天大学坚持所有创业团队都以科技创新为基础。因此,创新创业教育的目标应该是提高所培养人才的创新精神、创业意识和创新创业能力。

(2)在创新创业教育组织上,浙江大学、同济大学、北京航空航天大学建有创新创业学院,上海交通大学、武汉大学建有创业学院,加强了创新创业教育的顶层设计和协调管理,形成了比较完善的创新创业教育体系。

(3)在创新创业实践平台建设上,清华大学、上海交通大学、武汉大学和北京航空航天大学都依托工程训练中心建设学生创新实践中心和创业孵化中心,将学生的工程实践能力培养与创新创业能力培养有机结合,收到了很好的效果。

(4)在创新创业项目培育上,清华大学依托"i-center""x-lab""创+"三个平台,实现创新实践项目、创业实践项目,到创业孵化项目的逐步升级。北京航空航天大学依托航模队、机器人队、无人机队和赛车队4个科技创新代表队,开展基于学科特色的创新创业活动;通过"冯如杯"竞赛将创意、创新、创业教育贯穿大学四年。只有通过系统化的创新创业教育,才有可能培养出高层次创新创业人才。

(三)总体思路

习近平总书记2019年两会在福建代表团参加审议时指出,要营造有利于创新创业创造的良好发展环境。要向改革开放要动力,最大限度释放全社会创新创业创造动能,不断增强我国在世界大变局中的影响力、竞争力。要坚持问题导向,解放思想,通过全面深化改革开放,给创新创业创造以更好的环境,着力解决影响创新创业创造的突出体制机制问题,营造鼓励创新创业创造的社会氛围,特别是要为中小企业、年轻人发展提供有利条件,为高技术企业成长建立加速机制。

我们要认真学习习近平总书记指示精神,深入贯彻落实国务院办公厅《关于建设大众创业万众创新示范基地的实施意见》(国办发[2016]35号)及《关于建设第二批大众创业万众创新示范基地的实施意见》(国办发[2017]54号)相关文件精神,紧密结合哈工大创建世界一流大学的整体目标,全方位梳理创新创业工作优势,协同"一校三区"发展,进一步强化全校双创工作顶层设计,充分激发双创主体活力,不断破解育人模式、人才队伍、成果转化、校地合作等多方面相关双创工作的"孤岛"壁垒,从根本上贯穿育人环、政策环、创新环、转化环、资金环、孵化环、产业环等双创工作接续环节,探索建设国家重点高校服务国家、结合地方、军民融合、典型示范的全国大众创业万众创新示范基地。

1. 基本原则

(1)要充分认识到开展大学生创新创业教育的重要意义,让创新创业成为一种文化和习惯,将完善创新创业教育体制机制作为深化高等教育综合改革的重要切入点,引导师生像重视科学技术研究那样重视高新技术成果产业化,激化师生的创新创业活力,努力探索出引领龙江大学生创业、具有龙江特色和哈工大规格的大学生创新创业模式。

(2)要充分发挥全国大众创业万众创新示范基地的优势,积极完善创新创业教育体系,进一步完善人才培养质量标准和创新人才培养机制,进一步强化"厚基础、强实践、重能力、求创新"的育人特色,形成通识教育、专业教育、创新创业和个性发展有机融合的培养体系,注重创业精神与创业文化的建设,学习和借鉴美国高等教育个性化培养和创新教育的成功经验,将创新创业的精神融入学生的成长和培养过程中。

(3)作为哈工大创新创业园的一部分,加快哈工大大学生创业园建设,尽快形成空间示范,按照"高起点谋划、高技术导向、开放式办园、市场化运行"的原则,更加注重技术逻辑与市场逻辑对接、创意创新创业联动、创业与育人结合,大力支持具有产业化发展方向的项目,完善创业园持续帮扶、全程指导、一站式服务的功能,建立有利于学科交叉、跨高校合作、跨年级组合、师生合作创业的制度,形成大学生创业的组织化推动机制。

以创新为起点,以创业为过程,以创造为目标,整体性思考,系统性推动,促进"一校三区"大学生创新创业工作融合发展。

2. 发展目标

2019年起全面深化我校创新创业教育改革,到2023年全面健全融理论教学、实训实践、平台基地、支持保障为一体的创新创业教育体系,强化学生自主学习,完善文化引领和指导帮扶,使得学生的创新精神、创业意识和创造能力明显增强,投身创业实践的学生数量显著增加,涌现大批优秀的学生创新创业成果,毕业生就业质量和人才培养质量稳步提高。

(四)主要任务

1. 以创新创业创造为目标系统化推进创新创业教育

(1)开展创业课程建设。建设"创业导论课""创业实践课"等通识教育课程。

(2)开展大学生创业训练计划。融合创新教育与创业教育,融合"本硕博"跨学历团队,融合第一课堂和第二课堂,搭建一个具有延续性的创业教育培养平台,塑造一批创业典型项目。

(3)举办哈工大创业计划大赛。推动校园创业意识、创业能力的教育与培训工作进一步发展,使之成为学生创业素质教育的新载体。

(4)举办"创业沙龙"。邀请成功的创业人士与学生一起探讨创业话题,开阔学生视野。每周举办一期,要打造成哈工大创新创业文化品牌。

(5)组织创业训练营。创业训练营旨在点燃创业火花,孕育创业火种。通过创业讲座、创业项目路演、创业企业考察、创业导师一对一辅导等,激励、支持和帮助学生实现创业梦想,为创业学生学习、交流、实践和发展提供平台。

(6)构建高水平创业研究体系。坚持战略导向和问题导向相结合,依托校内优秀师资,组建学术与实务相结合、创新与创业相结合的创业研究队伍。探索创建大学生创业案例库,力争到2023年积累30个创业案例库。

2. 建设大学生创新创业实践中心

在现有工程训练中心基础上建设"哈工大学生创新实践馆"和"哈工大师生共享硬件成型平台",为学生创新创业建设机械、电子加工平台,建立创新创业实践安全保障体系。

(1)建立"哈工大学生创新实践馆"。设9大功能区,包括设备租借区、快速成型区、机械加工区、焊接加工区、电子加工区、耗材存放区、装配测量区、设备调试区和会议交流区,为学生创新团队提供创新项目所需基本硬件、加工设备、测量装配、基础工具等。

(2)建设"哈工大师生共享硬件成型平台"。设6大功能区,包括快速成型区、机械加工区、加工处理区、电子加工区、装配测试区和耗材存放区。该平台将解决大学生创新创业园创业企业批量生产难度较大、时间和物流成本较高的难题。

(3)建设创新为主的创客空间。优选一批大学生创新社团入住"哈工大学生创新实践馆",以创新的方式实现创意,开发原创性产品。工程训练中心为创新团队提供全方位的创意创新实践服务。

(4)建立创业模拟实训中心。面向大学生创业者开办创业模拟实训班,从课程教学、创业模拟、导师辅导等多个层面对创业者提供支持。同时开发包括创业计划、创业管理、创业注册、创业实践、创业测评及创业构造等功能的相应软件,供学生模拟整个创业的流程。

3. 建设大学生创业苗圃

发挥学科优势,打造创新创业"预孵化"载体,强化学生创新精神、创业意识和创造能力培养,进一步提升学生创新成果转化的能动性。

依托各学院创新创业教育实践基地建设创业苗圃,大学生创新创业园提供苗圃建设资金支持、导师指导培训服务、项目交流提升助推服务、政策落地对接、孵化平台对接等服务。

建设哈尔滨工业大学创新工场和21个院级创业苗圃;在威海校区和深圳校区建设大学生创新创业园分园。

4. 实施优秀创新团队发展计划

重点支持一批科技创新团队,在"哈工大学生创新实践馆"为每个团队提供创客空间,每年提供2万~5万元经费支持,培育创新创业团队。

5. 实施创业团队支持计划

重点支持一批大学生创业团队,在学院创业苗圃和大学生创新创业园为每个团队提供创客空间,每年提供2万~5万元经费支持,培育创业团队。

6. 实施竞赛项目提升计划

将"祖光杯"打造成哈工大创新创业文化品牌,举办系列竞赛项目。设计三类具有哈工大特色、覆盖一校三区的竞赛项目,上对应国家的竞赛,下拉动大一项目的升华。开展"祖光杯"创意竞赛、"祖光杯"创新竞赛、"祖光杯"创业竞赛。

(1)面向大一学生开展创意项目竞赛。

(2)面向大二、大三学生开展创新项目竞赛。先立项,每项提供5 000~10 000元经费支持,做一年,再参加比赛。

(3)面向大四、硕、博开展大四硕博创业项目竞赛。立项一年,每项提供3~5万元经费支持,打造挑战杯创业大赛项目。

7. 建设大学生创新创业互动教育馆

大学生创新创业互动教育馆是展示哈工大创新创业教育成果和开展创新创业启蒙教育的重要平台。拟建在现有哈工大科技大厦地下一层、地上一层,并与二至四层的创业园形成一个整体,在集中呈现哈工大创新创业成果的基础上,着力提升展馆的互动性和体验效果,更好地服务于大学生创新创业启蒙教育。地下一层是创新创业成果展示馆,重点展示哈工大创新创业教育体系及其成果;地上一层是创新创业互动馆,围绕"装备制造""机器人""军民融合""人工智能"四个专题设置互动体验区,使参与者近距离接触、认识科技创新技术成果,体验领会科技创新转化魅力;地上二至四层是创业实践馆,全方位展示大学生创业企业。

8. 营造浓厚创新创业文化氛围

(1)建立创新创业类学生社团。大力支持现有的科技创新类社团的发展建设;结合学生发展需求,组建一批新的学生社团组织。举办创意交流分享、创新成果展示、创业政策宣讲、成功案例分析、创业榜样座谈等一系列活动,营造创新创业的文化氛围。

(2)搭建创新创业学生交流平台。依托"创客周""学术报告大赛""学术论坛"等活动开展创新交流;依托大学生创新创业园定期开展创业家讲堂、创业沙龙、创业论坛、创业真人图书馆、创业训练营、创业能力测评、创业计划竞赛等创业活动,打造创新创业文化生态。

(3)组织丰富的创新创业讲座。选聘知名公司、企业、研究所等单位的创业企业家、技术专家、投资经理及国内外优质的创新创业师资来校开展创新创业讲座和报告,与学生交流体会,启迪学生思想,激发创新创业热情,提升创新创业能力。

(4)建立创新创业专题网站。建设哈工大创新创业网站,构建国家政策宣传、创新项目匹配、创业企业展示、课程预约学习、创业导师对接和创业一站式服务等不同模块为学生创新创业就业等提供信息服务,为学生打造创意交流分享、创新成果展示和创业孵化服务的网络平台。

(5)强化常态化的引导和指导。加强院系辅导员队伍建设,在鼓励辅导员自我创新的基础上,系统培训、强化辅导员队伍对学生创新性学习、创新创业活动、职业生涯规划、就业指导等方面的指导、咨询、服务能力,让辅导员成为学生创新创业教育的领路人。

(五)保障措施

1. 构建工作领导机构

建立学校"创新创业教育工作领导小组",强化领导决策,优化顶层设计,合理资源配置,加强部门协同。

2. 完善教育组织体系

充分发挥学院、专业在学生创新创业教育中的主体和引导作用,完善学工部门牵头、多部门分工负责、协同联动的创新创业教育组织体系。

3. 健全指导服务机构

成立"创新创业教育工作指导委员会",健全专兼职结合的学生创新创业指导教师队伍,健全大学生创新创业园和大学生创新创业日常运行机制。

第五章　创新创业竞赛

大学生参加创新创业竞赛活动,不仅使自己的知识体系得到了完善,创新能力和实践能力得到了提高,还培养了思维、协调等能力。实践证明,创新创业竞赛对培养学生综合素质具有重要作用。

一是有利于提高学生对知识探索的主动性。在传统的课堂学习中,由于种种条件的限制,学生的学习状态十分被动。而在参加创新创业竞赛时,学生会不断发现问题、提出问题并努力求解,这就促使学生从被动学习转变为主动学习,锻炼其发现问题、解决问题的能力。创新创业竞赛是一种手段,目的在于通过为竞赛项目所做的准备工作和竞赛本身,使学生综合应用所学专业的理论知识,并广泛涉猎其他专业的知识,了解其学科及其他领域的前沿动态,提高对知识探索的主动性。

二是有利于增进大学生的团队意识。创新创业竞赛活动本身就是一种创造性劳动。创新创业竞赛可以培养学生的团队意识和团队协作精神。在参赛过程中,团队成员之间的分工与合作是完成参赛作品的关键。明确的分工减少了工作的重复,良好的合作可以增强团队的凝聚力,使作品完成得更加顺畅。要求学生具有较好的沟通能力和思维能力,学生与教师、学生与学生之间必须能做到沟通无阻。团体荣誉的获得可以增加学生的优越感,这成为更加积极探索深层次理论的强大驱动力。这种在创新创业竞赛中获得的综合能力可以使得学生在完成第一课堂繁重任务的同时,以更多的毅力和恒心去解决其他学习、生活、工作中的困难。

三是有利于促进理论与实践的结合。大学生在传统课堂学习到的知识,很多只停留在纸面阶段,而创新创业竞赛提供了一个开拓思维、开阔视野的平台,也给了理工科学生将理论实践化的动力。理工科学生在学习和生活中会迸发许多很好的灵感和创意,在创新创业竞赛这个特定因素的引发下,会将灵感转化为实际行动,从而促进了理论与实践的结合。

目前,创新创业竞赛种类繁多,有校级、省级、国家级等行政部门组织的各类竞赛,也有各种行业协会组织的竞赛。本章将重点介绍中国"互联网+"大学生创新创业大赛、"挑战杯"全国大学生课外学术科技作品竞赛、"挑战杯"中国大学生创业计划竞赛、ACM国际大学生程序设计竞赛、全国(国际)大学生数学建模竞赛、全国大学生电子设计竞赛、全国大学生机械创新设计大赛,并对其他竞赛作简要介绍。

第一节　中国"互联网+"大学生创新创业大赛

2015年3月5日,李克强总理在十二届全国人大三次会议上的政府工作报告中首次提出"互联网+"行动计划。同年4月,在视察吉林大学就业创业指导中心过程中,一向非常关注大学生就业、创业、创新工作的李克强总理在吉林大学校长建议下,当场决定举办全国性的创新创业大赛,首届中国"互联网+"大学生创新创业大赛就此拉开帷幕。首届大赛历时半年,共吸引全国 1 878 所高校、5.7 万支创业团队参赛,直接参与学生超过 20 万人,带动上百万大学生投入创新创业活动。

所谓"互联网+",是指以互联网为主的新一代信息技术(包括移动互联网、云计算、物联网、大数据等)在经济社会生活各部门的扩散、应用与深度融合的过程,这将对人类经济社会产生巨大、深远而广泛的影响。"互联网+"的本质是传统产业的在线化、数据化。这种业务模式改变了以往仅封闭在某个部门或企业内部的传统模式,可以随时在产业上下游、协作主体之间以最低的成本流动和交换。

一、"互联网+"行动计划提出的背景

当前,新一轮信息技术创新应用风起云涌,以物联网、云计算、大数据为代表的新一代信息技术不断取得突破和应用创新,催生新兴产业,同时通过与传统产业的融合渗透,助推产业转型升级,给人类生产生活方式带来了深刻变革。协同、智能、绿色、服务等新生产方式变革深刻影响着传统产业的核心价值体现;网络众包、生产消费者、协同设计、创客、个性化定制、透明供应链等新模式正在构建新的竞争优势;电子商务、互联网金融、社交网络等互联网经济体的形成加速了产业价值链体系的重构。

发达国家正在积极应对新一轮经济变革带来的挑战,纷纷鼓励信息技术变革和应用模式创新,美国的《先进制造业伙伴计划》及《网络空间国际战略》,英国的《信息经济战略2013》等一系列行动计划和战略的提出与实施,旨在充分发挥信息技术领域的领先优势,加强在新兴科技领域的前瞻布局,以谋求抢占制高点、强化新优势。

信息通信技术的进步,互联网、智能手机、智能芯片等在企业、人群和物体中的广泛应用,为下一阶段的"互联网+"奠定了坚实的基础。未来,新一轮科技革命与产业变革的影响将持续深入,跨界融合渗透成为常态,新产业、新业态、新技术和新模式将层出不穷。消费互联网逐步走向产业互联网,传统产业和服务业等领域的互联网潜力进一步释放,基于物联网、云计算的智能制造、能源共享正在改变传统工业生产模式,基于互联网、大数据的大规模协同、价值共享正在走向主流,驱动未来发展的要素资源从物质能源转向信息知识,众创、众包、众需等不断涌现,构成了"互联网+"发展的新引擎和新动力。

中国人均自然资源相对不足,环境承载量受制,传统产业粗放型发展方式所带来的结构性、素质性矛盾依然存在,发展后劲不足。必须发挥现有条件和先发优势,抓住机遇,主动谋划,加快发展以互联网、物联网为主要载体的信息经济,打造中国经济社会发展的"升级版"。面对移动互联网、云计算、大数据等新一代信息技术蓬勃发展的新时代,面对以互联网为代表的信息技术加速各行各业渗透、融合、发展的新形势,面对中国经济社会发展进入新常态的新机遇和新挑战,我们必须适应新常态、谋求新发展,必须坚持发展理念、发展模式、发展路径创新,以信息化和工业化深度融合为抓手,使中国逐步步入保持中高速,打造提质、增效、升级版的现代化强国。

二、大赛目的与任务

以赛促学,培养创新创业生力军。大赛旨在激发学生的创造力,培养"大众创业、万众创新"生力军;鼓励广大青年扎根中国大地了解国情民情,在创新创业中增长智慧才干,在艰苦奋斗中锤炼意志品质,把激昂的青春梦融入伟大的中国梦,努力成长为德才兼备的有为人才。

以赛促教,探索素质教育新途径。把大赛作为深化创新创业教育改革的重要抓手,引导各地各高校主动服务国家战略和区域发展,开展课程体系、教学方法、教师能力、管理制度等方面的综合改革。以大赛为牵引,带动职业教育、基础教育深化教学改革,全面推进素质教育,切实提高学生的创新精神、创业意识和创新创业能力。

以赛促创,搭建成果转化新平台。推动赛事成果转化和产学研用紧密结合,促进"互联网+"新业态形成,服务经济高质量发展。以创新引领创业、以创业带动就业,努力形成高校毕业生更高质量创业就业的新局面。

三、2019年第五届大赛总体安排

第五届大赛将力争做到"五个更"。一是更全面,做强高教版块、做优职教版块、做大国际版块、探索萌芽版块,探索形成各学段有机衔接的创新创业教育链条,实现区域、学校、学生类型全覆盖。二是更国际,拓展国际赛道,深化国际交流合作,深度融入全球创新创业浪潮。三是更中国,以大赛为载体,推出创新创业教育的中国经验、中国模式,提升我国高等教育的影响力、感召力、塑造力。四是更教育,促进创新创业教育与思想政治教育、专业教育、体育、美育、劳动教育紧密结合,构建德智体美劳"五育平台",上好一堂最大的创新创业课;深入开展"青年红色筑梦之旅"活动,上好一堂最大的国情思政课。五是更创新,广泛开展大学生和中学生创新活动,助推科研成果转化应用,服务国家创新发展。

第五届大赛将举办"1+6"系列活动。"1"是主体赛事,包括高教主赛道、"青年红色筑梦之旅"赛道、职教赛道、国际赛道和萌芽版块。"6"是6项同期活动,包括"青年红色筑梦之旅"活动、大学生创客秀(大学生创新创业成果展)、大赛优秀项目对接巡展、对话2049未来科技系列活动、浙商文化体验活动、联合国教科文组织创业教育国际会议。

四、参赛项目要求

(1)参赛项目能够将移动互联网、云计算、大数据、人工智能、物联网、下一代通信技术等新一代信息技术与经济社会各领域紧密结合,培育新产品、新服务、新业态、新模式;发挥互联网在促进产业升级以及信息化和工业化深度融合中的作用,促进制造业、农业、能源、环保等产业转型升级;发挥互联网在社会服务中的作用,创新网络化服务模式,促进互联网与教育、医疗、交通、金融、消费生活等深度融合。

(2)参赛项目须真实、健康、合法,无任何不良信息,项目立意应弘扬正能量,践行社会主义核心价值观。参赛项目不得侵犯他人知识产权;所涉及的发明创造、专利技术、资源等必须拥有清晰合法的知识产权或物权;抄袭、盗用、提供虚假材料或违反相关法律法规一经发现即刻丧失参赛相关权利并自负一切法律责任。

(3)参赛项目涉及他人知识产权的,报名时需提交完整的具有法律效力的所有人书面授权许可书、专利证书等;已完成工商登记注册的创业项目,报名时需提交营业执照及统一社会信用代码等相关复印件、单位概况、法定代表人情况、股权结构等。参赛项目可提供当前财务数据、已获投资情况、带动就业情况等相关证明材料。已获投资(或收入)1 000万元以上的参赛项目,请在全国总决赛时提供相应佐证材料。

(4)参赛项目根据各赛道相应的要求,只能选择一个符合要求的赛道参赛。已获往届中国"互联网+"大学生创新创业大赛全国总决赛各赛道金奖和银奖的项目,不可报名参加第五届大赛。

(5)各省(区、市)教育厅(教委),新疆生产建设兵团教育局,各有关学校负责审核参赛对象资格。

五、比赛赛制

(1)大赛采用校级初赛、省级复赛、全国总决赛三级赛制(不含萌芽版块)。校级初赛由各院校负责组织,省级复赛由各地负责组织,全国总决赛由各地按照大赛组委会确定的配额择优遴选推荐项目。大赛组委会将综合考虑各地报名团队数、参赛院校数和创新创业教育工作情况等因素分配全国总决赛名额。

(2)全国共产生1 200个项目入围全国总决赛(港澳台地区参赛名额单列),其中高教主赛道600个、"青年红色筑梦之旅"赛道200个、职教赛道200个、萌芽版块200个。此外,国际赛道产生60个项目进入全国总决赛现场比赛。

(3)高教主赛道每所高校入选全国总决赛的项目总数不超过4个,"青年红色筑梦之旅"赛道、职教赛道、国际赛道(国内外双学籍类)、萌芽版块每所院校入选全国总决赛的项目各不超过2个。

六、评审规则

请登录"全国大学生创业服务网"(cy.ncss.cn)查看具体内容。

七、关于"互联网+"大学生创新创业大赛的几点思考

(1)成功的创业团队需要一个优秀的领导者。作为一个团队的大脑,CEO不仅要拥有必要的基本专业知识,还需要具备统揽全局的能力,调动每个成员的积极性,发挥每个创业团队成员在各自领域的特长,合理安排创业团队成员。

(2)商业盈利模式创新。商业模式创新是当今企业获得核心竞争力的关键。按照IBM商业研究所和哈佛商学院克利斯坦森教授的观点,商业模式就是一个企业的基本经营方法。它包含四部分:用户价值定义、利润公式、产业定位、核心资源和流程。南京中医药大学"i Heart团队"根据这四个部分做了科学的商业模式设计,通过临床医生帮助推广和精准投放的模式宣传推广,达到病人和医院互利共赢的目的。

(3)技术的创新性。如果说盈利模式是否科学决定了创业能否成功,那技术是否具有足够的创新性决定了创业团队能否走得更远。此次大赛备受瞩目的东南大学全息投影项目、南京大学移动海堡等项目的技术水平均已达到世界级水平,科技创新全球领先,技

术壁垒高,已经成为该领域行业的领头羊。

(4)明确行业痛点。大部分参赛队伍都能够明确行业痛点,对行业现状做了全面而精准的分析,但同时评委也指出,大学生创业团队总体来说能力较弱,经验不足,要做到解决最重要、最迫切的需求,而不是泛泛而谈、没有重点,在过多无谓的痛点处耗费大量团队精力,即要分清核心痛点和边缘痛点,做到精而非泛。

(5)团队成员背景结构合理。训练营的指导老师包括大赛评委对团队成员的背景都非常感兴趣,一个创业团队要想走得更远,结构合理是必需的,技术渠道和营销渠道都要做到先进且合理。大学生创业团队主要存在以下关于成员的问题:①团队成员专业背景较单一。由于大学生接触范围较小,对自己同班同学较信任,几个意趣相投的同学组成创业团队再合理不过,从而导致背景较单一,一个成功的创业团队需要各专业各方面的人才。"i Heart"项目在这方面做了较好的准备,项目技术方面涉及了硬件和软件,团队成员分别配备了硬件方向研究生一名和软件工程专业本科生数名,由于涉及心血管等医学知识,还特地邀请我校临床专业的一名研究生作为合作成员,然而营销团队力量较薄弱,并没有为此配备专门的营销人才,这也是需要加强和改进的地方。②人员过多或过少。创业初期需要合理安排创业团队,充分发挥每个人的特长和能力,先要保证公司前期的生存,"活下来"之后再考虑"成长"。庞大的团队固然会具有较强的能力,但是人员多带来的成本问题会直接影响队伍能否生存下去。人员也不能过少,要达到完成基本工作量的能力,根据经验,3~5人的小而精的创业团队成功率最高。

第二节 "挑战杯"课外学术科技作品与创业计划竞赛

一、"挑战杯"全国大学生课外学术科技作品竞赛

"挑战杯"全国大学生课外学术科技作品竞赛是由共青团中央、中国科协、教育部、全国学联联合主办、一所高校及其所在地人民政府承办的一项具有导向性、示范性、权威性和群众性的全国竞赛活动,被誉为中国大学生学术科技的"奥林匹克"盛会。经过近20年的发展,其影响不断增加。

规模愈来愈大,参赛范围愈来愈广。如果说刚开始时的"挑战杯"还只是少数名牌高校大学生之间的学术科技竞赛活动,那么到2007年举办第十届时,"挑战杯"已发展成为影响力巨大的全国在校大学生的科技学术盛会了。1989年在清华大学举办第一届挑战杯时,仅有52所高校的430件作品参加决赛终审;1999年在重庆大学举办的第六届"挑战杯"上,有312所高校的1 049件作品参加决赛终审;而2007年在南开大学举办的第十届"挑战杯"上,全国共有600余所高校近百万大学生参加,31个省区市343所高校的1 100多件作品进入全国竞赛,884件作品入围决赛。自第七届大赛增设特等奖后,到2007年第十届挑战杯,特等奖获奖作品达25项,总获奖作品940项。

影响面愈来愈宽,社会关注度和美誉度愈来愈高。"挑战杯"竞赛的作品一般分为三大类:自然科学类学术论文、哲学社会科学类社会调查报告和学术论文、科技发明制作。目前已形成校级、省级、全国的三级赛事。据不完全统计,目前全国40%的在校大学生直

接或间接参与过"挑战杯"各级选拔赛。"挑战杯"的社会关注度和美誉度愈来愈高。

成果质量愈来愈高,作品创新性愈来愈强。每届"挑战杯"竞赛可谓是一个"创意的集市",每一件作品都展现了大学生独特的创新思维,并将创新性、实用性与大学生的社会责任感紧密结合。如第十届"挑战杯"竞赛中,上海交通大学的参赛作品"便携式宽带综合业务数字卫星通信地球站",在抗震救灾和森林防火等领域有很强的实用性和先进性。"挑战杯"竞赛作品的选题也更加关注民生热点问题,在第十届"挑战杯"竞赛中,大学生的科技创新作品广泛涉及矿工安全、外来务工人员、社区医疗、老龄社会等社会高度关注的民生热点问题。如针对我国矿难高发问题,湖南师范大学的10名大学生历时两年多,走访30多个煤矿,完成2万多字的《湖南煤矿工人心理安全感的影响因素及提升策略》调查报告,提出了三级矿难防控体系,引起了国家安全生产监督管理总局局长李毅中的关注。

科技作品成果的社会价值愈来愈高。"挑战杯"参赛作品在科学性、先进性与创造性上不断提高,成果质量日益得到专家及社会的肯定,并已产生很大的社会价值。第六届"挑战杯"集中签约的项目达38项,共签订协议43份,协议总金额1.132 5亿元。第七届"挑战杯"上成果转让签约17项,签约合同金额高达7 156万余元,其中4件作品签约额分别突破1 000万元。第八届"挑战杯"上,12项"挑战杯"参赛作品正式签署了科技成果转让合同,转让总金额高达2 275.6万元。在第十届"挑战杯"上,哈尔滨工业大学学生徐俊研发的"无油梁长冲程抽油机控制系统",与天津一家公司当场达成购买1 000台抽油机的合作意向,该抽油机市场价大约70万元,以此计算,这是一项涉及7亿元的合作,堪称"挑战杯"竞赛的"第一大单"。

参赛作品专业范围愈来愈广,学生获奖与学校实力关系密切。"挑战杯"作品竞赛开始仅局限于理工专业,现在已经发展成为涵盖机械与控制、信息技术、数理、生命科学、能源化工、哲学、经济、社会、教育、法律、管理等11个学科门类。另外,从获奖情况来看,各高校学生作品的获奖情况与学校的整体实力有很大关系,复旦大学四次捧得"挑战杯",清华大学三次捧得"挑战杯"(复旦大学、清华大学获"挑战杯"永久纪念杯),东南大学两次捧得"挑战杯",上海交通大学、北京大学各一次。获得"优胜杯"和"特等奖"的也主要为"211"高校和"985"高校。

参加竞赛的大学生对"挑战杯"普遍给予了积极的评价。第一,培养了创新意识。一位参赛选手说,自己是"挑战"信心、"超越"思想的受益者。他说:"通过比赛,让我更加意识到了理论、创新与实践的重要性与相关性,并开阔了眼界。这在我以后的工作和学习中起到了指导与勉励作用,让我不畏困难、勇于挑战、勇于创新。"第二,塑造了团队精神。"挑战杯"提高了参赛选手们的综合素质,特别是塑造了团队精神。参加"挑战杯"竞赛的过程,不仅是挑战自我的能力,也是体验失败、体验成功、体验成长的过程,这是很多参加"挑战杯"竞赛选手的共同感受。第三,增长了知识。这些知识基本上都是课堂上学不到的。正如有的参赛学生所说:"在参与作品竞赛过程中,我们不仅查阅资料、实际调研和反复讨论,还经常请教经济学院的老师和高年级的学生,丰富了我们的知识量。"

二、"挑战杯"中国大学生创业计划竞赛

20世纪80年代初,美国率先进入知识经济时代。最先感受到知识经济脚步的美国高校迅速开展了大学生创业教育和大学生创业活动,1983年,美国奥斯汀德州大学举办首届大学生创业计划竞赛。"创业计划"又叫"商业计划"(Business Plan),是科技和风险投资浪潮兴起的产物,是指一无所有的创业者就某一具有市场前景的产品、服务或技术向风险投资家游说取得风险投资的投资可行性报告书。大学生创业计划竞赛创办后,迅速风靡全世界,"全球创业计划竞赛联盟"应势而出,而许多国家的政府和企业则试图以此作为经济持续增长的源泉。通过竞赛活动的开展,确实诞生了一批著名的企业,如Yahoo、Netscape等公司就是在斯坦福校园的创业氛围中诞生的。

1997年,清华大学的几个青年学生把创业计划竞赛从美国引入中国,并于1998年在清华大学举办了竞赛活动。1999年,团中央、中国科协、教育部、全国学联与清华大学联合发起"挑战杯"全国大学生创业计划竞赛(又叫"小挑"),将该项竞赛从一个大学推向全国,使之与"挑战杯"全国大学生课外科技作品竞赛(又叫"大挑")一起成为中国大学校园文化的龙头活动,并催生了一批大学生创办的公司。"大挑"与"小挑"交叉进行,分别隔年举办。

创业计划竞赛每届均由一所高校与当地政府承办,具有浓厚的官方色彩。这样的运作机制便于活动的组织协调和强力推进,因此它得到了全国各大学的高度重视,其影响迅速扩大。最初只是一所大学的校园文化活动,现在则覆盖了全国所有的省(自治区、直辖市),并且在第四届竞赛中,台湾也派队参加,香港、澳门的大学前来观摩,在第五届竞赛中,有香港9所高校、台湾5所高校、澳门1所高校前来参加。此项竞赛采取学校和全国两级赛制,分预赛、复赛、决赛三个阶段进行。事实上,各省在此前都进行创业大赛,选拔出参加全国竞赛的项目。各大学为了参加省、全国大赛,都进行广泛发动、精心组织。同时,由于该项赛事是大学与社会、大学生与企业之间的互动与沟通,吸引了众多媒体、专家、企业家和风险投资家,成为中国社会各界关注的焦点之一。

当初把创业计划竞赛从美国引进时,只是想为大学生提供一个创业的模拟舞台。但随着风险基金的关注和参与,以及其他外界因素的推动,很快,第二届大赛就真正成了创业的起点。这甚至有点出乎学校意料。而在这此后的10年间,围绕大学生创业的讨论一直成为大学校园内外关注的热点。大学生对创业计划竞赛的评价可概括为三个方面:

第一,转变了观念。一位参赛者说:"参赛最大的收获在于思想观念的转变上,从就业观到创业观的转变,从实现自己的价值到为社会创造价值。毕业后不应只想竞争就业岗位,还应该为社会创造就业岗位!所以我们应该创业。"有的甚至对创业盲目乐观,表示要将创业进行到底。有参赛者表示:"参加创业大赛的最大收获不是获得奖杯,而是认识的升华;创业唯有脚踏实地才能成功;从失败中吸取的教训往往比成功的启示更有价值。"

第二,提高了素质。"一年半的时间,我们有了团队的概念,知道了彼此知识之间的互补非常重要,再就是明白了一个商业计划书的诞生过程,现在让我写一份商业计划书我是不怕了。"这是参赛学生共同的感受。"因为平时在学校里学的都是现有的事物,而科

学重在探索，发现更新的更好的才能使科技进步的更快。""大家的激情、智慧、团队精神发挥得淋漓尽致，在加深了对比赛的理解的同时，也加深了彼此的友谊。"在参赛过程中，无论是培训、策划、设计、制作还是讨论、答辩，对每个人的综合素质都是严峻的挑战。

第三，丰富了知识。这些知识基本上都是课堂上学不到的。正如有的参赛学生所说："在这个过程中感觉自己逐渐成熟。通过这次活动了解了社会实际的一面，虽然还不够深入，但已经不会再用学生天真、浪漫的眼光来看待这个社会。最重要的是把学到的知识与实际结合起来。""明白了理论与实际的区别。在书上说个性化服务很重要，但在现实中去完成有太多的困难。在这个过程中，就是感觉自己知识学得太少，在实际的商业运行中，没有理论基础，光有社会经验不行。"

2013年11月8日，习近平总书记向2013年全球创业周中国站活动组委会专门致贺信，特别强调了青年学生在创新创业中的重要作用，并指出全社会都应当重视和支持青年创新创业。党的十八届三中全会对"健全促进就业创业体制机制"做出了专门部署，指出了明确方向。为贯彻落实习近平总书记系列重要讲话和党中央有关指示精神，适应大学生创业发展的形势需要，在原有"挑战杯"中国大学生创业计划竞赛的基础上，共青团中央、教育部、人力资源社会保障部、中国科协、全国学联决定，自2014年起共同组织开展"创青春"全国大学生创业大赛，每两年举办一次。

第三节 全国大学生机器人大赛机器人创业赛

一、大赛引言

为贯彻落实习近平新时代中国特色社会主义思想和党的十九大精神，深入学习贯彻习近平总书记系列重要讲话精神和治国理政新理念、新思想、新战略，引导广大高校学生积极投身"大众创业，万众创新"的时代潮流，更好地推动机器人科技创新发展，使机器人科技及其产品更好地为推动发展、造福人民服务，同时为进一步发挥Robocon赛事、Robomaster赛事及机器人创业赛的联动效应，推动更多优秀的机器人创新创业团队走向市场，促进机器人科技创新成果转化，使机器人科技及其产品更好地推动社会经济发展，我校于2015年起每年承办全国大学生机器人大赛机器人创业赛。

二、大赛由来

ROBOCON（全国大学生机器人电视大赛）是"Robot Contest"机器人竞赛的缩写，起源可追溯至日本。20世纪80年代，日本为提高其国民创新能力，推出两档创意创新类综艺节目，其中一个就是"ROBOCON机器人大赛"。ROBOCON机器人大赛自举办以来一直有着良好的发展势头，2001年，由"亚洲太平洋地区广播电视联盟"（ABU，简称亚广联）发起的ABU ROBOCON被推广至国际平台，并被命名为"亚太大学生机器人大赛"，中央电视台作为亚广联成员，于2001年开始在我国国内组织推动ROBOCON的发展，并于2002年举办了"首届全国大学生机器人电视大赛"，自此ROBOCON开始进入我国大众视野。

ROBOCON赛事发展至今，比赛形式经历了诸多变化。目前，全国大学生机器人大赛包含 ROBOCON、ROBOMASTER、ROBOTAC 和机器人创业赛四项赛事。

习近平总书记勉励广大青年,要有敢为人先的锐气,逢山开路、遇水架桥的意志,要有探索真知、求真务实的态度,勇做走在时代前列的奋进者、开拓者、奉献者。机器人被誉为"制造业皇冠顶端的明珠",其研发、制造、应用更是衡量一个国家科技创新和高端制造业水平的重要标志。团中央、全国学联打造的全国大学生机器人大赛,构建了从创意、创新到创业的全链条机器人竞赛体系,形成了机器人创新创业生态圈,产生了以赛促学、以赛促教、以赛促创的良好效益。

哈工大作为与国家航天、国防、国民经济主战场紧密相关的工科高校,创建于1920年,是国家首批入选985工程的高校之一。学校在长期的办学过程中,坚持面向国家重大需求、面向国际科技前沿,形成了"规格严格,功夫到家"的校训传统,被誉为工科强校、航天名校。学校每年承担大量国家科研项目,在航天、机器人、小卫星、装备制造、新能源、新材料等领域取得了一批重大标志性成果,学校年均科研经费25亿元,位居全国高校前列。

作为国内最早从事机器人技术研究的单位之一,我校拥有"机器人技术与系统"国家重点实验室、国家"863计划"智能机器人机构网点开放实验室,在机器人领域拥有300多项核心技术及发明专利。近年来,为了服务区域经济社会发展,促进产业优化升级,更好地推动机器人研究成果进一步转化,哈工大机器人集团公司在省委、省政府领导的关怀和支持下适时创立,公司汇聚了67位博士、237位硕士,创立不到两年间,创新成果不断涌现,研制出履带式爬壁机器人、排爆机器人、安检巡防机器人等20余个系列、100多种产品,取得单季度销售收入突破1.5亿元的业绩。

为更好地协助团中央、全国学联打造创意、创新到创业的全链条机器人竞赛体系,由全国大学生机器人大赛机器人创业赛组委会决定,哈工大于2015年开始承办全国大学生机器人大赛机器人创业赛。大赛致力于为青年学生提供一个公平的竞技平台,激发参赛学生的想象力、创新思维和创新能力,增强参赛人员的科技知识水平、动手实践能力、心理素质及团队合作精神,推动全国高校教育实践和科学实践团队及平台的建设,促进机器人科学技术知识的推广普及,推动机器人学科和专业的创新创业教育发展与改革,加强相关技术研讨和培训,促进产学研合作,推动技术创新和转化,为培养中国未来的机器人专家和工程师打下坚实的基础。

三、大赛举办历程

哈工大作为机器人国家重点实验室、机器人国家创新中心的建设单位和全国大学生机器人创业赛的承办单位,将自觉在推动建设机器人创新创业生态圈、深化机器人创新创业教育改革、服务机器人创新创业青年创新路上下功夫。

一是自觉落实党中央要求,着力打造机器人创新创业生态圈。习近平总书记在世界机器人大会的贺词中指出:"要推动机器人科技研发和产业化进程,使机器人科技及其产品更好为推动发展,造福人民服务。"我校将倍加珍惜全国大学生机器人创业大赛承办高校的光荣责任,积极推动机器人创业大赛发展,推动团中央、教指委、机器人国家重点实验室共同指导大赛,推动机器人龙头企业和学生成功创业企业共同支持大赛,推动工科强校、机器人教育名校共同投身大赛,推动各类创投机构、创业基金共同组织大赛,切实把本项大赛打造成汇聚各类创业要素、吸引各类创业人才、展示各类创业成果的重要平台,打造成全国大学生切磋创业经验、创投机构寻找创业项目、高等学校交流创业教育的战略高地。

二是自觉发挥学科优势,着力推动机器人创新创业教育改革。习近平总书记指出:"发展是第一要务,创新是第一动力,人才是第一资源。""强起来要靠创新,创新要靠人才。"哈工大作为国内最早从事机器人技术研究的单位之一和全国深化创新创业教育改革示范高校,将充分发挥"机器人技术与系统"国家重点实验室、国家机器人创新中心的平台优势,充分发挥全国机器人创业大赛的集聚优势,与兄弟高校、行业企业一道积极探索将科研平台转化为育人平台、将科研优势转化育人优势的成功经验,积极深化创业带动创新、创新带动学习的人才培养模式改革,探索出面向世界前沿、具有中国特色、契合产业需求的机器人创新创业人才培养模式,努力为国家培养造就一大批机器人创新创业领域的领军人才。

三是自觉服务创业学子,着力培育机器人创新创业"学"字号企业。在黑龙江省委省政府的大力支持下,学校按照"高起点谋划、高技术导向、开放式办园、市场化运行"的原则建设了大学生创新创业园,设立了 2 000 万元的大学生创新创业平台建设资金、3 000 万元的大学生创业企业启动资金和 5 000 万元的大学生创业企业投资基金,吸引深创投等 23 家创投机构入驻园区,吸引团省委入园建设一站式服务平台,吸引多家学生创业企业入园孵化,吸引风投基金 1.86 亿元,初步形成了良好的创业生态系统。我们将积极破除跨高校合作、跨业界组合的制度障碍,诚邀历届全国大学生机器人大赛机器人创业赛获奖团队入园孵化,为入园企业提供与园区创业企业同等的场地、资金、商财税法、省市区人才扶持、导师指导培训等一系列免费服务,以饱满的热情、一流的平台、优质的服务全面助力全国创新创业青年发挥创造潜能、成就创业梦想。

大赛主要分为初赛和决赛两个阶段:

(一)初赛

(1)每年年初筹备,各高校提交机器人创业大赛报名表(报名表格及要求见附件)。

(2)每年 2 月至 4 月,各高校组织参赛团队在全国大学生机器人创业竞赛官方网站进行项目网络申报,各高校审核并上报推选项目(具体事宜届时参见网站通知)。

(3)每支参赛团队提交一份创业计划书及项目申报表,同时上传一分钟视频介绍,帮助评委加深对项目的理解。

(4)每年 5 月底前,评委会对项目进行评审,选出优秀项目进入决赛,并书面通知各高校。各高校将入围项目的项目申报表和创业计划书通过纸质版的方式报送到全国组委会办公室。

(二)决赛

大赛于每年 7 月~8 月举行全国竞赛总决赛,同时邀请港澳台地区相关创业队伍参加。全国评委会将对作品通过书面评审、项目路演、现场竞赛(巅峰对决)三个环节进行评审,最终确定获奖作品名单。

(三)竞赛规则

(1)每个参赛队伍只能申报一个参赛项目。

(2)进入全国决赛后,不得变更创业项目。变更团队成员须向决赛组委会提出书面申请,批准后只能变更1名团队成员。

(3)项目路演采用PPT演讲形式进行,演讲时间控制在10~15 min;评审委员会提问及回答时间为15 min。

(4)全国评委会将在初赛、决赛阶段针对创业实践类(A类)、创业计划类(B类)两类项目实行分类评审排序。

(四)奖项设置及配套支持

(1)奖项数量。设立创业实践类(A类)特等奖、一等奖、二等奖若干,创业计划类(B类)特等奖、一等奖、二等奖,三等奖若干。具体奖项数量依据历年参赛报名和总决赛项目实际情况设置。

(2)获奖项目奖励。对获奖项目给予一定数额的创业奖励资金。其中创业实践类(A类)特等奖、一等奖、二等奖设有1万元~10万元不等的奖金奖励,创业计划类(B类)特等奖、一等奖、二等奖设有5 000元~5万元不等的奖金奖励。三等奖颁发获奖证书。

(3)创业融资支持。向相关企业、银行、风投机构、创投机构等推荐进入全国决赛的创业项目,帮助创业项目争取融资支持,助力优秀机器人创业项目孵化。

(4)创业导师辅导。邀请知名企业家、技术专家等组成创业导师团,为进入全国决赛的创业项目提供参赛实训和创业导师服务。

(5)创业政策支持。为进入全国决赛的项目在创业过程中,在科技、法律、财务、软件技术认定、专项奖励、税费等方面提供支持。

四、大赛参赛对象及相关要求

(一)参赛对象和内容

(1)于大赛举办前正式注册在籍或毕业未满3年的全日制非成人教育的专科生、本科生、硕士研究生和博士研究生均可参赛。

(2)大赛下设两项主体赛事:创业实践类(A类)和创业计划类(B类)。

①创业实践类(A类)面向高等学校在校学生或毕业未满3年的高校毕业生,要求拥有或授权拥有机器人产业相关产品或服务,并已在工商、民政等政府部门注册登记为企业、个体工商户、民办非企业单位等组织形式,且企业注册时间在大赛举办当年的5月31日之前。

②创业计划类(B类)面向高等学校在校学生,项目要求拥有或授权拥有产品或服务,具有核心团队,具备实施创业的基本条件,但尚未在工商、民政等政府部门注册登记。

(3)以创业团队形式参赛,原则上创业实践类团队人数不超过10人,创业计划类团队人数不超过5人。

(4)对于跨校组队参赛的项目,各成员须事先协商明确项目的申报单位。

(二)项目申报

(1)参赛项目分为五个方向,包括:智能软件、机器人构件及核心功能部件、工业机器人、服务机器人和其他方向。

①智能软件:能辅助机器人产生智能行为的软件。

②机器人构件及核心功能部件:能应用于机器人的各类构件及部件的设计或制作。

③工业机器人:面向工业领域应用的自动化设备、多自由度机械臂等。

④服务机器人:除工业机器人之外的、用于非制造业并服务于人类的各种先进机器人。

⑤其他:与机器人创业相关的周边创业工作。参赛项目实行分类、分方向申报。

(2)对于经授权的发明创造或专利技术,在报名时需提交具有法律效应的发明创造或专利技术所有人的书面授权许可、项目鉴定证书、专利证书等。对于已注册运营项目的,在报名时需提交相关证明材料(含单位概况、法定代表人情况、营业执照复印件、税务登记证复印件、组织机构代码复印件等材料)。

(3)以学校为单位统一申报,每校的项目报送数量不超过 3 个,推报 2 个以上(含 2 个)项目的高校应至少包含 1 个创业实践类项目。每个参赛队伍只能申报 1 个参赛项目。

(4)进入全国复赛后,不得变更创业项目和团队成员。

(三)评审事项

(1)大赛举办方将聘请有关人士组成全国评委会。

(2)创业实践类(A 类)参赛项目的评审将主要侧重于以下方面:

①经营状况:项目的营业收入、税收上缴、现金流量、持续盈利能力、市场份额等情况;主营业务利润、总资产收益、净资产收益、销售收入增长等情况。

②发展前景:项目的产业背景和市场竞争环境;项目的市场机会和有效的市场需求、所面对的目标顾客;项目的独创性、领先性及实现产业化的途径等;项目的商业模式、研发方向、扩张策略,主要合作伙伴与竞争对手等;面临的技术、市场、财务等关键问题,提出合理可行的规避计划。

③营销策略:结合项目特点制定合适的市场营销策略,包括对自身产品、技术或服务的价格定位、渠道建设、推广策略等。

④财务管理:股本结构与规模、资金来源与运用;盈利能力分析;风险资金退出策略等。

(3)创业计划类(B 类)参赛项目的评审将主要侧重于以下方面:

①创业机会:项目的产业背景和市场竞争环境;项目的市场机会和有效的市场需求、所面对的目标顾客;项目的独创性、领先性及实现产业化的途径等。

②发展战略:项目的商业模式、研发方向、扩张策略,主要合作伙伴与竞争对手等;面临的技术、市场、财务等关键问题,提出合理可行的规避计划。

③营销策略:结合项目特点制定合适的市场营销策略,包括对自身产品、技术或服务的价格定位、渠道建设、推广策略等。

④财务管理:股本结构与规模、资金来源与运用;盈利能力分析;风险资金退出策略等。

⑤管理团队:管理团队各成员有关的教育和工作背景、成员的分工和互补;公司的组织构架以及领导层成员;创业顾问,主要投资人和持股情况。

(4)全国评委会将在复赛、决赛阶段针对两类项目实行分类评审。

(5)复赛阶段将通过函评方式对作品进行评审,决赛阶段将通过书面评审、项目路演、现场答辩三种形式对作品进行评审。

(四)相关要求

(1)参赛项目须保证原创性,不得违反中华人民共和国任何有关法律,不得侵犯任何第三方知识产权或其他权利,如有违法、侵权行为,一经发现并查实,将取消其参赛资格,相关法律责任由参赛者自行承担。

(2)参赛项目将在竞赛期间参加举办方举办的多种形式的交流、展示及其他活动,举办方可结集出版竞赛获奖项目简介及评委评语,获奖项目将优先获得举办方提供的项目孵化与投融资对接机会。

五、大赛取得成效

自2015年起,团中央、全国学联始终坚持"让思维沸腾起来,让智慧行动起来"的宗旨,已成功举办四届全国大学生机器人大赛机器人创业赛,取得显著成效。

在"教育—竞赛—产业"链条中,机器人创业大赛具有重要的桥梁作用,它不仅为参赛的优秀大学生提供了高水平的实践交流平台,而且直接连通产业,搭建了企业与人才之间的双向选择的桥梁。同时大赛为创新型人才培养提供了一个实践和发挥潜能的崭新平台,在推动高等拔尖人才培养教育方式革新、创新创业意识能力培养等方面取得了突出成效。

随着信息化、工业化不断融合,以机器人科技为代表的智能产业蓬勃兴起,成为现代科技创新的一个重要标志,同时也是作为衡量一个国家科技创新和高端制造业水平的重要标志。机器人产业发展越来越受到世界各国的高度关注,主要经济体纷纷将发展机器人产业上升为国家战略,并以此作为保持和重获制造业竞争优势的重要手段,在时代大背景下,全国机器人代机器人创业赛为大学生在机器人行业领域创新创业提供了难得的机遇。

截至2018年,大赛已成功举办四届,累计60余所高校1 900余名学生参与,团队报名项目数800项。一是坚持特色,深入贯彻落实创新人才培养目标。充分结合地方特色,以社会发展需要和市场需求为导向,从市场角度出发,激励大学生怀揣机器人强国之梦,以科技创新为己任,勇立潮头,奋勇创新,结合机器人行业前沿科技成果,发展行业人才,增强学生的创新创业能力。二是立足服务,全力提供产业孵化平台支持。我校将充分聚集校内外资源,为参赛团队提供集资本、市场、服务要素于一体的哈工大式优质孵化平台,为实现学生的多样化和个性化发展,可根据参赛人员自身的兴趣和需要进行有选择的集训,为大学生科技创新和行业发展创造条件。三是狠抓技术,奋力争当科技创新领头羊。关键核心技术是国之重器,只有拥有强大的科技创新能力,才能真正抢占科技竞争和未来发展制高点。大学生自当以敢闯敢创的锐气、勇攀高峰的志气、蓬勃向上的朝气，勇当机器人科技领域的领跑者，为撑起中国机器人自主知识产权的蓝天做出更大的贡献，更为实现中华民族伟大复兴而不懈奋斗。

六、附言

十九大报告中指出，创新是引领发展的第一动力，是建设现代化经济体系的战略支撑，要加强国家创新体系建设，强化战略科技力量，深化科技体制改革，建立以企业为主体、市场为导向、产学研深度融合的技术创新体系，促进科技成果转化，培养造就一大批具有国际水平的战略科技人才、科技领军人才、青年科技人才和高水平创新团队。今天，以机器人为代表的人工智能领域作为科技创新的重要组成部分，正不断催生新经济、新产业、新业态，逐渐成为中国创新驱动发展的新引擎，对于"中国制造"迈向"中国智造""中国创造"起着至关重要的作用。在全国"大众创业，万众创新"的时代浪潮下，在新科技革命和产业革命的交汇点处，欣欣向荣的科学技术在广泛交叉和深度融合中不断创新，以前所未有的力量驱动着经济社会发展。对此，为全力支持和促进机器人科技创新和产业发展，我校坚持做到以下几点：

一是要坚持以"战略需求"为导向。当前，各国政府、研究机构和产业界对机器人投以空前热情，其研发、制造和应用成为衡量一个国家科技创新和高端制造业发展水平的重要标志。因此，大赛要紧密围绕国家经济结构转型升级和社会发展重大需求，突出创新实践特色，引导大学生聚焦机器人前沿技术、共性关键技术，加强攻关研究，开展创业实践，促进机器人技术成果向现实生产力转化，走出一条由模仿、跟随到引领的发展道路，为打造我国机器人产业竞争新优势提供强有力的技术支撑。

二是要坚持以"以赛育人"为宗旨。大赛要把人才培养作为首要目标，不断完善机器人产业人才培养模式和人才激励机制，借助大赛平台构建机器人创新创业"生态圈"，打造机器人创新创业教育体系，搭建机器人创业实践平台，激发大学生对机器人的创新热情，培养他们在机器人行业的创新能力。以机器人大赛为载体，组织开展大学生机器人实训培训活动，加快培养机器人行业急需的"领跑型"人才，为机器人行业创新发展提供强大的人才支撑。

三是要坚持以"协同开放"为理念。坚持协同办赛，充分发挥全国大学生机器人大赛机器人创业赛的平台集聚、传播功能，不仅要为大学生创业者和青年创客提供优秀项目的展示平台，还要凝聚社会多方力量支持办赛，鼓励产学研、校企、校地等多元协同互动，推动项目孵化落地。坚持开放办赛，将"众创众筹"理念贯穿办赛全过程，提高大赛参与度和获得感，扩大大赛覆盖面和影响力，促进大学生机器人科技创新实践活动的辐射发展。

大学生作为青年学生中的创新人才，是国家科技创新、经济腾飞、社会发展的希望所在。希望大家在未来的学习生活中仍然不忘初心，继续前行，怀揣科技梦，用自己的创新热情与青春奋斗为中华民族伟大复兴贡献一分力量！

第四节 ACM 国际大学生程序设计竞赛

一、ACM/ICPC 简介

ACM/ICPC 是由国际计算机界颇具权威性的组织——国际计算机协会（Association for Computing Machinery，ACM）主办的，是世界上规模最大和水平最高的国际大学生程序设计竞赛（International Collegiate Programming Contest，ICPC）。旨在使大学生运用计算机来充分展示自己分析问题和解决问题的能力。该项竞赛始于 1970 年，最初是美国和加拿大的一些高校之间的赛事，后来受到越来越多高校和大学生的关注，演变为世界性的赛事。1977 年，美国计算机协会召开年度大会的时候，组织了首次全球总决赛，由此拉开了一年一度世界总决赛的序幕。1997 年，IBM 开始为该项赛事提供全球总赞助，极大促进了这项赛事的发展。在 40 年的时间里，ACM/ICPC 吸引了众多世界著名高校和 Apple、AT&T、Microsoft 和 IBM 等企业的关注，而这些高校和企业的参与也使这项赛事熠熠生辉，使之成为名副其实的全球顶尖的大学生程序设计高手的盛会。

ACM/ICPC 竞赛分区域预赛和国际决赛两个阶段。从每年 9 月份开始，先进行各大洲各地区的预选赛，从上千所高校的几千支队伍中挑选出几十支优胜队伍。这些百里挑一的队伍将在下一年春天参加总决赛，争夺金、银、铜奖和世界冠军的奖杯。区域预赛规模大、范围广。例如，2008 年有来自世界各地 1 838 所大学的 7 109 支大学生代表队参加了各大洲的区域赛，以争夺参加 2009 年 4 月在瑞典斯德哥尔摩举行的全球总决赛的 100 个名额。

ACM/ICPC 这项国际顶级赛事是大学生智力与计算机解题能力的竞赛，是大学生展示水平与才华的大舞台，是著名的高等学府计算机教育成果的直接体现，也是 IT 企业与世界顶尖计算机人才对话的最佳机会。因而，ACM/ICPC 吸引了越来越多的高校参赛，使得参赛队伍的水平上升很快，赛题的难度也在不断提高。

1996 年，ACM 国际大学生程序设计竞赛进入中国大陆，在国内设立亚洲赛赛点，由此中国大陆高校开始参与其中。最初只有少数高校参与，2005 年左右，参与的高校数量迅速扩大，国内亚洲赛赛区也由当初的 1 个扩张到今天的 5 个。根据 2009 年国内亚洲区赛有关数据统计，参与亚洲区赛的大陆高校已达到 300 所左右。近几年，国内出现了校赛、省赛、地区赛等不同形式的赛事，使这项赛事从低到高形成了完整的阶梯结构，满足了各类学校和学生的需求。

二、ACM/ICPC 对创新能力的培养

ACM/ICPC 竞赛采用全英文环境，竞赛试题涉及程序设计、数据结构、算法分析与设计、人工智能、离散数学、组合数学、计算几何、密码学及算法复杂性等多学科领域的理论和方法。有些题目没有固定的最优解法，要求参赛者在限定时间内综合运用所学知识对问题进行分析、研究和归纳，并通过抽象、建模、编程调试及提交测试等严格步骤完成命题。ACM/ICPC 竞赛体现了创新素质教育，其作用主要表现在如下几个方面（皮德常，

2008)。

1. 激发学生的创新意识

创新意识要在学习中培养,在学习者始终处于探索、刻意求新及力求完美的精神状态之下激发。ACM/ICPC竞赛活动以其难和新,激发学生的兴趣;通过任务驱动的方式,让学生在解题的过程中构思满足时间和空间要求的完美算法。

2. 增强学生的综合能力

ACM/ICPC竞赛属智力与应用计算机解题能力的比赛。竞赛要求学生对这些从现实生活中提取出来的竞赛题目进行抽象化和模型化,并通过编程求解。最后,采用测试数据对程序进行严格的测试分数的评定。

3. 培养学生的创新能力

培养创新能力必须把知识运用的综合性、灵活性及探索性作为重要内容。有些ACM/ICPC竞赛题目是世界性难题,需要学生灵活运用多门学科知识,在已有工作基础上来解决。

4. 提高学生的科学素质

ACM/ICPC竞赛具有挑战性,符合大学生好胜心理。参加竞赛的学生在比赛过程中调用各种知识进行分析和研究,应用抽象思维能力和逻辑推理能力。许多竞赛题目无固定解题模式,数百条苛刻的测试数据能测定编程失误之处,需要不断修改错误并完善程序,这培养了学生求真务实的科学态度。

5. 锻炼学生的心理素质

ACM/ICPC竞赛在近百支以3人为一组的参赛队中同时展开,要求参赛队在5个小时内完成6~10道题目。每答对一题由工作人员送上代表题号的彩色气球,最后以各队得到的气球个数来决定胜负,场面紧张而热烈。要求参赛者善于调整心态,用坚强的意志、冷静的头脑及灵活的应变能力去应战。

6. 提高学生的团队素质

ACM/ICPC竞赛时需要3人分工合作和积极配合,共享思维成果,促进了学生的主体意识和合作意识等多方面素质的协调发展。

此外,参赛者把个人表现与小组荣誉、学校荣誉紧密联系起来,这对培养学生的光荣感、使命感和责任感有很大的帮助。同时,参赛学生的优异成绩和拼搏精神将产生榜样的力量,促进学校形成一种积极进取、奋发向上的良好学风。

三、ACM/ICPC竞赛规则

ACM/ICPC赛事主要由两部分构成,一是每年秋季举办的各大洲/地区赛(Regional),二是次年春季举办的全球总决赛(World Final)。根据各地赛事发展情况和平衡原则设立地区赛赛区,并分配各地区的总决赛名额。每个学校只能参加所在地区的Regional,通过Regional竞争总决赛参赛资格,一个学校最多有一个总决赛名额。

比赛规则:

(1)每个参赛队由3个队员组成,每个参赛队员必须是在校本科生或一年级硕士研究生。

(2) 所有参赛队在同一个场地进行比赛,所有参赛队使用相同配置的机器,每个参赛队使用一台机器。

(3) 所有题目都由计算机在线评判,即时给出评判结果和所有排名(Rank List)。每个题目的用时由两部分构成:从比赛开始到提交通过的时间+罚时。每次提交没有通过,罚时20 min,所有罚时的总和构成该题目的罚时。如果题目最终都没有通过,则该题目不计入最后用时统计。

(4) 比赛时间为5 h,10个题目,以解题数多少和罚时多少排名,解题数相同的情况下,罚时少的排名在前。

(5) 总决赛颁发冠军奖杯,设置金牌、银牌、铜牌各4枚,前40%进行排名,并颁发相应证书,其余颁发荣誉奖(Honorable Mention)。

中国大陆因为参与人数多,亚洲区赛增加了网络预赛环节,借此筛选出参加现场赛的队伍。

第五节 全国(国际)大学生数学建模竞赛

大学生数学建模竞赛起源于美国,最初是一些著名大学自己组织本校的大学生参加数学建模竞赛,以培养学生运用数学工具分析解决问题的能力。随后一些大学认识到了数学建模竞赛在培养学生的创新和科研能力方面的独特作用,并积极地参加到数学建模竞赛中来。1985年,数学建模竞赛开始走向国际化,现在已成为全球重点综合性大学数学教学工作中的一项"重头戏",成为评价大学数学教学水平的一项重要指标,并成为大学生创新能力、实践能力和综合素质培养的重要途径之一。我国从1989年开始开展大学生数学建模竞赛,1994年这项竞赛被教育部列为全国大学生四大竞赛之一,每年都有几百所大学积极参加。

一、大学生数学建模竞赛的意义

高等数学是理工科大学的一门重要课程,是专业课的基础。但目前专业课的教师普遍认为学生的数学基础差,不能满足专业课的需要。为什么投入大量的课时却达不到满意的教学效果呢?我们认为根本的原因是:高等数学课时多、内容多,师生拼命赶进度,为此只好牺牲了对数学的背景和应用的教授,牺牲了对学生的素质和创新精神的培养。

大学生数学建模竞赛之所以得到世界范围内著名大学的认可,是由于其独特的辅助教学作用,且这种教学作用是一般数学教学所无法替代的。创新是教育和科研工作的灵魂。概括来讲,大学生数学建模竞赛对培养学生的综合素质特别是创新素质有着重要意义。

1. 有利于大学生创新性思维的培养

数学建模竞赛并不要求解结果的唯一性和完美性,而是重点要求学生怎样根据实际问题建立数学关系,并给出合乎实际要求的结果和方案,重点考察的是学生的创造性思维能力。

2.有利于学生实践能力的培养

目前的数学教学中,大多是教师给出题目,学生给出计算结果。问题的实际背景是什么?结果怎样应用?这些问题都不是现行的数学教学能够解决的。数学建模是一个完整的求解过程,要求学生根据实际问题,抽象和提炼出数学模型,选择合适的求解算法,并通过计算机程序求出结果。在这个过程中,模型类型和算法选择都需要学生自己做决定,建立模型可能要花50%的精力,利用计算机进行求解可能要花30%的精力,通过这种方式学生的实践能力得到了实际锻炼。

3.有利于学生知识结构的完善

一个实际数学模型的构建涉及许多方面的问题,问题本身可能涉及工程问题、环境问题、生殖健康问题、生物竞争问题、军事问题、社会问题等,就所用工具来讲,需要计算机信息处理、互联网、计算机信息检索等。因此,数学建模竞赛有利于促进学生知识交叉、文理结合,有利于促进复合型人才的培养。另外,数学建模竞赛还要求学生具有很强的计算机应用能力和英文写作能力。

4.有利于学生团队精神的培养

学生毕业后,无论从事创业工作还是研究工作,都需要合作精神和团队精神。国际数学建模竞赛要求学生以团队形式参加,3个人为一组,共同工作3天。在竞赛的过程中3位同学合理地进行分工与合作,最后解决问题。集体工作,共同创新,荣誉共享,这些都有利于培养学生的团队精神,培养学生将来协同创业的意识。任何一个参加过国际数学建模竞赛的学生都能体验到团队精神带来的成功和喜悦。

二、全国大学生数学建模竞赛基本要求

(一)竞赛内容

竞赛题目一般来源于工程技术和管理科学等方面经过适当简化加工的实际问题,不要求参赛者预先掌握深入的专业知识,只需要学过高等学校的数学课程就可以解决。题目有较大的灵活性,可供参赛者发挥其创造能力。参赛者应根据题目要求,完成一篇包括模型的假设、建立和求解,计算方法的设计和计算机实现,结果的分析和检验,模型的改进等方面的论文(即答卷)。竞赛评奖以假设的合理性、建模的创造性、结果的正确性和文字表述的清晰程度为主要标准。

(二)竞赛形式、规则和纪律

(1)全国统一竞赛题目,采取通讯竞赛方式,以相对集中的形式进行。

(2)竞赛每年举办一次,一般在某个周末前后的三天内举行。

(3)大学生以队为单位参赛,每队3人(须属于同一所学校),专业不限。竞赛分本科、专科两组进行,本科生参加本科组竞赛,专科生参加专科组竞赛(也可参加本科组竞赛),研究生不得参加。每队可设1名指导教师(或教师组),负责赛前辅导和参赛的组织工作,但在竞赛期间必须回避参赛队员,不得进行指导或参与讨论,否则按违反纪律处理。

(4)竞赛期间参赛队员可以使用各种图书资料、计算机和软件,在国际互联网上浏览,但不得与队外任何人(包括在网上)讨论。

(5)竞赛开始后,赛题将公布在指定的网址供参赛队下载,参赛队在规定时间内完成答卷,并准时交卷。

(6)参赛院校应责成有关职能部门负责竞赛的组织和纪律监督工作,保证本校竞赛的规范性和公正性。

(三)组织形式

(1)竞赛由全国大学生数学建模竞赛组织委员会(以下简称全国组委会)主持,负责每年发动报名、拟定赛题、组织全国优秀答卷的复审和评奖、印制获奖证书、举办全国颁奖仪式等。

(2)竞赛分赛区组织进行。原则上一个省(自治区、直辖市)为一个赛区,每个赛区应至少有6所院校的20个队参加。邻近的省可以合并成立一个赛区。每个赛区建立组织委员会(以下简称赛区组委会),负责本赛区的宣传及报名、监督竞赛纪律和组织评阅答卷等工作。未成立赛区的省,其院校的参赛队可直接向全国组委会报名参赛。

(3)设立组织工作优秀奖,表彰在竞赛组织工作中成绩优异或进步突出的赛区组委会,以参赛校数和队数、征题的数量和质量、无违纪现象、评阅工作的质量、结合本赛区具体情况创造性地开展工作及与全国组委会的配合等为主要标准。

(四)评奖办法

(1)各赛区组委会聘请专家组成评阅委员会,评选本赛区的一、二等奖(也可增设三等奖),获奖比例一般不超过三分之一,其余完成合格答卷者可获得成功参赛证书。

(2)各赛区组委会按全国组委会规定的数量将本赛区的优秀答卷送交全国组委会。全国组委会聘请专家组成全国评阅委员会,按统一标准从各赛区送交的优秀答卷中评选出全国一、二等奖。

(3)全国与各赛区的一、二等奖均颁发获奖证书。

(4)对违反竞赛规则的参赛队,一经发现,取消参赛资格,成绩无效。对所在院校要予以警告、通报,直至取消该校下一年度参赛资格。对违反评奖工作规定的赛区,全国组委会不承认其评奖结果。

第六节 全国大学生电子设计竞赛

一、缘起

全国大学生电子设计竞赛最早是由教育部和信息产业部提出来的,由政府主办,由专家主导,受益者或帮助的对象是学生。将学生作为主体,让学生们参与,其目标是成为教育、发展和改革的一种辅助和促进手段,培养大学生在一定的人文精神基础上的团队合作精神和克服困难的创新精神。1994年,由教育部高教司和信息产业部共同主办的第一届全国大学生电子竞赛成功举办,当时参赛学生总共600余名,来自北京、山西、四川三个地区的44所高校。此后每两年举办一次。全国大学生电子设计竞赛已成为我国电子信息领域举办时间最长、规模最大、最具影响力的大学生学科竞赛活动。这项竞赛得到了绝大多数设有电子信息类专业学校的积极响应,受益面颇广。

二、实施效果

全国大学生电子设计竞赛的成功举行培养了大学生的创新意识,提高了大学生的创新能力,营造了大学生进行创新活动的环境,形成了一种激发大学生创新的模式。

(一)创新能力的提高

大学生电子设计竞赛的操作性很强,主要侧重于锻炼学生的动手操作能力。竞赛需要参赛者选择合理的设备和元件,最后做出一个成品,这并不是简单地在电脑上对虚拟的元件进行组装。通过参加竞赛,学生的实践创新能力大幅度提高,一批优秀人才脱颖而出。竞赛使那些具有良好的理论基础、实践动手能力强,特别是具有创新意识和协作精神的学生有了施展自己才能的空间。这些学生通过赛前的培训及竞赛的锻炼,综合素质有所提高。一位来自清华大学的参赛学生这样评价全国大学生电子设计竞赛:"四天竞赛,胜读四年书本。"竞赛是对学生综合能力的全方位考核。"大学生电子设计竞赛的开展与学生创新能力的培养"课题项目负责人王越院士说:"比赛既有理论分析,又有实践的动手能力,是全面素质的培养。在专题竞赛中既培养了学生面对众多社会需求发挥创新能力,自由选择满足需求的实施方案,又使学生经历了策划、设计、制造、调试、试用等研制开发过程,很多学生反映这段特殊学习经历终生难忘。"

(二)创新环境的营造

全国大学生电子设计竞赛从最初的几个地区的小范围活动发展到今天全国大学生广泛参与的规模性竞赛,其影响力为大学生创新环境的营造创造了充分的条件。为鼓励学生参赛,近几年很多高校都免试推荐获得全国一、二等奖的学生攻读硕士研究生。许多高校每年都为获奖学生预留推荐研究生的专用名额,为这批学生的进一步深造创造了良好的条件。而没有上研究生的获奖同学在联系工作时也极受用人单位的欢迎,许多本科毕业后参加工作的获奖学生在工作中较快地成长为项目的负责人,有较强的工作能力和突出的业绩,深受公司领导的青睐。还有部分得奖学生出国继续深造,在学业中也取得了较好的成绩。由此可以看出,全国大学生电子设计竞赛对优秀大学生的选拔起到了很好的作用。另外,这些学生的成才也对低年级学生学习积极性的激发、增强能力意识的培养起到了良好的辐射作用,以及模范带头作用。

(三)创新模式的形成

该竞赛创立了一种较为成功的大学生学科竞赛的组织运行模式。这一组织运行模式可概括为:"政府主办,专家主导,学生主体,社会参与"。"政府主办"保证了竞赛与教学的紧密结合,体现了政府倡导并大力支持教育教学改革;"专家主导"保证了竞赛的科学与公正,保证了教改遵从教育规律;"学生主体"体现了竞赛实践的主体对象和宗旨;"社会参与"则体现了社会各界支持参与教育、教育回报社会的良性互动关系。与一般比赛不同的是,大学生电子设计竞赛坚持"一次竞赛,两级评奖"的原则。"一次竞赛"指的是参赛队4天3夜的紧张比赛;"两级评奖"指的是各赛区进行评审工作,评出赛区的一、二、三等奖,然后全国竞赛组委会专家组在北京对各赛区报送的优秀答卷进行严密的评审工作,评出全国一、二等奖及"索尼杯"。评审工作极为严格,每个评审组由3位专家组成,评审过程包括评阅答卷、测试作品、学生答辩等环节,最后由3位专家独立签字以保证评审工作公平、公正地进行。

第七节 全国大学生机械创新设计大赛

一、缘起

"大学生机械创新设计大赛"是面向全国大学生的群众性科技活动,是在教育部直接关注与支持下,由教育部高等学校机械学科教学指导委员会机械基础课程教学指导分委员会、全国机械原理教学研究会与全国机械设计教学研究会发起,由教育部高等教育司直接发文委托高等学校机械基础课程教学指导分委员会具体承办的。第一届大赛于2004年9月在南昌举行,由南昌大学主要承办;第二届大赛于2006年10月在长沙举行,由湖南大学主要承办;第三届大赛于2008年秋季在武汉举行,由海军工程大学主要承办。参加第一届大赛六大赛区预赛的作品共计350多项,直接参加过竞赛的学生超过2 000人,指导教师超过700人。第二届大赛将预赛区划小,以省(自治区、直辖市)作为赛区,参加预赛的共有24个省(区、市)1 080余项作品,直接参加过竞赛的学生超过5 000人,指导教师超过3 000人。大赛特色越来越显明,规模越来越大,成绩越来越多,效果越来越好,影响越来越广,争做大赛主要承办者的高校也越来越多。

二、机械创新设计大赛的重要意义

开展全国性的机械创新设计大赛,对于鼓励学生的创新精神、合作精神并培养其创新能力,为发现具有培养前途的拔尖创新人才,激励人才脱颖而出,是一种非常好的方式。通过这类活动,更能为广大学生深化机械设计的基础知识,真正夯实今后自主创新的知识基础,起着长远而重要的作用。

机械创新设计大赛有助于加强高校间的交流。机械创新设计大赛的"设计",远不只是图纸上的设计,而且包括从调研到构思、设计,再到制造、装配,再到调试、使用,乃至再到改进设计这样一轮又一轮的实践活动。是一套完整的实践活动,是一套出真知、出创新、出成果的实践活动。整个设计全过程,就是应用知识、开拓思维、创新方法、应用原则、领悟精神,从而进行创新的实践活动过程,能使学生受到完整的文化熏陶与教育。大赛不仅是相互间的比赛,比新意,比实用,比质量,比水平;而且是彼此间的学习,学习知识,启迪思维,发现方法,了解原则,体会精神,学习先进,知己不足;从而在比赛与学习中,"如切如磋,如琢如磨",结交朋友,开拓天地,提高水平,共同进步。这样的大赛十分有助于高校间的交流,推动高校的共同发展。

机械创新设计大赛是提高育人质量的一个强有力手段,其特点是:理论结合实际,实际深化理论;个性融入共性,共性体现个性;学校教学要面向社会需要,社会需要要进入学校教学;既有利于工程教育的加强,又有利于创新人才的脱颖而出。正因如此,这一大赛从一开始就受到了教育部的关注与支持。在分区预赛与全国决赛的颁奖大会上,许多获奖学生激动得热泪盈眶,深情地表示,今后要更加努力学习,加强实践,更加积极投身于科技创新活动,一定将这次比赛的创新精神与合作精神融入今后的学习与工作中去。

三、机械创新设计大赛作品的特点

分析与总结参赛的作品,特别是获奖作品的特点,从中认识到大赛的成就与作用。从第一届和第二届大赛看,作品特点大致可归纳如下:

1. 构思上的新颖性

无论是没有确定主题的第一届大赛,还是确定了主题的第二届大赛,学生主动向上,不拘一格,设计的创意都得到了充分发挥,评委也给予了高度评价。这充分展示了在广大青年学生中蕴藏着巨大的创造能力。

如第一届中南地区大赛作品武汉纺织大学选送的"全自动送筷机",该项目创作者利用光机电一体化原理,除具备消毒功能外,更突出送筷全自动,强调取筷卫生,巧妙利用机构同时推出呈V形与梯次状分布的6双筷子,这样既方便使用者一次性取出1双、2双或多双筷子,且取出1双随即补充1双,又由于6双筷子呈梯次状分布,取筷时可避免对其他筷子的污染。由此可看出设计者确是用心良苦,其构思之新颖给人印象颇深。该项目不但已申请实用新型专利并获得批准,定型生产投入市场,而且还作为创新实例收入《创新思维与技法》一书。

2. 实用上的可行性

学生所设计的作品充分考虑了实用与经济这两条原则。以第二届大赛为例,学生从"健康与爱心"主题出发,考虑到我国需助残、需康复、需健身的人群的经济状况,结合不同的需要,开展了广泛的市场调研,深入医院、康复机构采访,而后再进行创作,所设计的作品不仅可用,而且有较大推广价值,赛后已有不少企业表示兴趣,希望合作,进行市场开发。

以大赛中各校创作的多功能助残轮椅(哈尔滨工业大学、西北工业大学、浙江大学、华中科技大学等校选送)为例,学生们以下肢残疾人群的需求为对象,在充分调研后明确了助残轮椅的主要功能是乘坐与行走;此外,还要考虑医疗、康复甚至爬楼梯的功能。值得指出的是,有几所学校的作品不约而同地包含了爬楼梯功能,这就极大地丰富了市售助残轮椅的功用。大赛结束后,不断有残疾人及其家属纷纷向学校询问,有意购买这类助残轮椅。

3. 操作上的实践性

这点同上一点密切相关,但又有所不同。在作品制作过程中,学生纷纷亲自动手,有的到废旧市场寻找原材料,有的到工厂进行加工、组装、调试,反复修改,以求制造操作上易于实现。当然,这也为实用上的可行性奠定了基础。

如华中科技大学夏志敏等同学在解决"抢险机器人"项目中驱动与控制功能问题时,在学习掌握工作原理、制定控制方案后,利用网络查询微小型步进电机及其驱动器的供应商和市场价。为了节省开支,跑遍了武汉市内的各机电产品市场(包括旧货市场),不但购买到可用于该项目的小电机和驱动器,还学到一些实用的技术、方法。实际制作中,他们虚心请教机械厂的师傅,改进原设计中的不足,自己动手加工零件,组装出所设计的机器。

4. 学科上的综合性

学生的作品各式各样,其中不少作品充分融合了机械、电子、光学、控制、材料、物理、数学等多学科知识,展现了当今科技发展既分化更交叉的时代趋势,令人深感我国科技发展大有希望。

如第二届大赛上的各类病床(桂林电子科技大学、北华大学、武汉理工大学、北京化工大学、北京工业大学等校选送)是学科综合性应用方面的又一个亮点。同学们设计制作的病床大都具有上下翻身、侧翻、按摩、学习、就餐、助便等功能,而完成这些功能显然需要应用机械、电气、检测与控制、计算机、人机工程、医学等学科的综合知识。

5. 制作上的合作性

这点同上一点密切相关,由于作品有着学科上的综合性,参加制作的学生往往来自不同的院系与专业,各人根据自己的专业与特长,分工合作,彼此协调,培养并体现了良好的团队精神。即使是同一个专业的,参加者也都明白人各有所长、各有所短,相互配合,协作得才好。

如海军工程大学在组织参赛时,首先由学员初步提出题目,各系组织专家评审,对提交的参赛作品的立意、创新性等提出建议和意见,并对其中一些相近作品进行整合。参加每项参赛作品的小组成员也经过综合考虑,将具有机、电、控制、实际制作、理论计算、表达等特长的学员搭配组合,在制作参赛作品时既发挥各自优势,又体现了充分的合作,学员们的团队精神得到最大加强。

第八节 哈尔滨工业大学大学生创新创业园组织的竞赛项目

哈尔滨工业大学以"祖光杯"创意创新创业大赛为基点,每年选拔30余支优秀的项目团队,参加后续的中国"互联网+"大学生创新创业大赛、"挑战杯"课外学术科技作品与创业计划竞赛、全国大学生机器人大赛机器人创业赛、中国(深圳)创新创业大赛、中俄(工业)创新大赛。中国"互联网+"大学生创新创业大赛、"挑战杯"课外学术科技作品与创业计划竞赛、全国大学生机器人大赛机器人创业赛已在上文进行了介绍,这里介绍哈尔滨工业大学"祖光杯"创意创新创业大赛、中国(深圳)创新创业大赛、中俄(工业)创新大赛。

一、哈尔滨工业大学"祖光杯"创意创新创业大赛

哈尔滨工业大学"祖光杯"创意创新创业大赛是以马祖光院士的名字命名,由哈尔滨工业大学校团委发起,联合本科生院、研究生院共同主办的一项综合性创新创业赛事。赛事设立的初衷是号召哈工大学子传承马祖光院士精神,刻苦钻研,开拓创新,勇攀科研高峰。

"祖光杯"大赛是一项具有导向性、示范性和群众性的创新创业竞赛活动,自2010年开始,每年举办一届,至2019年已成功举办了9届。大赛旨在启迪创意思维、培养创新意识、提升创造能力、造就创业人才,促进交叉学科协同创新,营造良好校园创新创业氛围,

倡导广大学生继承和弘扬马祖光精神,并在此基础上引导和激励学生弘扬时代精神,把握时代脉搏,将所学知识与经济社会发展紧密结合,发现和培养一批具有创新思维和创业潜力的优秀大学生。

大赛分为"创意组""创新组""创业组"三个参赛组别。参赛个人或团队须向大赛组委会提交一项具有原创性的创意理念或创新、创业类作品。大赛专家评审委员会结合各申报项目申报书及现场答辩两项环节的表现,综合评选出较有实际应用价值和创新意义的优秀作品给予奖励。

每年都有数百项创意创新创业作品报名参与"祖光杯"赛事,参赛对象面向全校本硕博学生。历经数载,初心不改,"祖光杯"赛事已成为哈工大水平最高、规模最大、影响最广的学生创新创业综合性赛事。经过院系初审、专家在线复审等环节,大赛评选出创意组、创新组、创业组若干优秀作品,涵盖机械与控制、航天科技、信息技术、能源化工、生命科学、数理、社会、经管等诸多领域。大赛中受到全校师生、社会各界的广泛关注,也成了很多校友在校期间的美好回忆。大赛涌现出一批像万洲焊接、玄智科技这样的估值过千万的创业公司及像黑龙江省高校年度人物——李蕴洲同学这样的优秀创新创业个人。

二、中国(深圳)创新创业大赛

(一)简介

中国(深圳)创新创业大赛由深圳市人民政府、科技部火炬高技术产业开发中心及深圳市科技创新委员会(深圳市高新技术产业园区管理委员会)联合主办。

大赛设立奖金和 3 000 万的创赛专项资助,对接政府创业资助、银政企合作贴息资助和股权有偿资助,吸纳 4.5 亿元社会创投资本,提供大赛合作银行授信优惠、大赛创投对接服务平台、孵化器场地优惠等支持政策,让参赛项目在大赛中每晋一级,均可获得相应支持,并择优选送参与国家赛;创投机构将免费提供商业运营和管理方面的咨询服务,帮助创业者实现创业和发展目标。

(二)目的及意义

中国(深圳)创新创业大赛的目的是倡导创新创业文化,改善科技创新创业环境,充分发挥政府科技金融资金的引导效能,提高市场资源的配置效率,实现科技创新链条与金融资本链条的有机结合,提升科技型中小企业科技创新能力。

大赛通过推介培训、竞赛评审、政府扶持和资本对接、专家辅导体系,引导国家、地方创新资源和社会资本等资源合力支持企业创新和团队创业;促进风险投资与创业企业对接,重点扶持战略性新兴产业中具有高成长性、高技术含量的企业发展及拥有自主创新技术的团队创业;促进科技成果转化和高新技术产业的发展,加快创新型国家建设。

(三)大赛宗旨

(1)提升创新创业水平。通过促进科技创新和成果转化,培育高水平、高层次、高素质的创业团队和具有核心创新能力的高成长性战略性新兴产业源头企业,提升新时期创新创业水平。

(2)营造创新创业氛围。激发全民创新创业精神,吸纳优秀创新创业人才,营造"鼓励创新、支持创业"的氛围,在全社会掀起创新创业的高潮,为建设创新型国家奠定坚实的基础。

(3)弘扬创新创业文化。探索科技与文化的结合,充分利用新媒体、网络媒体等互动方式,宣传创新创业人物,树立创新创业品牌,让更多的人了解和参与创新创业,带动就业。

(4)促进科技和金融结合。发挥政府引导作用,利用市场机制,聚集各种创新资源,吸纳包括银行、创业投资机构在内的社会各方力量广泛增加对科技型中小企业的投入,为创新创业团队和企业搭建融资服务平台,促进中小企业的创新发展。

三、中俄(工业)创新大赛

2017年,中俄(工业)创新大赛项目正式纳入中俄总理定期会晤委员会工业合作分委会纪要,根据纪要,大赛由中国工业和信息化部与俄罗斯工业和贸易部共同指导,由中国工业和信息化国际经济技术合作中心和俄罗斯中央电子科研院联合主办,大赛每年一届,轮流在中国和俄罗斯举行。

中俄(工业)创新大赛是面向中国和俄罗斯理工院校和工业企业的科技创业新类竞赛,致力于培养具备开拓创新潜力的中青年人才,促进中俄两国工业领域科技人才交流,帮助两国中青年人才创新理念和项目落地,加速优秀创新成果应用,为两国工业创新发展与合作搭建平台,帮助提升两国产业合作规模和水平。

2018年8月,工业和信息化部国际经济技术合作中心、俄罗斯中央电子科研院和陕西省西咸新区沣东新城管理委员会三方在沣东新城中俄丝路创新园联合举办首届中俄(工业)创新大赛。中俄双方在人工智能、高端制造、大数据、新材料、机器人等领域的28个项目进入总决赛,共计400余人参加了总决赛。

2019年8月,工业和信息化部国际经济技术合作中、俄罗斯中央电子科研院和厦门市人民政府在厦门联合举办第二届中俄(工业)创新大赛中国赛区选拔赛,共有来自工业和信息化部部属高校和厦门市相关高校的30个项目参赛,涵盖人工智能、大数据、电子信息、工业4.0等领域,经过项目陈述、现场答辩、专家打分等环节,最终决出了14项优秀项目,于2019年8月24日至28日赴俄罗斯参加第二届中俄(工业)创新大赛总决赛。

第九节 其他竞赛项目

一、全国大学生结构设计竞赛

(一)竞赛背景

全国大学生结构设计竞赛是教育部确定的全国九大大学生学科竞赛之一,是由教育部高等教育司、中国土木工程学会教育工作委员会主办,部分著名高校共同承办的一项大学生学科知识创新与设计竞赛。活动旨在培养大学生创新意识、合作精神,扩大大学生的科学视野,提高大学生的创新设计能力、综合能力和工程实践能力,获得了教育部、财政部联合重点资助。

竞赛流程分为高校选拔赛、全国决赛两个阶段。首先由各参赛高校自行组织选拔赛,并推荐优秀作品参加全国决赛。然后在全国竞赛委员会的组织下进行全国决赛。竞赛内容包括:理论方案设计、结构模型制作、作品介绍与答辩、模型加载试验。要求参赛队员到指定地点使用统一材料在规定时间内完成模型制作。由竞赛委员会组织专家对参赛作品进行评审,评选出具有较好的创新性,较高的科学水平、实际应用价值和现实意义的优秀作品,同时组织优秀作品展览、交流和科技成果转让洽谈,以推动高校学生科技成果向现实生产力转化。

(二)发展历程

全国大学生结构设计竞赛起源于 20 世纪 90 年代末同济大学、浙江大学等高校的校内结构设计竞赛,从 2005 年由浙江大学倡导国内 11 所高校共同发起,至 2018 年 12 月已举办 12 届,第二届至第十二届分别于 2008 年、2009 年、2010 年、2011 年、2012 年、2013 年、2014 年、2015 年、2016 年、2017 年、2018 年在大连理工大学、同济大学、哈尔滨工业大学、东南大学、重庆大学、湖南大学、长安大学、昆明理工大学、天津大学、武汉大学、华南理工大学举行。2019 年 10 月 16 日至 20 日,第十二届全国大学生结构设计竞赛在西安建筑科技大学举行。

二、全国大学生广告艺术大赛

(一)竞赛背景

全国大学生广告艺术大赛,由教育部高等教育司主办、教育部高等学校新闻学学科教学指导委员会组织实施,中国传媒大学与中国高等教育学会广告教育专业委员会等单位共同承办,是面向全国在校大学生的一项群众性的广告策划创意实践活动。目的在于活跃大学生的课外文化生活,激发大学生的创意灵感,加强大学生实践能力、创新能力和合作精神的培养,推动大学新闻传播教育的人才培养模式和实践教学的改革,为优秀人才脱颖而出创造良好的竞赛平台,不断提高人才培养质量。

(二)发展历程与现状

赛事每两年举办一次,第一届至第四届全国大学生广告艺术大赛分别于 2005 年、2007 年、2009 年和 2011 年举办,2012 年举办全国大学生广告艺术大赛"2014 南京青奥会专题设计竞赛"、2013 年举办第五届全国大学生广告艺术大赛。自第五届大广赛之后,全国大学生广告艺术大赛由之前的两年一届,正式改为一年一届。

该赛事将专业教育、素质教育和职业教育贯通,首次扩大了广告教育的辐射力和影响力,拓展了广告教育的内涵。大赛旨在提高大学生的创新精神和实践能力,激发大学生的创意灵感,促进大学新闻传播、广告、设计、艺术教育的人才培养模式的改革,同时对于课程设置、教学内容和方法的创新起到了推动作用,极大地提高了大学生的动手能力、实践能力、策划能力和综合能力。

参赛作品分为平面类、影视类、微电影类、动画类、广播类、广告策划案类、企业公益类七大类。赛事的所有选题均面向社会征集,将企业营销的真实课题引入比赛,使广告实践有了更广阔的舞台。

适合参赛对象:中国所有大学在校学生,不包括留学生。

三、全国大学生信息安全竞赛

(一) 竞赛的背景

全国大学生信息安全竞赛的指导单位是教育部高教司及工业和信息化部信息安全协调司,主办单位为教育部高等学校信息安全专业教学指导委员会。

(二) 发展历程与现状

第一届全国大学生信息安全竞赛于2008年在成都市的电子科技大学举行,2009年第二届大赛的承办单位为北京邮电大学。2009年,在第二届大赛中全国83所高校共组成了560多个参赛队伍,其中108支队伍进入决赛。第十二届全国大学生信息安全竞赛——"创新实践能力赛"于2019年3月至2019年8月举行,面向全国高校在校生开放。

(三) 大赛宗旨

大赛是由教育部高等学校网络空间安全专业教学指导委员会发起并主办、全国网络安全专业相关高校轮流承办的一项面向全国大学生的公益性科技活动。旨在通过竞赛的方式提升学生攻防兼备的网络创新实践能力,培养学生的创新意识与团队合作精神,普及信息安全知识,增强学生信息安全意识,提高学生的网络空间安全创新能力与实践技能。实现以赛促学、以赛促教、以赛促用,推动网络空间安全生态体系的人才培养和产学研用,大赛鼓励高校教师参与指导。

(四) 参赛的基本要求

全国大学生信息安全竞赛分初赛和决赛。各高校组织、学生自愿报名参赛;专家组评审通过的参赛队伍可进入决赛。进入决赛的参赛队伍数由专家组根据当年参赛队伍总数及参赛作品质量确定。

参赛学生以队为单位参赛,每队不超过4人(包含队长)。队长负责小队学生的参赛事宜,包括组队、报名、赛前准备、培训、赛后总结,以及与组委会秘书处联系等事宜。每名学生只能参加一支参赛队伍,每支参赛队伍只能报一个参赛题目。

每支参赛队须设1名指导教师,负责参赛队伍的指导、管理等工作。指导教师必须是参赛队伍所在高校在职教师。指导教师应该对自己所指导参赛队伍的参赛内容的原创性、安全性等负责。竞赛期间允许指导教师进行指导或引导。

全国在校全日制本、专科大学生均可参加,专业不限。鼓励非信息安全专业大学生参加。

参赛学生必须按照统一时间参赛,并按照组委会要求按时提交设计报告、软件、实物等材料。凡不能按时提供所需材料的参赛队伍视为自动放弃比赛。

四、全国大学生节能减排社会实践与科技竞赛

(一) 竞赛的背景

全国大学生节能减排社会实践与科技竞赛是由教育部高等教育司主办。该竞赛以"节能减排、绿色能源"为主题,紧密围绕国家能源与环境政策,紧密结合国家重大需求,在教育部的直接领导和广大高校的积极协作下,具有起点高、规模大、精品多、覆盖面广的

特点,是一项具有导向性、示范性和群众性的全国大学生竞赛,得到了各省教育厅、各高校的高度重视。

(二)发展历程

第一届全国大学生节能减排社会实践与科技竞赛于2008年在浙江大学成功举办,共有88所高校的505件作品参加了此次竞赛,参赛作品类型多、专业性强、覆盖面广,涉及了能源、机械、资源、建筑、电气、海洋、社会、经济、矿业等多个领域。最终入围决赛的100件优秀作品来自55所高校,不仅有关系到国民经济重大发展的能源生产问题,如海上风力发电平台,太阳能梯级开发热利用系统及生物质能利用系统等方面的作品;也有贴近日常生活节水节电的小发明、小制作,如厨房节能小助手,新型节能开关电源,厨余堆肥机等;还有一些作品紧跟"节能减排"领域的学术研究前沿。这些都展示了当代大学生对生活的认真观察和对人类社会发展的高度关注。

第二届全国大学生节能减排社会实践与科技竞赛于2009年在华中科技大学举办,共收到168所高等院校的报名申请,其中,985高校21所,211非985高校25所,一般本科100所,高职高专21所,军事院校1所,最后收到159所高校提交的有效作品共1 620项,经过形式审查和专家初审,评选出111项作品入围决赛。第二届大赛参赛规模和竞赛影响远远超过第一届。

第三届全国大学生节能减排社会实践与科技竞赛于2010年在北京科技大学举办。

第四届全国大学生节能减排社会实践与科技竞赛于2011年在哈尔滨工业大学举行,是该项赛事开展以来规模最大、覆盖面最广、参与人数最多的一次竞赛。

第五届全国大学生节能减排社会实践与科技竞赛在西安交通大学举行,此届参赛作品充分体现和诠释了"节能减排、绿色能源"这一大赛的主题,积极推动了全社会节能减排活动的开展。

第六届全国大学生(力诺瑞特杯)节能减排社会实践与科技竞赛在上海交通大学举行,据悉本次大赛共有205所高校参赛,覆盖全国所有省、直辖市和港澳台地区。

第七届全国大学生(金川杯)节能减排社会实践与科技竞赛在昆明理工大学举行,据悉本次大赛本届竞赛主题为"节能减排,绿色能源",参赛作品须紧紧围绕该主题并体现新思维、新思想的实物制作(含模型)、软件、设计和社会实践调研报告,共有252所高校报名,收到有效作品2 395件,报名人数和有效作品数均创历届新高。

第八届全国大学生节能减排社会实践与科技竞赛在哈尔滨工程大学举行。大赛共收到全国281所高校的2 534件作品,经过网评、会评等层层筛选,最终来自全国68所高校的161件涉及能源、机械、资源、建筑、电气、海洋、社会、经济、矿业等多个领域的节能减排作品集中亮相。大赛将角逐出最具"节能减排,绿色能源"理念的科技或社会实践作品。

第九届(荣威新能源杯)全国大学生节能减排社会实践与科技竞赛在江苏大学举行。

第十届全国大学生节能减排社会实践与科技竞赛在华北电力大学举行。

(三)竞赛的基本要求

1. 参赛对象

全日制非成人教育的本专科生、研究生(不含在职研究生)。参赛者必须以小组形式参赛,每组不得超过 7 人,可聘请指导老师 1 名。

2. 参赛单位

以高等学校为参赛单位,申报作品时需对所有作品进行排序以作评审参考。

3. 作品申报

参赛作品必须是比赛当年完成的作品。参赛学生必须在规定时间内完成设计,准时上交作品,未按时上交者按自动放弃处理。

4. 作品评审

专家委员会根据作品的科学性、可行性、创新性和经济性等指标对作品进行初审和终审,并公布获奖名单。

五、全国大学生数学竞赛

(一) 竞赛背景及发展历程

全国大学生数学竞赛是由中国数学会提出的,旨在培养人才、服务教学、促进高等学校教学课程的改革和建设,增强大学生学习数学的兴趣,培养分析、解决问题的能力,发现和选拔数学创新人才,为青年学子提供一个展示基础知识和思维能力的舞台。中国数学会普及工作委员会从 2009 年起,每年举办一次全国大学生数学竞赛。中国数学会于 2009 年 10 月 24 日举办全国第一届大学生数学竞赛,全国共有二十多个省 100 多所院校参加,我省有 13 所院校上千人参加竞赛。第十一届全国大学生数学竞赛由武汉大学承办。

(二) 参赛的基本要求

1. 竞赛组织

全国大学生数学竞赛的主办单位为中国数学会。中国数学会普及工作委员会负责制定方案。全国大学生数学竞赛委员会负责组织实施。各省、市、自治区数学会、解放军院校协作中心数学联席会负责相应赛区的竞赛活动。

2. 参赛对象及方式

参赛对象为大学本科二年级或二年级以上的在校学生。

竞赛分为非数学专业组和数学专业组(含数学与应用数学、信息与计算科学专业的学生)。数学专业学生不得参加非数学专业组的竞赛。

3. 竞赛知识范围

非数学专业组竞赛范围以理工科本科教学大纲所规定的高等数学教学内容为准。

数学专业组竞赛范围包括数学分析(50%)、高等代数(35%)、解析几何(15%)。

4. 设立奖项

大赛设赛区(一般以省、市、自治区作为赛区,军队院校为一个独立赛区)奖与全国决赛奖。获奖名单将在《数学的实践与认识》杂志上公布。有关参赛的消息和竞赛试题、答案也将在《数学的实践与认识》杂志上刊出。

六、全国周培源大学生力学竞赛

(一) 竞赛宗旨

全国周培源大学生力学竞赛的宗旨是为了培养人才、服务教学、促进高等学校力学基础课程的改革与建设,增进青年学生学习力学的兴趣,培养分析、解决实际问题的能力,发现和选拔新一代的力学创新人才,为青年学子提供一个展示基础知识和思维能力的舞台。

(二)发展历程

1986年8月在呼和浩特市召开的《力学与实践》编委会上,北京大学建议举办一次大学程度的力学竞赛,获得会上人员一致赞同。中国力学学会安排《力学与实践》编委会(竞赛组织委员会)筹办。组委会成立了两个命题小组,同时向全国有关专家学者征题,共获得140余道题。命题组精选整编了28道作为初赛题,在《力学与实践》1988年第1期刊出,要求参赛者在约一个半月的时间内寄回答案。组委会从62份答案中评选了31人进京复赛。通过严格的笔试和口试,评选出了一、二、三等奖共17名。

从1992年到2004年的第二至五届竞赛可以看作这项竞赛活动发展的第二阶段。为了鼓励青年学生学习老一辈科学家为科学献身的精神,这项竞赛从1996年第三届起改名为"全国周培源大学生力学竞赛"。竞赛规模在第二阶段得到了阶跃式发展,第一届全国62人、12个单位参赛,第二届1 389人报名参赛,第三届1 711人报名参赛,第四届25个省(市)、81所高校、2 752名学生报名参赛,第五届30个省(市)、自治区,164所高校7 617人报名参赛,这表明全国周培源大学生力学竞赛已经有广泛的代表性,在高校有了重要的影响。

进入新世纪,党中央提出了建设创新型国家的伟大号召,给教育注入了强大的推动力。全国周培源大学生力学竞赛进入教育部高教司主办的大学生科技竞赛项目,标志着这项竞赛活动发展到了第三阶段。这个阶段的几个重要变化是:

(1)将实验创新能力的培养提高到与理论创新能力同样的高度,从第六届竞赛决赛起增设基础力学(含理论力学和材料力学)的团体实验竞赛,以促进实验动手创新能力和团队合作创新精神的培养。

(2)将赛制改为两年一次,使所有本科生都有机会参赛。同时安排在全国力学大会上颁奖,以促进学生从本科阶段就开始了解和接触高水平的力学前沿研究。

(3)命题由上届团体冠军学校承担,命题学校不参赛,以保证竞赛的公正性,并促进力学教学创新。

受教育部高等教育司委托,教育部高等学校力学基础课程教学指导分委员会、中国力学学会和周培源基金会于2019年5月19日共同主办第十二届全国周培源大学生力学竞赛。

(三)参赛的基本要求

1. 参赛对象

年龄在30周岁以下的在校大学本科、专科及研究生。

2. 竞赛科目和方式

力学竞赛的基础知识覆盖理论力学与材料力学两门课程的理论和实验,着重考核灵活运用基础知识、分析和解决问题的能力。考试范围可见"全国周培源大学生力学竞赛考试范围(参考)"。竞赛包括个人赛和团体赛,个人赛采用闭卷笔试方式,理论力学和材料力学综合为一套试卷;团体决赛采取团体课题研究的方式。

七、全国大学生建筑类竞赛

（1）城乡规划专业：全国高等学校城乡规划专业"城市设计课程作业评优""城乡社会综合实践调研报告课程作业评选""城市交通出行创新实践竞赛"。

（2）环境设计专业："新人杯"全国大学生室内设计竞赛，"全国高校景观设计毕业作品展"和"亚洲设计学年奖"。

（3）建筑学专业："全国高等学校建筑学专业大学生建筑设计作业观摩与评选竞赛"和"全国大学生可持续建筑设计竞赛"。

（4）风景园林专业：中国风景园林学会大学生设计竞赛。

八、全国大学生智能汽车竞赛

（一）竞赛背景

全国大学生智能汽车竞赛是受教育部高等教育司委托（教高司函［2005］201号文），由教育部高等学校自动化专业教学指导分委员会（以下简称自动化分教指委）主办的一项大学生科技竞赛。该竞赛是以智能汽车为研究对象的创意性科技竞赛，是面向全国大学生的一项具有探索性工程实践活动，是教育部倡导的大学生科技竞赛之一。该竞赛以"立足培养，重在参与，鼓励探索，追求卓越"为指导思想，旨在促进高等学校素质教育，培养大学生的综合知识运用能力、基本工程实践能力和创新意识，激发大学生从事科学研究与探索的兴趣和潜能，倡导理论联系实际、求真务实的学风和团队协作的人文精神，为优秀人才的脱颖而出创造条件。

（二）基本情况

全国大学生智能汽车竞赛自2006年开始，每年一届。一般在每年的10月份公布次年竞赛的题目和组织方式，并开始接受报名，次年的3月份进行相关技术培训，7月份进行分赛区竞赛，8月份进行全国总决赛。该竞赛由竞赛秘书处为各参赛队提供/购置规定范围内的标准软硬件技术平台，竞赛过程包括理论设计、实际制作、整车调试、现场比赛等环节，要求学生组成团队，协同工作，初步体会一个工程性的研究开发项目从设计到实现的全过程。该竞赛融科学性、趣味性和观赏性为一体，是以迅猛发展、前景广阔的汽车电子为背景，涵盖自动控制、模式识别、传感技术、电子、电气、计算机、机械与汽车等多学科的创意性比赛。该竞赛规则透明，评价标准客观，坚持"公开、公平、公正"的原则，保证竞赛向健康、普及、持续的方向发展。

全国大学生智能汽车竞赛原则上由全国有自动化专业的高等学校（包括港、澳地区的高校）参赛。竞赛首先在各个分赛区进行报名、预赛，各分赛区的优胜队将参加全国总决赛。每届比赛根据参赛队伍和队员情况，分别设立光电组、摄像头组、创意组等多个赛题组别。每个学校的参赛队伍可以根据竞赛规则选报不同的组别。

（三）参赛基本要求

参赛选手须使用竞赛秘书处统一指定的竞赛车模套件，采用飞思卡尔半导体公司的微控制器作为核心控制单元，自主构思控制方案进行系统设计，包括传感器信号采集处理、电机驱动、转向舵机控制及控制算法软件开发等,完成智能车工程制作及调试,于指定日期与地点参加各分赛区的场地比赛,在获得决赛资格后,参加全国总决赛的场地比赛。参赛队伍的名次(成绩)由赛车现场成功完成赛道比赛的时间为主,技术报告、制作工程质量评分为辅来决定。大赛根据车模检测路径方案不同分为电磁、光电与摄像头三个赛题组。车模通过感应由赛道中心电线产生的交变磁场进行路径检测的属于电磁组;车模通过采集赛道图像(一维、二维)进行路径检测的属于摄像头组;车模通过采集赛道上少数孤立点反射亮度进行路径检测的属于光电组。

每届竞赛秘书处都会在以下几方面制定适用于各分赛区预赛及全国总决赛的比赛规则(具体规则见每届通知),在实际可操作性基础上力求公正与公平。

(1)器材限制规定。
(2)有关赛场的规定。
(3)裁判及技术评判。
(4)分赛区、决赛区比赛规则。

九、亚太(全国)大学生机器人大赛

(一)竞赛背景与发展历程

亚广联亚太大学生机器人大赛是由"亚洲—太平洋广播联盟"(ABU)节目部发起的,该项目提案于1999年在亚广联年会上正式通过。该项目规模较大,其宗旨是致力于培养各国青少年对开发、研制高科技机器人的兴趣与爱好,提高各参与国的科技水平,为机器人工业的发展发掘、培养后备人才。各个亚广联成员机构都有权参加该项目的比赛,但参赛对象只限于各国的大学或工科院校的学生。

2000年3月亚广联亚太大学生机器人大赛第一次筹备会议在日本举行,会上成立了亚广联亚太地区机器人大赛筹备委员会,并选举了六个常任理事机构(中国CCTV、日本NHK、韩国KBS、新加坡TCS、泰国、印度尼西亚),该筹备委员会的秘书处设在日本NHK的总部。

2001年2月,在马来西亚召开了第一届亚广联亚太大学生机器人大赛的预备会议。会议上,与会代表详细讨论了第一届大赛的各项具体事宜以及资金等问题。2001年9月,第一届亚广联亚太地区机器人大赛制片人会议在马来西亚举行,主要讨论了各个参赛机构联合制作电视专题片等问题。

第一届亚广联亚太地区大学生机器人比赛于2002年在日本东京举行,比赛主题为"攀登富士山顶"。第二届于2003年在泰国曼谷举行,比赛主题为"太空征服者"。第三届于2004年在韩国首尔举行,比赛主题为"鹊桥相会"。第四届于2005年在中国北京举行,比赛主题为"登长城,点圣火"。第五届于2006年在马来西亚吉隆坡举行,比赛主题为"修建双子高塔"。第六届于2007年在越南河内举行,比赛主题为"下龙湾探险"。第七届于2008年在印度浦那举行,比赛主题为"GOVINDA"。第八届于2009年在日本东京举行,比赛主题为"胜利鼓乐"。第九届于2010年在埃及开罗举行,比赛主题为"辉煌金塔"。第十届于2011年在泰国曼谷举行,主题为"祈福荷灯"。第十一届于2012年在中国香港举行,主题为"平安大吉"。第十二届于2013年在越南举行,主题为"绿化星球"。

第十三届于 2014 年在印度举行,主题为"舐犊情深"。第十四届于 2015 年在山东邹城举行,主题为"羽球双雄"。第十五届于 2016 年在泰国曼谷举行,主题为"清洁能源"。第十六届于 2017 年在山东邹城举行,主题为"舞盘雅乐"。第十七届于 2018 年在越南宁平举行,主题为"飞龙绣球"。第十八届于 2019 年在蒙古乌兰巴托举行,主题为"快马加鞭"。

为了选拔优秀的中国大学生代表队参加亚广联亚太地区大学生机器人大赛,经广电总局和中宣部批准,中央电视台于 2002 年 6 月开始举办全国大学生机器人电视大赛。这项赛事为我国大学生提供了一次探索科技、创新思维与实际行动结合的机会,为激发广大青少年对高科技的兴趣与爱好、激励创新意识、活跃校园科技活动、培养未来科技人才提供了大舞台,也是中央电视台宣传、深化"科技兴国"战略方针的一个新举措。全国大学生机器人电视大赛从 2002 年的第一届起已成为每年一度的定期赛事,这将有力地激发老师和学生科技创新的意识和积极性。全国大学生机器人电视大赛也称"CCTV 全国大学生机器人电视大赛"。

比赛官网 http://space.tv.cctv.com/podcast/jiqirendasaikongjian。

(二) 哈尔滨工业大学亚广联亚太 (全国) 大学生机器人大赛

哈尔滨工业大学多次参与全国大学生机器人电视大赛,前六届均没有进入八强,2008 年第七届全国大学生机器人电视大赛中,我校首次杀进决赛并获得冠军,2009 年第八届全国大学生机器人电视大赛中我校夺得冠军,并代表中国参加在日本东京举行的第八届亚广联亚太地区大学生机器人比赛,以 18.5 秒的优异成绩折桂,实现了中国队"三连冠"的梦想。在近几年的比赛中,哈工大的参赛队伍也积极参与并于 2014 年获全国一等奖、亚军;2015 年获全国一等奖,进入八强;2016 年获全国一等奖,季军;2017 年获全国三等奖,进入 32 强;2018 年获全国一等奖,并获最佳创意奖;2019 年获全国一等奖,季军,马术赛一等奖第一名。

十、全国航空航天模型锦标赛

(一) 锦标赛的背景

全国航空航天模型锦标赛由国家体育总局、科技部、教育部联合主办,始于 2004 年,是我国培养航空航天科技人才的重要舞台。比赛项目的设定紧贴国防、科研和社会需求,例如载重飞行项目源自国家对大飞机的需求,直升机模拟搜救项目源自水上救援的需求,模拟火箭项目源自国家对航天事业的需求。也正因如此,有参赛经历的同学在就业市场上十分抢手,有的高校甚至出现向航模队"预定"队员的情况。

(二) 航空模型的意义

知识面广、技术性强是航模活动区别于其他活动的一个显著特点。一个能够稳定飞行的航空模型的设计和制作过程所涉及的学科领域,已经很接近一个建造真飞机所需知识,如空气动力、流体分析、电子设计、通信技术、控制技术、理化知识、传统材料及复合材料应用等。

参加航模活动,在制作、试飞的过程可以很好地培养学生的动手能力和创造精神,提高分析思维能力、动手制作能力,培养学生精益求精、认真负责的工作态度和开拓进取、勇于拼搏的奋斗精神,提高综合素质,培养创造型和复合型人才,是一项利国利民的活动。因此这项活动一直被各发达国家视为本国航空航天工业及高科技领域发展的基础。20世纪40年代,模型活动就在我国一些大城市得到开展。新中国成立后,在党和国家领导人的亲切关怀下,青少年科技活动得到了蓬勃发展,各地的青少年宫、科技站、中小学校的课外兴趣小组,不仅培养了许多文体人才,也培养了许多科技幼苗,尤其是航空模型活动,为国家培养了大批的科技人才。许多著名科学家青年时期都参加过航模活动,如中国科学院院长、两院院士、全国人大常委会副委员长路甬祥教授,国家科技发明一等奖获得者高歌教授,"歼八"战斗机总设计师顾诵芬等。

十一、全国大学生工程训练综合能力竞赛

全国大学生工程训练综合能力竞赛是公益性的大学生科技创新竞技活动,是有较大影响力的国家级大学生科技创新竞赛,是教育部、财政部资助的大学生竞赛项目,每两年一届,目的是加强学生创新能力和实践能力培养,提高本科教育水平和人才培养质量。为开办此项竞赛,经教育部高等教育司批准,专门成立了全国大学生工程训练综合能力竞赛组织委员会和专家委员会。竞赛组委会秘书处设在大连理工大学。

全国大学生工程训练综合能力竞赛秉承"竞赛为人才培养服务,竞赛为教育质量助力,竞赛为创新教育引路"的宗旨。竞赛活动面向全国各类本科院校在校大学生,实行校、省(或多省联合形成的区域)、全国三级竞赛制度。

省级竞赛或区域竞赛的优胜者,经省或区域教育厅核准,推荐报名参加全国决赛。

十二、全国大学生基础力学实验竞赛

全国大学生基础力学实验竞赛是周培源力学竞赛的一个组成部分。每两年举办一届,与已举行多届的以力学理论及其应用为主的周培源力学竞赛交错进行。基础力学实验教学在学生的动手能力和综合分析能力培养中有着非常重要的地位,是培养学生创新能力、激发学生学习兴趣的重要平台。

(1)主办单位:教育部高等学校力学教学指导委员会力学基础课程教学指导分委员会中国力学学会教育工作委员会、高等学校国家级实验教学示范中心工作委员会力学学科组。

(2)组织机构:竞赛组织委员会等机构。

(3)承办单位:江苏省力学学会、中国力学学会教育工作委员会实验教育分委员会、东南大学。

(4)参赛对象:在校大学生。

(5)竞赛过程:竞赛分初赛和决赛两个阶段,初赛为个人赛,决赛为团体赛。

(6)竞赛内容:实验原理、基本实验、综合实验、答辩四部分(以材料力学课程实验为主)。

(7)竞赛形式:

初赛两个项目:①实验原理,闭卷笔试。笔试在统一时间进行。②基本实验,由各报名参赛院校根据竞赛组委会提供的基本实验题目组织学生完成。

决赛两个项目:①综合实验。②答辩。

(8)竞赛规则。

①初赛。

报名参赛的学生,在本地区指定地点参加实验原理闭卷笔试竞赛,并由各学校组织参赛学生独立完成基本实验与实验报告。

第一部分:实验原理(70%)。

实验原理笔试内容:材料的机械性能、电测基本理论及数据处理。

实验原理笔试要求:由竞赛委员会统一命题,统一进行闭卷考试,由各地区自行监考和判定成绩,各省力学学会派巡考员进行巡视。

第二部分:基本实验(30%)。

基本实验竞赛内容:《材料的机械性能测试实验》和《材料力学电测基本实验》各一个。

基本实验竞赛用设备:《材料的机械性能测试实验》和《材料力学电测基本实验》的必备设备。

基本实验竞赛要求:基本实验竞赛由参赛学生独立操作完成,具体实验题目在二号通知中给出。基本实验、实验报告由各学校组织学生实施,于规定时间内完成。

初赛结束后,由各地区根据标准答案统一批阅,基本实验报告由各学校组织评阅。根据各学校前5名学生成绩之和由高往低排名,并将前5名学生的试卷和实验报告一起送至组委会。组委会复查各地区送交的试卷和实验报告,并根据复查成绩对所有参赛院校排名,由高往低确定40所院校参加团体决赛。

②决赛。

团体决赛的成员由各校初赛前3名组成,可有1名指导教师。参加决赛的学校,初赛学生不得少于12人。

团体决赛在东南大学举行,竞赛内容为电测综合实验,现场出题,根据题目要求完成综合实验和实验报告,然后由专家组组织答辩。

第一部分:电测综合实验。

竞赛内容:由竞赛学术组在竞赛现场给定实验项目,决赛通知中给出题目范围。

竞赛形式:自行设计、实施实验方案,并完成实验报告。

第二部分:答辩。

答辩范围:实验设计思想与解决方案、机械性能测定实验、电测实验的基本原理及方法,应力-应变基本概念。

决赛组织专家评委会,根据实验现场操作、实验报告、答辩进行综合评分,并根据成绩由高往低确定竞赛名次。

(9)奖励。

决赛设团体奖,一等奖10%、二等奖15%、三等奖35%,以各校参赛代表队竞赛成绩为依据,从高到低评定获奖等级。获奖代表队可获得竞赛组委会颁发的获奖证书和奖金,指导教师将获得竞赛组委会颁发的优秀指导教师证书,各参赛学校也应给予本校获奖者一定的奖励。为鼓励各校参赛积极性,建议各省力学学会可自行制定适合本省的奖励政策。

竞赛设组织奖,根据各省(市、区)参赛人数、学校数与竞赛成绩等因素确定。

十三、ERP 沙盘模拟大赛

1. ERP 沙盘模拟大赛背景

ERP 沙盘模拟大赛由教育部高等教育司支持,教育部高等学校工商管理类学科专业教学指导委员会指导,教育部国家精品课程资源中心与教育部中国大学生在线联合主办,用友软件股份有限公司承办。

ERP 沙盘模拟大赛采取的是一种体验式的互动方式,让参赛同学在比赛中体验 ERP 的管理理念。在比赛中,每个团队 5 人,分别代表 CEO(首席执行官)、CFO(首席财务)、营销总监、生产总监、采购总监。每个团队经营一个拥有 1 亿资产的销售良好、资金充裕的虚拟公司,连续从事 6~8 个会计年度的经营活动。通过直观的企业经营沙盘,模拟企业实际运行状况,内容涉及企业整体战略、产品研发、设备投资改造、生产能力规划与排程、物料需求计划、资金需求规划、市场与销售、财务经济指标分析、团队沟通与建设等多个方面。每个公司团队都面对同行竞争对手、产品老化、市场单一化等重大挑战,在挑战中将根据自身的实际情况采取不同的应对策略,最后将会以一定的指标综合评价各个团队所模拟公司的经营状况,并按经营状况的好坏评出参赛团队的名次。通过比赛,参赛同学能够树立现代化企业经营管理的理念,熟悉现代企业经营的过程。

2. ERP 沙盘模拟大赛发展历程

ERP 企业沙盘模拟是一种新型的教育方式,它把创业设计与原有的企业经营模拟大赛紧密结合,是一场创新组合的比赛。旨在激发当代大学生的创意、创新灵感与对商业机会的把握,从而助推实现由创意到创业的过程。从 2005 年首届全国大学生 ERP 沙盘对抗赛开展至今,大赛得到了教育部、信息产业部、中国高等教育学会等有关部门的关注与支持。据不完全统计,第五届大赛的参赛队伍来自全国近千所院校,成为中国真正的最有影响力的院校活动之一。2018 年第十四届全国大学生"新道杯"沙盘模拟经营全国总决赛由中南财经政法大学承办,共有来自全国 30 个省 127 所院校的 800 余名师生同台竞技。

经过多年的发展,大赛现在已形成固定模式。大赛分为校内选拔赛、地区半决赛和全国总决赛三个阶段,校内选拔赛由各个学校自行组织进行;地区半决赛将重点考核参赛学生的企业经营能力;全国总决赛将添加创业设计及 ERP 沙盘企业信息化两项内容,综合考评参赛学生的创新创业意识及经营管理能力。各阶段的沙盘模拟经营阶段统一采用 ERP 手工沙盘与创业者电子沙盘相结合的方式进行,以生产型企业为背景,以手工及电子沙盘工具为平台,让每个参赛学生置身商业实战场景,实地体验商业竞争的激烈性,激发学生的学习热情,锻炼学生全局观念以及规划能力,培养学生的综合应用与实践能力。

3. 参赛的基本要求

(1)以院校为单位,每队 5 人,每队必需另有 1 名带队老师;一经报名,不得修改。

(2)具备强烈的团队意识,良好的团队协作能力,有创新能力,主观能动性强。

(3)参赛者必须掌握扎实的专业知识,对企业战略、生产营销、财务管理等相关知识有总体把握的能力。

十四、全国大学生先进成图技术与产品信息建模创新大赛

全国大学生先进成图技术与产品信息建模创新大赛是由教育部高等学校工程图学课程教学指导委员会、中国图学学会制图技术专业委员会、中国图学学会产品信息建模专业委员会联合主办的图学类课程最高级别的国家级赛事。

自2008年开始,大赛先后在郑州轻工业学院、武汉大学、重庆大学、哈尔滨工程大学、东华大学、华南农业大学、三峡大学、昆明理工大学、山东理工大学举行,目前已成功举办九届。大赛吸引了上海交通大学、哈尔滨工业大学、武汉大学、华中科技大学、重庆大学、山东大学、西北工业大学、国防科学技术大学、哈尔滨工程大学、北京理工大学、华南理工大学、北京工业大学、解放军理工大学、武汉理工大学、河海大学、合肥工业大学、南京农业大学、华南农业大学等诸多名校参赛。全国大学生先进成图技术与产品信息建模创新大赛由于规模大、水平高、参赛人数多,被誉为"图学界的奥林匹克",受到全国多所高校的重视。

十五、国际大学生 iCAN 创新创业大赛

国际大学生 iCAN 创新创业大赛(International Contest of Innovation)暨中国选拔赛(原美新杯中国 MEMS 传感器应用大赛、大学生 iCAN 物联网创新创业大赛),是由国际 iCAN 联盟、教育部创新方法教学指导分委员会和全球华人微纳米分子系统学会联合主办、北京大学承办的面向大学生创新创业的年度竞赛,是教育部质量工程支持项目之一。

iCAN 大赛始于2007年,秉承"传递 iCAN 理念、激发创新热情、点燃创业梦想"精神,倡导科技创新创业服务社会、改善人类生活,引导和激励高校学生勇于创新,发现和培养一批有作为、有潜力的优秀青年创新创业人才,促进和加强以物联网、智能硬件等为代表的高科技领域的产学研结合,推动高科技产业的发展,为高科技创新创业搭建国际交流平台。

十六、全国大学生创新创业年会

为深入落实《国务院办公厅关于深化高等学校创新创业教育改革的实施意见》(国办发[2015]36号),深化高校创新创业教育改革,实施好国家级大学生创新创业训练计划(以下简称"国创计划"),推动"国创计划"参与学生开展更多学术交流和成果推介,经研究,拟于2019年10月中旬举办第十二届全国大学生创新创业年会。

年会主要内容:

(1)组织开展学术交流。遴选参加"国创计划"中创新训练项目学生的学术论文(约200篇),以学术报告的形式进行学术交流。

(2)展示大学生创新创业项目。遴选"国创计划"中创新训练项目、创业训练项目和创业实践项目(约200项),以展板和实物作品演示的形式进行项目交流。

(3)推介大学生创业项目。遴选"国创计划"中创业训练项目和创业实践项目(约50项),进行项目推介、宣传和交流。

十七、全国大学生机械产品数字化设计大赛

(一)大赛的目的

全国大学生机械产品数字化设计大赛的目的在于培养学生的创新设计意识、综合设计能力与团队协作精神;加强学生设计能力培养和工程实践训练,提高学生针对实际需求,通过创新思维进行机械设计的工作能力;吸引、鼓励广大学生踊跃参加课外科技活动,为优秀人才脱颖而出创造条件。以下以2019年全国大学生机械产品数字化设计大赛为例进行介绍。

(二)大赛的主题、内容与设计要求

1. 大赛的主题及内容

2019年全国大学生机械产品数字化设计大赛的主题为"精心照料体贴入微"。内容为:"康复服务机器人的设计;老年人服务机器人的设计;家用服务机器人的设计;月球营地机器人"。往届大赛内容所涵盖的服务机器人(如餐饮服务机器人、球场服务机器人等)不再作为本届设计内容。

内容说明:参赛学生通过调研,针对特定服务对象自行提出设计需求,明确设计功能目标,完成一种服务机器人(如康复服务、老年人服务、家用服务、月球营地机器人)的设计。

2. 设计要求

(1)康复服务机器人要求能完成对康复病人的特殊护理和服务。

①服务对象:身体某部位有康复需求的病人。

②服务内容包含:提供扶持等帮助,使病人能通过适当运动(或移动)以满足必需的生理需要;帮助病人身体某部位进行适度运动,利于其正常恢复、防止肌肉萎缩。

(2)老年人服务机器人要求能完成对老年人的特殊服务或帮助。

①服务对象:行动能力有某种障碍的老年人。

②服务内容包含:提供取物、递送等帮助,使老年人可获取饮料、食物、书报;协助老年人站立、行走;帮助老年人在站立、坐、卧等状态下进行部分躯体适度运动。

(3)家用服务机器人要求能完成对中青年、儿童的特殊要求服务。

①服务对象:家庭的中青年(父母)和少年儿童(子女)。

②服务内容包含:提供家庭内除餐饮以外的其他便利性服务;给少年儿童提供娱乐性服务。

(4)月球营地机器人要求可以帮助宇航员在月球搭建科考营地。

①由于月球表面土壤非常松软,凹凸不平,同时重力仅为地球的六分之一,对移动机构要求极高。月球大气稀薄,宇宙射线辐射大,昼夜温差大,对机器人机构性能要求高。

②月球营地机器人服务对象:宇航员和月球基地。

③服务内容包含:搭建月球基地,维护保养月球基地,协助宇航员日常生活工作。

(5)大赛服务机器人设计的重点是通过机械运动完成某类型服务,图像表达、语音功能等可作为附加功能植入。

(6)服务机器人的各种动作及功能须完善、可靠,应考虑实现完整的动作及功能的辅助设施,如加入必要的支撑、传动、移动装置;实现功能的原理可各异。

所有参赛的作品必须与本届大赛的主题和内容相符。在满足功能需求条件下,力求作品结构简单、可靠、实用、美观,同时也应注意机械设计竞赛与工业造型设计竞赛在关注点方面的差异。

评分将依据作品的创新性、设计合理性(机构原理、结构与强度、重量)、可行性(制造工艺、成本因素、市场需求)、美观性(外观设计,人机交互)四个方面展开,参赛队伍应在作品说明书里给出相应的阐述。本次大赛赛题在原始条件和机器人工作任务的选择上是开放的,故作品除满足上述"四性"以外,评分时在同等条件下将考虑选题的难易程度并体现到对作品的评价。

(三)大赛管理与组织机构

全国大学生机械产品数字化设计大赛经教育部高教司同意,主办单位:机械学科教学指导委员会;协办单位:国家级实验教学示范中心联席会机械学科组、国家国防科工局探月与航天工程中心、欧特克软件(中国)有限公司、武昌首义学院。为保证大赛的顺利开展,大赛的组织、评审与宣传等工作由全国大学生机械产品数字化设计大赛组委会(以下简称组委会)负责,日常工作由大赛组委会秘书处承担。

(四)参赛条件与方式

1. 参赛条件

全国在校本、专科大学生均可以个人或小组的方式,通过学校推荐报名参加,每个参赛队学生人数不得多于3人,指导教师不多于2人。参赛队由所在学校统一向组委会报名。

2. 参赛方式

参赛队学生自接到大赛通知后,即可按大赛主题和内容的要求进行准备,最终以Autodesk Inventor 软件完成三维作品的设计,并向组委会提交:

(1)大赛作品报名表(包括纸质和电子文档)。

(2)完整的设计说明书(电子文档)。

(3)作品的三维模型(建议:以规划设计的思维进行作品设计,在设计的前期用草图进行机构简图的模拟及分析,然后再进行详细设计;可使用 Autodesk Fusion 360 作为机器人系统工业设计的软件)。

(4)机器人的仿真动画或视频录像(3 min 之内)。

(5)提倡跨专业合作,建议参赛队伍根据实际产品设计团队进行跨专业组队。

(五)大赛相关进程的时间安排

(1)2018年10月发布"2019年全国大学生机械产品数字化设计大赛"的第1号通知。

(2)各学校在2018年12月25日前完成校内推荐选拔,2019年1月20日前按有关通知要求报送选拔结果。

(3)各学校提交参赛作品所有材料,截止时间为2019年4月1日。

(4)全国组委会将进行作品初评,并在 2019 年 4 月 30 日前公布参加全国决赛的作品名单。

(5)全国决赛定于 2019 年 5 月 25 日举行。

(六)评奖

全国决赛设立特等奖和一、二等奖。

(七)经费

(1)组委会筹集经费来源,可以争取社会赞助,也可以适当收取每个参赛队报名费。

(2)组委会可邀请社会各界以协办的身份共同组织竞赛活动。

请各学校认真筹备、组织好全国大学生机械产品数字化设计大赛,做好宣传和发动及选拔工作,积极组织学生参与,并正确理解竞赛的目的,协调好竞赛活动与正常教学秩序之间的关系。

十八、全国大学生英语竞赛

全国大学生英语竞赛(National English Competition for College Students,NECCS)是 1999 年由教育部高教司批准设立,由国际英语外语教师协会中国英语外语教师协会(TEFL China)和高等学校大学外语教学研究会联合主办,英语辅导报社、考试与评价杂志社承办的全国唯一的大学生英语综合能力竞赛。本竞赛是全国性大学英语学科竞赛,旨在贯彻中共中央、国务院《关于深化教育体制机制改革的意见》和中共中央关于提高高校教学质量和推进考试与评价改革的精神,配合教育部高等教育教学水平评估工作,落实教育部关于大学英语教学改革和考试改革精神,促进大学各类英语教学改革的实施,全面提高大学生英语综合运用能力,激发广大大学生学习英语的积极性,鼓励大学英语学习成绩优秀的大学生。此项竞赛活动的开展,既可以全面展示各高校大学英语教学水平和教学改革的成果,又有助于学生夯实和扩展英语基础知识和基本技能,全面提高大学生综合运用英语的能力,推动全国大学各类英语教学质量迈上新台阶。

此项赛事自 1999 年至 2018 年已成功举办 20 届,得到了各省大学外语教学研究会和各高校师生的大力支持,每年全国共有 31 个省(自治区、直辖市)的千余所高校参赛,每年共有 120 余万大学生参加此项赛事。本竞赛内容主要包括大学英语学习阶段应掌握的英语基础知识和读、听、说、写、译五方面的技能,特别是英语综合运用能力。本竞赛每年举办一次,分初赛、决赛及全国总决赛暨夏令营三个阶段。本竞赛的三个阶段均在全国统一时间举行,2019 年竞赛初赛于 2019 年 4 月 14 日举行(9:00~11:00),决赛于 5 月 12 日举行(9:00~11:00),全国总决赛于 2019 年暑期举行。

本竞赛分 A、B、C、D 四个类别,全国各高校的研究生及本、专科所有年级学生均可自愿报名参赛。A 类考试适用于研究生参加;B 类考试适用于英语专业本、专科学生参加;C 类考试适用于非英语专业本科生参加;D 类考试适用于体育类和艺术类的本科生和非英语专业高职高专类学生参加。本竞赛面向全国各高校各类学习英语的大学生,提倡"重在参与"的奥林匹克精神,坚持自愿报名参加的原则。

本竞赛 A、B、C、D 四个类别均设四个国家奖励等级:特等奖、一等奖、二等奖、三等奖。二等奖和三等奖通过初赛产生，特等奖和一等奖通过决赛产生，获奖的学生将获得由竞赛主办方颁发的获奖证书，此外，全国竞赛组委会将在初赛期间向每一位参赛学生颁发统一制作的精美参赛证书。获特等奖的学生名单将在全国大学生英语竞赛官方网站（www.chinaneccs.cn）上公布。

全国大学生英语竞赛是我国目前规模最大、参与人数最多的全国性大学生英语综合能力竞赛，在我国大学英语教学改革不断发展和大学就业日趋严峻的形势下，本竞赛越来越受到各地各高等院校和广大大学生的重视，其参赛成绩和获奖证书已成为高校教育行政部门和教研部门、教师评优、晋升和评职的重要佐证，是学生考研、出国留学、继续深造和优先就业的重要依据。这体现了这项活动的权威性和重要性，因此为更多学生提供参赛机会，将使越来越多的学校和学生获益。

十九、"外研社杯"全国英语辩论赛

"外研社杯"全国英语辩论赛创始于1997年，每年举办一届，是目前国内规模最大、水平最高的英语口语赛事。2019年的第22届"外研社杯"全国大学生英语辩论赛由北京外国语大学、外语教学与研究出版社主办，全国总决赛由北京航空航天大学外国语学院承办。历经二十几年品牌积淀和不懈努力，"外研社杯"英语辩论赛的权威性、规模以及品牌影响力已被全国广大的英语教师及在校大学生所认可，在高校中享有盛誉。二十几年来，已有累计1 000余所高校精心培训选拔优秀人才组队参赛。

1997~2001年，大赛初创时的规模仅限于邀请全国范围内的8~16支高校代表队直接参赛，比赛有幸邀请到时任英国驻华公使夫人、优雅的Lady Appleyard作为主持人。上海交通大学获得首届"外研社杯"冠军。此后的几年内，北京外国语大学、复旦大学和对外经济贸易大学分别夺得冠军殊荣。决赛辩题涉及诸多社会关注热点。

随着比赛名声的迅速扩大，越来越多的学校渴望加入"外研社杯"参赛。地区预赛制度应运而生。每年全国开设6~8个赛区，每个赛区容纳12支队伍报名。如此一来，参赛名额明显增加，极大满足了高校英语学习者的需求也鼓舞了大家的热情。与此同时，外交部、教育部和文化名人也开始关注和出席"外研社杯"的总决赛。

2005年，"外研社杯"大胆向国际化赛制迈出第一步，转制为全美大学生辩论赛的通用模式——美国议会制（American Parliamentary Style，也称AP赛制）。辩题凸显"议会制"本色，紧密贴合当代大学生所关注的时事和政策新闻。外研社经过4年的持续推广和培训，最终使广大英语学习者熟悉了赛制、磨炼了语言、锻炼了思维。由此开始，被"外研社杯"赞助出国参赛的冠、亚、季军队伍，屡屡代表中国在各项国际和洲际辩论赛中获得大奖。

该比赛也同时走上了商业化合作的道路。卡西欧（上海）有限公司、剑桥大学出版社等高端品牌先后成为"外研社杯"的赞助单位。大赛为合作伙伴储备了优秀的人力资源，也将良好的企业形象植根于高校学子心中。

为使"外研社杯"辩论赛与"辩论界的奥林匹克"——世界大学生辩论赛制度接轨，2010年经过大规模的赛前培训，"外研社杯"更上一层楼，采用"四队辩论制"（British Parliamentary style，即BP赛制）这一世界最先进的赛制。至此，比赛的赛制和日程安排真正

实现了国际化,并将长期保持下去。

"外研社杯"继续获得外交部、英国驻华使馆的大力支持。前外交部部长李肇星先生亲临2010年总决赛现场并致辞,肯定了英语辩论在口语学习和思辨能力培养方面的重要性和实用性。广大的英语辩论爱好者极受鼓舞。

这些年来,大赛成为优秀大学毕业生的摇篮。许多"外研社杯"出身的优秀辩手,如今已奋斗在大公司、大企业的一线岗位上。外交部、欧盟商会、《环球时报》、路透社……都能见到辩手的身影。今后,"外研社杯"将更加强调人才储备和培养,继续以社会发展为己任,贡献力量。

二十、"外研社杯"全国英语演讲大赛

"外研社杯"全国英语演讲大赛是由外语教学与研究出版社联合教育部高等学校大学外语教学指导委员会和教育部高等学校英语专业教学指导分委员会共同举办、面向全国高校在校大学生的公益赛事。

"外研社杯"全国英语演讲大赛于2002年创办,在国内外广受关注,已成为全国参赛人数最多、规模最大、水平最高的英语演讲赛事。大赛以高远的立意和创新的理念,汇聚全国优秀学子竞技英语表达与沟通艺术,为全国大学生提供展示外语能力、沟通能力与思辨能力的综合平台。

英语演讲是国家未来发展对高端人才的基本要求,也是高端人才外语能力、思辨能力、交际能力、创新能力和国际竞争力的综合体现。大赛的设置,将以演讲能力的提高为驱动力,全面提升学生的外语综合应用能力。赛题将以国际化人才要求为标准,融入思辨性、拓展性和创造性等关键要素,增强学生的跨文化交际意识,开拓其国际视野,提升其国际素养。

"外研社杯"全国英语演讲大赛覆盖面广,选手代表性强;比赛遵循国际规则,赛程科学,赛制严谨,程序规范;评委专业,评判严格,保证公开、公平、公正;奖项设置合理,师生共赢,奖励丰厚。

二十一、中国大学生物理学术竞赛

中国大学生物理学术竞赛(China Undergraduate Physics Tournament,CUPT),是中国借鉴国际青年物理学家锦标赛(International Young Physicists' Tournament,IYPT)的模式创办的全国赛事,该项活动得到了教育部的支持,并被列入中国物理学会物理教学指导委员会的工作计划。

IYPT的竞赛模式最早是由物理学家尤诺索夫(Evgeny Yunosov)于1979年提出的,最初被莫斯科大学用于选拔优秀学生。IYPT赛题都是贴近实际生活的开放性物理问题,并在竞赛一年前公布,其主要目的是训练学生针对实际物理问题进行合作研究、发表观点和进行辩论的能力,并特别强调团队协作、开放思维和表达能力。自1988年第一届正式比赛在莫斯科举办以来,IYPT吸引了国际上40多个国家与地区的参与。作为当今国际上最有影响力的年度物理学竞赛之一,IYPT又有"物理世界杯"之称。

CUPT是一项以团队对抗为形式的物理竞赛,旨在提高学生综合运用所学知识分析

解决实际物理问题的能力,培养学生的开放性思维能力。比赛题目新颖开放,其中有不少问题源自《科学》、《自然》这样的旗舰综合期刊,以及《物理学评论快报》(PRL)、《现代物理学评论》(RMP)这样的物理学顶级杂志。参赛学生就这些实际物理问题的基本知识、理论分析、实验研究、结果讨论等进行辩论性比赛。不仅可以锻炼学生分析问题、解决问题的能力,培养科研素质,还能培养学生的创新意识、团队合作精神、交流表达能力,使学生的知识、能力和素质全面协调发展,同时注重加强青年学生之间的友谊和交流。这种比赛形式为我国各高校之间进行交流、共同探讨高素质物理人才的培养模式提供了一个很好的平台,本项赛事既可以纳入国家理科基地的能力培养项目,也可以在我国"拔尖学生培养试验珠峰计划"实施过程中起到非常大的推动作用,更为新时期统筹推进世界一流大学、一流学科(双一流)建设和创新型国家建设提供了人才培养方面的有力支持。

CUPT竞赛淡化锦标意识,侧重高校学子间的学术交流。团队之间各抒己见、友好讨论、展示风采、相互学习、共同提高,已成为我国高校物理精英的年度交流盛会。在竞赛发展的过程中,规模的控制、竞赛体制系统的完善、官方网站建设、比赛的公平和公正性,需要积极的探索。

二十二、亚洲区"飞向未来——太空探索创新竞赛"

亚洲地区的"飞向未来——太空探索创新竞赛"由中国宇航学会和海因莱因基金会共同主办。此项竞赛在亚洲地区30岁以下的青年科技工作者和大学生、研究生中开展。目的是为了激发和拓展广大青年科技工作者和青年学生的丰富想象力和创造力,引导和培养创新型人才的成长,发现和挖掘在商业空间活动中与众不同的设想,使未来空间商业活动取得更大的经济效益,造福于人类。

中国宇航学会与美国海茵莱茵基金会于2004年10月~2012年7月在中国举办了一、二、三届"飞向未来——太空探索创新竞赛"活动,中国航天科技集团公司、中国航天科工集团公司、中科院空间科学应用研究中心、哈尔滨工业大学航天学院、西北工业大学航天学院、北京航空航天大学、南京航空航天大学、国防科技大学、上海交通大学、清华大学、北京大学等单位参与了竞赛的组织工作。

竞赛评委由20位来自中国航天科技集团公司、中国空间技术研究院、中国运载火箭技术研究院、中国科学院、《太空探索》杂志、哈尔滨工业大学、北京航空航天大学、西北工业大学、南京航空航天大学、中国科技大学、国防科技大学的专家和教授组成,中国航天科技集团公司高级技术顾问庄逢甘院士、梁思礼院士、崔国良院士分别担任主任和副主任委员。

二十三、"英特尔杯"全国大学生软件创新大赛

为进一步提升大学生创新思维,全面推动软件行业发展,促进软件专业技术人才培养,为国家软件产业输出有创新能力和实践能力的高端人才,提升高校毕业生的就业竞争力,教育部示范性软件学院联盟自2008年开始举办全国大学生软件创新大赛。2018年第十一届"英特尔杯"全国大学生软件创新大赛由北京理工大学承办。

参赛规则:

(1)大赛分为竞赛主流程、在线学习和微信活动，主副流程互不干扰。

(2)竞赛主流程以团队形式参与，服务于从报名到决赛，在线学习及微信活动。副流程以个人形式参与。

(3)在线培训研讨会安排在1月上旬（具体日期参见大赛网站通知）。其他微信活动将在整个大赛过程中持续进行，成绩仅为获取实物奖励之用，不带入竞赛主流程。

(4)竞赛主流程每个参赛队人数为5人（含指导教师1名，指导老师必须为教师），在校本科生、研究生可以混合组队。同一队伍成员须来自同一学校。

(5)邀请赛以37所国家示范性软件学院为主体，每校上限8支队伍；其他受邀高校为辅助，每校上限5支队伍；其余热心参与的院校，无论是否在邀请名单内，每校上限3支队伍；在邀请名单中的高校，若连续两年未有任何团队或个人参与，则从此取消邀请。37国家示范性软件学院、各受邀高校名单参见大赛网站。

(6)每个参赛队伍只能提交一个软件作品。

(7)决赛参赛队伍将前往北京理工大学参加比赛，参赛学生食宿由大赛组委会提供支持。

二十四、全国大学生网络商务创新应用大赛

大赛以真实企业商业问题作为比赛内容，辅以企业资深人士作为企业教官，及业界专家的点评与辅导，让大学生与高校老师在了解企业现实的基础上，与企业共同配合解决实际问题，从而帮助大学生提升职业能力、促进大学生实践就业。大赛还有助于高校与企业间建立长期的实习实践合作关系，从而实现产、学、研相结合的远程实践教学方式。

自2007年以来，全国大学生网络商务创新应用大赛已成功举办了九届。每届大赛均持续7个月的时间，以便让学生充分理解企业的需求、学习使用相关互联网工具为企业解决实际问题。这一创新的形式得到了来自全国高校和行业企业的广泛支持与热烈响应，至第八届大赛结束，已吸引了来自全国总计近100万大学生、上千名高校指导老师、近千名企业教官的积极参与。业界知名企业如中国建设银行连续三届作为大赛主协办单位，中国邮政储蓄银行作为第六届大赛的主协办单位，阿里巴巴、淘宝网、海尔商城、中国制造网、网盛科技、腾讯网、和讯网、CCMEDIA、酷6网、买麦网、西祠胡同、卓越网等知名互联网平台纷纷作为大赛协办单位及出题单位参与赛事。

每届大赛分为初赛、复赛、决赛三个阶段。初赛为学生组队选题、提交策划方案的环节；复赛为学生实施方案的过程；决赛则需要学生面对企业专家和业界专家进行现场陈述。最终根据方案质量、实施成果、陈述水平等综合指标，确定优胜者。优胜选手可以得到参赛企业的实习实践乃至就业机会，并可以得到由中国互联网协会颁发的获奖证书。获胜选手的简历及获奖作品将进入大赛官网的人才简历库，推荐给企业浏览。部分获奖作品还可以被大赛组委会编入《网络商务大赛优秀案例选辑》，出版印刷。

大赛开创了高校与企业合作及大学生远程实践的创新方式，经过几届大赛的成果检验，证明这种创新的方式是行之有效的。据组委会对首届大赛的获奖选手的追踪访谈结果显示：参赛并获奖的团队成员，其实习就业比率达到了46.48%，创业比率达到了7.05%；而担任团队队长的学生，就业率高达75.51%。93.89%的学生对于大赛促进其

与企业交流、提升其职业能力的价值表示非常满意。

通过大赛,企业选拔获奖学生的比例逐届上升。首届大赛结束后,企业在获奖学生中吸纳实习的数量近100名,至第五届大赛结束后,建总行及其38家分行就为207位获奖选手提供了实习实践机会,另有100多位获奖选手陆续得到了海尔商城、和讯、酷6网及淘宝卖家的实习机会。

二十五、全国大学生交通科技大赛

全国大学生交通科技大赛(National Competition of Transport Science and Technology for Undergraduate Students,NACTranS)是在教育部高等学校交通运输类教学指导委员会支持下,由交通工程教学指导分委员会主办的全国性大学生科技竞赛。

宗旨:科学、创新、协同。

目的:以交通运输科学技术问题为载体,培养大学生科学精神和科学素养、发现和解决问题的能力及团队协作精神,促进大学生学术活动开展,加强大学生科技文化交流,促进交通科学和技术的发展。

参赛者应为高等学校在读本科生。

专家委员会由国内外交通工程领域著名专家学者组成。

学术委员会是大赛的决策机构,总人数9人,其中8人由专家委员会委员出任,1人由大赛执行主席出任。学术委员会设主任1人,由大赛主席兼任;设秘书长1人,由大赛秘书长兼任。原则上同一单位不得有2人以上出任该委员会成员。

仲裁委员会是大赛争议事项的仲裁机构,总人数5人。设主任1人,由交通工程教学指导分委员会副主任委员出任;其他成员由专家委员会成员和大赛承办单位推荐1人组成。原则上同一单位不得有2人及以上出任该委员会成员。

执行委员会负责大赛的事务性工作。其成员由大赛主席、副主席、执行主席、秘书长及大赛承办单位工作组成员共同组成。

大赛主办者负责大赛网站的建设和维护、积累历届大赛资料、及时发布大赛相关信息。大赛网站网址:www.NACTranS.com.cn。

大赛承办单位:由申办高等学校向大赛学术委员会提出申请,经学术委员会讨论后决定。原则上同一单位不应连续承办两届大赛。

大赛承办单位可在不以盈利为目的的前提下,接受协办或赞助。大赛承办单位应及时向大赛学术委员会通报协办或赞助单位情况。

大赛承办单位应在提出承办申请时,向大赛学术委员会提出大赛主题,获得大赛学术委员会批准后,及时向社会公布。

大赛只接受以参赛单位名义推荐的作品,不接受个人的参赛申请。每一参赛单位推荐的作品数量不超过3件,大赛承办单位的推荐作品数量不超过4件。

参赛作品选题可为交通运输规划、设计、管理、控制及服务类作品或学术研究成果,并符合大赛主题。

进入决赛的作品数量应不超过推荐作品总数的70%,且总数应不超过80件。

大赛设一等奖、二等奖、三等奖和优秀作品奖。各等奖项数量占决赛作品总数的比例分别为:一等奖10%左右,二等奖30%左右,三等奖40%左右,其余为优秀作品奖。

大赛设特等奖一项。特等奖通过复赛的形式从一等奖中产生,获得特等奖的作品自动失去一等奖资格,其他获奖作品的获奖等级不受其影响。特等奖可以空缺。

参赛作品评审方法:(1)初评阶段评审:由大赛执委会从专家委员会中选取评审专家采用双向匿名的方式通讯评审,每件作品应有3~5位专家的评审意见。(2)决赛阶段评审:采用现场公开答辩方式进行。分组举行时,各答辩小组的评委数量5~7人。同一答辩小组内不得有二人来自同一单位的专家担任评委。(3)复赛阶段评审:采用现场公开答辩方式进行,由全体参加决赛阶段的评委无记名投票表决,得票数量超过总票数三分之二及以上的作品入选特等奖。(4)以上各阶段中,专家对有利害关系的参赛作品实行回避制。

获奖作品当场予以公示,并在大赛网站上同步公示。

二十六、全国大学生混凝土材料设计大赛

全国大学生混凝土材料设计大赛是由中国混凝土与水泥制品协会(CCPA)教育与人力资源委员会、全国高等学校建筑材料学科研究会发起主办的、面向全国高校无机非金属材料与土木工程专业大学生的一项科技竞赛活动,每两年举办一次。大赛将设立组织委员会、顾问委员会、技术委员会、裁判委员会,以保障大赛高水平、高效、公平、顺利地进行,大赛期间将邀请行业资深专家和学者进行学术专题报告。

(一)大赛内容和形式

本次大赛设计主题是:C35大流态混凝土,采用机制砂,以有利于混凝土耐久性为原则,并考虑工程应用环境和经济性。

本次大赛内容由理论考试和实践操作两部分组成。理论考试成绩占总成绩的40%,实践操作(含配合比设计)比赛成绩占总成绩的60%。

理论知识部分采用闭卷笔试形式,每支参赛队伍的全体队员(3名)均须参加理论考试。参赛队伍的理论成绩是该参赛队伍全体队员理论考试成绩的平均值。笔试内容涉及混凝土原材料性能、混凝土配合比设计、新拌混凝土性能、硬化混凝土性能、高性能混凝土、新型混凝土(自密实混凝土、纤维增强混凝土等)性能。题型为单项选择题、多项选择题和简答题。理论考试大纲将在后续大赛通知中发布。

实践操作比赛成绩依据参数队伍的混凝土配合比设计、操作技能、现场拌合物的性能予以评判。混凝土配合比设计环节重点考察参赛队伍设计方案的合理性、经济性和适用性;操作技能环节重点考察参赛选手操作规范性、熟练程度及现场配合比调整的应变能力;拌合物性能评价环节重点参赛队伍所得新拌混凝土工作性期望结果之间的匹配程度、对测试结果整理的规范性、分析的严谨性和科学性。

(二)参赛者资格

全国高校全日制本科生(含2018年毕业生)均可报名参赛,每个学校参赛队伍不超过2支,同一学校的2支参赛队配合比应有明显不同,体现不同的设计思路。每个参赛队由3名学生组成,提倡参赛学生跨专业、跨年级组队,报名时核实参赛队员的学生证或毕

业证。

(三) 奖项

大赛设置奖项和奖金,以奖励优秀参赛队伍。

二十七、"AB 杯"全国大学生自动化系统应用大赛

"AB 杯"全国大学生自动化系统应用大赛是由教育部高等学校自动化类专业教学指导委员会主办,罗克韦尔自动化(中国)有限公司和上海交通大学共同承办,参数技术软件公司(PTC)协办的自动化应用领域的创新型竞赛。

(一) 竞赛宗旨与目的

"AB 杯"是由教育部高等学校自动化类教学指导委员会发起成立的"中国自动化专业校企联盟"首批成员之一罗克韦尔自动化(中国)有限公司设立,并得到教育部高等学校自动化类教学指导委员会大力支持和授权承办的全国性大学生自动化系统应用大赛。前六届竞赛决赛分别于 2012 年、2013 年、2014 年、2016 年、2017 年、2018 年在浙江大学和上海交通大学成功举行。竞赛以贯彻落实教育部关于加强实践教育、培育卓越工程师的教改精神为宗旨,以激发广大大学生学习工程技术的兴趣、促进其创新意识和工程实践能力的全面提高为目的,鼓励受邀高校成绩优秀的在校全日制大学生在教师的指导下参赛。

大赛以参数技术软件公司(PTC)旗下的工业物联网技术平台(ThingWorx)和罗克韦尔自动化公司旗下的工业以太网、集成运动控制和中小型控制系统为核心平台和参数技术软件公司(PTC)旗下的工业物联网技术平台(ThingWorx),以学生实际动手操作和自主研究、探讨工业物联网应用为竞赛形式,考核学生的自主研究、系统设计、实际操作、分析调试能力,鼓励学生探索和解决工业物联网应用中的实际问题,以高效运营为优化目标,融合制造业中的信息技术和运营技术,开展针对性的工业物联网应用设计与实践。竞赛还有助于强化全国高校自动化专业之间的交流,促进高校自动化专业与企业的合作。

(二) 组织领导

"AB 杯"全国大学生自动化系统应用大赛是由教育部高等学校自动化类教学指导委员会主办,罗克韦尔自动化(中国)有限公司和上海交通大学共同承办,参数技术软件公司(PTC)协办。

竞赛设立组织委员会(以下简称组委会),由主办方和各承办方代表组成,负责制定赛事标准,确定工作流程,决定竞赛结果。大赛成立专家组,在教指委、中国自动化学会及罗克韦尔自动化公司的支持下,邀请控制学科领域相关学者和企业专家出任,负责竞赛命题与评审工作。大赛秘书处设在罗克韦尔自动化(中国)有限公司大学项目部,负责落实各项赛事工作。

(三) 参赛对象

以受邀请的普通高等学校为参赛单位。

每队由 1 名领队教师和 2 名全日制在校生组成(本科院校需至少包含 1 名本科生)。每所学校最多可以有 3 支队伍报名参赛。

请各参赛校成立本项竞赛领导小组,为本校学生组队、报名、赛前准备、赛后总结等参

赛事宜提供组织保障。

(四)竞赛命题

大赛以参数技术软件公司(PTC)旗下的工业物联网技术平台(ThingWorx)和罗克韦尔自动化公司旗下的工业以太网、集成运动控制和中小型控制系统为核心平台,初赛由参赛选手自行选择工业物联网应用场景,研究和探讨工业物联网应用的解决方案,接受专家的质询和打分评价。决赛将要求参赛选手在规定的时间内,按照规定的工业物联网应用场景,完成指定任务,评审团将以完成效果为评判标准进行集中评审。

大赛的总成绩将由初赛成绩和决赛成绩组成,其中,初赛成绩占30%,决赛成绩占70%。

(五)奖励办法

(1)初赛:设优胜奖若干(由成绩合格、未入围决赛的参赛队获得)。

(2)决赛:设特等奖、一等奖、二等奖、三等奖(均为团队)4个类项。获奖团队、指导教师和队员分别获得组委会颁发的获奖证书和荣誉证书,所在学校获得奖状。

二十八、全国大学生光电设计竞赛

全国大学生光电设计竞赛由中国光学学会主办,竞赛旨在促进光电知识的普及,加强对大学生实践、创新能力和团队精神的锻炼与培养,促进高等教育改革。该竞赛是由中国光学学会、教育部高等学校光电信息科学与工程专业教学指导分委员会主办的一项全国性重要赛事,是高校光电类专业的顶级赛事。

全国大学生光电设计竞赛比赛规则:

(1)参赛学生应为当年暑假前在校的全日制本科生、留学生及研究生。鼓励学生跨校、跨专业、跨学科组合参赛,每支参赛队由3名学生组成,其中至少包括2名本科生,每名学生只能参加一支参赛队。

(2)竞赛分为理论方案设计和实物(模型)制作两个阶段。评委对理论方案设计进行评审、答辩。外地学生可通过网络进行答辩。

(3)理论方案评审将选取20个优秀理论设计方案,由竞赛组织委员会提供模型制作的资助,每个方案资助0.5万元。

(4)不参加理论方案评审的参赛者可直接参加实物竞赛,但不提供模型制作资助。

(5)在竞赛结束后,获资助制作的模型将由中国光学科学技术馆收藏、保管;获奖作品将在中国光学科学技术馆展出;参赛作品的视频、摄影资料将被收入光盘,由各高校竞赛组织机构收藏。

(6)竞赛各阶段详细安排和要求请参照后继通知。

二十九、全国大学生物联网设计竞赛

全国大学生物联网设计竞赛(以下简称"物联网设计竞赛")是由教育部高等学校计算机类专业教学指导委员会主办的物联网领域唯一的学科竞赛,其宗旨是促进国内物联网相关专业人才培养体系的建设,以物联网行业项目和创新产品为导向激发学生的创造、创新、创业活力,推动创新创业教育的开展,助力"大众创业,万众创新"支撑平台的建设,进一步促进国内物联网相关专业建设,为社会各行业培养更多急需的物联网技术及应用优秀人才。

全国大学生物联网设计竞赛从2014年创办以来已经连续成功举办5届,参赛的各类学校超过800所,累计参赛师生近40 000人次,已经成为国内本领域最具规模和影响力的学科竞赛,对国内物联网相关专业建设和人才培养起到了极大的促进作用。

三十、中国(国际)传感器创新创业大赛

"中国(国际)传感器创新创业大赛"是由中国仪器仪表学会、教育部高等学校仪器类专业教学指导委员会主办的重要赛事,是中国创新创业成果交易会会后项目的重要活动。由教育部、工信部、科技部、国家自然科学基金委、中国科协、中国工程院、中国科学院、团中央、发改委等支持,主办单位为中国仪器仪表学会、教育部高等学校仪器类专业教学指导委员会。中国(国际)传感器创新创业大赛采用分区域预赛的形式,其中华南赛区(广东、广西、海南、福建、香港、澳门、台湾)将由广东省测量控制技术与装备应用促进会承办,广州仪器仪表学会、广东省智能仪器仪表与测控技术产业技术创新联盟、广州市仪器仪表与智能测控产学研技术创新联盟、广东省科协智能测控装备学会联合体、广州市智能测控装备学会联合体等协办。

大赛的主要宗旨是为各高校、科研院所、企业提供展示自己作品与研究成果的机会,架起高校师生理论研究与企业实际应用之间的桥梁,开阔传感器方面的科研工作者和企业研发思路,促进我国传感器领域的学科建设、科学科研及实际应用的发展。

(一)大赛目的

(1)服务建设创新型国家的战略,推动仪器仪表及传感器技术创新和行业发展。

(2)倡导创新思维,鼓励原创、首创精神,促进创新型人才培养。

(3)面向战略性新兴产业发展的需要,促进科技协同创新,实现研究成果与产业升级转型的融合。

(二)参赛要求

(1)作品须具有原创性、前沿性。

(2)作品要与传感器基础理论、实现方法、设计理念和工程应用相关,具有实际意义和应用前景。

(3)参赛人员:华南赛区(广东、广西、海南、福建、香港、澳门、台湾)高校、科研院所和企业等单位的科研或工程技术人员、在校研究生和大学生等。

(三)大赛设"创新设想类""创新设计类"和"创新应用类"三类,以自由命题方式进行比赛

1. 创新设想类

(1)作品要求:提交在传感器原理、技术、设计方面的创新想法、理念、模型等,要求对所提创新设想进行理论分析或仿真验证,能对实际工程设计有所启发。

(2)范围说明:创新设想类包括新型和传统的所有传感原理。重在对传感机理的探

索(如创新想法、理念、模型等),以机理创新和可行性分析为评判依据,较适合高校师生参与。

(3)提交方式:以文本形式(建议以论文形式)提交,各作品必须有作品的详细、完整的技术说明,以保证技术的先进性、科学性。

2. 创新设计类

(1)作品要求:提交各类传感器的创新设计方案,要求做出能验证设计目标的实物样机。

(2)范围说明:包括物理量、化学量和生物量等所有传感量。重在对传感器技术性能指标或功能的创新设计和实现,以传感器指标或功能先进性和测试结果作为评判依据,较适合研究院所和企业技术人员参与。

(3)提交方式:以视频(展示对产品或样机进行测量的全过程)和文本形式(建议以论文形式)提交,进入决赛须有实物展示。各作品必须有作品的详细、完整的技术说明,以保证技术的先进性、科学性,同时必须提供所使用的相关测量仪器的型号,以及对产品或样机进行测试验证的测量数据(最好附屏幕截屏),作为其技术特性真实性的佐证。

3. 创新应用类

(1)作品要求:提交面向实际应用的系统集成创新解决方案,要求体现出仿真或实际验证系统设计目标实现的量化程度。

(2)范围说明:创新应用类包括工业(连续、离散)、非工业等所有应用领域,如分析仪器、物理性能测试仪器、计量仪器、电子测量仪器、海洋仪器、地球探测仪器、大气探测仪器、天文仪器、医学科研仪器、核仪器、特种检测仪器、工艺实验设备、计算机及其配套设备、激光器、光学仪器、自动化仪表等。重在传感系统创新应用,特别是对国民经济发展有重大推进作用的,以创新解决应用难点或开拓新应用领域并取得社会经济效益作为主要评判依据,较适合研究院所和企业技术人员参与。

(3)提交方式:以视频(展示对产品或样机进行测量的全过程)和文本(建议以论文形式)形式提交,进入决赛须有实物或半实物模型展示。各作品必须有作品的详细、完整的技术说明,以保证技术的先进性、科学性,同时必须提供所使用的相关测量仪器的型号,以及对产品或样机进行测试验证的测量数据(最好附屏幕截屏),作为其技术特性真实性的佐证。

三十一、全国虚拟仪器大赛

全国虚拟仪器大赛(VIContest)始于2011年,每两年举办一次,由中国仪器仪表学会、教育部高等学校仪器科学与技术教学指导委员会(简称"教指委")主办,美国国家仪器(NI)有限公司协办,已成为全国工科类院校公认的虚拟仪器领域最权威、最具影响力的大学生科技创新竞赛。

为了培养高校在校生的科学兴趣、锻炼其综合素质、展现其创新能力;推动高校学生课外科技活动向更广和更深的层次发展;构建高校、行业协会和企业共同支持的拔尖创新人才培养的有效载体和卓越工程师培养平台,中国仪器仪表学会、教育部高等学校仪器科学与技术教学指导委员会(简称"教指委")将定期主办"全国虚拟仪器设计大赛"。自启动以来,大赛受到了国家相关部门、各大高校以及行业内人士的广泛支持与关注。大赛分为软件组和综合组,其中综合组根据使用硬件平台的不同又分为基于PC的虚拟仪器数据采集平台组、模块化的PXI平台组和嵌入式测控平台组3类。

全国虚拟仪器大赛(VIContest)原则上面向全国高等学校(包括港、澳地区的高校)。竞赛先在各个分赛区进行报名、预赛,各分赛区的优胜队将参加全国总决赛。每个学校可根据竞赛规则选报不同组别的参赛队伍。每届比赛根据参赛队伍和队员情况,设置特等奖、一等奖、二等奖和三等奖等不同奖项,获奖队伍将被推荐参加全球图形化系统学生设计大赛,并有机会赴美参加NIWeek展示获奖作品。

全国虚拟仪器大赛一般在每年的7月份发布次年竞赛的命题和评比标准,并开始接受报名,于次年的7月份进行全国总决赛。

三十二、国际基因工程机器竞赛(iGEM)

国际基因工程机器大赛(International Genetically Engineered Machine Competition),即iGEM,创始于2003年,每年由美国麻省理工学院(Massachusetts Institute of Technology, MIT)主办,是合成生物学领域的国际性学术竞赛。

国际基因工程机器大赛在创始之初,参赛对象主要为在校本科生,后逐渐扩大到研究生及高中生。涵盖多学科的iGEM团队需要利用标准生物模块(Biobricks)来构建基因回路、建立有效的数学模型,实现对精致复杂人工生物系统(Artificial Biosystem)的预测、操纵和测量以完成比赛。

国际基因工程机器大赛的长远目标是希望通过学术竞赛的模式:

(1)实现生物学的系统化、工程化。

(2)促进生物工具的开源化、透明化发展。

(3)帮助构建一个可以安全、有效地应用生物技术的工程体系。

合成生物学试图重新设计现有的天然的生物系统,或是设计和构建人工生物组件和系统,其目的在于通过了解天然生物体系的运作机理来创造全新的生物体系。合成生物学是近年来生命科学领域的新兴方向,其目标是通过重组现有的基于DNA序列的功能组件,如调控序列,RNA,蛋白质等,实现对生命科学研究或对生产生活有意义的新的菌种。这个方向直接搭建起了基础生物研究和生产生活实践之间的桥梁,有些成果甚至直接转化成产品,因此同时受到了学术界和工业界的关注。

国际基因工程机器大赛期望通过竞赛的形式,回答合成生物学中的核心问题——能否在活细胞中使用可互换的标准化组件构建简单的生物系统,并且加以操纵。每支队伍尝试使用标准化后的生物模块元件库,利用标准化的基因工程方法,以特定目的拼装人工生物系统,并进行操纵和测量。

近年来,iGEM竞赛发展迅猛、规模不断扩大。2015年9月,共有来自5大洲的280支队伍、5 018名学生齐聚波士顿参与比赛角逐;参赛队伍包括麻省理工学院、哈佛大学、耶鲁大学、剑桥大学、牛津大学、斯坦福大学、帝国理工学院、海德堡大学、加州大学伯克利分校等世界顶尖学府的代表队;其中亚洲赛区的队伍达到了57支,北京大学、清华大学、中国科技大学、上海科技大学、浙江大学、复旦大学、上海交通大学、中山大学等国内知名高校均组队参赛。

国际基因工程机器大赛要求学生自主选题,利用课余时间合作完成相应的实验工作,充分锻炼了学生的独立学术能力和团队协作能力,同时也培养了学生对于科学的热情;参赛队伍可将研究所取得的有用成果提交给麻省理工学院的竞赛组委会,供全球的科学家共享;同时该项竞赛为不同国家、不同专业的大学生提供了一个相互交流的国际舞台。

比赛分研究生组、本科生组、高中组3个组别,按照参赛队伍项目领域,分医学健康类、测量类、环境类、软件类等多个类别,分别评出金牌、银牌、铜牌;同时设立单项奖、各类别最佳项目奖,包括最佳建模奖、最佳新生物模块奖等。从获金牌的队伍决出最后入围的最终名单,评出冠军、亚军、季军。

三十三、全国口译大赛(英语)

全国口译大赛(英语)是由中国翻译协会主办的展现全国在校大学生英语口译应用能力的赛事活动。前5届的承办方为中译语通科技(北京)有限公司。从2017年开始,全国的总承办单位为北京中译天凯教育咨询有限公司。口译是外语应用领域最具挑战性的技能之一,口译大赛则对选手提出了极高的要求,不仅是英语应用能力的表现,同时也是对口译技巧和应变能力的考察,因此口译大赛具有很强的学术性、观赏性和挑战性。

全国口译大赛以其自始至终的权威性、公正性、媒体透明度和公信力承载着各方关注,同时也吸引了来自全国各地高校的大批英语爱好者。

大赛将秉承优良传统,严格标准,从职业素养、技巧运用、信息传达等多方面考察参赛选手的综合水平,在选拔优秀选手的同时也让全社会了解口译行业。

本届赛事在往届专业赛事的基础上增加了娱乐性和互动性,将选手安排到口译应用的实际场景中,使选手更全面地展示自身的专业素质和应变能力。

第十节 哈工大在中国高校学科竞赛评估中位居前列

在中国高等教育学会发布的2014~2018年中国高校创新人才培养暨学科竞赛评估结果中,哈工大以竞赛获奖数量403项、获奖总分99.14分,位居全国高校前列。

"高校竞赛评估与管理体系研究"项目自2017年2月启动,是我国第一个专注创新人才培养暨学科竞赛成果的排行榜。遵循公平、公正、公开,引导性,可操作性,分类和成果导向原则,从竞赛贡献和组织贡献两个方面开展评估。竞赛贡献涵盖"竞赛项目等级""竞赛项目形式""竞赛项目历史"和"竞赛项目奖项数量"4个维度;组织贡献涵盖"竞赛秘书处""竞赛承办单位""优秀组织单位"和"优秀指导教师"4个维度。该评估因能比较全面反映大学的本科生创新实践能力及培养水平,受到众多国内高校的重视。

近年来,学校不断加大学科竞赛经费投入,通过设立并不断完善创新创业学分、竞赛保研推免加分、评选优秀双创指导教师等系列措施,激励师生投身竞赛实践,实现以赛促教,以赛促学,以赛促创。自该项目开展以来共发布了3次学科竞赛评估结果,哈工大排名不断提高,进步显著。

2014~2018年全国普通高等学校学科竞赛评估结果(本科)TOP 20见表5.1。

表5.1 2014~2018年全国普通高等学校学科竞赛评估结果(本科)TOP 20

排名	学校名称	奖项次数	总分	省份
1	浙江大学	308	100	浙江省
2	哈尔滨工业大学	403	99.14	黑龙江省
3	武汉大学	429	98.33	湖北省
4	电子科技大学	281	97.77	四川省
5	上海交通大学	275	96.91	上海市
6	清华大学	250	95.95	北京市
7	山东大学	397	95.95	山东省
8	西安交通大学	286	94.76	陕西省
9	东北大学	412	94.66	辽宁省
10	华中科技大学	273	94.42	湖北省
11	东南大学	292	93.17	江苏省
12	西南交通大学	338	93.09	四川省
13	杭州电子科技大学	261	91.94	浙江省
14	北京航空航天大学	244	91.73	北京市
15	华南理工大学	282	91.1	广东省
16	武汉理工大学	369	90.79	湖北省
17	复旦大学	205	90.78	上海市
18	吉林大学	395	90.54	吉林省
19	浙江工业大学	286	89.96	浙江省
20	厦门大学	277	89.55	福建省

哈工大历届学科竞赛评估排行榜成绩见表5.2。

2018年哈工大学子在中国"互联网+"大学生创新创业大赛、ACM国际大学生程序设计竞赛、美国大学生数学建模竞赛、全国大学生节能减排社会实践与科技竞赛等数十项国际、国内重大赛事上展现风采。

表5.2 哈工大历届学科竞赛评估排行榜成绩

评估年度	奖项数量	获奖总分	全国排名
2014~2018年	403	99.14	第二
2013~2017年	356	97.94	第四
2012~2016年	317	96.27	第六

2018年哈工大学科竞赛获奖情况如下。

(1)第四届中国"互联网+"大学生创新创业大赛(教育部主办):获金奖2项、银奖1

项、铜奖 1 项。

(2) 2018 年"创青春"全国大学生创业大赛(团中央主办):获银奖 1 项、铜奖 3 项。

(3) 第十一届全国大学生创新创业训练计划年会(教育部主办):获全部 3 个类别的 4 项最佳,居全国第一。

(4) 第九届全国大学生物理学术竞赛:蝉联冠军,连续 5 年获特等奖,4 次全国第一。

(5) ICRA 2018 DJI RoboMaster 人工智能挑战赛:世界总冠军。

(6) 第十一届全国大学生节能减排社会实践与科技竞赛:获一等奖 6 项、二等奖 5 项、三等奖 2 项,决赛获奖数量全国第一。

(7) 第十一届全国大学生先进成图技术与产品信息建模创新大赛:获一等奖 28 项、二等奖 12 项、三等奖 2 项,连续 7 年第一。

(8) 2018 年全国大学生可持续建筑设计竞赛:获特等奖 1 项、一等奖 1 项、二等奖 2 项、三等奖 5 项,全国总冠军。

(9) 第十三届全国大学生智能汽车竞赛:获特等奖 1 项、一等奖 2 项、二等奖 3 项,获奖数量全国第一。

(10) 第四十三届 ACM 国际大学生程序设计竞赛(亚洲区赛):获一等奖 3 项、二等奖 6 项、三等奖 5 项,第四次入围世界总决赛。

(11) 2018 国际大学生航天器创新设计大赛:获一等奖 1 项、二等奖 1 项,总分及获奖数量全国第一。

(12) 第六届"AB 杯"全国大学生自动化系统应用大赛:获特等奖 1 项、一等奖 1 项,综合排名第一。

(13) 第十七届全国大学生机器人大赛(RoboMaster):获特等奖 2 项、一等奖 1 项,全国第四名。

(14) 第十七届全国大学生机器人大赛机器人创业赛:获一等奖 2 项、二等奖 2 项,总分全国第一。

(15) 第十三届科研类全国航空航天模型锦标赛:获一等奖 2 项、二等奖 3 项、三等奖 4 项,获奖数量全国第四。

(16) 第十二届全国大学生结构设计竞赛:获一等奖 1 项,连续 3 年获得一等奖。

(17) 第十届全国大学生网络商务创新应用大赛:获特等奖 3 项、一等奖 3 项,连续 3 年获得特等奖。

(18) 第五届全国大学生物联网设计竞赛(TI 杯):获一等奖 3 项、二等奖 1 项,一等奖数量全国第一,两次获最高奖 TI 杯。

(19) 2018 年美国大学生数学建模竞赛:获特等奖 1 项、一等奖 18 项、二等奖 54 项。

(20) 2018 年全国大学生数学建模竞赛:获一等奖 3 项、二等奖 3 项。

(21) 第九届全国大学生数学竞赛:获一等奖 2 项、二等奖 3 项、三等奖 2 项。

(22) 第八届全国大学生机械创新设计大赛:获一等奖 3 项、二等奖 5 项。

(23) 第十一届全国三维数字化创新设计大赛(3D 大赛):获一等奖 1 项。

(24) 第十一届全国大学生信息安全竞赛:获一等奖 1 项、二等奖 4 项、三等奖 4 项,学校获最佳组织奖。

(25)第十二届同济大学国际建造节:全国第四名。

(26)2018年中国大学生材料热处理知识与技能大赛:获一等奖4项、二等奖3项。

(27)2018全国大学生英语竞赛(NECC):获特等奖8项、一等奖10项、二等奖50项、三等奖83项。

(28)中国"好学生"英语大赛:获一等奖1项、二等奖1项、三等奖2项,大学组全国总冠军。

哈工大高度重视创新创业教育,坚持以学科竞赛为抓手,提升学生双创意识和能力,并从基地、课程、师资、经费等方面积极为学生创造双创平台和条件。截至目前,已建设21个校内大学生创新创业教育实践基地,开设各类创新创业课程600余门,包括创新研修、创新实验和新生研讨3类特色创新课程;创新指导、创业指导、竞赛指导和团队建设4类创新创业指导课程。

学校十分重视创新创业教育师资队伍建设,从2011年至今,已评选出4批56名(人次)创新创业教育活动优秀指导教师(两年一次),并结合教师节或"教学节"进行了隆重表彰。近年来,学校教师投身创新创业交流与公益服务,积极担任教育部创新创业教育指导委员会委员、中国高校创新创业教育中心学术委员会委员、特聘专家组专家,全国大学生创新创业实践联盟及"国创计划"专家协作组专家成员。师资队伍中有7人被评为高等学校创业教育工作先进个人,25人入选教育部"全国万名优秀创新创业导师人才库"。学校有一大批教师自觉投入创新创业教育,自发开设专创融合的双创课程及集训营,激发了学生的创新活力,双创氛围浓厚。

哈工大坚持"基于项目的学习计划"及"大创计划"项目全覆盖,鼓励学生参加"互联网+""挑战杯"等各级各类双创竞赛。哈工大坚持以高水平的实验实践平台满足学生创新创业实训需求,以文化引领、组织管理、导师扶助、政策驱动等强化人、财、物、地等的保障,大力培养学生的创新精神、创业意识、创新创业能力及工程实践能力,不断完善4年不间断的创新创业实践体系,逐渐形成了"做中学"的特色与优势,成为哈工大推进教育教学改革的重要突破点。

第六章 创业认知

创业教育作为大学生专业知识教育的一种延伸,是素质教育、创新教育的深化和发展。它旨在培养学生的创业意识、创业思维、创业素质和创业能力,为他们的创业成功打下坚实的基础。

第一节 创业的基本含义

一、创业概念

"创业"就是开创事业或积累财富的过程。所谓"创",可以理解为创办、创新、创建。创是由"仓"和"刂(立刀)"组成,用刀砍东西,在没有裂口的地方砍出伤口即为创。这样,就有了创造、首创、开始、开拓、创新等前所未有的意思。创,还有一层意思,那就是"仓",是囤积粮食的地方,加上一个"立刀",即用刀将成熟的庄稼割下,然后储存起来,所以,创又含有收获、积累、储藏的意味。而"业"就是指事业,也可以理解为职业、行业、学业等。在现实生活中,创业,首先被看作是一种穷则思变的行动。《左传·宣公十二年》中,用"筚路蓝缕,以启山林"(驾着柴车,穿着破衣,去开发荒山野林)来描述楚人的祖先俭朴的创业生活。其次,创业被看作是前人为后辈开创事业的基础。《孟子·梁惠王》载:"君子创业垂统,为可继也"(有德者创立基业,为的是传给子孙,让后代继续干下去)。再者,创业也被看作是创新,是一种从头开始的事业。《贞观政要·论君道》记载:"太宗谓侍臣曰:'帝王之业,草创与守成孰难?'"(开创帝业与守住帝业,哪一个比较难?)因此,创业可以解释为是人们为了改变现状和子孙后代的幸福而进行的创造性活动。

从范围来讲,创业有广义和狭义之分。广义的创业指创造新的事业的过程。换句话说,所有主动的、带有一定风险性质的、重新配置并运用社会资源进行社会实践的主体活动,都可以称之为创业。无论是创建新企业还是"岗位"创业,都离不开事业。事业是指个人追求与社会价值相统一的形式。创业主体既包括营利性组织,也包括非营利性组织;既包括官方设置的部门和机构,也不排斥非政府组织;既包括大型的事业,也涵盖小规模的事业,甚至是"家业"和"学业"。

狭义的创业主要是指个人或团体依法登记设立企业,以营利为目的从事有偿经营(生产、加工、销售、服务、分销或组合)的商业活动。我们通常所说的大学生自主创业就是指大学生毕业后不通过传统的就业渠道谋取职业发展,而是利用自己的知识、才能和技术,以自筹资金、技术入股、寻求合作等方式开办自己的企业,从而既为自己、为社会创造财富,同时也为更多的人创造就业机会的过程。

本书从狭义的角度对创业的概念进行界定,主要是指为了创建新企业而进行的以创造价值为目的、以创新方式将各种经济要素综合起来,使其发挥最大效益的一种有目的的经济活动。同时,将从广义的角度着重对大学生进行创业素质的培养训练,最终使大学生具有一定的创业能力和知识,为未来的成功创业打下坚实的基础。

二、基本要素

管理学理论认为,企业可以看作是一个由人的体系、物的体系、社会体系和组织体系组成的协作体系,因此人的因素、物的因素、社会因素和组织因素就构成了创业的要素。

(一) 人的因素

人是创业活动的主体。而人的因素又包括以下内容。

1. 创业者

创业者可以是一个人,也可以是一个团队。

2. 企业内部的人际关系

人在社会上不是孤立的个体,而是生活在与他人的关系中,需要与他人互相支撑。创业过程中人的因素除了创业者外,还包括企业内部的人际关系。

3. 企业外部的人际关系

企业不是一个封闭的体系,而是一个开放的系统,它与外部的供应商、客户、当地政府和社区发生着相互的联系。所以,创业过程中人的因素还包括企业外部的人际关系。

(二) 物的因素

一个生产性的企业需要原料、设备、工具、厂房以及运输工具等,然后制造出产品。创业过程中物的因素主要包括以下几个。

1. 资金

新创企业首先需要注册资金,同时技术(或专利)、生产设备、原材料的购买及人员的招募等也需要大量的资金。

2. 技术

新创企业中,产品技术含量的提高已经成为一个趋势。从硅谷到中关村,在新创企业推出的产品中,高技术产品所占的比例越来越高。

3. 原材料和产品

对生产型企业而言,创业过程中包括原材料和产品。对于从事其他事业的企业来说,同样存在一个由投入到产出的过程。

4. 生产手段

生产手段包括设备、工艺以及相关人员。

(三) 社会因素

社会因素也是协作体系的一个重要组成部分。企业中的社会因素包括两个方面的含义。

1. 社会对创业活动的认可

创业活动必须得到社会的认可。因为创业是一个高风险、高回报的活动,如果得不到社会的认可,创业活动就不可能顺利进行。

2. 所创造的事业符合社会发展的要求

企业存在的价值在于它能够为社会提供某种产品或服务,事业是企业成立和生存的根本。

(四)组织因素

组织因素是协作体系的核心,只有通过组织的作用才能创造出新的价值,人是所有管理因素中唯一具有能动性的资源,但是这种能动性要通过组织来实现。具体到创业活动中,组织因素具有以下功能。

1. 正确决策

决策包括对创业目的的规定,也包括对目的实现手段的决定。它决定着创业活动的方向。

2. 创建组织

创业通常是由一个团队来进行的,因此需要对团队进行组织和管理。通过分工与协作,有条理地完成创业的相关活动。创建组织包括组织结构的构建和沟通体系的形成。

3. 加强领导

创业者在创建企业的过程中,需要扮演多个不同的角色,承担不同的职能,其中,领导的作用无疑是最重要的。因为它能够创造新的价值。只有这样才能维持协作体系的内部和外部的均衡。

4. 激励员工

创业需要最大限度地发挥现有的人力资源的作用。为此,我们必须以科学的人才观为指导,创新人才管理制度与机制,努力激发员工的潜能与活力,充分调动人的积极性,增强创业团队的凝聚力。

曾有一位美国学者将创业的要素归纳为 9 个"F",并命名为"成功企业的 9F 要素"。这些要素分别是:创办人(Founders),抓住重点(Focus),决策迅速(Fast),机动灵活(Flexible),不断创新(Forever Innovating),精简机构(Fiat),精打细算(Frugal),待人友好(Friendly),充满乐趣(Fun)。

第二节 创业的历史动因

心理学研究表明:需要产生动机,动机导致行为。人们的创业冲动是在各种需要的刺激下产生的,这种需要驱使他们成为创业者,而这种需要及其变化与马斯洛需求层次理论非常吻合。

美国人文主义心理学家马斯洛(A. Maslow)在 1943 年出版的《人的动机理论》一书中首次提出人的需要分为 5 个层次。1954 年以后,他又对该理论和个性问题做了进一步阐述,提出人的需要分为 7 个层次,即生理的需要、安全的需要、社交的需要、尊重的需要、求知的需要、求美的需要和自我实现的需要。

第一层是生理的需要。任何动物都有这种需要,但不同的动物,起始需要的表现形式是不同的。就人类而言,人们为了能够继续生存,首先必须满足基本的生活要求,如衣、食、住、行等。马斯洛认为,这是人类最基本的需要。人类的这些需要得不到满足就无法生存,也就谈不上其他需要。

第二层是安全的需要。在基本生活条件具备以后,人们就开始追求安全的需要。这种需要又可以分为两小类:一类是对现在的安全需要,另一类是对将来的安全需要。对现在的安全需要,就是要求自己现在社会生活的各个方面均能有所保障,如就业安全、生产过程中的劳动安全、社会生活中的人身安全等;对将来的安全需要,就是希望将来生活能有保障。

第三层是社交的需要。马斯洛认为,人是一种社会动物,人们的生活和工作都不是独立进行的。因此,人们常希望在一种被接受或关注的情况下工作,也就是说,人们希望在社会生活中受到别人的注意、接纳、关心、友爱和同情,在感情上有所归属,属于某一个群体,而不希望在社会中成为离群的孤雁。

第四层是尊重的需要。这也是一种心理上的需要,包括自尊和受别人尊重。自尊是指在自己取得成功时有一种自豪感;受别人尊重,是指当自己做出贡献时,能得到他人的承认。自尊和受人尊重,这两者是联系在一起的。要得到别人的尊重,首先自己要有被别人尊重的条件。自尊心是驱使人们奋发向上的动力,自尊心人人皆有。领导者要注意研究职工在自尊方面的需要和特点,要设法满足他们的自尊需要,更不能随意伤害他们的自尊心,只有这样,才能激发他们在工作中的主动性和积极性。

第五层是求知的需要。人都有知道、了解和探索事物的需要,而对环境的认识则是好奇心的结果。

第六层是求美的需要。人都有要求匀称、整齐和美丽的需要,并且通过从丑向美转化而得到满足。例如,追求美好的形象,追求美好的环境,追求和谐、匀称与健美的外观等。

第七层是自我实现的需要。这是最高层次的需求,它是指促使自己的潜能得以实现的愿望,即希望成为自己所期望的那种人。当人的其他需要得到基本满足以后,就会产生自我实现的需要,它会产生巨大的动力,使人尽可能努力实现自己的愿望。

马斯洛的需求层次理论,阐述了人类心理发展的一种普遍特性。根据马斯洛的需求层次理论,分析创业者的动因,可归纳为以下五个方面。

一、创造财富

创业的主要目的是获得最大的经济效益。发家致富是多数人追求的人生目标之一,也是一个人创业的原动力。人们只有解决了吃、穿、用的问题,才有可能进行其他的社会活动。而自主创业者如果愿意付出更多的时间和努力,就有可能获得丰厚的利润,这点与替他人打工不同。

二、谋求发展

每个人都有自己的追求,他们在有了基本的生活保障后,都希望能在某方面得到一些发展,如改善生活条件、提高社会地位、施展个人才能等。这些都是激发创业动机的原动力。从发展的角度讲,一个人无论是替老板办事,还是为国家工作,干得再好,也不过是跻身于白领阶层而已,生活虽然不会存在问题,但要满足自己的种种需求却仍很困难。因为人的追求是无止境的,他们总是在不停地选择新的目标,使自己得到进一步的发展,或许在经历过多次的"跳槽"、择业高就的体验后,他们终于发现,要使自己得到真正意义上的发展,最好的办法就是自己当老板。

三、掌控命运

人生来就具有向往自由的天性。每一个人都有自己当家做主的愿望,没有谁愿意寄人篱下。你给老板打工,即使当了总经理,也还得看老板脸色行事;你为国家工作,纵然做到厂长,还是要服从上级指示。你要当家做主,自己说了算,就只有自主创业,开辟一片完全属于自己的天地。在这片天地里,你是唯一的主人,所有一切都听凭你自己的安排和指挥,能够做自己想做的事情,它会给你一种控制自己命运的感觉:自主地做出决定,贯彻自己的意图,充分支配自己的时间,自由地发挥自己的知识、技术和才干等。这是一种较高层次的创业心理,具有强烈的时代特征。在现代化的今天,创业的成功者比比皆是,实践给了了有力的证明。为了获得独立地位而进入创业队伍的人不少是高学历、高职称的现代知识分子,他们的加入,赋予了创业者新的社会形象。

四、赢得尊重

人的需要是一个由低到高不断升华的过程。在物质需要得到满足后,人们还会追求精神上的满足。人是社会的动物,生活在人群之中,就需要人们的尊重和爱戴。人们要想流芳百世,赢得尊重,青史留名,那就只有出人头地并对社会做出较大的贡献。对大多数人来说,通过创业致富可以成为名人,可以通过支持社会公益事业的途径来获得社会的尊重。如美国石油巨子洛克菲勒就曾以捐助上亿美元善款的慷慨之举获得了慈善家的美名。在我国,也有不少企业家主动拿出巨款来支持家乡人民脱贫、帮助灾区恢复生产生活和捐赠教育事业等的实例。于是,获得尊重也成为许多人创业的动机。自主创业的人通过成功经营和参加社会活动能够吸引公众的注意,树立起良好的个人和企业形象,获得一定的社会地位,这使他们感受到其他人无法感受到的快乐和自豪。

五、造福社会

伟大的创业者具有崇高的思想境界,他们以改造社会为己任,把对社会的最大贡献作为实现人生自我价值的目标。"穷则独善其身,达则兼济天下",正是这些人的心理。他们勇于承担责任,富于创造和自我控制能力,这种创业的动机是同社会效果紧紧结合在一起的。他们不是为了个人发财,而是在于对理想和事业的追求,为了造福社会,完成社会使命。有研究表明,一个国家具有高度成就感的人越多,该国的经济发展就越快。

创业者的成长过程充分印证了马斯洛需求层次理论,他们在各个层次的需要比常人表现得更加突出。每当创业者的需要上升一个层次,都会给创业者们带来强烈的影响与巨大的变化。公司规模的大小并不代表创业者个人的层次变化,只有创业者自己的需要随着各种条件的变化而产生变化时,才意味着创业者发生了本质变化。追求幸福、完美、永不满足是创业的最基本动力。

第三节　创业精神

创业精神即为创业者的人格特质,它是创业的动力源泉,也是创业的精神支柱,是成功创业的前提。

人格是人的一种心理现象,它是人的特点的一种组织,是稳定而又异于他人的特质模式,给人的行为以一定的倾向性,它表现了一个由表及里真实的个人。人格直接影响着人的行为,是一个人成熟的重要标志。作为一名创业者,其创业精神主要包括强烈的自信、勤勉的品质、坚强的意志、创新的精神、守信的行为、乐观的心态、超人的胆识七个主要方面。

一、强烈的自信

自信是一种强烈的情感,是对自己的充分信任和肯定。成功的企业家都具有能感染他人的强烈自信。有了这种强烈的情感,我们就能够克服重重困难,朝着自己所确定的目标坚定地走下去,也能够深深感染其他人,给周围的人以勇气和决心,从而创造团结和谐、朝气蓬勃的企业氛围。只有相信自己,大学生才能跃出竞争的海平面,找到属于自己的一片天地,为事业的成功打下基础。

二、勤勉的品质

"勤勉可以兴家",这是古老的创业格言之一。许多成功的企业者都很勤勉。毋庸置疑,勤勉是创业者必须具备的条件,特别是在创业初期,如果不勤勉,成功根本无望。所谓勤勉,不单是指身体,更多是指头脑,只有多动脑筋和善于把握机会的人才能成功。搜狐CEO张朝阳曾说,自己创业以来,如履薄冰,战战兢兢,不敢有丝毫松懈。许多创业成功人士对此都深有同感。

如果说,科学上的发现有什么偶然机遇的话,那么这种"偶然的机遇"只能给那些善于独立思考的人,给那些具有锲而不舍的精神的人,而不是给一个懒汉。

一滴汗水,一分收获,世上没有轻而易举就能得到的本领,天才来源于勤奋。只有用勤勉的汗水浇灌,长出的树才会茁壮;只有用勤勉获得的饭菜,吃起来才更香甜。

三、坚强的意志

执着是人生取得成功的最重要因素之一。它的含义是:无论遇到什么挫折和困难,依然保持坚定的意志和决心。创业之路荆棘丛生,挫折失败在所难免。每个创业者都有强烈的欲望,一旦确定创业目标就要心态积极,信心百倍,勇于进取,从容乐观地面对一切,大胆果敢地迎接困难和挑战。积极的心态是创业成功的催化剂,是创业成功的有力保障。如果面对100次跌倒,你仍能站起来说:"让我尝试第101次!"那么你将获得最终的成功。

良好的创业心理品质在意志方面的表现就是一种对创业的强烈执着,它指的是对自己的创业目标和信念的永不放弃。"只有坚持不懈,才有可能成功",伟大的创业者无一不把这句话作为自己的座右铭。

四、创新的思维

创新是指人们为了发展的需要,运用已知的信息,不断突破常规,发现或产生某种新颖、独特的有社会价值或个人价值的新事物、新思想的活动。创新的本质是突破,即突破旧的思维定式、旧的常规定律。它追求的是"新异""独特""最佳""强势",并必须有益于人类幸福、社会的进步。创新是一个国家兴旺发达的不竭动力,是一个民族进步的灵魂,也为企业的生生不息提供了充足的养分。创新是一种积极的思维活动,是良好的心理品质中最难能可贵的一项。创新要求人们从不同角度去分析和解决新问题,永不满足现状,不断地创新观念、创新市场、创新产品、创新管理、创新营销、创新企业文化,使创业者的创业活动永远具有生机与活力,创造出一个又一个的成功。所以说,勇于创新是创业成功的源泉。

五、守信的行为

诚信就是能够履行跟人约定的事情而取得的信任。对诚信的理解,传统上从道德层面理解的多一些。在现代社会,诚信已不仅是一种道德,而是社会进步不可缺少的无形资本,诚信已成为现代文明的一个显著特征。特别是我国已经加入世界贸易组织(WTO),更需要加强全民诚信意识,每个公民都应该认识到在市场经济中,人格信誉是自身最宝贵的无形资产,是每个人的立身之本。"入世"后,诚信是决定一个企业或一个人命运的根本,一个人在工作和生活中诚实信用方面一旦出现负面信息,就会影响今后的资信情况。由于现代市场经济中的大部分交易都是以诚信为中介的交易,因此,诚信是现代市场交易的一个必备要素。守信行为是生活、工作能够正常进行,经济能够有效运转的前提,也是一个企业、一个人立足于社会的必备条件。

六、乐观的心态

创业的过程是艰辛的,挫折和失败在所难免。有许多人经不起困难的折磨、失败的打击,常常心灰意冷,毫无斗志,在悲观中无法自拔,并且会因恐惧、怀疑、失望而丧失前进的意志,致使自己多年来的计划毁于一旦。所以,只有身处逆境而乐观的人,才最具有获得成功的潜质。其实,只要对自己有信心,对自己的工作有一个乐观的态度,许多困难和挫折都是可以克服的。只有这样,才能成功。

人们的事业有时会因为遭受挫折而失败,但实际上只要他们继续努力,是完全可以转败为胜的。一个乐观的创业者要比一个悲观的创业者具有更大的力量。虽然他们的原动力是相等的,但快乐却是头脑的一个永久的加油站,它能驱除一切冲突、焦虑和忧郁。因此,只有快乐的人才能拥有更多成功的机会。

乐观的心境不但有助于自己的事业,而且可以使自己健康快乐。当心境乐观平和的时候,身体的器官就会按部就班地工作,整个人匀称又健康。事实上,成功与机遇总是伴随那些乐观积极的人,而失败总是伴随那些悲观消极的人。只要你敢于正视未来,你就一定能成功。

世上没有绝对幸福的人,只有不肯快乐的心。你必须把握好自己,努力奋斗,改变自己的命运,只有这样,最后的成功才属于你。

的确,无论人生遇到什么样的际遇,都会有两个机会。一个是好机会,一个是坏机会。如果用乐观旷达、积极向上的心态去看待,那么坏机会也会成为好机会;如果用消极颓废、悲观沮丧的心态去对待,那么好机会也会成为坏机会。

快乐的心境有利于开发人的创造力。快乐是积极地肯定自我,是紧紧地抓住现在。

一个人要想生活得幸福,必须充分认识到快乐的巨大意义和价值,培养强烈的快乐意识,在日常生活中,积极、正确地追求快乐。在这方面,克里曼·斯通为我们提出了如下建议:

1. 学会乐观思维方式

快乐,一方面取决于客观实际,另一方面则取决于你的思维方式。如果觉得不幸福就会感到不幸;相反,只要心里想快乐,绝大部分人都能如愿以偿。其实人们不是被问题本身所困扰,而是被他们对问题的看法所困扰。如果我们掌握了快乐思维法、光明思维法,人生万事都能够引起我们的快乐。

2. 追求豁达、乐观

如果我们心情豁达、乐观,我们就能够看到生活中光明的一面。一个心境健康的人,就会思想高洁、行为正派,就能自觉而坚决地摒弃肮脏的想法,不与邪恶者为伍。真正拥有这个世界的人,是那些热爱生活、永远快乐的人。

3. 享受生活中的每一次喜悦

人是需要享受生活的。我们大多数人一生中不见得有机会赢得大奖,不过,我们都有机会得到生活的小奖。生活中到处都有小小的喜悦,也许只是一杯冰茶、一碗热汤,或是一轮美丽的落日。这许多点滴都值得我们细细去品味、咀嚼。也就是这些小小的快乐,让我们的生命更可亲,更可眷恋。人生的大喜毕竟少有,可是只要你睁大眼睛,到处都可以发现那些小小的喜悦。

七、超人的胆识

创业需要胆量,需要冒险。这里所说的冒险,不是去"闯红灯""闯禁区",更不是去违反国家的法律法规,冒"犯法"的险,而是指在不违背法律法规的前提下,勇于突破常规,敢于创业。

冒险精神是创业者精神的一个重要组成部分。创业与冒险在某种意义上是同义词。创业者们大多不是"三思而后行",而是奉行"先行而后思",因为他们认为风险背后是千载难逢的机会。创业者和创新家都善于捕捉普通人称之为"铤而走险"的机会,而正是他们"铤而走险",才赢得了名声,创造了成功的事业。

一个人敢于冒风险,源于他丰富的知识、超常的想象力和创造性思维。创业过程中的很多决策具有难度大、风险高的特点。所以,创业者必须培养像预言家一样的前瞻性思维、乐观和自信,在对立思想的交锋和不同观点的碰撞中培养及时、果断、慎重的决策能力和风险意识。

创业是一项风险性较大的活动,创业本身就是冒险,没有冒险精神是难以创业成功的。对于这一把高悬着的"双刃剑",应该如何面对?只有一个方法,就是通过人自身的魄力和勇敢,运用强大的心理承受能力,既敢于赢,也敢于输。但凡成功的创业人士都具有天生的冒险精神。

第四节 创业能力

健康的人格特质是创业活动产生的源泉和动力,而创业能力则是创业者获得创业成功的保证。

一、学习能力

学习能力即获取知识和信息的能力,包括对知识的接受、转化与应用,对信息的获取、筛选与利用。新的技术革命使社会产业结构发生巨大变化,社会产业的新陈代谢向着技术型、知识密集型和智能型转化,这必然要求人们加快对新兴知识的学习。而信息时代的到来促使"学会学习"的呼声成为时代的强音,信息量骤增,信息传递和变换途径不断优化,信息技术日新月异,出现了信息多渠道、全方位、全球网络流通的新局面。为此,必须将自己改造成为"信息人",学会获取信息、利用信息、交流信息和开发信息的本领。

二、创新能力

创新是知识经济时代的主旋律,是运用个人的才智生产独特而有价值的产品。创新能力就是人们在创造活动中表现出来的一种新颖、独特的解决问题的能力,是人们根据一定的目的、任务开展积极的思维活动并产生出有一定社会价值的新观念、新产品、新工艺的能力。它体现在塑造创业心理品质、创造创业机会、开展创业行动、把握创业过程、实施创业计划、获取创业成功等方面。

长久以来,不少商界人士总是沉溺于过去,幻想着将来。相比之下,成功者则矢志不渝地在寻求变革。他们根据自身的愿景和实力检验变革的可行性,测量风险,并把变革当作企业发展的机遇。

在商业的成功之路上,综合式创新起着巨大的作用。它不需要很高深的学问,只需灵活的头脑,就可以产生新的事物。有时就是一个意念,你的前途就立即扭转过来。麦当劳创始人雷·克洛克看到麦克唐纳兄弟的快餐店,他的意念一转,就改变了他的事业。到现在,麦当劳快餐店成了美式饮食文化的象征。

因此,拥有开拓创新的能力对于追求事业成功的人来说,实在非常重要。竞争者有那么多,你有什么条件能令自己脱颖而出?前提条件就是你一定要有一些特色,有一点创意,让人耳目一新,才可以出奇制胜。

人的创新与创造潜能是无限的,大量的实践证明,我们生来就具有某种创造、探索、发现和发明的能力。有意识地开发和利用自身的与生俱来的创新能力是成功的关键因素。

(一)创新能力的开发

创新能力的开发首先应克服思维定式,其次是培养创新精神和创新品格。

1. 克服思维定式

克服思维定式的主要途径有：大胆质疑、多角度思考、建立自己的原则和具有求异思维等。

2. 创新精神

创新精神的培养主要表现在：培养进取精神、探索精神、顽强精神和首创精神等。

3. 创新品格

培养创新品格，可以从意志品质的培养、自信心的培养和质疑精神的培养等方面着手。

(二) 创新思维与创新技法

1. 创新思维

创新思维是一切产生崭新内容的思维形式的总和。凡是能想出新点子、发现新例子、创造出新事物的思维都属于创新思维。这是对事物间的联系进行前所未有的思考，从而创造出新事物的思维方法。创新思维可分为：发散思维、收敛思维、想象思维、联想思维、逻辑思维与辩证思维。

(1) 发散思维。发散思维是指人在思维过程中，无拘束地将思维由一点向四面八方展开，从而获得众多解决问题的设想、方案和办法的思维过程。发散思维，形象描述就是从问题对象和问题中心出发，各条思维好像多条光线一样向外放射。发散思维本质上是一种非逻辑的思维方式，所以，发散思维所捕捉到的思维目标有可能远离头脑中已有的逻辑框架而具有新意，成为一个新的创新萌芽。因而，发散思维在创造活动中具有重要作用。

(2) 收敛思维。收敛思维又称集中思维，是一种寻求唯一答案的思维，其思维方向总是指向问题中心。和发散思维相反，收敛思维在解决问题的过程中，总是尽可能地利用已有的知识和经验，把众多的信息和解决问题的可能性逐步引导到条理化的逻辑链中去。

收敛思维是一种求同思维，它集中各种想法的精华，达到对问题的系统全面的考察，为寻求一种最有实际应用价值的结果，把多种思维理顺、筛选、综合、统一。收敛与发散是一种辩证关系，既有区别又有联系，既对立又统一。没有发散思维的广泛收集，多方搜索，收敛思维就没有了加工材料；没有收敛思维的过程，发散思维的结果再多，也不能圆满完成。

(3) 想象思维。想象思维是人脑通过形象化的概括作用对头脑中已有的记忆表象进行加工、改造或重组的思维活动。想象力是否丰富，是想象思维能力强弱的判断依据。

(4) 联想思维。联想思维是指在人脑记忆表象系统中由于某种诱因使不同表象发生联系的一种思维活动。联想思维按联想类型可分为：接近联想，如时间或空间上的接近都可以引起不同事物之间的联想，由事物间完全对立或存在某种差异而引起的联想；因果联想，由于两个事物存在因果关系而引起的联想。

(5) 逻辑思维。逻辑思维是依据逻辑形式进行的思维活动。逻辑思维的基本规律有：同一律、矛盾律、排中律和充足理由律。我们平时所说的定义、依据、实验、验证、划分、观察、假设等方法，都是建立在逻辑思维基础上的。逻辑思维在人们的实践活动中的主要作用是：有助于我们正确认识客观事物，使我们通过揭露逻辑错误来发现和纠正谬误，帮助我们更好地学习知识,有助于我们准确地表达思想。运用逻辑思维也可以取得创新性的思维成果。

(6)辩证思维。辩证思维是指按照辩证逻辑的规律,即唯物辩证法的规律进行的思维活动。辩证思维是高级的思维活动,它依据唯物辩证法来认识客观事物,揭露事物内部的深层次矛盾,从哲学的高度为我们提供世界观和方法论。辩证思维在创新活动中将起到突破性的作用。

2. 创新技法

创新技法是创新思维的外显形式,创新技法可分为:设问法、组合法、逆向转换型法、分析列举型法、联想类比法等。

(1)设问法。设问法是以提问的方式寻找发明的途径,从不同的角度、多方面来进行设问调查,对拟改进创新的事物进行分析、展开和综合,使问题具体化,以缩小需要探索和创新的范围。

(2)组合法。组合法是指按照一定的技术原理或功能目的,将现有的科学技术原理或方法、现象、物品作适当的组合或重新安排,从而获得具有统一整体功能的新技术、新产品、新形象的创新技法。

(3)逆向转换型法。逆向转换型法是指以逆向思维的方式进行创新的开发思维。人们将通常思考问题的思维反转过来,以悖逆常规、常理或常识的方式去寻找解决问题的新路径、新方法。逆向思维可以挑战习惯性思维,克服心理定式,在理论创新、技术创新、产品创新上有突出的作用。

(4)分析列举型法。分析列举型法是通过列举有关项目来促进全面考虑问题,防止遗漏,从而形成多种构想方案的方法。分析就是把整体分解成部分,把复杂的事物分解成简单要素,分别加以研究的一种事物方法。列举法有助于克服心理障碍、改善思维方式,在创造发明活动中有实际的作用。

(5)联想类比法。联想类比法是指不同事物或现象在一定关系上的部分相同或相似,通过两类对象之间某些方面的相同或相似推导出其他方面的相同或相似的方法。

"工作唯有变革,才能创新人生。"这就是说,现代人试图改变人生的方法就是把智慧用在工作的创新中,力求一种适合自己的工作。用不同的工作战胜自我,就是最大的创新。

三、决策能力

决策是指组织或个人为了实现某种目标而对未来一定时期内有关活动的方向、内容及方式进行选择和调整的过程,同时也是管理者解决问题和利用机会的过程。稳健的组织决策,是一种不断保持流动的过程,能够不断接受新的信息,并能预测未来的变化。抉择的过程是非常艰难的,它需要决策者在考察全部事实的基础上仔细判断,一旦选定一个方案就不能再有所动摇。

创业者决策的正确与果断,是创业成功的关键。

四、领导能力

领导能力是处理模糊性、随机性问题的能力,在组织中,亦是把握组织的使命及动员人们围绕这一使命奋斗的能力。

创业者同时也是组织的领导者,必须具备良好的组织管理能力。组织,是领导活动的载体,是领导者与被领导者之间建立关系、发生作用的纽带和桥梁;组织,又是领导者常用的一种领导方式。组织能力直接影响创业者创业活动的进行。因此,创业者要有对自己的下属员工进行合理安排、调动、协调的能力及对非人力资源的集中分配、调度、使用的能力,还要有对公司组织机构的设计与再设计的能力。领导能力表现为对成员职位的任命安排、明确其职责范围,对公司组织机构的谋划和人员的配置等。良好的组织领导能力是创业者应当具备的重要素质,是开办企业、使公司正常运转的保证。

"受人欢迎"的领导要掌握的10项原则:

(1)熟记对方的名字。熟记对方的名字可使对方对你产生深刻的印象,这是因为姓名对于个人而言,可以说是最具代表性的标志。

(2)做一个随和的人。你必须是一个随和、态度轻松自然、毫不做作的人。

(3)止怒。为避免发怒生气,领导应训练自己面对任何事都能泰然处之,从容不迫。

(4)不自私。多为别人着想,无论任何事情都不逞强或力求表现,而以自然的态度去应对。

(5)保持关心事物的态度。如此一来,人们通常会乐于与你交往,而受关心的对象也会因你而得到鼓励。

(6)尽量除去个性中不拘小节之处。

(7)努力化解心中的抱怨。

(8)将以爱待人的态度推及至每一个人身上。

(9)对于友人的成功不要忘记表示祝贺。同样地,在友人表示悲伤失意时,也不可忽略,而应诚恳地给予安慰。

(10)体谅帮助他人。对于他人应有深刻的体谅,以便对他人有所帮助或参考,若能尽心尽力帮助他人,他人也会对你付出关怀与爱心。

五、协调能力

协调是指为了更好地实现组织目标而采取不同的方法和手段协同各方面的力量和步调,以达到相互配合、形成最大合力和支持力的具体过程。管理者良好的协调能力可以使组织的路线、方针、政策得以有效地落实,可以充分调动群众的积极性,创造一个稳定和谐的企业环境,使部门之间密切协作、减少内耗、提高效率,有效地利用人力、物力和信息资源,从而取得良好的经营管理效果。

六、社交能力

创业者常要与不同的人进行交往,如果拥有较强的社交能力,将有助于创业的成功。娴熟的社交能力主要从两个方面来培养:一方面,树立良好的社交形象。仪表要大方美观,文雅得体,亲切和蔼,言谈稳健幽默;要有吸引人的社交魅力;要学会体察各种人的心理;要掌握多种社交技巧,如社交语言运用的技巧,待人接物的技巧,各种社交场合交往的技巧等;掌握各个国家、各个民族的社交礼仪和风俗习惯。另一方面,要有良好的文字表达能力和口头表达能力。要善于与人交谈,能熟练自如地运用语言吸引听众,创造良好和谐的气氛;要善于辩论,在一些问题的辩论中能运用逻辑性思维和准确有力的语言驳倒对方的错误观点,同时做到有理、有利、有节;要有谈判能力,在谈判中运用语言创造和谐的氛围,提出有益的建议,争取对方的理解和合作,维护公司的利益;要有演讲能力,善于运用演讲技巧,通过口头语言、身体语言,让自己的观点深深地感染听众。

七、实践能力

社会实践是衔接大学生在校学习的知识和走出校园运用知识不可缺少的途径,人的认识水平升华和动手能力的提高都离不开实践活动。我们在学校所学的理论知识只有到实践中去运用,才能进一步加深理解、巩固提高,社会实践对促进大学生了解社会、了解国情,增长才干、奉献社会,锻炼毅力、培养品格、增强社会责任感具有重要的作用。特别是有创业欲望的大学生,更应通过社会实践来锻炼培养自己。因此,高校理应摒弃应试教育的弊端,重视对大学生实践能力的培养。

大学生的实践能力是由相互联系、相互影响、相互促进的各种能力所构成的能力体系。通常由一般实践能力、专业实践能力和综合实践能力构成。其中一般实践能力主要包括表达能力、适应环境能力、自学能力、人际交往能力、外语能力和计算机应用能力、组织管理能力等;专业实践能力主要包括实际操作能力、数据分析能力、记忆分析能力、观察想象能力、逻辑思维能力、信息处理能力、专业写作能力、实验能力、科研能力、设计能力、发明创造能力等;综合实践能力则包含了在一般实践能力和专业实践能力基础之上的解决综合问题的其他能力。

第五节 创业知识

知识让你拥有财富,知识让你改变命运。大学生要想创业成功,仅具有基本的素质还远远不够,还要做好知识的积累。对创业者的知识要求有以下几个方面。

一、专业知识

只有具备深厚的专业知识,才能正确分析形势,用敏锐的目光把握事物发展的全局,提出精辟独到的见解和谋略,认清事物的本质,把握其规律,实现自己的创业目标。纵观近几年来在高科技领域创业取得成功的创业者,无不具有深厚的专业知识。

二、经营知识

在市场经济条件下,充满了竞争和风险,创业者要使自己的创业实践活动获得成功,就必须重视经营管理。在大学生创业的过程中,有许多具有良好产品的企业由于经营管理不善而导致失败的教训,所以创业者一定要非常重视对企业的管理。

企业管理的基本内容:首先是人员的管理,人员管理就是对组织内各种人员进行有效的配置和分工;其次是经营目标的管理,经营目标的内容包括经营规模、经营收入、经营利润、市场占有率、产品种类等;再次是经营过程的管理;最后是销售过程的管理。产品生产出来后要组织好销售,确定销售策略,加强销售管理,搞好售后服务,提高产品的竞争力及市场占有率。

三、财务知识

财务管理的内容包括财务决策评价,资金筹集,流动资产、固定资产、无形资产和递延资产的管理,对外投资、成本和费用、营业收入核算,利润分配,企业清算,财务报告和财务评价编制等。

企业财务管理的基本任务和方法是做好各项财务收支的计划、组织、控制、核算、分析和考核工作,依法合理筹集资金,有效利用企业各项资产,实现企业生产经营目标,提高经济效益。财务管理的具体任务是:组织、安排、筹集资本金,提高资本金使用效率;降低产品成本,增加企业利润;实施财务监督,贯彻财经法规,维护财经纪律;建立、健全企业内部财务管理,做好财务管理的基础工作,如实反映企业财务状况,依法计算和缴纳国家税收,保证投资者权益不受侵犯;按照国家规定,合理地分配收入和使用自有资金,正确处理国家、企业、职工三者之间的分配关系。

四、税收知识

税收是国家为实现其职能,依照法律规定的标准强制地、无偿地征收货币或实物的经济行政活动,是国家参与社会产品和国民收入分配与再分配的一种主要手段。

税法是国家调整税收关系的法律规范的总称。我国的税法包括全国人民代表大会及其常务委员会制定的税收法律、国务院制定的税法法规和财政部、海关总署制定的规章。

根据最新税法,按征税对象分类,我国现行的税收有以下5类共18种税:

(1)对流转额的征税,即根据商品或劳务买卖的流转金额所征收的税。包括增值税、消费税、营业税和关税4种。

(2)对所得额的征税,即以纳税人的纯收益为征税对象的税收。包括企业所得税、外商投资企业和外国企业所得税、个人所得税3种。

(3)对财产的征税,即对拥有应纳税财产的人征收的税。包括房产税(外资为城市房产税)、契税、车船使用税(外资为车船使用牌照税)3种。

(4)对行为的征税,即对某些特定行为的征税。包括印花税、城市维护建设税、车辆购置税、耕地占用税4种。

(5)对资源的征税,即对开发、使用我国资源的单位和个人,就各地的资源结构和开发、销售条件差别所形成的级差收入征收的税。目前包括资源税、耕地占用税、城镇土地使用税、土地增值税4种。

五、法律知识

创业的过程中难免出现各种纠纷,遇到形形色色的法律问题。在法制社会中,了解基本的法律知识,对于创业活动是有所裨益的。因此,创业者要对合同法、专利法、商标法、著作权法、税法、劳动法等法律知识有所了解,避免盲目经营。

必要的法律知识对大学生的创业活动具有现实的价值。在企业的组织过程中有《合伙企业法》《公司法》等加以规整;在生产经营中有《产品质量法》《反不正当竞争法》等加以规整;在流通领域有《合同法》《担保法》等法律加以规范;在权益发生争议时的纠纷解决程序方面有《诉讼法》《仲裁法》等法律加以保障。法律知识已经成为创业者必须具有的基本素质之一。这就要求创业者学习相关的法律知识,了解自己在创业的环节中享有哪些权利、承担哪些义务,掌握当自身的权益受到侵犯时实现自我保护的途径。

(一)工商注册登记

工商注册登记是国家对生产经营者所行使的管理职能之一,也是生产经营者确定自身合法地位的法律程序。生产经营者为了保护其合法权益,必须在法律上明确其地位,使其在法律的保护下从事正常的生产经营活动。工商行政管理部门是生产经营登记的主管机关。

(1)申请登记的手续。

(2)工商登记的条件。

(3)工商登记的主要内容:

①企业名称;

②企业法定代表人姓名;

③企业住所;

④从业人数;

⑤资金数额;

⑥经营范围。

(二)经济合同法

《中华人民共和国合同法》自 1999 年 10 月 1 日起施行,《中华人民共和国经济合同法》《中华人民共和国涉外经济合同法》《中华人民共和国技术合同法》同时废止。

(三)反不正当竞争法与不正当竞争行为

竞争是市场经济最基本的运行机制。竞争过程中必然会出现正当和不正当的竞争行为,各种不正当的竞争行为会影响市场经济的健康发展。为保障社会主义市场经济健康发展,鼓励和保护公平竞争,制止不正当的竞争行为,保护经营者和消费者的合法权益,1993 年 9 月 8 日第八届全国人民代表大会常务委员会第三次会议通过了《中华人民共和国反不正当竞争法》,2017 年 11 月 4 日第十二届全国人民代表大会常务委员会第三十次会议修订,2019 年 4 月 23 日第十三届全国人民代表大会常务委员会第十次会议修正。

不正当竞争行为,是指参与市场竞争的经营者采取虚假、欺骗、损人利己等不正当竞争手段牟取暴利,损害国家、其他竞争者和消费者利益,扰乱正常竞争秩序的行为。这里的经营者是指从事商品经营或者盈利服务的法人、其他经济组织和个人。

六、金融知识

资金的融通,涉及如何获得发展所需资金等各方面的问题。在创业初期,获得资金和解决资金不足困难的常用方法有:

(1)利用自己的储蓄或向亲友借款。
(2)向银行贷款。
(3)合伙经营。
(4)租赁融资。
(5)获取风险投资资金。
(6)利用资本市场,通过股票、债券来融资。
(7)来料加工。
(8)补偿贸易。

第六节 创业资源

创业资源是指新创企业在创造价值的过程中所需要的特定资产,它是新创企业创立和运营的必要条件,它包括有形资源与无形资源。社会资本、资金、技术及专业人才等有形资源固然重要,但无形资源往往是撬动有形资源的重要杠杆。情谊、智慧、知识、时间、健康等可以说是创业者的最大资源,只要懂得珍惜和利用,就能走向成功。

一、情谊创造财富

美国赖斯布吉林在他的《人际交往的艺术和技巧》一书中写道:"各种各样的科学研究已经证明,如果学会了与他人打交道,不管你的工作和职务是什么,那么你就在通往成功的道路上走完了85%左右的行程,而在取得自己的幸福上有99%的把握。"

美国卡内基理工大学曾对10 000个人进行记录分析,结果发现:15%的成功者具有较强的与人交往的能力、良好的人际关系。

哈佛大学职业指导局研究了几千名被解雇的男女工人,发现这样一个比例数:每当有1个因不能完成工作而失业的人,就会有2个因不能成功地与人交往而失业的人。

这就说明了人际关系对于一个人的重要性。对于企业家来说,人际关系也是生产力,是一笔弥足珍贵的无形财富。

现在已经是知识经济的时代,仅靠个人的英勇胆略难以驰骋天下。人际关系紧张或缺少应有的人际关系网络,纵然抱负不凡、才华横溢,也难以成功。

职场上有句名言:"20岁靠体力赚钱,30岁靠经验赚钱,40岁则靠人脉赚钱。"成功的秘诀在于:成功=知识+人脉。在人际关系中,有战友、同事、同行、上下级、主顾等业缘关系;有同学、师生、师徒等学缘关系;有邻里、同乡等地缘关系;有人生道路上偶然接触而相识、建立友谊的机缘关系。

(一)师生关系

1.同学

同学,是人际关系中的第一资源。

在《科学投资》研究的上千个创业者或企业家的案例中,在许多成功者身后都可以看到同学的身影,有少年时代的同学,有大学时代的同学,更有各种成人班级,如进修班、研修班上的同学。赫赫有名的《福布斯》中国富豪榜上的南存辉和胡成中就是小学和中学同学,一个是班长,一个是体育委员,后来两个人合伙创业,在企业做大以后才分了家,分别成立正泰集团和德力西集团。一位创业者或商人在接受《科学投资》的采访时说,他到中关村创立公司前,曾经花了半年时间到北京大学企业家特训班上学、交朋友。他开始的十几单生意,都是在同学之间做或是由同学帮着做的。同学的帮助,在他创业的起步阶段起了很大作用。

同学之间因为接触比较密切,彼此比较了解,且青年人相对于大多数从五湖四海走到一起的成年人来说,彼此之间甚少存在利害冲突,所以友谊一般都较可靠,纯洁度更高。对于创业者或商人来说,同学是值得珍惜的最重要的外部资源之一。

2. 老师

教师是人类灵魂的工程师,他们丰富的社会阅历和学识能带来启迪,提升你的素质与能力,是你人生的导师。从小学到大学,你获得无数恩师的帮助和教诲,如能长久地保持联系,将是你人生的一大资源。

(二)朋友关系

1. 战友

与同学相似的,是战友。在现代是指在一起当兵的人。

战友——"来自五湖四海,为了一个共同的目标,走到一起来了"。他们朝夕相处,共同学习生活,共同训练战斗,关键时刻相互帮助,相互支援,甚至不惜牺牲生命。这种友谊是十分珍贵的。君不见战士退伍时刻那种难分难舍的情景?这种情谊注定了他们之间的牢固友谊。他们连生命都可以互相托付,创业做生意还有什么不能互相帮助和支持的?这样的例子真是太多。

讲友情、重义气、慷慨豪爽、真诚不二,是战友关系的典型特征。所以,利用战友关系,是创业经商的一条成功捷径。

2. 同乡

可以与同学和战友相提并论的是同乡。共同的人文地理背景,使老乡有一种天然的亲近感:曾国藩用兵只喜欢用湖南人;中国历史上最成功的两大同乡帮——徽商和晋商,他们不管走到哪里,都是老乡成群结伙。正是同乡之间互为犄角,互为支援,成就了徽商和晋商历史上的辉煌。在很长一段时间内,中国几乎所有商业繁盛之地,其最惹眼、最气派的建筑不是徽商会馆,就是晋商会馆。会馆者,老乡交游约会之场所也。如今,浙商、粤商、鲁商、闽商及新的徽商等畅游天下,他们或血脉相连,或乡情相通,或互通信息,或互相提携,或互相帮助,从而形成了声势浩大、所向披靡的创业经商群体。不少地方政府特别看重这一点,趁势建立各类同乡会、创业者协会,为他们创造良好环境。这是近年来各地同乡会兴起的一个重要原因所在。

3. 职业

对创业者和企业家来说,效用最明显的资源首推职业资源。所谓职业资源,即创业者和企业家在创业或经商之前,为他人工作时所收获的各种资源。主要包括项目资源和人际资源。充分利用职业资源,从职业资源入手创业,符合创业活动"不熟不做"的教条。选择从职业资源入手进行创业,已经成为许多人创业或经商成功的捷径和法宝。如昆明的"云南汽车配件之王"何新源,在创办新晟源汽配公司之前,就在省供销社从事相同工作;有名的宝供物流,其创始人刘武原来也是汕头供销社的一名"社员",被单位派到广州火车站从事货物转运工作,后来承包转运站,再后来利用工作中建立的各种关系,创立了宝供,通过为宝洁公司做物流配送商,一举成为国内物流业之翘楚。

4.朋友

朋友应该是一个总称。同学是朋友,战友也是朋友,老乡是朋友,同事一样是朋友。一个创业者、企业家或商人,三教九流的朋友都要交,都要谈得来、交得上,就好像十八般兵刃,到时候说不定就用上了哪般。朋友犹如资本,对创业者、企业家或商人来说是多多益善。"在家靠父母,出门靠朋友""多一个朋友多一条路"是至理名言。靠朋友创业并走上事业顶峰的事例俯拾即是。一个创业者、企业家或商人,如果不会交朋友,或没有几个朋友则很难打开局面。

"一个篱笆三个桩,一个好汉三个帮"。成功不是上帝的恩赐,它需要自己的奋斗、朋友的帮助和机会的降临。而"朋友的帮助",则是支持你走上成功之路取之不尽的能量。这种能量在我们的事业上有着不可替代的作用。

二、智慧创造财富

(一) 思想致富

人人都向往财富,人人都在不断地追求财富。为什么财富总是青睐极少数人,而与自己无缘呢?要说聪明才智,穷人不见得缺乏,高智商、有才能的人也大有人在,却为何没能使自己富有?一位富甲一方的企业家,经过考察得出了如下结论。

(1)一个健康的人之所以还会贫困潦倒,是因为懒惰。懒惰的人是不会产生智慧的,更不会实现梦想。物质上的贫困并不可怕,可怕的是精神上的贫瘠、智慧的匮乏。

(2)穷人与创业者的区别不是能力上的,不是机遇上的,而是思想上的。创业者之所以能够致富,是因为他们具有发家致富的思想,并且能运用智慧,想方设法地将思想付诸行动。穷人之所以穷,是因为他们的眼光放得太近,没有一个长远的打算,也不能为自己的财富梦想付出更多的努力。

(3)一个人的财富和他的智慧成正比。要成就一个非同寻常的亿万富翁,就要有非同寻常的智慧和胆识。智慧的人不但能够发现机会,还能够创造机会。

有着健全体魄的人就已经拥有了致富的本钱。生活中有许多人都在抱怨命运的不公。其实要想致富,就要用好自己的大脑。能够成功的人都懂得为自己开辟一条道路,用独特的眼光去发现、创造商机。有智慧的人才能够在激烈的竞争中立于不败之地。

不要忽视每一个小小的智慧,拥有了这些智慧,就会慢慢积累更多的经验和阅历,这些小智慧会给你带来财富。在精明能干的商人眼中,智慧是任何东西都不能代替的,只有智慧,才是每个人的无价之宝,也是我们一生的财富源泉。

在困境中,智慧可以为你开辟一条通往光明的大道;在失败时,智慧可以为你架起一座通往成功的桥梁。

我们追寻商人们的足迹,探索他们用小智慧赚大钱的历程。前人的历程告诉我们:智慧是创造财富的源泉。谁拥有了智慧,谁就会拥有财富。

三、知识创造财富

(一)知识资本

1. 知识资本就是财富

在资本家、富豪不断涌现的知识经济时代,人们已经深刻地认识到,知识就是资源,知识就是资本,知识就是财富。

何谓知识资本?简单地说,所谓知识资本是指以知识为主体参与企业经营活动,并为企业创造价值的资本形态。

资本形态经过商业资本、工业资本、金融资本后,进入知识资本时代,谁拥有更多的知识,谁就拥有更多的主宰权。目前我们正在脱离工业文明时代,进入知识经济文明时代。在这个时代,推动社会生产发展的再也不是资本的力量,也不是简单劳动的力量,而是知识。

知识除了替代资本、物质成为决定生产的第一要素之外,还对各种经济要素起到优化和增效的作用。知识在理论上是取之不尽的最终替代品,已成为产业的最终资源。现在,很多掌握了高新技术和知识资本的人一直都在这个充满宝藏的地方挖宝。每一次挖宝都会引起别人的围聚,结果这个地方便最终出现了一个宝贝。这个地方便最终出现一个宝贝的过程,就是诞生一个新资本家的过程。

2. 知识资本创业的五大优势

新经济时代推动社会发展的主导力量已经不是简单的劳动者的力量,也不是资本的力量,而是知识资本的力量。

在我国,政府也意识到了知识的重要意义,确立了"科教兴国"的知识经济发展战略。在当今的中国企业界,也逐步认识到知识经济时代企业的参与者不再单纯是以资本入股者,而且也包括以知识入股者。正是由于知识资本的驱动,现在的世界经济已经逐步转型,由能量驱动转向由知识驱动。依靠知识资本进行创业也具有了明显优势,主要有以下几点。

(1)创业的机会增加。

由于信息产业的出现和壮大,人们获取市场信息的渠道更加快捷。技术的日新月异、市场的快速变化、人们生活节奏与方式的变化,使创业机会大大增加,因为市场的需要、企业的需要及技术的进步,进行创业构思并实践,是每个普通人都能做到的。在知识经济时代,只要有愿望,人人都可以找到创业的机会。

(2)创业的经济效果显著。

在20世纪20~30年代,经济巨子莫过于石油大王、钢铁大王、汽车大王,他们是工业经济的典型代表。当时的财富创造虽然也离不开知识,但毕竟是以原材料、能源等物质为基础,他们的财富也不过只有几亿美元。而现代的经济巨子,最典型的莫过于世界首富比尔·盖茨,他在1997年就拥有386.6亿美元的净资产。实际上,在1997年美国技术行业富豪排行榜上,前3位都是微软公司的,而前10位几乎都在计算机行业,即知识密集型行业。

(3) 创业与成功的距离更近。

由于创业环境大大改善,创业所需的信息可以快捷低廉地获得,创业所需的资金也可以从风险投资家那儿得到;同时,由于企业孵化器和创业中心的大量出现,加之资本市场的发育成熟,从创业到成功、从投入到回报所花的时间比以往任何时候都短,使得创业成功的机会比以往任何时候都大得多。

(4) 创业的源泉更加广泛。

由于知识与技术获取渠道的增多,技术发明者与技术掌握者已经不是主要的创业者来源,知识与技术能够面对更多的人,创业行为将更加普遍。

(5) 创富的速度更快。

在新经济时代,一些拥有知识资本的人在较短的时间内,依靠知识资本的力量成为百万富翁再也不是梦想。其中的道理十分简单。如一个工人可以利用自己的手艺在8小时工作时间之外去开修车摊、理发店或饮食摊,这也叫创业,但收入是有限的,要想致富却并不容易。但是拥有知识的人却不同。假如他拥有社会所急需的专业知识,并将他的知识转化为产品,给社会带来效益,他就会很快从中获取财富,奋斗几年就可能成为百万富翁、千万富翁甚至亿万富翁。搜狐的创始人张朝阳对此做了个形象的比喻:"今天创造亿万富翁的过程已经比十年前缩短了10倍!"

(二) 学以致用

在现实生活中,会读书和会赚钱的确不是一回事。有些在学校学习拔尖、功课优秀的人走向社会后境遇并不佳;而一些成绩中等、思维活跃的学生经过几年的打拼却成了财富人物。产生这种情况的原因是多方面的,而缺乏将知识转化为财富的能力是重要原因之一。因此,我们要掌握的是自立自强的真本领,懂得学以致用。第一,知识就是力量,就是财富,所以,应从"要我学"转向"我要学";第二,需从"学会"到"会学","学会"即把书本记载的知识和课堂传授的知识学到手,而"会学"则需树立不断学习的态度,掌握自己学习的方法和懂得选择需要学习的知识;第三,需从"知识型"学习转向"素质型"学习;第四,应摒弃"仓库式"学习,向"学习与应用相结合"的学习转变,在实践中进行检验、升华;第五,从一般性应用到创造性应用,因为知识经济的本质属性是创新性,创新思维是发展的方向,创新技术是发展的动力,创新人才是发展的关键,创新体制是发展的保证;第六,从"单一专业型"学习到"复合交叉型"学习,纵向思维与横向思维兼备。

四、时间创造财富

(一) 时间价值

许多人都知道"时间就是金钱"这句名言,但却没有多少人能理解"时间就是财富"。"时间就是财富"不仅是一般的理论描述,而且是现实生活的反映。在现代社会经济生活中,时间的确是财富:你抓住了时间,就得到了财富;你放纵了时间,财富就从你手中溜掉了。

(二) 时间致富

生命就是时间,时间就是财富。对时间的计算就是对生命的计算,对财富的计算。把握时间就是把握生命,就是把握财富。

五、健康创造财富

(一)健康标准

创造财富可以说是人生中最大的快乐之一,它除了能够为多数创业者提供主要的智力刺激和社会互动之外,还是许多创业者能展露才能、参与竞争并获得掌声的机会。但是,如果你真的把清醒的每一分钟都用来赚钱,而完全忽略了自己的健康,那将得不偿失。

我们每一名创业者必须明白,健康的身体和心灵,才是人生中永恒的财富。

世界卫生组织给健康所下的定义是:"健康是指生理、心理及社会适应三个方面全部良好的一种状态。"并据此制定了健康的几条标准:

(1)充沛的精力,能从容不迫的担负日常生活和繁重的工作而不感到过分紧张和疲劳。

(2)处世乐观,态度积极,乐于承担责任,事无大小,不挑剔。

(3)善于休息,睡眠好。

(4)应变能力强,能适应外界环境的各种变化。

(5)能抵御一般感冒和传染病。

(6)体重适当,身体匀称,站立时头、肩位置协调。

(7)眼睛明亮,反应敏捷,眼睑不发炎。

(8)牙齿清洁,无龋齿,不疼痛,牙龈颜色正常,无出血现象。

(9)头发有光泽,无头屑。

(10)肌肉丰满,皮肤有弹性。

(二)身心健康

强健的心理、良好的情绪与精神,都来自健壮的身体,假如你想功成名就,第一步就是要考虑健康问题。因此,在你能够出人头地之前,需要先学习的一个简单而重要的课题,就是如何让你的体格变得强壮。只有身体健壮的人,才有精明的脑子和旺盛的精力。没有好的身体,在这个物质世界上,什么也不能实现。简单地说,身体健康是创业者获得成功的"硬件",一个创业者成功的基础是身体健康。

可现代大多数人最容易犯的一个毛病,就是对于已经拥有的东西不怎么珍惜,而对于将要失去的却总想挽留,这一点在对待健康方面体现得最为明显。当一个创业者无病无灾时,他总觉得自己是铁打的"机械人",天天为赚钱而奔波,在商场里逐鹿争雄,总想着出人头地。不过,当到了一定的岁数,精神和体力都会明显衰退。到了百病缠身时,创业者可能要花上大量的时间用来休养和用无数的金钱进行治疗。其实,如果在年轻时就注意自己身体的保养,也可能用不了多少时间和金钱,你就会拥有一个强健的体魄。

但是,现代人的健康状况却并不怎么如意。许多现代"文明病"随着超负荷的工作压力、食物的添加剂、空气污染、环境恶化等,而死死地"缠"住人类。比如说,交通拥挤、工作场地的明争暗斗、没完没了的高速工作,都会令人情绪紧张和呼吸急促,造成种种内分泌的失调,可能患上诸如便秘、痔疮等疾病,进而使人情绪不安和脾气暴躁。很多病是与人的情绪有直接关系的,包括糖尿病、忧郁症、关节炎、高血压、哮喘、综合疲劳等。

到了生病时,人们一般都会下意识地去医院,但是许多创业者看病经常是属于"穷应付",病情稍有缓解就重新投入到给自己带来疾病的环境和工作之中。如此周而复始、恶性循环,最后实在坚持不住了,也错失了宝贵的治疗时机。对于疾病与健康,创业者最容易犯的毛病还有一个侥幸心理。总觉得没什么大不了的,小毛病一桩,坚持一下就过去了。这是最不可取的想法。

其实,健康就是财富,创业者千万不要为了追求身外的财富而忽略了自己最大的"财富"——健康。平时在日常生活工作中要懂得给自己减压,定期进行检验和治疗。特别是要讲究营养,合理安排一日三餐。要均衡膳食,以满足人体各种营养需要,达到合理营养,促进健康的目的。平时,要广泛食用多种食物,具体应包括以下五大类:①谷类(米、面、杂粮等)及薯类(马铃薯、甘薯等);②动物性食物(肉、禽、鱼、鸡、蛋等);③豆类及其制品(大豆、豆腐、豆浆等);④蔬菜水果类(鲜豆、根茎、叶菜、茄果等);⑤纯热能食物(动植物油、淀粉、食用糖和酒类等)。

名和利都是过眼云烟,只有健康地度过每一天,才是实实在在的人生幸福。但人们在关注身体健康的同时,也应关注心理健康,找到合适的渠道去放松精神,舒缓心灵。

第七章 创业计划

第一节 创业计划概要

在现实生活中,有很多创业者说干就干,丝毫不考虑创业的困境和艰难。有人连成本回收、盈亏平衡点都没有搞清楚,连项目到底有没有价值和广阔的市场前景都没有调查清楚就仓促上阵。其实,"车到山前必有路"只是盲目的乐观,创业的艰难会导致"车毁人亡"。马云在做客央视"对手"特别节目《创业——我们的故事》时说过:"不仅大学生创业难,对所有人来说创业都很艰难。创业就是 100 个创业者里面,有 95 个你不知道他们是怎么死的,你甚至不知道有这 95 个人创业过,剩下的 5 个里,有 4 个是你看着死掉的,最后只剩下一个站在那里,也不是因为他能干、他勤奋,而是因为有很多因素存在。"

因此,创业很难。创业成功需要有准备的头脑、有价值的项目、有一定的启动资金等多种要素相辅相成。创业项目需要在创业计划中详细地体现出来。没有详细的创业计划如同冒险起飞的飞机一样,很难保证全程的安全飞行。创业计划的意义在于,它如同指路明灯,引领着创业者在创业的道路上踏实稳妥地向前走。

一、内涵和本质

创业计划中的"计划"不同于汉语中的常规含义,不能与学习计划、工作计划等同。这里的"计划"在本质上说是一种创业介绍或投资申请。因为创业计划不是仅仅用来让创业者自己明晰创业的价值所在,更重要的是让投资方明白这个项目值不值得他们投资。

创业计划,英文名称为 Business Plan,又称商业计划。创业计划是创业者为某一项产品或服务取得风险投资所编写的可行性商业报告,是与创业项目有关的所有事项的总体安排。

实际上,创业计划是创业者创业理想的具体化,是初创企业的蓝图构想,是创业顺利进行的基本前提。

二、基本原则

创业计划如同创业一样,不能草率为之。创业者只有经历了市场调查、项目分析、成本预算、盈利测评之后才能做出完整、成熟的创业计划。做好创业计划,应该从以下原则入手。

(一)认真分析创业项目的价值

创业项目到底有没有价值,直接关系到创业企业的赢利程度。从项目本身看,首先要考虑项目在市场中的位置。当产品或服务在市场上从未出现过时,要看该项目能否满足市场上某些人的特殊需求,市场一旦打开,盈利会非常可观。其次要看项目能否被创业者控制。如果项目能被创业者控制,这就是一个非常好的项目。

(二)要确保真实

创业活动面临很大的不确定性,尽管市场信息预测、利润预测、资金预测等要受一定的限制,但创业计划一定要确保真实,不能为了吸引投资方的眼球而有丝毫的造假行为,否则有可能失去一次投资机会。此外,投资人都很精明,他们不会因为创业者的一面之词就盲目进行风险投资。

(三)有轻重缓急,不能齐头并进

创业者必须清楚,哪些该做,哪些不该做;哪些先做,哪些后做。对此,蒂蒙斯给创业者提出了一系列的建议。

创业者应该:
(1)让所有管理团队参与创业计划准备。
(2)投入足够的资金和时间来准备。
(3)分析存在的风险以及在这种情况下创业的可能性。
(4)分析企业存在的现实问题和潜在问题。
(5)从市场需求出发,把顾客放在首位。
(6)将假设建立在以现实的市场和销售预期来驱动财务报表的基础上。
(7)分析可供选择的融资渠道。
(8)分析股权结构和投资者获益的方式。
(9)研究如何引起潜在投资者的关注和兴趣。
(10)研究目标投资者群及其喜好。
(11)尽快行动,将计划付诸实施。
(12)编制条例清楚、内容完整、简洁明快的创业计划。

创业者应避免:
(1)管理团队中不要有伪命名的神秘人物,如现就职于其他公司、后加入本公司的人。
(2)不要讲模棱两可、不能肯定的话语。
(3)言语不要过于专业化。
(4)不要过分讲究创业计划的包装而忽略了其本质内容。
(5)在遇到现实需求时,不要把时间浪费在撰写计划上。
(6)在资金未入账之前,不要假定自己已经成功了。

三、主要内容

创业计划一般包括执行总结、公司概述、市场调查、公司战略等方面的内容。

(一)执行总结

执行总结包括机会和市场的描述,竞争优势的列举,企业经济状况和盈利的预测,创业团队概况的提供等基本内容。

(二)公司概述

公司概述包括详细的技术、产品或服务描述以及它如何满足关键的顾客需求,进入市场策略和市场开发策略。

(三)市场调查

市场调查应该阐述顾客需求、市场容量、竞争优势、市场发展等方面的结果。

(四)公司战略

公司战略即公司的开发计划、营销计划和操作计划。

(五)进度安排

公司的进度安排包括以下领域的重要事件:收入,收支平衡和现金流,市场份额,产品开发介绍,主要合作伙伴,中小企业融资。

(六)管理团队

管理团队包括主要管理人员介绍和企业组织结构定位。

(七)经济状况和财务预测

经济状况和财务预测主要指盈利能力、达到收支平衡所需的月数和收入报告、平衡报表、同一时期的估价现金流分析等。

(八)假定公司能够提供的利益

公司能够提供的利益是创业计划的"卖点"和"亮点",主要包括资金的使用和投资者的回报。

创业的复杂和艰难使创业者必须做到计划先行。创业计划的作用是相当重要的,对创业者来说,它指明了创业思路,确立了经营理念;对企业而言,它建立起了全局模式,使得企业活动有章可循;就投资方来看,它是投资人投资意向和决策的依据。

第二节 创业计划可行性分析

在世界这个大舞台上,每天都有人开始创业之路,每天都有新的企业或公司诞生,与此同时,每天也会有人从这条路上抽身而退,也会有企业或公司宣告破产。那么,什么是可行的创业计划?创业计划的可行性分析到什么程度才能尽量避免创业失败?在这里,我们将聚焦创业计划的可行性分析。

所谓可行性分析是指在项目投资之前,对该项目的经营及经济收益进行评估,从而确定该项目在经济上是否具有可行性的一系列的对相关市场的调查分析和预测活动。可行性分析是任何一个项目投资之前所必不可少的一个重要步骤。

一、产品或服务的可行性

(一)概念陈述

"概念陈述"(Concept Statement)由布鲁斯·巴林格提出。他认为,概念测试是包括向行业专家、潜在顾客提交产品或服务的基本的描述，并征求反馈意见的活动。概念陈述写好以后，至少要交给 10 个人看，这 10 个人应该是能够提供公正、有见识的反馈或意见的人，其中最好不包括家人或朋友，因为他们已经在前期做出了积极反馈。如果时间充裕，概念陈述要反复提炼，以夯实产品、服务创意。

(二) 需求分析

所研发的产品或提供的服务是否存在消费者需求、需求的程度有多大，是分析产品或服务可行性的重要指标。

这一指标往往要靠调查或调研来完成。调查表是连同概念陈述一并发放给消费者的。调查内容首先是消费者是否愿意购买产品或服务，是明确购买还是明确不购买，是有可能购买还是有可能不购买，都要在问卷中列出来，以供不同的消费者选择；其次是相关附加的话题，如能够接受的价格是多少，希望在哪里买到，对产品或服务的后续服务有什么要求等。

相对于调查，调研是一种悄悄的行动。借助资料、书籍、相关数据、互联网等提供的信息，结合自己在街头巷尾、校园内外、公共场所的主动问询，能够搜集到更多的信息，从而进一步明确你的产品或服务是否可行。

二、行业或目标市场的可行性

(一) 行业的可行性分析

行业是生产同类产品或提供同类服务的经济活动类别，我们经常提到或听到的有电脑行业、餐饮行业、运输行业、玩具行业等。中国有句老话，同行是冤家。这句话实际上道出了行业间的竞争。如何为将来的产品或服务打开销路，并在激烈的市场竞争中取胜，首先要做的是对计划中的投产行业进行分析。

据此如果所提供的产品或服务所属的行业是新兴的，处于生命周期的早期阶段且正在成长，结构相对分散化，空间不拥挤，是顾客必定要买的，具有较高营业利润且不依赖关键原材料的历史低价来维持盈利的，那么，它就是可行的。

(二) 目标市场的可行性分析

目标市场是针对广大的市场空间而言的。现实中的经验告诉我们，某种产品或服务只有集中到特定群体才有更大的发展空间；企业获得成功的关键要素之一就是对目标市场进行成功的价值定位。

可以说，目标市场的规模与占有率、市场竞争的状态与特性是衡量市场的主要指标。关于目标市场的选择策略，有以下 5 种常规模式：①市场集中化；②产品专门化；③市场专门化；④有选择的专门化；⑤完全市场覆盖。

三、创业团队及组织管理的可行性

初创企业进行团队及组织管理的可行性分析非常必要。因为人是企业的核心，实际上人的才能、智慧和人与人之间的协作能力决定了企业的发展。

布鲁斯·巴林格认为，在进行管理才能评估时，有两个因素非常重要：一是个体创业者或管理团队对商业创意所抱有的激情;二是管理团队或个体创业者对将要进入的市场的了解程度。这里,创业者的作用非常关键;如果他具备洞察力,就能慧眼识珠;如果他具备管理才能,就会使上下和谐;如果他善于发现,就能人尽其才。

四、创业资源的可行性

初创企业是否有足够的资源维系企业生产活动、销售活动的正常开展,所有资源能否真正发挥效用,是资源可行性分析的核心。创业者在进行测试之前,必须先获得创业资源,无论是设备、资金等有形资源,还是信息、知识、政策等无形资源。

事实上,企业不可能同时获得所需的各种资源,只要具备基本的、起码的资源即可,其他所需资源可以用市场化的方式来获取。但如果任何条件都不具备,创业的成功率会非常低。

五、财务的可行性

假如初创企业在财务方面不具可行性,那么,这个将要启动创业的计划,则无须付诸实施。资金筹措及借贷、兴办手续与债务偿还、年度利润计划与投资报酬率的预估等,都会涉及对营业收入和费用支出的预测。这就需要一套可行的计划,有必要做财务可行性分析。

财务分析不必十分详细。人力和精力的限制、不断发生变化的细节问题,使得详尽的财务分析既没有充分条件也没有实际意义。这里对创业计划所做的财务分析是初步的。

(一)启动资金分析

首先是启动资金预测。计算企业在开创之初,房租、水电、宣传、工资、保险、原材料、生产、销售等所需的最低经营总体费用。由于创业过程中有许多未知的风险,原则上,启动资金要比预测的结果适当高出一定额度,以备不时之需。

其次是启动资金来源权衡。是自有积蓄还是亲友借款,是银行贷款还是风险投资,都要权衡利弊。如果是亲友借款,要拟定双方协议,确保借款方的利益。

(二)潜在绩效分析

进行潜在绩效分析时,需要与同类企业进行比较。通过对比、类比,把握所创企业的潜在绩效。

互联网深受大众喜爱的一个重要原因是它把大量的信息集中在一起,只要在搜索引擎输入关键词,就能找到想了解的内容。企业潜在绩效分析可以充分利用互联网的这一巨大优势,这比查阅纸质媒体要便利、高效。

观察出真知,观察也不失为一种有效的分析方式。创业者可经常出入与创业项目类似的场所,观察其顾客流量、大致的消费水准和大概的销售情况。

(三)财务吸引力分析

企业财务吸引力与企业的预计销售额和利润率成正比。预计销售额越多,利润越高,企业财务吸引力越大;反之,则越小。为了提升企业的财务吸引力,就需要精心制作预计财务报表,包括预计的现金流量表、收益表和资产负债表。

布鲁斯·巴林格认为,财务可行性分析应该涉及以下几个方面。

(1)清晰界定的利基市场中,企业销售额要在成立后5~7年内稳定快速地增长。

(2)比例很高的持续性收益,意味着企业一旦赢得某个客户的信任,客户就会提供持续的收益来源。

(3)能够以合理的确定程度,预期收入和费用。

(4)具有资助和支持企业成长的内生资金。

(5)投资者将权益变现的退出机会可得性(如收购或首次公开上市)。

总之,创业不是率性为之,创业计划更不能与成功创业等同。只有对创业计划进行了可行性分析,才能决定是否去实施计划。

第三节 创业计划书具体写作

创业需要激情,更需要脚踏实地。很多事情在真正着手去做的时候才发现难处所在。蓝图不仅要存于脑海,最好要把它画出来、写出来,才能将实践中的困难减小到最低。这就需要制定一份创业计划书。创业计划书一方面要把计划中的企业展示给创业者自己,另一方面要把计划中的企业推销给风险投资家。

一、封面

封面重在设计。设计者要有一定的审美能力和艺术天赋。封面如同创业计划书的脸面,如同大学生的求职简历,它最先呈现在读者的面前,因此一定要有独特的风格。有人认为旁人看不懂的一定是独特的,其实这是错误的认知。封面一般以简约、含蓄为主,忌晦涩怪异。

二、计划摘要

摘要是计划书的缩略版。与一般论文一样,摘要的意义在于提纲挈领。它涵盖了创业计划书的要点,让读者对创业计划书的主要内容有一个整体的把握。一般包括以下内容简介和要传达的信息:①企业介绍,说明你的企业是有明确的目标和广阔的前景;②创业者及其团队介绍,说明你和你的团队是开拓创新、团结奋进的;③产品和业务范围,说明你的产品和业务的价值是巨大的;④市场分析,说明产品或服务相关市场具有广阔的空间;⑤营销策略和计划,说明经营策略有针对性且合乎逻辑;⑥财务计划,说明企业的财务分析客观可循;⑦资金需求,说明对所求资金有一定的偿还能力;⑧风险分析,风险是不能抹杀的,关键在于如何规避,使风险为零或减小到最低等。

鉴于摘要在创业计划书中的核心和精华作用,摘要一定要简明生动,精练贴切,不用面面俱到,更忌拖沓歧义。可以试想一下,如果投资者在摘要中没有发现闪光点,创业计划书就有可能是一叠废纸,扮演不了帮助创业者引资成功的角色。而摘要部分写得漂亮就能引发投资者继续阅读的兴趣,同时也会让创业者看到成功融资的希望。

有一点必须注意,尽管摘要在主体内容之前,但摘要一定要放到最后来写。先写难免会顾此失彼,有所差池,只有反复阅读了计划书的主体之后再写摘要部分,才能有的放矢,总揽全局。

三、企业介绍

企业介绍是计划书正文的第一部分。

企业简介如同自我介绍,目的是让投资者认识自己。这里涉及:①企业的基本概况:企业名称、企业的法律形式、企业的注册地址、联系方式等;②企业的发展历史与现状;③企业所提供的产品或服务的竞争力;④企业未来发展规划。

这里有些内容是亮点所在,必须下功夫写好,如企业的主要目标。企业目标是企业要达到的预期效果,如同理想之于个人,企业目标是一个企业发展的动力。无论是企业资源分配方向还是员工的努力方向,无论是经营活动成效还是良好信誉的创造,都是企业这艘大船驶向成功彼岸的海上航线,一旦把握准确,就应齐心协力向着目的地不懈前行。

四、市场分析

市场分析这一部分在整部创业计划中起着举足轻重的作用。如果对市场调研和分析的重视程度不够,创业计划书将会变得很糟糕。

市场调研是为了了解客户。顾客是否喜欢并愿意购买产品?他们为什么购买该产品?通过什么方式购买?这都是要详细了解的内容。另外,通过市场调研能够了解行业竞争对手。明确竞争对手实际上是为了定位自己的企业,了解自己企业在竞争中的位置,从而明白自身企业今后的投资方向和发展方向。但是,完成市场调研并非易事,创业者需要投入大量的时间和精力。

(一)目标市场分析

目标市场由著名的市场营销学者麦卡锡提出。他认为应当把消费者看作一个特定的群体,这一群体称为目标市场。比如手机更新换代异常频繁,手机也早就进入了寻常百姓家。但手机又有诸多消费群体,高端人士青睐外观精巧、质量上乘、功能先进的手机,商务人士喜欢具备多样化的商务功能的手机,学生一族追求时尚,普通百姓则以结实耐用为首选。

对目标市场的阐述,应该从以下几个问题入手:①你的细分市场是什么?②你所拥有的市场有多大?③你的目标市场份额是多少?④你的目标顾客群是哪些或哪类人?⑤你的5年生产计划、收入和利润有多少?⑥你的营销策略是什么?

目标市场分析详细,能够促进投资者判断企业目标的合理程度以及他们承担的风险的大小。需要注意的是,市场细分并非越细越好。

市场细分需避免几个误区:

1. 市场细分不是越细越好

市场细分的前提是建立在差异化的基础上,企业只有做好市场细分,才能有效选择目标市场,从而为不同目标市场提供差异化、个性化的产品和服务。但现在有一种观念,认为市场细分越细越好,市场细分越细表示对客户就越了解,就越能推进差异化营销,营销效率就越高。然而,市场细分是有成本的,市场细分越细,必将增加相应的人员、机构为其进行服务。由于目标市场过细,市场规模较小,必然会增加市场细分成本,不利于提高规模效益。

2. 市场细分不等于渠道全覆盖

要真正做到资源优化配置、营造竞争优势，需要进一步对不同客户群进行市场细分，需要立体式、多维度的市场细分，发现市场机会并寻找最有价值的客户。简单的渠道全覆盖是不可取的，而且渠道全覆盖还会增加企业人力和营销成本。

3. 盲目追求细分

我们已进入客户导向的时代，加强市场细分是大势所趋。实际中有一种倾向就是盲目照搬国外先进模式，强调从各个方面对市场进行细分，进而选择有效目标市场。然而一味地追求细分而不讲究细分质量和效果是不可取的。

4. 不要为细分而细分

市场细分的目的就是发现市场机会，针对不同市场制定差异化的策略和开发差异化的产品，如果目标市场营销策略跟不上，不能有效执行，市场细分只能停留在市场细分阶段，不能为企业创造更高的客户价值。

（二）行业市场分析

行业市场是企业要进入的市场。在计划书中，创业者要分析所入行业的市场全貌以及关键性的影响因素。需要从以下几个方面来把握：①该行业现状：处于早熟期还是成熟期？发展到了何种程度？总销售额多少？总收益几何？②该行业发展趋势：发展程度如何？未来走向怎样？③该行业的影响因素以及利用或克服的途径：国家的政策导向社会文化环境、竞争者的现状、行业壁垒等。④该行业市场上的所有经济主体概况：竞争者、消费者、供应商、销售渠道等。

在进行行业分析时，应该对所选行业的基本特点、竞争状况和未来趋势有准确的把握与描述。这些是建立在对所选行业充分了解的基础之上的。创业者只有做到这一点，才能了解行业发展规律，认清行业发展方向，确立企业发展目标。

（三）竞争对手分析

竞争对手是这样一类企业：它们在市场上和自己的企业提供着相同或者类似的产品和服务，并且在配置和使用市场资源过程中与自己的企业具有一定的竞争性。商场中硝烟弥漫，竞争对手如敌手，如何将其打败、如何于竞争中胜出是每家企业的目标。这就是创业计划中进行竞争对手分析的必要性所在。

信息收集是进行竞争对手分析的前提。公司内部信息库、传统媒体、互联网、商业数据库、咨询机构、服务机构、人际关系网络等都是收集竞争对手信息的重要途径。当获悉了竞争对手们的基本情况、产品情况、营销策略、技术含量、商界信誉等信息后，就做好了相关准备工作，计划书行文就会有理有据、表述充分。在这里，必须回答如下问题：①你的竞争对手有哪些？你的主要竞争对手有哪些？你的最大的竞争对手是谁？②你的竞争对手的优势在哪里？有什么新近动态？③竞争中你具备怎样的优势和劣势？优势如何发扬，劣势怎样消解？④你能否承受竞争所带来的压力？⑤你采取什么策略战胜竞争对手？

五、产品（服务）介绍

投资家关注的焦点是，企业能提供什么产品或服务及产品或服务的价值如何。这一部分是正文的另一个核心。

产品介绍包括:产品的名称、性质、市场竞争力、产品的研发过程、品牌、专利、市场前景等。这里有一点需要详细说明,即产品的特征。特征是不同产品之间或同类产品之间相互区别的标志。所以所提供的产品或服务与同类产品或服务相比有哪些独特之处一定要具体翔实且通俗易懂。产品已经生产出来了,最好附上原形介绍及图片;产品还在设计之中,就要提供相应的设计方案并证明自己的生产能力。如果产品是创新性产品,创新就成了该产品的特性。创新一般是技术上的创新,它拥有这方面的专利,能够形成技术壁垒而使同行畏难而退。

这里一般要回答以下问题:①顾客希望从企业的产品或服务中得到什么好处?②与竞争对手相比,企业提供的产品或服务有哪些优势与短处?企业采取何种办法去取长补短?③企业拥有哪些专利与许可?企业为自己的产品采取了怎样的保护措施?④企业对新产品或服务有何规划?⑤企业的产品定价为何能给企业带来长效利润?⑥该产品或服务如何拥有稳固的顾客群?顾客群一旦缺失,企业该如何应对?

注意:任何一个创业者在创业之初都会对自己提供的产品或服务充满信心,因此在创业计划书的写作中难免会有很多赞美之词。但是,企业的种种承诺都应该去兑现,否则债务偿还就得打上很大的问号。也就是说,对这一章的撰写一定要实事求是,不能夸夸其谈、有悖本真。

六、人员及组织结构

人的创造性和主观能动性决定了在所有的创业资源中人是最宝贵的因素,也决定了创业者及其团队介绍和团队管理是创业计划书中不可或缺的内容。

(一)主要管理人员介绍

主要管理人员一般是董事会成员及主要营销人员。董事会成员决定企业的发展,营销人员关乎企业的效益,因此,有必要介绍他们的详细经历和背景,乃至他们的职责和能力。具体来讲,包括个人基本信息(姓名、年龄、学历、政治面貌等)、工作履历、受教育程度、主要经历、道德素养和综合素质。

应当重点描述关键管理人员的才能和职责。这些人员如同领头奔跑的骏马,起着带队引领、示范表率的作用,创业管理团队的高效率能激发投资者的信心。因此,一方面,创业者需要建立起一个团结向上、责权明晰的团队;另一方面,在创业计划的写作中要凸现团队风采。

(二)组织结构介绍

组织结构即企业管理架构。组织结构体系很多,但初创企业组织结构相对比较简单,员工就是股东。关键是分工明确,各司其职。

主要介绍董事长、董事会成员和其他股东的权利和义务;明确股本结构,确定企业所有权;列举员工报酬,说明理由。

七、市场预测

市场预测一般是对开发新产品或开拓新市场的企业而言的。如果预测的结果很乐观,生产方和投资方皆大欢喜;如果不尽如人意,意味着投资方会承担很大的风险,企业融资的实现程度就会大打折扣。

在成文之前,应该对以下疑问有大致的了解。其一是需求预测:在实际市场中消费者对产品或服务的需求是否存在?如果存在,需求量有多少?这些需求能够为企业带来多大的利益?其二是竞争预测:提供同类产品或服务甚至相似产品或服务的竞争者有哪些?本企业在竞争中的优势是什么?该优势能为企业带来怎样的利润并能在竞争者中间引发怎样的震撼?

基于此,在创业计划书中,市场预测应当包括以下内容:需求现状描述;市场现状综述,包括市场竞争、企业所提供的产品的地位、目标市场情况等。

八、营销策略

营销策略对创业计划的作用也不容忽视。投资者可以从营销计划中了解企业进入市场的能力。因此,关于营销策略将着重从以下几个方面进行论述。

(一)有关产品及其价格的整体规划

一方面,论述产品的目标客户,展示产品之于目标客户的价值;另一方面,制定合理的价格,用足够的论证来证明所定价格的合理性。同时,创业者要制订价格控制方案以便让投资者相信自身的价格控制能力。

(二)分销渠道

这里需要明确的是:分销渠道是另辟蹊径还是与他人联合?是多渠道销售还是直销形式?创业者要做好销售设计方案,包括具体的销售策略、销售中可能遇到的难题的化解方式、营销队伍概况及管理、不同阶段的销售目标和方向等。

(三)宣传方式

刚刚起步的企业有必要靠促销来打开产品市场,如折扣、刮奖、广告、展示会等方式。无论是哪种方式,都要在创业计划书中明确道来。

九、生产计划

作为创业计划书中的重要组成部分,生产计划的作用在于使投资者了解企业的成本规模和企业产品在市场中的受欢迎程度。在这一部分,创业者应该明确一个有机的业务流程。在业务流程中,创业者一定要明确其中的关键环节,要写明企业的基本运营周期以及间隔时间,更要将季节性生产任务和生产中会遇到的问题及解决方案解释清楚。

具体来说,创业计划书中的生产制造计划应包括以下内容:①厂房基本情况,包括地址、基础设施和基本配置情况;②产品制造和技术设备现状;③生产流程及关键环节介绍;④新产品投产计划;⑤生产经营成本分析;⑥质量控制和改进计划及能力。

十、财务规划

一份好的财务规划可以降低经营风险,增强风险企业的评估价值,可以提高企业获取资金的可能性。如果说整份创业计划书是对创业者在筹资过程中所做事情的整体概括,财务规划则是创业计划书的臂膀,为创业计划书做有力的支撑。试想一下,如果没有现金流量表、资产负债表和损益表的相关编制,有哪家风险投资公司能够将大量的资金投到你的公司?财务规划一般包括以下内容。

(一)历史经营状况数据

历史经营状况数据针对的是既有企业,初创公司不会涉及此类问题。企业在过去几年的经营状况是未来发展的重要参考,投资方会以此作为抉择的重要依据。一般而言,创业者应提供三年以来的现金流量表、损益表和资产负债表。其中,现金流量表是企业的生命线,企业无论在初创期还是在扩张期都要对流动资金有预先的计划和使用中的严格控制;损益表是企业盈利状况的写照,它反映了企业在一段时间运作后的经营结果;资产负债表体现企业在某一时刻的状况,是投资者用来衡量企业的经营状况以及投资回报率的依据。

(二)未来财务整体规划

未来财务整体规划是建立在创业计划书中的生产计划和营销计划基础上的。严格来说,创业计划书中的此前任何章节都应该作为企业制订未来财务规划的依据。有据有理,有适当的假设,是做好财务规划的前提。

创业者要做的工作是:论述未来3~5年内的生产运营费用和收入状况,将具体财务状况以财务报表形式展示。

财务规划需要财会方面的专业知识,要做到规划精细、账款明晰,最好由这方面的专家来运作。专业的眼光能够避免财务报表漏洞百出,也能增强投资方的信任感。因此,创业管理团队中有一位熟悉财务人员的是非常必要的。

十一、风险分析

创业计划书前面的章节写得再出色,但若没有风险分析,其整体上也是不完美的。因为创业本身就带有一定的冒险性,所以创业过程中的风险也通常会让人始料不及。这时,风险分析能让创业计划书显得务实,也能让投资者弄清其中的利害关系,即便不能吸引投资,对创业者来说也未尝不是一种好事。关于这一点,创业者可以试着从以下方面进行阐述。

(一)市场风险

市场风险包括生产中可能遇到的问题,销售中未知的因素,竞争中难以预料的方面,顾客的不同需求与反馈。

(二)技术风险

技术风险主要指技术研发中的困境,如技术力量不够强大、研发不到位、员工熟练程度不高、经验不足、研发资金短缺等。

(三)资金风险

创业者需要阐明有可能出现的资金周转不畅和资金断流问题,也要讲明万一企业遭遇清算的后果以及遭遇清算后有无偿还资金的能力。

（四）管理风险

与成长期的企业相比，初创企业难免会有各种各样的问题和不利于引资的种种因素。管理上的风险往往显得尤为突出。创业者要实事求是，不能刻意隐瞒管理方面的缺陷和漏洞，而要如实反映一些现实情况，如人手不足、经验欠缺、资源匮乏之类。真诚是企业最好的名片。

（五）其他风险

创业的风险还有很多，某些政策的不确定性、经营中的突发情况、财务上的非确定因素等，都可以归入其他风险。

创业者的任务是，在对市场、技术、资金、管理等各个方面风险进行分析之后，将这些风险以及相应的解决方案用清晰的文字在创业技术书中反映出来。风险并不可怕，可怕的是没有应对风险的能力与对策。只有风险列举而无解决方案的创业计划书如同将一堆难题堆积在投资者眼前，让人感到如同置身黑暗而看不到希望的曙光。

第四节 创业计划书的编写原则和技巧

如何写就一份成功的创业计划书呢？这里提供一些基本原则。

一、编写原则

（一）目标明确，呈现优势

优秀的创业计划书一定要明确经营项目，并呈现出项目的具体优势。试想，如果只是罗列许多事实和数据而没有明确说出观点，会是件多么糟糕的事情。

优势不能面面俱到，一定要抓住核心。只要做到：突出产品或服务的特征与价值，在阐述中让出资者相信产品或服务的发展空间；写明目标市场规模，让投资人看到预期销售收入很大；分析竞争对手，阐明自己居于竞争态势中的位置，让读者相信该企业是同行中的有力竞争者并能成为某领域中的领先者；介绍企业运营模式和盈利途径，让读者尤其是投资方对风险的担心降到最低；描述整个创业团队和管理团队的职责和目标，让投资人从你的创业团队中看到企业的良好的前景。

此外，对已经建立的创业企业来说，在创业计划书中还可以明确企业发展的具体方向，激励员工为共同目标而努力，说服投资者为企业的进一步发展提供资金。

（二）内容真实，体现诚意

优势是创业者制胜的法宝，创业计划书不应单是为创业者及其团队和企业唱赞歌。成功与风险并存，优势与不足同在，任何一家企业都是如此。因此，创业计划书一定要实事求是，量力来写，而不是为了吸引投资夸夸其谈。

在具体成文时，创业者一定要明确指出企业的市场机会、竞争威胁、潜在风险并尽量以具体资料佐证。关键还要分析可能的解决方法，绝不能含糊交代；另外，对采用的任何方法诸如假设、预估、会计方法等，都要做明确的说明。总之，一定要实话实说，言辞妥帖，否则许诺越多，不能兑现的越多，最终会搬起石头砸自己的脚。

（三）要素齐全，具体到位

创业计划书内容和格式不是千篇一律，但无论何类项目的创业计划书，都要涉及以下内容：计划摘要、产品介绍、团队和管理、市场预测、营销策略、生产计划、财务规划、风险分析。

在创业计划书写完之后，可以试着从以下几个方面查漏补缺：①是否明确了产品或服务；②是否体现了自身的优势和能力；③是否显示已经做过市场分析；④是否交代了可能的风险以及应对策略；⑤是否让投资者领悟了其中的主要信息。

（四）语言平实，通俗易懂

在撰写创业计划书时，要尽量运用平实准确、通俗易懂的文字来表述。一要贴切，避免歧义；二要通俗，切忌艰涩；三要朴实，规避华美。

让外行也能看懂，是创业计划书最大的成功。尽管有的项目有一定的技术含量，对项目的分析也需要用到一些专业术语，但关键在于怎么表述。出色的执笔者懂得深入浅出，一味用高深、玄妙的语句会将投资者拒之门外。事实上，只有少量的技术专家能真正会意创业计划的项目评估。许多读者却全然不懂技术，所以他们喜欢简单通俗的解说而非术语和行话。为了到达理想的信息接收效果，创业计划书可适当配以图表、幻灯片，以图文并茂的形式将内容形象化、直观化。

（五）结构严谨，风格统一

如果商业计划书让人读起来感觉很乱，表明它是失败的。

受创业者能力、计划书篇幅、完成时间等因素影响，一份创业计划通常由几个人合作完稿。这就难免存在体例不一、风格迥异、结构松散等问题。为了创业计划书的完美展现，最后应由一个人统一定稿。

（六）材料完备，循序渐进

资料准备很重要。我们常说，巧妇难为无米之炊，创业计划书的写作也是如此。没有详备的第一手材料，很难在制作过程中做到有理有据。调查报告、数据分析、具体案例、基本情况等，都必须准备齐全，才能做到胸有成竹。

通常，把握以下3个阶段能够保证你有条不紊、循序渐进。

1. 确立方案，准备资料

主要有如下准备工作：①确定创业计划的目的与宗旨；②组成创业计划小组；③制订创业计划；④确定创业计划的种类与总体框架；⑤制订创业计划编写的日程安排与人员分工；⑥调查报告、具体案例和数据等。

2. 拟定目录，撰写初稿

首先依据创业执行纲要，对创业企业的概况、竞争、销售、组织、管理、技术、工艺、财务、风险等内容进行全面编写；然后撰写摘要，以便初步形成较为完整的创业计划方案。

3. 反复修改，完善定稿

文不厌改，多次阅读，多人阅读，以查漏补缺，形成相对完善和完美的定稿，接下来才能印制成正式的创业计划文本。

(七)详略得当,篇幅适当

创业计划书是否有必要写得详细,历来有两种相反的声音。一种是酒香不怕巷子深,没有必要对创业计划书认真准备;一种是酒香也怕巷子深,商业计划书越详细越好。事实上,过长或过短都是两种极端,太长,则显得啰唆,适得其反;太短,会缺少可行性和说服力。创业投资家们的经验也表明,有时商业计划书越长、越详细,后来失败的可能性也越大。

要调和这种矛盾,关键是详略得当。如果创业计划书详述产品如何先进、前途多么广阔,而对营销方案、风险分析、团队管理等轻描淡写,显然是避重就轻,显然不会招致投资者的青睐。一份创业计划书,不能因为执笔者熟悉哪些方面就详细叙述哪些方面,也不能哪些方面容易驾驭就将其作为整篇的重点。计划书的对象可以是投资者,可以是银行,也可以是企业自身,不同的目的导致计划书的重点也会有所不同。

因此,创业计划书一定要掌握适度原则。一般情况下,要重点写前景让人看好的理由与方案,如市场分析、制订计划、营销方案、成本预算、风险分析与应对策略等。而那些涉及企业基本情况、人员基本情况、企业前景和目标等环节要相对略写,交代清楚即可。

二、成功的创业计划书的特点

项目不一样、制订者不一样,创业计划书的内容、风格也不尽相同,但成功的创业计划书总归有一些共同的特点。

(一)客观性

客观性是计划书的基本特点。一份弄虚作假、扬长避短的创业计划书显然是外表光鲜,骨子里却经不起推敲的。成功的创业计划书必须建立在充分的市场调查、大量的真实案例、确凿的数据分析之上,才能获得投资者的肯定,才能为可操作性打下基础。也可以说,客观性、真实性是创业计划书的生命。

(二)可行性

成功的创业计划书不是纸上谈兵,它是用来进行实战的。只有进行实战,计划书的价值才能真正显现。具体的实战过程当然会具体问题具体分析、做出若干调整,但项目的整体思路和设想一般不会动摇。

(三)创新性

创新性是创业计划书最鲜明的特性,也是创业计划书相互区别的标志。如果项目是新项目、技术是新技术、材料是新材料、营销模式是新营销模式,那么,创业计划书会以全新的形象显得与众不同。

(四)逻辑性

逻辑性是创业计划书不同于一般的商业文件的一个特征。创业计划书的每一部分都是围绕着企业目标而展开的,并且为整体目标提供一种论据和支撑。具体到文字上,就是用逻辑性的语言把客观事实和相关材料表达出来。

掌握了以上原则和技巧,就能写就一份好的创业计划书。

第五节　大学生创新创业训练计划

大学生创新创业训练计划的前身是大学生创新性实验计划。大学生创新性实验计划是"十一五"期间教育部为推动创新型人才培养工作而实施的一项重要改革举措,是教育部第一次在国家层面上实施的、直接面向大学生立项的创新训练项目。该计划于2006年开始试点,在2007年进入正式实施阶段。"十二五"期间,教育部将该计划升级为国家级大学生创新创业训练计划。

根据《教育部 财政部关于"十二五"期间实施"高等学校本科教学质量与教学改革工程"的意见》(教高[2011]6号)和《教育部关于批准实施"十二五"期间"高等学校本科教学质量与教学改革工程"2012年建设项目的通知》(教高函[2012]2号),教育部决定在"十二五"期间实施国家级大学生创新创业训练计划。

国家级大学生创新创业训练计划内容包括创新训练项目、创业训练项目和创业实践项目三类。

创新训练项目是本科生个人或团队,在导师指导下,自主完成创新性研究项目设计、研究条件准备和项目实施、研究报告撰写、成果(学术)交流等工作。

创业训练项目是本科生团队,在导师指导下,团队中每个学生在项目实施过程中扮演一个或多个具体的角色,完成编制商业计划书、开展可行性研究、模拟企业运行、参加企业实践、撰写创业报告等工作。

创业实践项目是学生团队,在学校导师和企业导师共同指导下,采用前期创新训练项目(或创新性实验)的成果,提出一项具有市场前景的创新性产品或者服务,以此为基础开展创业实践活动。

哈尔滨工业大学面向高年级开展大学生创新创业训练计划,2017~2018年共立项1 299项,参与学生4 323名,参与指导教师658名,其中国家级立项130项。学校不断加大经费的投入力度,完善优秀项目评审制度,增加指导力度,项目完成质量不断提升。哈尔滨工业大学学生在历届全国大学生创新创业年会上的成绩均名列前茅,2018年获得全国大学生创新创业年会"优秀论文"1篇、"最佳创意项目"1项和"我最喜爱的项目"2项,获奖数量居全国高校首位。其中,优秀论文被国创专业组推选为5篇大会报告之一。

一、哈尔滨工业大学大学生创新创业训练计划管理办法

哈尔滨工业大学大学生创新创业训练计划管理办法

校本教研[2017]45号

根据国家深化创新创业教育改革有关文件精神和教育部关于做好国家级大学生创新创业训练计划工作实施工作的有关要求,为规范我校"大学生创新创业训练计划"(以下简称"大创计划")管理工作,鼓励师生积极投身"大创计划",激发学生对科学研究的兴趣,培养学生提出问题、分析问题和解决问题的能力,创新实践和动手能力,团队组织协调和攻关能力,社会适应能力等,特制定本办法。

第一章 项目内容

第一条 "大创计划"项目按内容分以下三种:

1. 创新训练项目以项目为载体,由本科生个人或团队,在导师的指导下,自主选题,自主进行实验方法设计,自主进行研究性学习,自主开展研究工作,独立组织实施并进行数据分析处理和撰写总结报告。

2. 创业训练项目是本科生团队,在导师指导下,团队中每个学生在项目实施过程中扮演一个或多个具体的角色,完成编制商业计划书、开展可行性研究、模拟企业运行、参加企业实践、撰写创业报告等工作。

3. 创业实践项目是学生团队,在学校导师和企业导师共同指导下,采用前期创新训练项目(或创新性实验)的成果,提出一项具有市场前景的创新性产品或者服务,以此为基础开展创业实践活动。

第二条 "大创计划"项目根据水平分为国家级、省级和校级。

第二章 组织管理

第三条 "大创计划"于每年秋季学期立项,下一年春季学期开展中期检查,秋季学期组织结题验收和优秀项目评选。创新、创业训练项目执行时限一般为 1 年,不超过 2 年,完成时间不迟于学生毕业时间;创业实践项目执行时限不超过 3 年。为避免项目因团队成员离校终止,应在立项时考虑成员的结构,保证可持续性。

第四条 学校鼓励学生积极参加"大创计划"项目,并提供经费和政策支持,制定相关制度,监督检查各院系项目实施和管理情况。

第五条 院系指定专人负责"大创计划"的组织和管理,成立院系"大创计划"专家组,负责本院系项目的立项组织、项目评审、中期检查、结题验收和优秀项目评选的工作,强化过程管理;应根据自身实际情况制定《大学生创新创业训练计划管理办法实施细则》。

第三章 项目申报

第六条 全校本科学生均可申请"大创计划"项目。学校鼓励跨院系、跨专业、跨年级联合申报,实现科交叉融合。实行项目负责人负责制,团队一般不超过 5 人。

第七条 申请者要品学兼优、学有余力,有较强的独立思考能力和创新精神,具备组织管理和领导力,对科学研究、科技活动或社会实践有浓厚的兴趣,具备从事创新创业训练的基本素质和能力。

第八条 创新、创业训练项目申请者仅限本科生个人或团队,主要面向大二至大三学生。创业实践项目申请者以本科生团队为主,主要面向大三、大四学生,可包括已成为研究生的前期项目的成员。创业实践项目负责人毕业后可更换负责人,在能继续履行相关责任的前提下,允许项目负责人毕业后以大学生自主创业者的身份继续担任该创业实践项目的负责人。

第九条 项目负责人提交《立项申请书》并参加院系组织的立项答辩。每人限主持或参加一个项目,不得在不同项目之间交叉申报。正在承担(含主持和参加)项目的学生不能再申报新项目。

第十条 项目可选择相关学科教师作为指导教师。创业训练、创业实践项目申请者除学校指导教师外,可同时选择一名企业导师共同指导。

第十一条 项目课题可由学生自己提出,也可由学生和指导教师共同拟定,或由指导教师提出、学生选择。课题难易度以学生在教师指导下能独立完成为宜。创业实践项目选题需结合前期创新训练项目的成果。

第四章 中期检查

第十二条 项目负责人提交《中期检查报告》并参加院系组织的中期答辩。院系于中期检查后择优向本科生院推荐国家级和省级立项项目。

第十三条 学校组织"大创计划"专家组对院系推荐的项目进行评审,根据答辩成绩确定国家级和省级立项名单,经公示无异议后,由学校发文公布,报上级教育主管部门。

第十四条 项目实施过程中,如需变动项目参与人员、更换项目题目及内容,项目负责人应在中期检查时将相应变更的书面申请(经指导教师签署意见)与《中期检查报告》一并提交到院系审核,中期检查答辩通过后由所在院系汇总后报本科生院备案。中期检查结束后不应再变更。

第十五条 项目执行期内不允许无故中止项目研究,由于无法克服原因决定中止项目研究,应由项目负责人在中期检查前向院系提交书面申请,经院系批准后报本科生院备案。项目中止后,项目组成员在项目中止的当学期不允许重新立项。

第十六条 对项目执行过程中存在弄虚作假和不诚信等行为的学生或团队,学校将追回已下拨经费,取消学生或团队今后申请项目的资格,并依校纪校规处理。

第五章 结题验收

第十七条 项目组按计划完成研究工作并取得预期研究成果的,可申请结题。项目负责人提交《项目结题申请书》及基于项目取得的论文、专利、竞赛证书等佐证材料,参加由院系组织的结题答辩。

第十八条 院系组织答辩专家组对项目进行认真评审,给出详细的验收意见。评审结果报本科生院,经学校专家组审核、公示无异议后,由学校发文公布。

第十九条 结题项目材料由院系按教学文档保管,至少保存四年。利用"大创计划"资助经费所购置的仪器设备等资产归属项目负责人或指导教师所在单位,应按规定办理固定资产手续。

第二十条 因客观原因不能在规定期限按计划结题的项目,项目负责人应提交《项目延期结题申请表》,并附《项目进展报告》,详细阐明延期缘由,经指导教师签署意见,院系审核汇总后报本科生院备案。每个项目只能延期一次,时间不超过一年。

第六章 优秀项目参加全国大学生创新创业年会

第二十一条 从2008年开始,教育部每年举办一次全国大学生创新创业年会(以下

简称"年会"),以加强参与高校和参与学生之间的交流。年会主要内容包括:

1. 大学生创新学术年会:遴选参加国家级"大创计划"项目中创新训练项目学生的学术论文,以学术报告的形式进行学术交流。

2. 大学生创新创业项目展示:遴选国家级"大创计划"项目中创新训练项目、创业训练项目和创业实践项目,以展板和实物作品演示的形式进行项目交流。

3. 大学生创业项目推介会:遴选国家级"大创计划"项目中创业实践项目和创业训练项目,进行项目推介、宣传和交流。

第二十二条 学校推荐优秀的国家级项目参加年会,征集范围为近五年内立项的国家级"大创计划"项目。

第二十三条 学术年会主要推荐已在正式出版物上发表且标明获得国家级大学生创新创业训练计划项目资助的学术论文。项目展示主要推荐系统功能完善、创意新、技术水平高、体验效果好、展示度强的项目。创业项目推介会主要推荐已注册企业、项目实践程度和运营良好的国家级"大创计划"创业实践项目。

第七章 经费管理

第二十四条 学校设立"大创计划"项目专项经费,实行项目管理、专款专用。国家级项目由国家资助,学校配套支持,省级和校级项目由学校资助。项目经费主要用于图书资料、论文打印、论文版面、专利申请、材料费等,由指导教师和院系负责监督管理。

第二十五条 中期检查通过后至结题前可使用总经费的60%,结题合格后再报销剩余经费(总经费的40%)。经费使用及执行进度按申请书中的批准预算和学校财务管理规定执行。项目结束后进行决算,并接受审计部门监督。

第八章 政策支持

第二十六条 学校设"大创计划"优秀项目奖,由院系组织,每年评选一次,分一、二等奖。优秀项目数量不超过当年结题项目的30%,其中一等奖数量不超过10%。评选结果经学校专家组审核、公示无异议后,发文公布并颁发证书。

第二十七条 学校为"大创计划"项目提供经费支持;根据学校创新创业学分管理办法,结题项目、入选年会项目、年会获奖项目可获得相应学分;入选年会项目还可根据学校推荐免试研究生有关规定获得相应推免加分。

第二十八条 学校鼓励教师积极组织指导学生"大创计划"项目,相关组织和指导工作计入教学工作量,满足条件的可折合计入课堂教学时数,具体办法见学校有关规定;成绩突出的可申请参评学校创新创业教育活动优秀指导教师,给予表彰奖励。

第九章 附则

第二十九条 本办法自发布之日起实行。此前发布的《哈工大大学生创新性实验计划管理办法》(校教发[2010]89号)同时终止执行。本办法由本科生院负责解释。

二、创新训练项目计划内容

(一)课题组成员(包括项目负责人、按顺序)

姓名、性别、所在院、年级、学号、身份证号、本人签字。

(二)项目简介(限500字以内)

编写建议:想做什么?有何意义和价值?准备怎么做?预期困难和结果是什么?特色和创新是什么?

(三)申请基础(限300字以内)

编写建议:①是否掌握相关知识和技能?拟获取的途径?②是否具备相关工作经验?是否有前期准备?③是否与团队成员的兴趣爱好相关?④团队成员是否合作经验?会有哪困难?

(四)立项报告正文

(1)立项背景(编写建议:①项目的意义和价值;②项目关注的技术/装置/应用目前存在哪些问题?③现有解决方案,如研究现状趋势/应用现状综述或介绍;④可直接综述总结前三点,或在综合分析基础上,引出自己的考虑。)

(2)研究内容(编写建议:编写研究内容首先需对你的工作进行分解,然后分条/分块/分步介绍你准备干什么。以下建议仅供参考:①若是问题研究,可对问题进行分解,然后根据分解后的问题写清楚"研究……""解决……""分析……"等部分;②若是装置设计,可根据装置的结构和组成,写清楚"设计……""制作……""调试……"等部分;③若是社会调查,可根据调查的目标和次序,写清楚"调查……""分析……""获得……"等部分。)

(3)预期目标(编写建议:①按中期目标和结题目标分别进行编写,作为中期检查和结题检查的依据;②结题目标建议交代结题成果形式,成果形式包括文献综述/研究报告/调查报告、开发软件/设计装置/提出方案/形成设计图、论文发表/专利申请/软件著作权申请/媒体报道/公益服务或应用等,成果可以是一种或多种形式。)

(4)特色与创新。

(5)实施方案(编写建议:①可先写研究路线,鼓励用线框图等图示的方式辅助交代先干什么,再干什么,各部分工作的相互关系;②各部分工作拟采用怎样的方法和手段;③整个项目的关键,可能遇到的困难,拟采取的对策。)

(6)进度安排(编写建议:建议根据研究内容和目标,以周或月为时间单位,采用甘特图或类似图表编写项目进度。)

(7)经费预算(编写建议:学生创新项目主要涉及材料费、分析测试费、差旅运输费、资料费等。材料费应结合研究内容、市场价格进行预算;分析测试费应根据研究需要和我校分析测试收费标准进行预算。)

三、创业训练项目计划内容

项目来源:□自主研发　□他人授权　□其他

项目类别：
□ 农林、畜牧、食品及相关产业类　□ 生物类、医药类　□ 化工技术、环境科学类
□ 电子信息（软件、网站）　□ 电子信息（硬件）　□ 材料类　□ 机械能源类　□ 服务咨询类

（一）团队成员（包括项目负责人、按顺序）

姓名、性别、所在院、年级、学号、身份证号、本人签字。

（二）团队成员创新、创业经历及项目分工情况

姓名、创新创业经历、本项目分工。

（三）指导教师相关指导经历及项目指导分工情况

指导教师来源：包括校内指导教师、企业指导教师。

（四）立项报告正文

（1）项目简介（限500字以内）：（编写建议：项目背景、研究与开发、品牌或服务描述、项目特点和技术优势等。）

（2）申请基础（限300字以内）：（编写建议：是否掌握相关知识和技能？拟获取的途径？是否具备相关工作经验？是否有前期准备？是否与团队成员的兴趣爱好相关？团队成员是否合作经验？会有哪些困难？）

（3）行业及市场分析：（编写建议：行业背景、市场需求、目标市场定位、市场前景等。）

（4）市场竞争及营销策略：（编写建议：主要竞争对手情况、营销策略。）

（5）组织与运营：（编写建议：企业组织结构、团队成员的角色和分工、模拟的生产运营计划等。）

（6）财务分析：（编写建议：投资概算、财务指标和效益的预测分析。）

（7）预期目标及对创业能力的培养：（编写建议：投资概算、财务指标和效益的预测分析。）

（8）其他说明：（编写建议：媒介关于技术和产品的报道图片、技术和产品的资料等。）

（9）项目进度安排：（编写建议：建议根据研究内容和目标，以周或月为时间单位，采用甘特图或类似图表编写项目进度。）

（10）申请者承诺：

本人保证上述填报内容的真实性。如果获得资助，本人与本项目组成员将严格遵守学校的有关规定，在不影响课程学习的情况下，保证创业项目的时间，并按计划认真进行创业训练，在训练过程中或结束时，接受学校对本项目的中期检查和结题验收，并按时提交工作总结和结题报告。

四、创业实践项目计划内容

项目来源：□自主研发　□他人授权　□其他

项目类别：
□ 农林、畜牧、食品及相关产业类　□ 生物类、医药类　□ 化工技术、环境科学类
□ 电子信息（软件、网站）　□ 电子信息（硬件）　□ 材料类　□ 机械能源类　□ 服务咨询类

（一）团队成员（包括项目负责人、按顺序）

姓名、性别、所在院、年级、学号、身份证号、本人签字。

（二）团队成员创新、创业经历及项目分工情况

姓名、创新创业经历、本项目分工。

（三）指导教师相关指导经历及项目指导分工情况

指导教师来源：包括校内指导教师、企业指导教师。

（四）立项报告正文

(1) 项目简介（限500字以内）：（编写建议：项目背景、研究与开发、品牌或服务描述、项目特点和技术优势等。）

(2) 申请基础（限300字以内）：（编写建议：是否掌握相关知识和技能？拟获取的途径？是否具备相关工作经验？是否有前期准备？是否与团队成员的兴趣爱好相关？团队成员是否合作经验？会有哪些困难？）

(3) 行业及市场分析：（编写建议：行业背景、市场需求、目标市场定位、市场前景等。）

(4) 市场竞争及营销策略：（编写建议：竞争对手分析、价格、渠道、广告、公关等营销组合策略。）

(5) 战略与组织：（编写建议：企业战略、企业组织、管理团队及分工、人力资源计划、薪酬和激励计划等。）

(6) 生产运营：（编写建议：厂址选择与布局、生产工艺流程、设备与人员安排、物流方案。）

(7) 财务分析：（编写建议：注册资本、股权结构、融资方案、财务指标分析、回报年限、退出方式等。）

(8) 风险预测及控制：（编写建议：风险识别、风险评估、风险控制策略。）

(9) 创业愿景及目标：（编写建议：创业愿景、预期的企业规模、生产能力、市场地位、产品销售、盈利能力等。）

(10) 实践程度：（编写建议：现有的基础条件、资金投入、实施情况、面对的困难和问题。）

(11) 其他说明：（编写建议：媒介关于技术和产品的报道图片、技术和产品的资料。）

(12) 项目实施进度和阶段性目标：（编写建议：建议根据研究内容和目标，以周或月为时间单位，采用甘特图或类似图表编写项目进度。）

(13) 申请者承诺：

本人保证上述填报内容的真实性。如果获得资助，本人与本项目组成员将严格遵守学校的有关规定，在不影响课程学习的情况下，保证创业项目的时间，并按计划认真进行创业训练，在训练过程中或结束时，接受学校对本项目的中期检查和结题验收，并按时提交工作总结和结题报告。

第八章 创新创业团队

第一节 大学生创新创业团队核心竞争力

当代大学生是未来社会创新创业的生力军,大学生创新创业团队是培养创新创业人才的重要组织形式。建设大学生创新创业团队,不仅是"大科学"时代和全面深化高等学校创新创业教育改革的必然要求,也是经济发展新常态下大学生成长成才的实际需要。

一、大学生创新创业团队核心竞争力的构成

20世纪70年代以来,世界科技事业的发展进入注重多方合作、协同创新的"大科学"时代。科学领域逐渐建立起"团队"的理论和实践模式,科学家们纷纷成立"科研团队"。与此同时,世界发达国家和地区开始重视创新创业人才的培养,创新创业计划竞赛也开始兴起。近年来,中国清醒地认识到创新创业人才培养的重要性,全社会日益重视和支持青年创新创业,大学生创新创业团队在各高校普遍建立。大学生创新创业团队是培养创新创业型人才,促进学生成为"完全之人"的重要组织形式。王国维曾指出,教育之宗旨是"在使人之为完全之人物也",即"人之能力无不发达且调和也"。仅依赖第一课堂的传统育人方式已经远不能满足大学生成长成才的需求。

大学生创新创业团队的核心竞争力建设,有其特殊性。大学生创新创业团队的核心竞争力与企业的核心竞争力有着质的区别。前者是大学生为主体的组织,是探索真知和发展自我的机构,而企业以技术创新与产品生产为主。前者所追求的是社会公共利益,而企业以追求经济利益为主要目的。前者的优势体现在高质量人才的培养,不同高校、不同团队培养的人才具有"聚变效应",而企业的优势是在与其他企业竞争中体现出来的。大学生创新创业团队与教师创新创业团队的核心竞争力也有区别。前者的成员流动性很大,目的在于受教育;后者的成员较稳定,目的在于培养人才、创造知识、服务社会。唯有加强团队核心竞争力建设,建成特色品牌,形成文化传统,才能把大学生创新创业团队建成"铁打的团队",以满足"流水的学生"成长成才的需要。目前,学界对企业和教师创新创业团队的核心竞争力建设做了很多研究,鲜有关于大学生创新创业团队核心竞争力建设的研究成果。

"核心竞争力"的概念一开始用在企业管理领域,由Hamel和Prahalad于1990年提出。随着理论的拓展与延伸,"核心竞争力"已被广泛应用于分析大学等非企业组织的竞争优势。对于大学生创新创业团队核心竞争力内容与维度的探究,不同学者持不同观点。Leonard-Barton(1992)基于知识或知识价值链的视角,认为核心能力是由知识库、技术体系、管理系统、价值观与规范四个维度组成的一种识别与整合目标知识,并获取竞争优势

的知识体系。李志宏等认为,科研团队核心能力的测量指标是团队成员、团队资源、团队制度和执行情况、团队文化、学术成就。基于资源或资本视角,王磊认为,大学创新学术团队所拥有的各种资源、运用资源的能力以及团队运行的文化氛围是影响团队决策和决定团队发展前景的最重要的三大要素。学术团队核心竞争力包括资源层面(人力资源、物质资源、品牌资源)、能力层面(创新能力、运行能力、学习能力)和文化层面(核心理念、发展战略、团队精神)三个层面的要素。杨林平等认为,科研团队核心竞争力的构成要素主要有人力资本、结构资本、关系资本。综合以上研究,主要以王磊的观点为基础,参考他人的研究成果,本书提炼出大学生创新创业团队核心竞争力的构成要素。

1. 资源构成

(1)人力资源,包括团队的学生领导、成员及其结构,还包括指导教师和相关研究生资源。学生领导很重要,一个团队领导的能力高低在某种程度上决定着该团队创新创业能力的高低。

(2)物质资源,要求拥有一定的办公和实验场所、仪器设备、图书资料等,并有相应经费支持。

(3)品牌资源,团队所在大学、挂靠学院、依托学科及实验室的品牌,团队的历史及品牌。目前,很多团队的建立大多凭学生的一时兴趣或为了参与某项赛事,团队的成立是一种权宜之计。要力戒这种情况,使团队长久地成为培养人才的重要组织形式。

2. 能力构成

(1)学习能力,包括团队的学术聚焦、知识共享、人才培养能力。要求团队创新的知识点要精准聚焦,不能随着团队规模的扩大而"各自为政"。同时要求团队成员之间学会群体学习,不能"各自为战"。要在团队中成长,真正学有所获。

(2)运行能力,包括组织构架、制度执行、可持续发展的能力。需要特别重视团队的可持续发展能力。团队需要学习,但不能迷信学习。不仅要求团队及其成员能够适应当下,而且要能适应未来。

(3)创新创业能力,包括整体实力、学术成果、创业意向、商业策划等。在学术创新的同时,学习创业知识,如市场调研、商业策划等也是必不可少的。

3. 文化构成

(1)共同愿景,包括主攻方向、发展目标。不是每个团队都必须具有创新、创业这两个目标,应根据具体的内外因素确定主要发展方向与目标。

(2)核心理念,包括团队的核心价值观和核心目的等。团队的核心理念在整个团队文化体系中居于核心地位,使团队的"基因"与众不同,有利于团队成员形成共同的行为标准,促进团队的核心竞争力。

(3)团队精神,包括融洽的氛围、合作的态度,对创新创业的激励及对失败的宽容等。

根据以上分析,我们将大学生创新创业团队的核心竞争力定义为,基于育人本位、创新本质和创业目的,蕴涵于团队基质中,在老师指导下,团队独具的,协调团队的各种资源、能力和文化的,支撑团队过去、现在和未来发展优势的要素共同体。

二、大学生创新创业团队核心竞争力的提升

美国哈佛大学商学院教授安德鲁斯(Andrews)1971年在《企业战略概念》中提出了SWOT的分析框架。这一框架也可以用来分析大学生创新创业团队的内部优势(Strengths)、劣势(Weaknesses)以及外部机会(Opportunities)、威胁(Threats)。在这四方面的基础上,制定出与其自身条件和所处环境相适应的发展战略,以最大限度地利用内部优势和外部机会,同时把自身的劣势和外部的威胁降至最低。

(一)内部优势

1. 团队所依托学科的优势

学校的办学特色和优势学科是团队重要的品牌资源。2014年,中国青少年科技创新奖励基金委托团中央学校部面向全国大学生,遴选支持了100个在学术研究、科技竞赛、成果转化等方面取得突出成绩或显示较大潜力的大学生科技创新团队,命名为"小平科技创新团队"(以下简称"小平团队")。"小平团队"大多建立在相关高校优势学科的基础之上,如上海交通大学面向新能源汽车的燃料电池制造技术创新团队、同济大学Eco-Power车团队,凭借各自学校相关学科新能源汽车的研发实力;北京理工大学智能地面移动机器人创新团队、苏州大学医疗康复机器人团队,依托各自学校优势的机器人研究学科;南京航空航天大学擅长无人机的研制,"长空"新概念无人机科技创新团队随之诞生。同时,团队的发展也离不开学校的支持。哈尔滨工业大学为创新团队设立了单片机技术创新实验室、飞思卡尔创新实验室等多个实验室,为在校生提供了良好的科技创新平台。在此,较为详细地以扬州大学团队为例介绍学校优势学科对创新团队的建立与发展起到的重要作用。扬州大学人畜共患病与食品安全科技创新团队,依托该校实力雄厚的生命学科。扬州大学办学规模较大,拥有12大学科门类。生命学科有院士2人,植物与动物科学、农业科学等相关学科的ESI排名进入全球大学和科研机构前1‰。在本科生培养方面,具有高质的平台和丰富的资源,拥有"国家级人才培养模式创新试验区""国家级实验教学示范中心""国家级教学团队"、国家级精品资源共享课,执行教育部"卓越工程师教育培养计划"。这是"小平团队"发展的学校与学科优势,"小平团队"在学校综合性学科、优势的生命学科的支持下不断发展。

2. 团队所具有的人才优势

相关本科生、指导教师、研究生是团队重要的人力资源,团队的人才优势基于他们在团队中的"聚变"而产生。一般而言,"单枪匹马"不可能取得创新创业的成功。团队由若干青年才俊组成,他们创新能力足、创业意识强:第二届中国"互联网+"大学生创新创业大赛的冠军作品"微小卫星"由西北工业大学的杨中光等11名大学生合作完成;首届中国"互联网+"大学生创新创业大赛的冠军作品"Unicorn无人直升机系统"由北京航空航天大学的李琛等7名大学生合作完成,亚军作品"广州优蜜移动科技股份有限公司"由华南理工大学的陈第等10名大学生合作完成。学生的创新思想不是凭空臆想出来的,往往是在导师实验室开展创新实践的过程中产生的,且团队常聘请专业老师进行指导。如扬州大学"小平团队"主要以江苏省人畜共患病学重点实验室为阵地,是在国家农业科研杰出人才及其创新团队、江苏省人畜共患病防控创新团队的部分老师指导下建立的大学

生课外科技创新共同体。该实验室有研究人员42名,其中院士1名,教授18名,博士生导师12名。老师研究团队先后被表彰为"全国教育系统先进集体""江苏省高校'青蓝工程'科技创新团队",同时入选"教育部长江学者和创新团队发展计划创新团队"等。有的团队还吸引了相关研究生作为"导生"参与,团队成员可以跨年级、跨专业、本硕互动式地协同创新。这是群体学习的重要方式,有助于团队实现知识共享。"导师导生制"既是一种组织构架,也是一个良性机制。实践证明,这一机制的实施,有助于构建"全员育人、全面育人、全程育人"的工作体系,促进学生全面发展,提升学生创新能力。扬州大学"小平团队"在获批之前,从2001年就开始参加全国"挑战杯"竞赛,团队成员共获一等奖6项、二等奖2项、三等奖1项。

3. 团队有着共同的创新创业愿景

共同愿景是指一个群体愿意为之奋斗而又具有挑战性的、召唤和驱使人们努力追求的愿望、理想和目标。共同愿景是团队文化的重要组成部分,是团队的主要发展方向,也是成员共同关切和为之努力的目标所在,它不仅包含着团队成员共同的价值取向和理想追求,而且是引导团队成员努力创新、学会创业、发挥创造潜能的动力源泉。大学生创新创业团队不同于一般的兴趣类社团或协会,团队成员创新创业的旨趣浓厚,自组织性强,团队目标与成员的个人愿景一致,这是形成团队合力和团队精神的组织基础。哈尔滨工业大学紫丁香学生微纳卫星团队入选2015年度全国"小平团队",团队成员都怀揣一个"卫星梦",他们的共同愿景是,由高校学子成功设计、研制、管控中国首颗纳卫星。"紫丁香二号"纳卫星2015年在太原卫星发射中心搭乘"长征六号"运载火箭成功入轨。

(二)内部劣势

1. 团队文化欠缺

优秀团队文化的形成绝非一日之功,且受到多种因素的影响,如团队领导者的领导风格,团队的组织结构,团队成员的互动交流等。大学生创新创业团队建设在中国高校还处于起步阶段,一般团队短时间内很难形成富有特色的团队文化。"铁打的团队流水的学生",这在一定程度上影响了学生人力资源的选聘与培养。与教师创新创业团队不同的是,学生团队成员具有较高的流动性,在核心理念的形成、团队精神的培育、知识共享长效机制的确立等方面具有一定劣势。"小平团队"的负责人由学生担任,学生角色的作用有限,这在一定程度上影响了团队文化建设。老师是团队建设的指导者,拥有较大的话语权,团队仍呈现出一定的科层结构。每个成员在导师指导下,研究方向、学术观点不尽相同,这对团队发展方向的汇聚,及成员的交流会形成一定障碍。创新创业是一项艰苦的脑力劳动和集体事业,如何将团队成员进行合理分工,是一个涉及团队运行与涵育团队精神的重要问题。

2. 团队经费偏少

必要的科研经费与创业种子资金是支持大学生创新创业活动的重要物质资源。以"小平团队"为例,尽管中国青少年科技创新奖励基金对团队建设给予了较大支持,共资助每支团队4万元经费,分两次拨付,但这部分经费对科学研究工作而言仍非常缺乏。指导老师不仅得不到劳务费,而且还需要从实验材料费和自己课题费中挤出部分经费用于学生科研工作。大学生创新创业团队的负责人是学生,其科研水平、活动能力有限,很难获得较大的经费支持。较少的直接经费投入影响了高质量的学术研究、创意交流及创业孵化,以及与校外、境外相关学生团队之间的知识共享。因此,大学生创新创业团队的实验室、工作坊、梦工场、创客空间等硬件设施的数量和质量,还远不能满足更多学生创新创业的需求。

3. 导师的能力与积极性有限

大学生创新创业团队虽是学生组织,但离不开老师的悉心指导。传统教育教学模式和仅靠校内教师的方法已不适应创新创业教育教学的需要,教师的创新创业教育教学能力亟待提高,相关的专兼职教师队伍亟待组建。在教师科研任务较重的情况下,不是所有老师都愿意在创新创业教育方面花费较大精力。部分学生持有"人往高处走"的心态,在取得较大成绩之后,选择去其他名校深造,或干脆直接就业创业,不想继续师从目前的导师深造。根据有关高校的规定,学生以第一作者发表的论文等成果,不算作是指导老师的成果。未评上正高职称的教师,一般都面临较大的职称评定的压力,因此在指导学生科研、发表论文、创业等方面"有所保留"。导师的积极性是团队精神培养的"强心剂"。如果老师积极性不高,师生间较难形成融洽气氛和合作态度,团队的能力与文化建设也会大受影响。

(三)外部机会

1. 创新驱动战略的实施

中国经济社会发展进入新常态,新常态的主要表现之一是从要素驱动、投资驱动转向创新驱动。人才是创新驱动的第一资源。习近平总书记强调,要完善创新人才培养模式,培养一大批熟悉市场运作、具备科技背景的创新创业人才,培养一大批青年科技人才。高校担负着人才培养和科学研究的重任。目前,在高校遴选建设的"小平团队",成为创新型人才培养的重要组织形式。国家创新驱动战略的实施,以及经济社会发展新常态的到来,为大学生创新创业团队的建设与发展提供了难得的战略机遇。

2. 对创新创业教育的重视

从20世纪80年代末开始,中国以相关竞赛为引领,开展大学生创新教育。团中央等单位从1989年开始主办"挑战杯"全国大学生课外学术科技作品竞赛,从1998年开始主办"挑战杯"中国大学生创业计划竞赛(自2014年起改为"创青春"全国大学生创业大赛),此两项赛事均为每两年举办一次。在国家《关于深化高等学校创新创业教育改革的实施意见》颁布后,从2015年开始,教育部等部门已连续主办了四届"互联网+"大学生创新创业大赛。参赛对象分为创意组、初创组和成长组,旨在把大赛作为深化创新创业教育改革的重要抓手,引导各地各高校主动服务创新驱动发展战略。各省纷纷出台了创新创业教育改革的实施方案,积极开展教学改革探索,建立健全教育体系,人才培养质量显著提升,学生的创新精神、创业意识和创新创业能力明显增强,投身创业实践的学生显著增加。近年来,各高校纷纷设立创新创业学院,创新创业教育不断加强。如南京大学自2008年起先后与美国、英国有关高校联合成立国际创新创业学院,汇聚国际知名专家、成功企业家、著名投资人开展创新创业教育与培训。99所大学被教育部认定为首批创新创业教育示范高校。创新驱动战略的实施,以及对创新创业教育的重视,为大学生创新创业团队建设提供了宝贵的时代机遇,使得"培养创新创业人才"这一团队的核心目的更为清晰和必要。

3. 创新创业资金的支持

改革开放以来，经过 40 多年高强度大规模的开发建设，中国传统产业相对饱和，目前已进入大众创业、万众创新的崭新时代。国家要求各地区、各有关部门整合发展财政和社会资金，支持高校学生创新创业活动，要求各高校优化经费支出结构，多渠道统筹安排资金，支持创新创业教育教学，资助学生创新创业项目。各种形式的创新创业基金，为大学生创新创业活动提供了重要的直接经济支持，使得团队物质条件的改善、经费投入的增加成为可能。目前，各高校纷纷筹资，如四川大学筹资设立 20 亿专项基金，支持学生创新创业。各种创客空间、创投平台、风投基金、政府或民间基金大力促进了创新创业的开展，中国青少年科技创新奖励基金是其中之一。该基金是在 2004 年邓小平同志百年诞辰之际，根据小平同志的遗愿，小平同志亲属捐献出小平同志生前全部稿费，委托共青团中央等单位共同设立的。该基金是一项公益性基金，主要用于支持中国青少年科技创新活动，促进中国青少年科技创新人才培养。

（四）外部威胁

1. 团队可持续发展存有一定障碍

大学生创新创业团队不能"人走队息"，即团队不能因创始成员的毕业等因素而受影响。团队只有获得强劲的外部支持，才能够确保发展的可持续性。影响团队可持续发展的因素主要有两个，一是团队之间缺乏有效的竞争机制。团中央学校部分两批在全国高校遴选了 150 支"小平团队"，应该说团队立项之前的竞争较为激烈。如果没有后续支持和优胜劣汰机制，团队的发展必然受困，不利于"小平团队"的可持续发展及其目标的实现。应将立项之前的竞争性做法延续下去，以此提升创新人才的培养质量，创建富有品牌特色的团队。二是后续支持要明确。"小平团队"立项之后，分两次可获 4 万元的拨款，这给团队建设提供了必要的经费支持。团中央学校部规定要组织专家对团队的年度创新成果进行考核，但团队建设期限、考核合格的团队是否有后续支持等问题未明确。

2. 创新创业活动的不确定性

科技发展史表明，创新是有风险的，不可能每一次创新都能成功；创新是有过程的，不可能一蹴而就；"大科学"时代，创新是集体性活动，不太可能"单枪匹马"。科研决策大多来自导师，且受到诸多外部因素的影响，决策的正确与否是科研成败的关键。大部分课题研究需有后续工作，学生毕业之后的后续研究及其成果署名也会遇到问题。成果最终能否发表，并获得社会承认，也是有风险的。创业孵化期也同样存在着诸多不确定性。随着不确定性的增强，在某种程度上会影响团队组织构架的稳定性，会削弱团队可持续发展能力，也会影响团队的融洽气氛和队员间、师生间的合作态度。

3. 新一轮科技革命的挑战

高新科技发展的本质是创新。进入 21 世纪以来，学科交叉融合加速，新兴学科与产业不断涌现，前沿领域不断延伸，生命起源、意识本质等基础科学领域正在或有望取得重大突破性进展。信息技术、生物技术、新材料技术、新能源技术广泛渗透，带动几乎所有领域发生了以绿色、智能、个性化等为特征的群体性技术革命。习近平总书记强调，未来是属于青年的。拥有一大批创新型青年人才，是国家创新活力之所在，也是科技发展希望之所在。目前,新一轮科技革命,尤其是"互联网+"科技正在兴起,全球科技创新呈现出新的发展态势和特征,与此相关的新产业、新业态正在涌现。团队成员要加强对"互联网+"现代农业、商务服务、制造业、公共服务、信息技术服务、公益创业等创新创业知识的学习。这对团队成员的学习能力提出挑战,要求团队在原先整体实力的基础上,不断完善或适当变更学术聚焦,不断进行知识更新和知识共享,创新人才培养方式,建构起适应新科技革命需求的知识结构与能力结构。

三、大学生创新创业团队核心竞争力提升的策略

根据大学生创新创业团队的内部优势与劣势,以及所面临的外部机会与威胁,可以采取 W-O(抓住外部机会,克服内部劣势)、S-O(弘扬内部优势,抓住外部机会)、S-T(弘扬内部优势,克服外部威胁)、W-T(克服内部劣势和外部威胁)组合战略,其中最重要的是 W-O 战略。综合考量这些组合战略,重要的策略是抓住国家实施创新驱动战略、重视创新创业教育、支持创新创业活动的机遇,优化团队的内部结构,建设良好的团队文化,争取更多的支持,打造竞争力强的创新创业团队。大学生创新创业团队核心竞争力的 SWOT 分析表参见表 8.1。

表8.1 大学生创新创业团队核心竞争力的 SWOT 分析表

策略\内部 外部		优势(S) S1. 所依托学科的优势 S2. 所具有的人才优势 S3. 共同的创新创业愿景	劣势(W) W1. 团队文化欠缺 W2. 团队经费偏少 W3. 导师的能力与积极性有限
机会(O)	O1. 创新驱动战略的实施 O2. 对创新创业教育的重视 O3. 创新创业资金的支持	S-O 策略 1. 团队规模扩大化策略 2. 创新创意多元化策略 3. 团队协同策略 4. 内涵发展策略	W-O 策略 抢抓机遇、克劣补短策略
威胁(T)	T1. 团队可持续发展存有一定障碍 T2. 创新创业活动的不确定性 T3. 新一轮科技革命的挑战	S-T 策略 1. 社会支持策略 2. 优势发挥策略 3. 创新创业人才培养策略	W-T 策略 团队防御策略

(一)创新体制机制,优化团队的组织结构

如今,世界发达国家和地区都对原有培养人才的体制机制进行了革新,成立了很多大学生创新中心,如美国的"本科生研究办公室"、UROP(本科研究机会计划)与 IAP(独立活动期),欧洲共同体的"欧洲高等学校研究生院",日本的"全球化 COE 项目"和"世界领先国际化研究中心建设项目"(WPI)等。中国大学生创新创业团队大多是教师主导下的金字塔式的组织结构,阻碍了团队内部的交流与团队之间的知识共享。有必要以体制机制创新为保障,扩充组织的横向结构,使之呈橄榄式团队结构,让团队的每一个成员均拥

有话语权、决策参与权。创新领导方式,构建科学的管理制度、有效的评估制度,以及合理的组织结构,是保证团队成员创造积极性、增强成员互动性,以及形成团队创新创业合力的组织基础。要提高团队整体的创新创业能力,还需将这些制度有效实施,构建起团队高效运行的机制。需要优化团队的内部组织结构,强化跨专业、跨年级,甚至跨学院的学生互动机制,形成良性的队员更新机制。加强实验室与校内优势学科实验室、校外著名实验室,加强与其他高校的相关团队、境外著名的学生创新创业组织之间的互动机制,走协同发展之路。围绕创新创业人才核心竞争力的构成要素,创新人才培养的体制机制,显著增强人才的创新精神、创业意识和创新创业能力,迎接新一轮科技革命的挑战。

(二)树立共同愿景,建设优秀的团队文化

美国著名的高等教育研究者伯顿·克拉克曾指出,学术系统是由多种多样的群体构成的,制造文化是这些群体的工作和自我利益。一个团队是否拥有较强的核心竞争力,团队文化是一个重要的软实力。优秀的团队文化能够促进成员加强合作,鼓励成员勇于创新。因此,团队负责人要加强引领,每位成员都要有主体精神,将创新创业工作和团队文化建设相结合。美国管理学大师彼得·圣吉曾指出,未来唯一持久的优势,或许是具备比你的竞争对手学习得更快的能力,其中一项重要内容就是建立共同愿景,培养成员对团体的长期承诺。团队的共同愿景是核心理念和团队精神形成的重要前提。建设合作的团队文化。在团队内部开展创新交流与知识共享,只有这样,才能产出更多的优秀学术成果和创业策划,从校内外获得更多的经费支持。同时与导师加强合作,尽最大可能,克服外部威胁、团队经费偏少、导师积极性有限的难题。在充分调动团队成员积极性的基础上,主动寻求导师支持,尽最大努力迎难而上,不断达成新突破。建设创新的团队文化,进一步发扬团队优势,在第一个建设周期内力争取得优秀业绩,初步形成团队的特色品牌,在激烈的竞争中脱颖而出,为团队能够获得较多的社会支持奠定基础。认清形势、精准施策,克服外部威胁,利用一切可能的外部条件,发挥团队优势,力争把创新创业活动的不确定性降到最低。同时,也要营造融洽的氛围、合作的态度,鼓励创新、宽容失败,正确对待不确定性的产生,科学分析其产生的原因,为团队的可持续发展提供精神滋养。

(三)重视人才选聘,打造创新创业团队

美国女科学家朱克曼曾做过统计:在诺贝尔奖设立的第一、第二和第三个25年中,合作研究获奖人数分别占总获奖人数的41%、65%和79%。可见,重大科技成果的取得越来越依赖于跨学科、跨专业的多人参与的集体性合作。要建立一个核心竞争力强的集体性合作的团队,关键策略是选聘合适的团队成员、学生负责人及导师。团队成员的选聘,除了看其是否具备基本的显性知识外,重要的是看其是否具备创新潜质、创业意向及创新创业能力,它们构成了创新创业的隐性知识。这种隐性知识在良好的团队中才可能转化为团队和其个人创新创业的知识资本。为提升团队的影响力,应抓住外部机遇,充分挖掘内部优势,立足本学科,在全校范围内广罗优秀大学生加入团队,甚至与其他高校加强合作,适当吸引外校学生参加。但也要考虑到导师及硬件条件,不要盲目扩大规模。随着团队规模的适度扩大,学科基础的适当拓宽,团队可相应增加多元化的创新创意方向,鼓励在不同方向进行探索,以满足大学生个性发展需要。但要避免"冲淡主攻方向、反客

为主"的现象。学生负责人的选聘,不仅要看其是否具一般的显性知识和隐性知识,还要看其是否具备较强的团队精神与领导力。团队的导师也至关重要。要提高教师的创新创业教育能力,完善对导师的考核激励机制,导师的指导工作及通讯作者身份应予以充分承认,极大地调动导师的积极性。同时,聘请知名科学家、创业成功者、企业家、风险投资人等各行各业优秀人才,担任创新创业教育指导教师,建立导师人才库。总之,要以创新体制机制为保障,以树立共同愿景为基础,以重视人才选聘为重点,打造核心竞争力强的创新创业团队。

第二节　哈工大紫丁香学生微纳卫星团队

2019年6月6日,《人民日报》以"哈工大有个九〇后学生微纳卫星研发团队 星空中绽放'紫丁香'"为题,通过文图影音全媒体报道了我校丁香学生微纳卫星团队追逐航天强国梦的奋斗故事。报道全文如下:

夜已深,哈尔滨工业大学的校园内万籁俱寂。几名学生一边走出卫星技术研究所实验室,一边热火朝天地交流着实验结果,笑声划破了宁静的夜。

宿舍楼早已关门上锁。"又是你们几个'小航天',天天熬夜哪儿来的劲头?赶紧睡觉去。"宿管大爷打着哈欠,将他们"放"了进去。

这几名学生,都是紫丁香学生微纳卫星团队成员。他们在做什么?今年2月,一张摄于月球背面、被外媒评价为"最美地月合影"的照片在全球亮相。照片的摄影师叫"龙江二号",它是伴随着嫦娥四号中继星任务发射到月球的一颗微型卫星。卫星的研制者就是这群平均年龄不到24岁的90后大学生,他们在追逐同一个梦——航天强国梦。

团队如一块巨大的吸铁石

紫丁香团队成立于2010年,已累计吸纳了哈工大100多名本硕博学子,来自航空宇航、力学、计算机、通信工程等9个学科。

学生团队在哈工大双星项目中发挥了重要作用。哈工大航天学院党委书记李明江回忆道:"当时,嫦娥四号中继星任务的运载能力有100 kg的余量,国防科工局公开征集,哈工大提交的双星方案最终脱颖而出,两颗卫星在2018年'中国航天日'主场活动中被命名为'龙江一号'和'龙江二号'。"

科研之路从来不是一帆风顺。"龙江二号"星务管理分系统主任设计师邱实同学说:"发射关键期,成员们每天只睡两小时,结果'龙江一号'却失联了。"来不及伤悲,成员们立刻投入"龙江二号"的轨控策略讨论。去年5月25日22时,"龙江二号"顺利进入环月轨道,成为全球首个独立完成地月转移、近月制动、环月飞行的微卫星,哈工大成为世界首个将微小型航天器送入月球轨道的高校。"高强度的实验、不足的睡眠,大家却毫无怨言,这就是梦想的力量。"邱实说。

"龙江二号"上携带的微型相机的设计师,是团队成员、电子与信息工程学院通信工程专业大四学生泰米尔:"相当于把相机放到只有橡皮擦大小的空间里,虽然外界评价不错,但照片颜色、校正等方面还有提升空间。"

1999年出生的黄家和,是目前团队中年龄最小的成员,在"龙江二号"项目中负责卫星数据处理与软件设计。家在广州的他从小就是"航天迷",读高中时偶然得知紫丁香团队,便踏上了几千公里的求学之路。"团队不会论资排辈,尽管我只是一名大二学生,其他成员从不小瞧我。目前团队正在招新,00后即将加入。"黄家和说。

团队对成员个人的规划发展也产生了很大影响。成员张冀鹞是个典型,硕士毕业后先到一家上市公司工作,可1年后又回到团队,继续攻读博士学位。"这里容易上瘾。"张冀鹞说:"团队如同一块巨大的吸铁石,吸引着每一个航天爱好者扑过来,实现自己的梦。"

科研灵感在这里生根发芽

大学生自己动手研制小卫星,还能上天?"当时很多人都觉得是天方夜谭,直到'紫丁香二号'的成功。"航空宇航科学与技术学科博士生韦明川娓娓道来:"紫丁香团队研制卫星始于欧盟发起的QB50项目,该项目于2010年提出,邀请全球高校参与,采用50颗立方体卫星组网。"

2012年5月,团队设计的"紫丁香一号"立方体卫星方案入选QB50项目,卫星重量仅为2 kg,轨道高度约350 km,用于探索人类尚未深入研究的90~300 km低层空间,于2017年从国际空间站释放入轨。2015年,"紫丁香二号"在太原卫星发射中心升空,成为我国首颗由高校学生自主设计、研制与管控的微纳卫星。

今年3月29日,运行两年的"紫丁香一号"圆满完成了使命,而"紫丁香二号"目前仍在轨道上正常工作。"两颗微纳卫星的设计寿命原本只有3至6个月,但它们都非常'能干',超额完成任务。"韦明川笑道。

科研永不止步,最近,少年们正在忙着新的任务——阿斯图微纳卫星的设计与研制。"我们对部件进行了升级,载荷相机的分辨率也更高了,希望它能在明年发射升空。"谈起新项目,韦明川语带兴奋。"创新上没有束缚,还有经费支持。灵光一现的科研点子,在这里得以生根发芽。"张冀鹞也有同感。

"这是一个全校学生都可以参与的广阔平台,已成为我校复合型航天创新人才培养的一张亮丽名片。在这里,师生之间科研资源共享,进行平等的思维碰撞。"哈工大副校长曹喜滨说:"未来还将吸纳留学生、文科生加入,体现学科的交叉与多元。"

强大的祖国做后盾

"我们一直致力于航天领域的国际交流合作,学生自主研发的紫丁香系列微纳卫星受到广泛关注,全世界的无线电爱好者都可以获取和分享卫星的遥测数据。"曹喜滨介绍,"此次《科学》杂志刊登的'最美地月合影',图像数据下载就是由学生团队联合荷兰、德国的无线电爱好者共同完成的。"

"我们也主动敞开大门,向全球开放星上资源,现在有超过200个国家和地区的航天爱好者能够接收到我们的数据。除了南极洲以外,其他大洲全覆盖了。"黄家和很兴奋:"不止一个国家的航天爱好者在视频通话中竖起了大拇指,称赞我们的微纳卫星项目是国际合作的典范。""我们的背后,有一个强大的祖国做后盾。综合国力的提升才让学生们有了参与航天实践的可能。"曹喜滨说。

"我们一直教育学生要不忘初心，自觉把个人的理想追求融入国家和民族的事业中，这种价值观的培育是潜移默化的。以一流党建带动一流科研，我们计划依托紫丁香团队建立党支部，更加充分地发挥党员在科研攻关中的骨干作用。"李明江说。

校园内，紫丁香引来不少人拍照留念。此刻，以哈工大校花命名的紫丁香团队成员们，心早已和一颗颗卫星"捆绑"在一起，徜徉神秘浩瀚星空中，探索更多未知的可能。

第三节　大学生优秀创新团队发展计划

关于开展"哈尔滨工业大学大学生优秀创新团队发展计划"立项申报工作的通知

各学院：

根据国务院《关于推动创新创业高质量发展打造"双创"升级版的意见》（国发[2018]32号）和《关于建设第二批大众创业万众创新示范基地的实施意见》（国办发[2017]54号）等文件精神，为落实立德树人根本任务，深化创新创业教育体系建设，凝聚并稳定支持一批优秀的大学生创新群体，开展基于学科特色的创新创业活动，全方位推动"双创"示范基地建设，学校决定实施"哈尔滨工业大学大学生优秀创新团队发展计划"，并启动2019年大学生优秀创新团队建设立项工作。现将有关事宜通知如下。

一、基本条件

1. 创新团队具有特色鲜明的研究方向和明确的研究目标。研究方向应紧密结合国家和行业重大需求、黑龙江省老工业基地振兴发展、战略性新兴产业发展和哈工大学科科研优势。

2. 创新团队以提高学生的创新创业创造能力为目标，每个团队成员不少于20人（其中本科生不少于60%）。为保证研究工作的正常开展和团队的延续性，成员组成要充分考虑跨年级的梯队结构和跨专业的知识结构。

3. 每个团队配备2名指导教师，分别负责团队管理和技术指导。创新团队在导师指导下独立开展研究工作，导师应定期为团队提供指导和研究项目支持。

4. 创新团队的组成形式：一是兴趣驱动，学生自发组成的科技创新团队；二是以参加科技竞赛为目标而组建的合作团队；三是校企合作，围绕特定课题组建团队，开展创新创业实践。

5. 创新团队有稳定的研发基地，基地面积能够满足研发需要。

二、申报与评审

1. 创新团队填写《哈尔滨工业大学大学生优秀创新团队申报书》（附件），7月15日前报送到哈尔滨工业大学大学生创新创业园，同时发送电子版到hitchuangye2015@163.com。

2. 学校委托哈尔滨工业大学创新创业教育委员会对申报的创新团队进行评议，组成专家考核小组对评议通过的创新团队进行实地考核，提出资助意见，形成建议资助方案。

3. 学校对建议资助方案进行审批,并进行公示。公示期为3天,如无异议,正式公布获资助的创新团队名单。

三、支持措施与管理

1. 大学生优秀创新团队资助期为一年。通过审批的创新团队,学校给予经费资助。资助经费主要用于资助期内的科研工作。学校对资助经费单独建账,专款专用,由获资助创新团队统一支配。

2. 获资助创新团队可根据不同阶段生产加工的需求使用大学生创新创业实践中心(工程训练中心)的电子加工平台和机械加工平台。

3. 在资助期内,所在学院要了解、掌握获资助创新团队的工作状态,协助解决研究中遇到的问题,营造良好的创新创业文化环境。

4. 资助期限结束后,学校组成专家考核小组,对资助团队的标志性成果进行评估。对创新成果显著,发展潜力大,创新氛围好的创新团队可建议给予新一轮的支持。

联系人:梁国庆老师,联系电话:0451-86417796。

附件:哈尔滨工业大学大学生优秀创新团队申报书

哈尔滨工业大学学生工作部/团委
哈尔滨工业大学大学生创新创业园
2019年6月25日

第四节 大学生创业团队支持计划

关于开展"哈尔滨工业大学大学生创业团队支持计划"立项申报工作的通知

根据国务院《关于推动创新创业高质量发展打造"双创"升级版的意见》(国发[2018]32号)和《关于建设第二批大众创业万众创新示范基地的实施意见》(国办发[2017]54号)等文件精神,为落实立德树人根本任务,深化创新创业教育体系建设,进一步激发全校学生的创新创业创造活力,全方位推动"双创"示范基地建设,哈尔滨工业大学大学生创新创业园决定实施大学生创业团队支持计划,并启动2019年大学生创业团队建设项目立项工作。现将有关事宜通知如下。

一、项目申请

1. 申请人为项目负责人,须为哈尔滨工业大学在校生(不包括EMBA等在职研究生)。

2. 鼓励跨院系、跨专业、跨年级组建团队申报项目,团队参与学生数应控制在5人以内,其中本科生一般不少于总人数的一半,须有指导教师1名。

二、支持内容

1. 项目扶持资金支持:通过考核的项目根据项目质量,给予2万~5万的项目扶持资金。

2. 优质免费场地服务：对发展前景优秀的企业提供 1 年的免费创业苗圃办公工位，相关费用全部免除。

3. 导师指导培训服务：园区积极邀请国内成功的企业家、投资人和创业者作为创业团队的创业导师，通过公开讲座指导、一对一辅导等形式，不断提高创业者的创业能力和企业运营水平。

4. 企业交流提升助推服务：创业园不断选送优秀项目参加北上广深等创业活跃、资本发达地区的重大赛事活动，使创业企业获得良好提升。

5. 创业投资对接：推荐项目参加与创业园开展洽谈合作的十余家风投机构的路演活动。

6. 生产资源对接：项目可根据针对不同阶段生产加工的需求使用大学生创新创业实践中心的电子加工平台和机械加工平台。

7. 政策落地对接：2019 年度在哈市注册的大学生创业企业，可申报哈尔滨市雏鹰计划，获批后可获得 30~100 万元的资助。

8. 孵化平台对接：对于发展好的企业可进行入园孵化。

三、资助经费

1. 经费额度：根据项目情况，分重点项目、普通项目二类进行资助。
2. 经费下拨：立项后下拨第一批经费（总经费的 1/2），结题验收通过后下拨第二批经费（总经费的 1/2）。
3. 建设周期：项目建设周期原则上不超过 1 年。项目建设期间，原则上不可以更换负责人。

四、其他事项

1. 报名时间截止到 7 月 15 日，有意愿申请的团队或个人需向所在学院创业苗圃或直接向校大学生创新创业园提交答辩材料《哈尔滨工业大学大学生创业团队支持计划项目申请书》，材料提交邮箱为：hitchuangye2015@163.com，并申请加入 HIT 创业团队支持计划项目群，QQ 群号码：446988060。
2. 路演方式：创业园邀请学校专家、投资人、企业家组成评审委员会，对申请的团队进行打分。
3. 如有不明事宜请联系：梁国庆老师，联系电话：0451-86417796。

附件：《哈尔滨工业大学大学生创业团队支持计划项目申请书》

哈尔滨工业大学学生工作部/团委
哈尔滨工业大学大学生创新创业园
2019 年 6 月 20 日

第五节　哈工大 2019 年大学生创新创业团队

根据国务院《关于推动创新创业高质量发展打造"双创"升级版的意见》（国发

[2018]32号)和《关于建设第二批大众创业万众创新示范基地的实施意见》(国办发[2017]54号)等文件精神,落实立德树人根本任务,深化创新创业教育体系建设,凝聚并稳定支持一批优秀的大学生创新创业团队,开展基于学科特色的创新创业活动,全方位推动"双创"示范基地建设。哈尔滨工业大学大学生创新创业园组织召开了大学生创新创业团队立项评审答辩,共评选出创新团队34个,其中重点项目6个、一般项目23个及培育项目5个;选出创业团队42个,其中重点项目8个、一般项目27个及培育项目7个。具体大学生创新创业项目立项名单详见表8.2,表8.3。

表8.2 哈尔滨工业大学大学生优秀创新团队发展计划立项名单

序号	学院	团队名称	项目类别
1	机电学院	竞技机器人队	重点项目
2	机电学院	哈工大格斗机器人战队	重点项目
3	航天学院	哈工大航模协会	重点项目
4	电气学院	哈工大智能车创新俱乐部	重点项目
5	威海校区	HRT车队	重点项目
6	威海校区	HERO竞技机器人队	重点项目
7	电信学院	电子信息工程科创精英团队	一般项目
8	航天学院	HITCSC	一般项目
9	经管学院	经济学视角下的节能减排实践与政策研究	一般项目
10	材料学院	600 km磁悬浮车头蒙皮超塑创新团队	一般项目
11	航天学院	哈工大国际空中机器人创新协会	一般项目
12	材料学院	逐光	一般项目
13	电信学院	物联网竞赛创新团队	一般项目
14	航天学院	航空发动机复合材料结构鸟撞实验技术创新团队	一般项目
15	建筑学院	"追影"数字媒体创意设计创新团队	一般项目
16	计算机学院	大数据管理与分析理论技术研究团队	一般项目
17	计算机学院	人工智能创新团队	一般项目
18	建筑学院	健康城市物理环境研究工作坊	一般项目
19	材料学院	哈尔滨铝行天下	一般项目
20	材料学院	先进力制冷材料研究团队	一般项目
21	环境学院	海纳百川	一般项目
22	计算机学院	物联网技术研究团队	一般项目
23	威海校区	718创新实验室	一般项目
24	威海校区	智能船团队	一般项目

续表8.2

序号	学院	团队名称	项目类别
25	威海校区	基础力学科技创新协会	一般项目
26	威海校区	无人机创新团队	一般项目
27	威海校区	第五空间网络安全俱乐部创新团队	一般项目
28	威海校区	海洋荧光蛋白	一般项目
29	威海校区	HIT-ROVER水下无人机团队	一般项目
30	材料学院	先进磁制冷材料研究团队	培育项目
31	建筑学院	雏鹰展翅——以人为本环境监测数据挖掘	培育项目
32	材料学院	材料类"科研项目+学科竞赛"创新团队	培育项目
33	航天学院	冰城微光电子创新创业团队	培育项目
34	建筑学院	哈尔滨工业大学老年人居环境优化团队	培育项目

表8.3 哈尔滨工业大学大学生创业团队支持计划立项名单

序号	学院	团队名称	项目类别
1	机电学院	LOGA-模块化场景式STEM教育竞技机器人	重点项目
2	化工学院	环境友好型特种光固化材料	重点项目
3	环境学院	水动力河道漂浮物自动化清理设备	重点项目
4	航天学院	XGO桌面级四足机器人学习开发平台	重点项目
5	环境学院	碧水文化传媒有限公司	重点项目
6	机电学院	微影——心脑血管造影手术设备	重点项目
7	威海校区	慢走丝电火花线切割机床高频脉冲电源研发	重点项目
8	威海校区	深水网箱养殖监测机器人	重点项目
9	航天学院	曲面玻璃全角度智能检测系统	一般项目
10	人文学院	优谷壹品特产项目	一般项目
11	机电学院	A-BOT模块化可重组快速拆装机械臂	一般项目
12	计算机学院	"丝语"多语言舆情监测分析系	一般项目
13	建筑学院	哈工智气	一般项目
14	环境学院	智能精准采样器	一般项目
15	材料学院	"复兴号"高铁关键零部件快速超塑成形技术	一般项目
16	航天学院	虚拟/增强/混合现实系统研制及应用开发	一般项目
17	能源学院	燃用清洁燃料低排放加热器的设计开发	一般项目
18	能源学院	生态型室内空气净化设备及其系列产品	一般项目

续表 8.3

序号	学院	团队名称	项目类别
19	材料学院	轻质高强耐热钛基复合材料	一般项目
20	计算机学院	面向智慧环保的空气质量监测和决策支持系统	一般项目
21	电信学院	NovelCart 智能物联购物车	一般项目
22	生命学院	利用碱基编辑器进行农作物育种	一般项目
23	计算机学院	"Intellibin"-基于深度学习的智能分类垃圾桶	一般项目
24	航天学院	HIT 微电子虚拟实验室管理平台	一般项目
25	人文学院	八两金互联网+生活服务项目	一般项目
26	电信学院	EyeBook	一般项目
27	环境学院	危险化学品全生命周期追溯管理系统开发项目	一般项目
28	电气学院	动力储能电池状态检测与评估装置	一般项目
29	计算机学院	哈尔滨工业大学科技创新网搭建	一般项目
30	材料学院	基于微小振动的药芯焊丝检测系统	一般项目
31	电信学院	基于物联网技术的无土栽培系统	一般项目
32	经管学院	"城市农民"承包式电商扶贫平台	一般项目
33	威海校区	迈客瑞三维打印有限责任公司	一般项目
34	威海校区	"盒你一起"新零售互联网平台	一般项目
35	威海校区	叮当研学	一般项目
36	经管学院	小微企业智能行政管理平台	培育项目
37	电气学院	输电线路分布式雷电流光学监测系统	培育项目
38	环境学院	基于资源回收和原位利用的新型生活污水处理集成技术	培育项目
39	经管学院	香蕉文化传媒公司	培育项目
40	仪器学院	房车电源管理系统	培育项目
41	环境学院	一种经济型零维护超滤组合净水装置	培育项目
42	仪器学院	基于虚拟仪器的多功能医用电生理设备检定仪	培育项目

第六节　大学生重点科技竞赛训练营

哈尔滨工业大学大学生重点科技竞赛训练营项目立项管理办法

第一章　总　则

第一条　为进一步贯彻国家和省委省政府关于"大众创业,万众创新"的工作部署,按照《哈尔滨工业大学全国大众创业万众创新示范基地建设方案》提出的具体要求,深化我校创新创业教育体系建设,增强大学生自主创新能力,有效提升重点科技竞赛水平,特建设重点科技竞赛训练营(以下简称"训练营"),并给予项目立项资金扶持。

第二条　为了加强项目立项实施管理、评估与审计,完善项目管理,加强流程把关,尽可能控制项目风险,及时做好立项工作,训练营统一规范流程,采取逐级审批、全责明晰的原则。各立项团队必须通过训练营内部立项审批流程,经备案并发布后,方可实施。

第三条　本办法适用于获得参加重点科技竞赛训练营资格的所有项目团队。

第二章　项目立项的原则

第四条　项目团队原则上给予最高5万元的启动基金支持。项目团队根据实际需求提出项目经费申请,经训练营项目评审委员会综合评审,结合项目后续参赛情况分三个阶段划拨。第一阶段,参加并经训练营培训考核合格后的项目划拨启动基金总额度的20%;第二阶段,继续参加深圳创新创业大赛的项目划拨启动基金总额度的40%;第三阶段,持续参加全国"互联网+"竞赛的项目划拨剩余启动基金。如项目因团队自身原因中止或不能如期参加深圳创新创业大赛及全国"互联网+"竞赛,后续启动资金不予拨付。

第三章　项目立项的程序

第五条　项目立项需求由团队负责人根据实际需求提出申请,及时填写《哈尔滨工业大学大学生重点科技竞赛训练营立项申请书》。

第六条　由训练营项目评审委员会结合项目团队实际运行情况、经费申请及具体情况综合评定,最终确定项目可行性及启动资金额度,作为启动基金拨付的依据。

第七条　若因项目团队自身原因项目需暂停或中止,由项目暂停(中止)发起人提出申请,填写《项目暂停(中止)申请表》(附表1),交由综合管理办公室备案。

第八条　项目结束后,由哈尔滨工业大学大学生创新创业园组织验收。项目组需要提交项目验收报告。

第四章　项目立项经费审批

第九条　项目立项的经费预算经大学生创新创业园审核批准后,由综合管理办公室备案,并制定项目经费卡。项目经费卡须经项目负责人签字。

第十条　项目在通过阶段考核后,经大学生创新创业园审核批准后,拨付下一阶段项目经费,并结合企业实际情况予以报销。

第十一条　涉及项目差旅费用报销,按照学校财务报销制度需填写《差旅审批单》,应经园区副总经理以上人员审批,方可报销;涉及项目办公等费用报销,按照学校财务报销制度必须填写《办公用品验收单》,方可报销;涉及项目材料等费用报销,按照学校财务报销制度必须填写《材料验收单》,方可报销。

第五章　附　　则

第十二条　项目启动基金只可用于项目的开发及运行,包括项目参赛费用。

第十三条　本办法由大学生创新创业园服务管理办公室负责解释,自批准发布之日起执行。

哈尔滨工业大学
大学生重点科技竞赛训练营
立项申请书

项目名称：_____

执行时间：_____年___月至_____年___月

项目负责人：_____ 学　号：_____

联系电话：_____ 电子邮箱：_____

院系及专业：_____

指导教师：_____ 职　称：_____

联系电话：_____ 电子邮箱：_____

院系及专业：_____

哈尔滨工业大学大学生创新创业园制

填表日期：年　　月　　日

项目来源:自主研发□　　他人授权 □　　其他 □

项目类别:

A　□高端设备领域

B　□机器人领域

C　□人工智能领域

D　□互联网+领域

E　□其他服务领域

一、团队成员(包括项目负责人、按顺序)

姓名	性别	所在院	年级	学号	身份证号	本人签字

二、团队成员创新、创业经历及项目分工情况

姓名	创新经历	本项目分工

项目立项报告正文

一、项目简介(限500字以内):(编写建议:项目背景、研究与开发、品牌服务描述、项目特点和技术优势等)

二、申请基础(限300字以内):(编写建议:1、是否掌握相关知识和技能?获取的途径?2、是否具备相关工作经验?是否有前期准备?3、是否与团队成员的兴趣爱好相关?4、团队成员是否合作经验?会有哪困难?)

三、行业及市场分析(编写建议:行业背景、市场需求、目标市场定位、市前景等)

四、市场竞争及营销策略:(编写建议:主要竞争对手情况、营销策略)

五、组织与运营:(编写建议:企业组织结构、团队成员的角色和分工、模拟的生产运营计划等)

六、财务分析:(编写建议:投资概算、财务指标和效益的预测分析)

项目支出明细预算

支出明细	金额(万元)	支出预算的测算依据或说明
办公费		项目日常硒鼓等办公用品使用经费
印刷费		项目日常及重大赛事宣传品印制费用
邮电费		项目日常办公邮寄、用电等费用
市内交通费		项目日常运行活动市内交通等费用
参赛差旅费		项目及相关人员因参赛产生的差旅费用
展览展示费		项目参赛及参展等活动产生的宣传策划、用品等费用
合计		
备注		

七、预期目标及对创业能力的培养:(编写建议:投资概算、财务指标和效益的预测分析)

八、其他说明:(编写建议:媒介关于技术和产品的报道图片、技术和产品的料等)

九、项目进度安排:(编写建议:建议根据研究内容和目标,以周或月为时间位,采用甘特图或类似图表编写项目进度。)

十、申请者承诺

本人保证上述填报内容的真实性。如果获得资助,本人与本项目组成员将严格遵守学校的有关规定,在不影响课程学习的情况下,保证创业项目的时间,并按计划认真进行创业训练,在训练过程中或结束时,接受学校对本项目的中期检查和结题验收,并按时提交工作总结和结题报告。

申请者(签名):

年　月　日

第九章 创建新企业

第一节 大学生申办何种形式的企业

大学生选择怎样的企业形式对所创办企业未来的发展意义重大,通过各方面的创业准备后,大学生创业者首先需要考虑到的是创建一个怎样形式的企业。企业的类别很多,法律形式也不一样,对于初步创业者来说,要慎重选择合适的企业形式。

一、企业的类型

企业是依法设立的经济组织。企业可以从事生产、流通、服务活动,以其生产的产品或提供的劳务满足社会需求,以获取盈利。企业是经济的基本单位。企业根据不同标准可以划分为不同的类型。按照经营性质不同,可将企业划分为:工业企业、商业企业、农业企业、金融保险企业、交通运输企业、邮电企业、房地产开发企业、旅游服务企业、餐饮服务企业、中介服务企业等。按企业组织形式不同,可将企业划分为:个体企业、合伙制企业、股份制企业。按经济成分不同,可将企业划分为:国有企业、集体企业和私营企业。按资源密集程度不同,可将企业划分为劳动密集型企业、资金密集型企业、技术密集型企业。按企业规模大小不同,可将企业划分为小型企业、中型企业、大型企业。

二、企业的法律形式

在市场经济条件下,企业是法律上和经济上独立的经济实体。任何一个企业都要依法建立。创业者在创建一个企业时,面临着企业的法律形式选择问题。企业的法律形式有多种,主要包括:个体工商户、个人独资企业、合伙企业、中外合作企业、外商投资企业、国有独资企业、无限责任公司、有限责任公司、股份有限公司等。对于大学生创业,登记注册的企业法律形式基本上以个体工商户、个人独资企业、合伙企业、有限责任公司4种最为常见。下面重点介绍这4种法律形式。

(一)个体工商户

1. 个体工商户的概念及字号名称

个体工商户是指公民在法律允许的范围内,依法经核准登记,从事工商业活动。个体工商户的字号名称在申请登记管辖机关范围内同一行业中不得重名。字号名称一般应体现所属行业,字号名称前冠以区县地名,直接冠用市名的须经市级工商行政管理部门核准后方可使用。个体工商户的字号名称不得使用的名称为:外国国家(地区)名称、国际组织名称;以外国文字或汉语拼音组成的名称;以数字组成的名称;对国家、社会或者公共利益有损害以及有碍社会道德风尚和精神文明建设的名称。

2. 个体工商户组成形式和民事责任的承担

个体工商户可以个人经营,也可以家庭经营。个人经营的,以个人全部财产承担民事责任;家庭经营的,以家庭全部财产承担民事责任。除以上形式外,个体工商户也可以个人合伙形式经营,即由两个以上公民自愿组成,共同出资,共同劳动经营,但从业人数须在限定的人数以内。个体工商广的从业人数不得超过8人。

3. 个体工商户的经营期限

个体工商户营业执照没有经营期限,需在每年1~6月进行年度报告的申报。

(二) 个人独资企业

1. 个人独资企业的概念及设立条件

个人独资企业是指依照《个人独资企业法》,在中国境内设立,有一个自然人投资,财产为投资人个人所有,投资人以其个人财产对企业债务承担无限责任的经营实体。其设立条件如下:①投资人为一个自然人,而且只能是中国公民;②有合法的企业名称,个人独资企业不能使用"有限""有限责任"或"公司"字样,个人投资企业的名称可以是厂、店、部、中心、工作室等;③有投资人申报的出资,设立个人独资企业投资人可用货币出资,也可用实物、土地使用权、知识产权或者其他财产权利出资,投资人可以个人财产出资,也可以家庭共同财产作为个人出资,以家庭共同财产作为个人出资的,投资人应当在设立登记申请书上予以说明;④有固定的生产经营场所和必要的生产经营条件;⑤有必要的从业人员。

2. 个人独资企业的法律特征及对投资人的人数限制

在组织结构形式上,个人独资企业是个人创办的独资企业,其投资者是一个自然人。国家机关、国家授权投资机构或者国家授权的部门、企业、事业单位等都不能作为个人独资企业的设立人。在责任形式上,投资者个人以其个人财产对企业债务承担无限责任。投资人若以家庭共同财产作为个人投资的,以家庭共有财产对企业债务承担无限责任。这是个人独资企业区别于有限责任公司和股份有限公司等企业形式的基本特征。个人独资企业没有独立的资产,企业的财产就是投资人的财产,企业的责任就是投资人的责任。因此,个人独资企业无独立承担民事责任的能力。个人独资企业虽然不具备法人资格,但是却是独立民事的主体,能够以自己的名义从事民事活动。个人投资企业必须是一个自然人投资设立。

3. 个人独资企业的经营方式

个人独资企业的经营方式是指经登记机关核准登记的个人独资企业经营活动所采用的方式或方法。一般有:自产自销、代购代销、来料加工、来样加工、来件加工、来件装配、零售、批发、批零兼营、客运服务、货运服务、代客储运、装卸、修理服务、咨询服务等。代理销售、连锁经营是新产生的经营方式。国家允许个体工商户和私营企业采取的经营方式,个人独资企业均可采用。

4. 个人独资企业可以从事的业务行业

个人独资企业是私营企业,凡是个体工商户和私营企业可以从事的行业,个人独资企业均可从事;凡是国家禁止个体工商户和私营企业从事的行业、经营的商品,个人独资企业也不得从事和经营。个体工商户和私营企业可以从事的行业有工业、交通运输业、建筑业、商业、饮食服务业、修理业、科技咨询以及文化娱乐等,个人独资企业也可以从事这些行业。国家有关法律、行政法规规定,个体工商户和私营企业不得从事下列行业:军工业、邮电通讯业、铁路运输业、金融保险业等,个人独资企业也不可以从事这些行业。根据《个人独资企业法》规定,法官、检察官、警察、公务员、现役军人不能作为个人独资企业投资人。

5. 个人独资企业对投资人出资的规定

个人独资企业是无限责任形式的企业,企业投资人不仅要以其出资对企业承担责任,还要以个人的其他财产承担无限责任。《个人独资企业法》规定,设立个人独资企业应当有投资人申报的出资。个人独资企业的出资额由投资人自愿申报,投资人不必向登记机关出具验资证明,登记机关也不审核投资人的出资是否实际缴付。个人独资企业投资人应当在申请设立登记时明确是以个人财产出资还是以其家庭财产作为个人出资。

(三) 合伙企业

1. 合伙企业的概念及主要特征

合伙企业是指依照《中华人民共和国合伙企业法》在中国境内设立的,由各合伙人订立合伙协议,共同出资、合伙经营、共享收益、共担风险,并对合伙企业债务承担无限连带责任的营利性组织。合伙企业是一种古老而富有生命力的共同经营方式,它以自身的特点和优势大量存在于世界许多国家的诸多行业之中,有许多国际知名的大企业在创业阶段甚至已经成长为大规模企业后都采用了合伙企业的组织形式。合伙企业以合伙协议作为成立的法律基础。合伙协议是调整合伙关系、规范合伙人相互权利义务、处理合伙纠纷的基本法律依据,对全体合伙人具有约束力,是合伙得以成立的法律基础。合伙企业须由全体合伙人共同出资,合伙经营。出资是合伙人的基本义务,也是其取得合伙资格的前提条件,合伙人必须合伙参与经营活动,从事具有经济利益的营业行为。合伙人共负盈亏,共担风险,对外承担无限连带责任。合伙人既可以按其对合伙企业的出资比例分享合伙盈利,也可按合伙人约定的其他办法来分配合伙盈利。当合伙企业财产不足以清偿合伙债务时,合伙人还需要以其个人财产来清偿债务,即承担无限责任,而且任何一个合伙人都有义务清偿全部合伙债务,即承担连带责任。合伙制企业的数量不如个人独资企业和公司制企业多,一般在广告、商标、咨询、会计师事务所、法律事务所、股票经纪人、零售商业等行业较为常见。

2. 合伙企业的设立

合伙企业设立应具备的条件如下。

(1) 有两个以上合伙人,并且都是依法承担无限责任者。人数上限没有限定,合伙人只能是自然人,不能是法人。

(2) 有书面合伙协议,合伙协议应当载明的事项有:合伙企业的名称和主要经营场所的地点;合伙目的及合伙企业的经营范围;合伙人的姓名及其住所;合伙的出资方式、数额和缴付出资的期限;利润分配和亏损分担办法;合伙企业事务的执行;人伙与退伙;合伙企业的解散与清算;违约责任。

(3) 有各合伙人实际缴付的出资,可以是货币、实物、土地使用权、知识产权或其他财产权利出资,甚至可以用劳务出资对出资的评估作价可以由合伙人协商确定,无须投资。

(4)有合伙企业名称,合伙企业在其名称中不得使用"有限"或"有限责任"字样。

(5)有经营场所和从事合伙经营的必要条件。

(四)有限责任公司

1. 有限责任公司的概念及组成方式

有限责任公司是指股东以其出资额为限对公司承担责任,公司以其全部资产对公司的债务承担责任的法人企业。股东会由全体股东组成,是公司的权力机构。股东会行使下列职权:决定公司的经营方针和投资计划;选举和更换董事,决定有关董事的报酬事项;选举和更换股东代表出任的监事,决定有关监事的报酬事项;审议批准董事会的报告;审议批准监事会或者监事的报告;审议批准公司的年度财务预算方案、决算方案;审议批准公司的利润和弥补亏损方案;对公司增加或者减少注册资本,做出决议;对发行公司债券做出决议;对股东向股东以外的人转让出资做出决议;对公司合并、分立、变更公司形式、解散和清算等事项做出决议;修改公司章程。

2. 董事会的组成及权利

董事会是股东会的执行机构,由3~13名董事组成。董事会设董事长1人,可以设副董事长1~2人,董事长为公司的法定代表人。股东人数较少和公司规模较小的有限责任公司可以只设1名执行董事,不设董事会。股东会会议由董事会召集,董事长主持,董事长因特殊原因不能履行职务时,由董事长指定的副董事长或者其他董事主持。董事会对股东会负责,行使下列职权:负责召集股东会,并向股东会报告工作;执行股东会的决议;决定公司的经营计划和投资方案;制订公司的年度财务预算方案、决算方案;制订公司的利润分配方案和弥补亏损方案;制订公司增加或者减少注册资本的方案;拟订公司合并、分立、变更公司形式、解散方案;决定公司内部管理机构的设置;聘任或者解聘公司经理(总经理),根据经理的提名,聘任或者解聘公司副经理、财务负责人,决定其报酬事项;制定公司的基本管理制度。

3. 监事会的组成及权利

有限责任公司经营规模较大的,设立监事会,其成员不得少于3人。监事会应在其组成人员中推选1名召集人。监事会由股东代表和适当比例的公司职工代表组成,具体比例由公司规定。监事会中的职工代表由公司职工民主选举产生有限责任公司,股东人数较少和规模较小的,可以设1~2名监事。董事、经理及财务负责人不得兼任监事。监事的任期每届为3年。监事任期届满,连选可以连任。监事会或者监事行使下列职权:检查公司财务;对董事、经理执行公司职务时违反法律、法规或者公司章程的行为进行监督;当董事和经理的行为损害公司的利益时,要求董事和经理予以纠正;提议召开临时股东会;公司章程规定的其他职权。

4. 经理的聘任及权利

有限责任公司设经理,由董事会聘任或者解聘。经理对董事会负责,行使下列职权:主持公司的生产经营管理工作,组织实施董事会决议;组织实施公司年度经营计划和投资方案;拟订公司内部管理机构设置方案;拟订公司的基本管理制度;制定公司的具体规章;提请聘任或者解聘公司副经理、财务负责人;聘任或者解聘除应由董事会聘任或者解聘以外的负责管理人员;公司章程和董事会授予的其他职权。经理列席董事会会议。

三、选择企业法律形式的因素

(一)创业资金准备情况

在我国根据相关法律规定,个体工商户、个人独资企业、合伙制企业注册资金实行申报制,没有最低限额要求。公司资本可以用货币、实物、工业权、非专利技术、土地使用权出资,但不能以其他方式出资。鉴于这些情况业者在选择企业法律形式时就要考虑自己创业资金的准备情况,当资金充足时,可以考虑创办有限责任公司;资金不足时可以考虑从其他3种企业法律形式中选择1种。企业发展初期,规模可以小一些,待企业发展壮大以后,还可以根据自己的实力重新创建、注册新的公司。在现实中有不少企业,都曾经进行过重新注册。

(二)创办企业名称的要求

根据《企业名称登记管理实施办法》的规定,个体工商户、个人独资企业合伙企业不属于法人,所以非法人不得使用属于法人字样的名称。个体工商户个人独资企业、合伙企业可以在"厂""经营部""店""工作室"等字样中自由选择。鉴于此,创办什么样的企业,事先要考虑好企业的名称,企业名称与企业法律形式有直接关联,并且有法律上的规定,这些规定创业者有所知晓。

(三)税费因素

国家为了鼓励一些行业的发展或限制一些行业的发展,在制定税法时,分别采取了不同的法律规定,由于企业规模大小不一样、行业不一样,企业的税负也不一样。创业者在创办企业初期一定要考虑企业的税负。国务院宣布从2001年1月1日起对个人独资、合伙企业停征企业所得税,只对其投资者的生产经营所得征收个人所得税。由于投资经营的行业不一样,导致不同形式的经济组织间税负不同。通常情况下,不同的行业需要缴纳不同的税种。比如从事工业和商业活动的,要缴纳增值税(有的还要缴纳消费税);从事建筑安装、交通运输、社会服务等的,要缴纳营业税等。有些税种,因为组织形式不同,有的经济实体就不需要缴纳,比如个体工商户、个人独资企业、合伙企业不用缴纳企业所得税。税负对于一个企业来说,产生的影响是非常大的,在经营过程中,企业经常涉及纳税问题,所以企业在创办初期就应该进行纳税筹划。

(四)经营风险

企业法律形式不同,在经营过程中所承担的风险也就不同。有限责任公司比私营企业风险要小。因为有限责任公司对外承担有限责任,不会以企业以外的个人资产抵债,而承担无限责任的私营企业,如个人独资企业、合伙企业,一旦经营失败,不但要以企业的全部资产用于抵债,同时企业以外的个人资产也要用于抵债,合伙企业的合伙人也要承担无限连带责任。鉴于这种情况,创办企业要权衡利弊,充分考虑经营风险。

(五)技术因素

创业者往往掌握着不同的专业技术,所注册的企业如果符合注册高新技术企业的条件,可以充分利用国家对高新技术企业政策的扶持,注册高新技术企业,使企业更快地发展起来。在我国各省、市、地区对高新技术企业划定的条件不完全一样,创业者一定要了解当地对高新技术企业的规定。一些具体标准如下:从事高新技术领域范围内的一种或多种高新技术及其产品的研究开发、生产和技术服务,单纯的商业贸易除外。具有企业法人资格,具有大专以上学历的科技人员须占企业职工总数的30%以上,其中从事高新技术产品研究开发的科技人员占企业职工总数的10%以上。从事高新技术产品生产或服务为主的劳动密集型高新技术企业,具有大专以上学历的科技人员应占企业职工总数的20%以上。企业每年用于高新技术及其产品研究开发的经费应占本企业当年总销售额的5%以上。高新技术企业的技术收入与高新技术产品销售收入的总和应占本企业当年收入的60%以上;新办企业在高新技术领域的投入占总投入60%以上。企业的主要负责人应是熟悉本企业产品研究、开发、生产和经营,并重视技术创新的本企业专职人员。

第二节 大学生申办企业名称登记

大学生创业要申请注册公司,就必须了解公司注册方面的法定程序和工作流程,然后针对每一个程序和流程的要求预先做好计划并准备相关资料,这样可以省去许多麻烦,避免走弯路,在节省宝贵时间的同时,又可以保障提交资料的准确性。

一、企业名称登记

企业名称即企业的名字、字号,是企业区别于其他企业或其他社会组织,被社会识别的标志。名称一般由四部分依次组成:行政区划+字号+行业+组织形式。

(一)行政区划

行政区划指本企业所在地县级以上行政区域的名称或地名。

具备下列条件的企业法人,可以将名称中的行政区划放在字号之后,组织形式之前。一是使用控股企业名称中的字号。二是使用外国(地区)出资企业字号的外商独资企业,可以在名称中间使用"中国"字样。

(二)字号

企业名称中的字号应当由两个以上汉字组成,行政区划不得用做字号,但县以上行政区划地名具有其他含义的除外。企业名称可以使用自然人投资人的姓名作字号。

(三)行业

企业名称中的行业表述应当是反映企业经济活动性质所属国民经济行业或者企业经营特点的用语。名称中的行业特点应与主营行业相一致。企业经营活动性质分别属于国民经济行业不同大类的,应当选择主要经济活动性质所属国民经济行业类别用于表述企业名称中的行业。

企业名称中不使用国民经济行业类别用于表述企业所从事行业的,应当符合以下条件:

(1)企业经济活动性质分别处于国民经济行业5个以上大类。

(2)企业注册资本(或注册资金)1亿人民币以上或者是企业集团的母公司。

(3)与同一工商行政管理机关核准或者登记注册的企业名称中字号不相同。
(4)企业为反映其经营特点,可以在名称中的字号之后使用国家(地区)名称或者县级以上行政区划的地名。
(5)企业名称不应当有或者暗示有超越其经营范围的业务。

(四)组织形式

依据《中华人民共和国公司法》《中华人民共和国中外合资经营企业法》《中华人民共和国中外合作经营企业法》《中华人民共和国外资企业法》申请登记的企业名称,其组织形式为有限公司(有限责任公司)或者股份有限公司;依据其他法律、法规申请登记的企业名称(如合伙企业、个人独资企业等),组织形式不得申请为"有限公司(有限责任公司)"或"股份有限公司",非公司制企业可以申请用"厂""店""部"等作为企业名称的组织形式。

二、名称登记管辖

工商行政管理机关对企业名称实行分级登记管理。

(一)国家工商管理局管辖范围

(1)冠以"中国""中华""国家""国际"字样的。
(2)名称中间使用"中国""中华""国家""国际"字样的。
(3)不含行政区划的。

(二)市工商局登记管辖范围

(1)市人民政府批准设立或者行业归管理部门审查统一由政府各部门设立的企业。
(2)企业集团。
(3)专业从事进出口业务、劳务输出业务、对外承包工程的企业或者资产评估机构、验资机构、审计机构、典当机构、中小企业信用担保机构、工商注册代理机构、专业经济组织、因私出入境中介机构、境外就业中介机构、征信机构。
(4)股份有限公司。
(5)国有独资公司。
(6)注册资本3 000万元(含)人民币以上的有限责任公司。
(7)出资额在3 000万元(含)人民币以上的个人独资企业。
(8)外商投资企业。

(三)区县工商分局登记管辖范围

受理上述企业以外的其他企业、内资企业分支机构及个体工商户的名称登记,分局根据市局复核意见进行核准。

三、其他内容

(1)股东(出资人)的资格证明。
股东(出资人)为企业的,出具加盖本企业公章的《营业执照》复印件;股东(出资人)为事业法人的,出具加盖本单位公章的《事业法人证书》;股东(出资人)为社会团体的,出具加盖本单位公章的《社会团体法人证书》；股东（出资人）为自然人的，出具本人的身份证或其他合法身份证明的复印件。

(2) 名称保留期。

预先核准的企业名称保留期为3～6个月。预先核准的企业名称保留期内，不得用于从事经营活动，也不得进行转让。

(3) 企业名称不得含有下列内容和文字。

①有损于国家、社会公共利益的。

②可能对公众造成欺骗或者误解的。

③外国国家（地区）名称、国际组织名称。

④政党名称、党政军机关名称、群众组织名称、社会团体名称及部队番号。

⑤其他法律、行政法规规定禁止的。

(4) 企业名称应当使用符合国家规范的汉字，不得使用外国文字、汉语拼音字母、阿拉伯数字。

(5) 在名称中间使用"国际"字样的，"国际"不能用做字号或者经营特点，只能作为经营特点的装饰语，并应符合行业用语的习惯，如国际贸易、国际货运代理等。

(6) 使用自然人姓名作字号的，该自然人应是企业的投资人或股东。需要注意的是，所用投资人姓名与党和国家领导人或老一辈革命家的姓名相同的，不得使用。

(7) 以商标做字号应提交商标所有权人出具的同意函，以及国家有关部门对该商标的认定证明。工商行政管理机关的工作人员审核申请人提交的书面材料后，符合条件的，当场发放《企业名称预先核准通知书》。

第三节　大学生创办企业登记注册

一、法人、企业法人

法人是指具有民事权利能力和民事行为能力，依法独立享有民事权利和承担民事义务的组织。根据我国《民法通则》的规定，法人必须具备四项条件：①依法成立；②有必要的财产或者经费；③有自己的名称、组织机构和场所；④能够承担民事责任。从法人的设立性质上讲，通常的法人主要包括企业法人、事业法人、机关法人等。

企业法人是具有国家规定的独立财产，有健全的组织机构、组织章程和固定场所，能够独立承担民事责任、享有民事权利和承担民事义务的经济组织。

确立企业法人制度的好处是：使具备法人条件的企业取得独立的民事主体资格，真正成为自主经营、自负盈亏的商品生产者和经营者，在法律上拥有独立的人格，像自然人一样有完全的权利能力和行为能力。《民法通则》规定："依照法律或者法人组织章程规定，代表法人行使职权的负责人，是法人的法定代表人。"法定代表人必须是法人组织的负责人，能够代表法人行使职权。法定代表人可以由厂长、经理担任，也可以由董事长、理事长担任。法定代表人的权力，是由法人赋予的，法人对法定代表人的正常活动承担民事责任。但是如果代表人的行为超出法人授予的权利范围，法人就可能为其承担责任。

二、经营场所

(一)企业法人住所和经营场所的概念

企业法人住所指企业法人的主要办事机构所在地,主要办事机构是指首脑机构或主要管理机构。经营场所指企业法人主要业务活动、经营活动的处所。企业法人住所和经营场所的法律意义是不同的,但实际工作中,企业法人住所和经营场所往往是同一地点。

(二)住所和经营场所主要登记事项

住所和经营场所作为企业法人的主要登记事项,是构成企业法人的基本条件,也是企业法人进行民事活动不可缺少的条件,没有住所和经营场所的企业是不允许存在的。企业只有固定住所才能使经济往来,业务活动正常进行。企业法人住所是企业法人承担民事责任的前提条件。一旦发生需承担经济和法律责任时,如无固定住所,就可能找不到企业在什么地方,企业也就无法承担经济责任和法律责任。这不但将损害第三者的利益,而且会给经济秩序和监督管理工作造成混乱。企业住所也是确定登记主管机关和司法机关管辖的依据及企业开展诉讼的需要。经营场所是企业进行生产、经营、服务的基本条件,厂房、店堂的大小是确定企业经营规模的依据之一,所以必须把住所和经营场所作为企业法人的主要登记事项。住所使用证明包括产权证明、房屋租赁协议。房屋租赁的期限必须在 1 年以上。公司住所证明是指能够证明公司对其住所享有使用权的文件。公司住所和经营场所是租赁用房的,需提交房主的《房屋产权登记证》的复印件或有关房屋产权归属的证明文件、使用人与房屋产权所有人直接签订的房屋租赁协议书或合同。公司的住所是股东作为出资投入并为公司所使用的,则提交股东的《房屋产权登记证》或有关房屋产权证明的文件及该股东出具的证明文件。

三、注册资本

注册资本是公司登记注册事项之一,是投资人对企业的永久性投资,是经国家确认的公司独立财产的货币形态,包括流动资金和固定资产以及无形资产,也叫法定资本。注册资金是国家授予企业法人经营管理的财产或者企业法人自有的数额体现。

注册资本与注册资金的概念有很多差异。注册资金所反映的是企业经营管理权;注册资本则反映的是公司法人财产权,所有的股东投入的资本一律不得抽回,由公司行使财产权。注册资金是企业实有资产的总和,注册资本是出资人实缴的出资额的总和。注册资金随实有资金的增减而增减,即当企业实有资金比注册资金增加或减少 20% 以上时,要进行变更登记。而注册资本非经法定程序,不得随意增减。

依照《中华人民共和国公司法》规定,公司的注册资本必须经法定的验资机构出具验资证明,验资机构出具的验资证明是表明公司注册资本数额时的合法证明,依照国家有关法律、行政法规的规定,能够出具验资证明的法定验资机构是会计师事务所和审计事务所。

四、经营范围

经营范围指国家允许企业法人生产和经营的商品类别、品种及服务项目,反映企业法人业务活动的内容和生产经营方向,是企业法人业务活动范围的法律界限,体现企业法人民事权利能力和行为能力的核心内容。《民法通则》规定:"企业法人应当在核准登记的经营范围内从事经营。"这就从法律上规定了企业法人经营活动范围。经营范围一经核准登记,企业就具有了在这个范围内的权利能力,企业同时承担不得超越范围经营的义务,一旦超越,不仅不受法律保护,而且要受到处罚。核定的企业经营范围是区分企业合法经营与非法经营的法律界限。

根据《公司法》的规定,对公司的经营范围有以下要求:公司的经营范围由公司的章程规定,公司不能超越章程规定的经营范围申请登记注册;公司的经营范围必须进行依法登记,公司的经营范围以登记注册机关核准的为准。

五、验资证明

验资证明是会计师事务所或审计师事务所及其他具有验资资格的机构出具的证明资金真实性的文件。依照《公司法》规定,公司的注册资本必须经法定的验资机构出具验资证明,验资机构出具的验资证明是表明公司注册资本数额的合法证明。依照国家有关法律、行政法规的规定,法定验资机构是会计师事务所和审计师事务所,具体由在会计师事务所工作的注册会计师或在审计师事务所工作的经依法认定为具有注册会计师资格的注册审计师担任。

委托人委托验资机构验资需按规定办理委托手续,填写委托书,并提交下列文件:

(1)公司章程。
(2)公司名称预先核准通知书。
(3)投资单位上月末资产负债表。
(4)投资人的合法身份证明。
(5)各类资金到位证明:以货币出资的,应提交银行进账单。以非货币出资的,应提交经有法定评估资格的机构评估的报告书和财产转移手续;以新建或新购入的实物作为投资的,也可以不经过评估,但要提供合理作价证明。
(6)验资机构要求提交的其他文件。验资后,验资机构应出具验资报告,连同验资证明材料及其他附件,一并交与委托人,作为申请注册资本的依据。

六、营业执照

营业执照指工商行政管理机关发给工商企业、个体工商户的准许从事某项生产经营活动的凭证。其格式由国家工商行政管理局统一规定,主要包括企业名称、企业地址、负责人姓名、筹建或开业日期、经营性质、生产经营范围、生产经营方式等。没有营业执照的工商企业或个体工商户一律不许开业,不得刻制公章、签订合同、注册商标、刊登广告,银行不予开立账户。

根据创办企业不同的法律形态,企业的营业执照分别为《个体工商营业执照》《个人独资企业营业执照》《合伙企业营业执照》《企业法人营业执照》等。

"电子执照"是指各类经济组织的营业执照副本,是根据《中华人民共和国公司法》《中华人民共和国企业登记管理条例》《中华人民共和国公司登记管理条例》等有关登记注册法律、法规,由依法成立的具有认证机构认证,以数字证书为基础,由工商行政管理部门制作、核发、载有企业注册登记信息的电子信息证书。"电子执照"是企业营业执照副本,是企业营业执照的表现形式之一,用于办理网上名称查询、网上注册登记、网上信用查询、网上年检、网上广告数据填报、网上投诉、法律法规咨询、工商业务表格下载等工商业务,还可以享用与税务、质检等部门的证照互动、网上报税、网上报关、网上采购、网上竞标等其他服务。

七、公司章程

公司章程是公司设立的最主要条件和最重要的文件。公司的设立程序以订立公司章程开始,以设立登记结束。我国明确规定,订立公司章程是设立公司的条件之一。审批机关和登记机关要对公司章程进行审查,以决定是否给予批准或者给予登记。公司没有公司章程,不能获得批准;公司没有公司章程,也不能获得登记。

公司章程是确定公司权利、义务关系的基本法律文件。公司章程一经有关部门批准,并经公司登记机关核准,即对外产生法律效力。公司依公司章程,享有各项权利,并承担各项义务,符合公司章程的行为受国家法律的保护;违反章程的行为,有关机关有权对其进行干预和处罚。

公司章程是公司对外进行经营交往的基本法律依据。公司章程规定了公司的组织和活动原则及其细则,包括经营目的、财产状况、权利与义务关系等,为投资者、债权人和第三人与该公司进行经济交往提供了条件和依据。凡依公司章程而与公司经济进行交往的所有人,依法可以得到有效的保护。

鉴于公司章程的上述作用,必须强化公司章程的法律效力。这不仅是公司活动本身需要,也是市场经济健康发展的需要。公司章程肩负着调整公司活动的责任。这就要求股东和发起人在制定公司章程时必须考虑周全,规定得明确详细,不能做各种各样的理解。公司登记机关必须严格把关,使公司章程做到规范化。从国家管理的角度,对公司的设立进行监督和保证公司设立以后能够进行正常的运行。有限责任公司章程由股东共担制定,经全体股东一致同意,由股东在公司章程上签名盖章。修改公司章程,必须经代表 2/3 以上表决权的股东通过。有限责任公司的章程,必须载明下列事项:公司名称和住所;公司经营范围;公司注册资本;股东的姓名和名称;股东的权利和义务;股东的出资方式和出资额;股东转让出资条件;公司的机构产生办法、职权、议事规则、公司的法定代表人;公司的解散事由与清算办法;股东认为需要规定的其他事项。

第四节 大学生创办企业工商登记注册

大学生创办企业多数是结合自己专业而建立,符合高新技术企业的要求,而高新技术企业法律形式要求为有限责任公司,因此介绍有限责任公司的创建程序与相关手续,可为大学生创业提供一次实践的机会。

一、登记注册

由工商行政管理部门负责对企业的开业、变更、停业及其经营活动进行监督。

（一）名称预先核准

由全体股东指定的代表或者共同委托的代理人，向公司登记机关申请公司名称预先核准。

申请公司名称预先核准，应提交下列文件：

(1) 全体股东签署的公司名称预先核准申请书。

(2) 股东的法人资格证明或者自然人身份证明。

(3) 全体股东指派的代表或者共同委托的代理人的证明，受委托人的证明，受托代理机构及代理人的资质证明。

(4) 公司登记机关要求提交的其他文件。

公司登记机关自收到上述所列文件之日起 10 日内，做出核准或者驳回的决定，公司登记机关决定核准的，即发放《企业名称预先核准通知书》。

预先核准的名称保留期 6 个月，预先核准的公司名称在保留期内，不得用于从事经营活动，不得转让。

（二）高新技术企业认定程序

(1) 企业提出书面申请。

(2) 创业服务中心对申请企业进行初审。

(3) 初审合格后上报高新区科技经济发展部。

(4) 科技经济发展部和创业服务中心考查企业。

(5) 通知合格企业准备资料、填报申请表。

(6) 材料初审、签署推荐意见。

(7) 发证、授牌。

（三）申请设立登记

由全体股东指定的代表或者共同委托的代理人，向公司登记机关申请设立登记。

申请设立有限责任公司，应提交下列文件：

(1) 公司董事长签署的设立登记申请书。

(2) 全体股东指定代表人或者共同委托代理人的证明；受委托人的身份证明；受托代理机构及代理人员的资质证明。

(3) 公司章程。

(4) 具有法定资格的验资机构出具的验资证明。

二、刻制印章

(1) 公司刻制印章包括公章和法定代表人章。

公章指刻有单位名称、一经加盖即代表单位名义的印章。

(2) 我国法律法规还规定，任何机关、组织、社会团体、企事业单位、公司及其他法人等刻制公章,必须经主管部门同意,凭有关证明文件向当地公安机关申请,经公安机关审查同意后,到指定的刻制单位刻制。完成后,还应在公安机关及相应的主管部门进行印鉴备案,方可正式使用。

(3)刻制印章的程序。

①领取并如实填写《申请刻制印章审批表》,统一报公安机关审批;

②公安机关审批同意后,由工商局指定刻字公司承刻;

③刻制完成后进行印鉴留底备案。

三、办理组织机构代码证

(1)统一代码标识制度。统一代码标识制度,是由各级代码主管部门给每个企事业单位、社会团体、党政机关赋予一个在全国范围内唯一的、始终不变的、符合国家关于机构代码编制规则的法定代码标识,在赋予代码的同时采集了该单位的信息,其主要信息项均按国家规定标引了供检索之用的分类代码。这样,每一个代码不仅代表一个唯一的单位,而且也表达这个单位的一些基本的要素。这些以统一代码为特征的标准信息单元经技术处理后,形成分层级的代码信息网络系统,从而为实现信息共享提供了技术手段。

(2)组织机构代码。组织机构代码是由组织机构代码主管部门根据国家关于实行统一代码标识制度的规定,给每个企事业单位、社会团体和党政机关颁发个唯一的、始终不变的、符合国际标准化组织有关机构编码规则的法定代码标识。

该代码由8位字符本体代码和1位字符校验码组成,表示形式为123456788,其中包括本体代码(8位)和校验码(1位)。

(3)组织机构代码证办理时间。新开办企业办理完工商登记,凭工商执照、介绍执照、介绍信、技术监督局办理企业代码证书应立即向技术监督部门申请领取企业代码证。企业领取申请表,如实填写,加盖单位公章,并附营业执照副本复印件、法人代表身份证复印件、经办人身份证复印件等,送交技术监督部门,经审核后,发给企业代码证。

四、建立银行账户

银行账户是各单位为办理结算和申请贷款在银行开立的户头,也是单位委托银行办理信贷和转账结算以及现金收付业务的工具,它具有监督和反映国民经济各部门、各单位活动的作用。根据《银行账户管理办法》,银行账户分为基本存款账户、一般存款账户、临时存款账户和专用存款账户,各类账户均有不同的设置和开户条件。

开立银行账户应注意:企业与银行的往来业务主要包括开设账户、购领结算凭证、办理结算及借款。新开办的企业应先向中国人民银行办理银行开户许可手续,取得银行开户许可证。取得开户许可后,企业应选定开户银行,向该银行领取开户申请书,如实填写并有主管部门审核盖章后,并附银行开户许可证、营业执照正本、企业代码证正本及复印件,交开户银行审核。银行同意开户后,送交预留印鉴,包括企业财务专用章、法人代表章,领取银行账号后,可刻印账号章。按结算要求,企业只能开设一个基本账户。购领结算凭证,企业根据结算业务的需要,向开户银行购领有关结算凭证,如现金缴款单、信汇单、支票等,所需款项可用现金支付,也可由银行转账。购领支票,则须提交预留印鉴。

五、涉税业务

企业会计人员与税务部门的往来最为频繁,会计人员往往兼任办税人员。开办期间涉税业务主要包括税务登记、发票购领、纳税申报。

(一)办理国税、地税开业登记

从事生产、经营活动的企业单位和个人,自领取营业执照或有关部门批准成立之日起30日内,持以下证件和资料向办税服务厅"税务登记"窗口提出申请办理税务登记:

(1)营业执照复印件。
(2)法人代码证复印件。
(3)公司章程复印件。
(4)验资报告复印件。
(5)开户许可证复印件。
(6)法人身份证复印件。
(7)会计从业资格证书复印件。
(8)开业申请书。
(9)从业人员名单。
(10)注册地和经营地场所使用证明,其中包括:自有房屋需附房屋产权或使用权证明;租用房屋须房屋租赁协议。
(11)《税务登记表》一式三份。
(12)税务机关要求提供的其他有关证件和资料。

税务登记机关核准后,发给《税务登记证》,企业持《税务登记证》和税务机关的专用介绍信刻制发票专用章。《税务登记证》用于申请减免退税、购领发票、办理外出经营活动证明等税务事项。

(二)发票购领

需要使用增值税专用发票的企业,应事先办理一般纳税人认定。在机关资料发售处领取购票申请,如实填写并加盖公章,并附税务登记证副本、办税人员证件递交资料发售处。税务机关审核后,发放发票领购簿。企业凭发票领购簿,根据税务机关核准的发票种类、数量向有关发票购领点购领发票。购领增值税专用发票,实行验售新办法。首次购票,应提交加盖有增值税一般纳税人确认章的税务登记证副本、财务专用章或发票专用章印模。

企业全部经营业务的发生都应向付款方开具发票,并加盖财务专用章和发票专用章。有条件的企业应向税务机关申请电脑开票,购买、安装经税务机关认可的应用软件,购领电脑版专用发票,利用软件中的电脑开票模块,将开票数录入系统并打印专用发票。

企业应建立发票登记和保管制度加强对专用发票的管理。增值税专用义务的其他发票购领与开具,其手续和要求与增值税发票大致相同。

(三)纳税申报

企业无论有无经营收入、无论是否享受税收减免,都应在规定的申报期限内办理纳税申报。企业办税人员在规定的期限内,持有关报表及其他纳税资料,向主管税务机关办理纳税申报。税务机关申报处经审核无误后,加盖"已申报"戳记,退回申报表一联给企业留存。实行电脑开票的企业,可利用软件中的纳税模块,将以录入的开票数据及录入的扣税数据,自动生成纳税申报表及其他申报资料,并将其复制到申报数据软盘一并上报税务机关。

为提高效率,企业可以向税务机关申请网上申报,通过网络,经签字及数据加密后,直接将申报数据发送给税务机关的纳税数据接收系统。企业必须依法接收税务机关的税务检查,准备好有关证件、凭证、账册、报表及其他纳税资料,如实反映情况并给予税务检查必要的协助与配合。

(四)增值税一般纳税人的申请认定

增值税一般纳税人是指年应征增值税销售额超过《中华人民共和国增值税暂行条例》及其《实施细则》规定的增值税小规模纳税人标准的纳税人。凡符合增值税一般纳税人条件的纳税人,必须主动提出申请,向增值税征收机关申请亦理一般纳税人的认定手续。

申办一般增值税纳税人的程序:

增值税一般纳税人的申请认定,由各区、县国家税务局和直属分局负责实施。按要求填写《增值税一般纳税人申请审批表》后,需一并提供书面申请、商执照、税务登记证副本及其复印件以及税务机关需要提供的其他资料,报主管税务机关申请办理增值税一般纳税人申请认定手续。主管税务机关收到《增值税一般纳税人申请审批表》工商执照、税务登记证副本退还给纳税人。认定为增值税一般纳税人的纳税人应带回税务登记证副本和《发票领购簿》到税务机关,由税务部门在两证上加贴年检合格的标识。

增值税一般纳税人的认定范围包括符合规定标准的企业、企业性单位及个体经营者。从事货物销售、加工、修理修配劳务的纳税人,必须符合一定条件,方可申请办理增值税一般纳税人认定。已开业的小规模企业,连续12个月内累计应税销售额达到规定标准的次月,须申请办理增值税一般纳税人认定手续。对符合增值税一般纳税人条件,但不申请办理增值税一般纳税人认定手续的,应按销售额依照增值税适用税率计算应纳税额,不得使用增值税专用发票。已认定为增值税一般纳税人的纳税人,应按规定参加每年一次的增值税一般纳税人资格年度检验。

第五节 入驻大学生创新创业园

一、哈尔滨工业大学大学生创新创业园团队入驻及退出管理办法

哈尔滨工业大学大学生创新创业园团队入驻及退出管理办法

第一章 总则

第一条 哈工大大学生创新创业园为创客团队和创业企业提供服务,其中创业企业

均为"工商登记企业"。

第二条 所有团队主要负责人应为在籍学生或五年以内毕业生。

第三条 所有团队入驻及退出均由哈工大大学生创新创业园发展有限公司(以下简称"哈工大创业园公司")报请董事会决定。

第二章 入驻及退出评审流程

第四条 由入驻审核评委会负责创业团队的入驻审核,由在孵企业考核评价委员会负责创业团队的退出审核。

第五条 入驻评审委员会及在孵企业考核评价委员会的组成采取席位制,每次评审评委不少于7席,其中校内相关部门不应多于2席,企业家、风投项目经理等校内外专家不应少于5席,所有席位打分权重相同。

第六条 入驻评审会按需举行,有意入园的创客团队及创业企业可向创业园管理办公室提出入园答辩申请,通过管理办公室审核后,方获得答辩资格。

第七条 在孵满2年企业如需延长孵化期或申请进入创业加速器,在通过相关评审后,可延长一年孵化期或进入创业加速器孵化。

第八条 创客团队及创业企业向管理办公室提交以下入园申请材料:

1. 项目申报书(创客项目申报书或创业项目申报书);
2. 计划书(创客提供创意说明书,创业企业提供创业计划书及企业相关管理制度、章程);
3. 创客及创业企业负责人简历及身份证明复印件;
4. 企业负责人及其团队成员近期二寸免冠彩色照片4张。

第九条 创业团队与哈工大创业园公司签署《哈工大大学生创新创业园驻园孵化协议书》。

第三章 创客团队的入驻

第十条 申请入驻创客空间的创客团队通过答辩后,可获得相应资助,并在园区内开展一年以内的产品中试,完成技术成果产品化、商品化。

第十一条 入园答辩是创客申领项目扶持资金的唯一途径,创客项目经入驻评审委员会打分评审后被划分为ABCD四个等级,结合中试经费需要,给予不同额度的经费支持,产品研发经费上限为5万元,根据中试进展情况分四个季度划拨。

第十二条 创客项目等级说明

A级,极具市场吸引力和商业价值的产品,且具有非常好孵化前景,给予3~5万元产品研发经费;B级,具有一定商业价值的产品,且目前市场已存在该类型产品且形成一定市场规模,给予1~3万元产品研发经费;C级,具有推广价值的商业模式,且有良好的孵化前景,给予0.5~1万元产品研发经费;D级,具有一定推广价值,但还需进一步完善成熟,暂不予以经费支持。

A、B、C级项目可获得产品研发经费和创客工位,免费使用大学生创新创业园公共创新平台相关设备。D级项目需进一步完善其项目内容,完善后可参与下次入园答辩。若创客产品开发进展顺利,且需要增加产品研发经费,可参与下次评审,通过后即可获得资金追加,追加总额度原则上不超过 3 万元。

第四章 创业企业的入驻

第十三条 创业企业可随时向管理办公室提交《哈工大大学生创新创业园创业项目计划书》,申请入驻创业园,申请企业通过评审会评审后方可入驻。

第十四条 创业项目等级说明

创业企业参加入驻答辩后,入驻评审委员会为创业企业划分 ABC 三类等级,并给予不同额度的项目扶持资金支持。

A 级,极具市场吸引力和竞争力,拥有独立知识产权,具有非常好的发展前景并获取一定数量订单的企业,给予 8 万~10 万元的项目扶持资金;B 级,具有一定市场吸引力和竞争力的企业,目前市场已存在该类型产品且形成一定市场规模,给予 5~7 万元的项目扶持资金;C 级,具有推广价值的商业模式,且良好的孵化前景,给予 2~6 万元的项目扶持资金。

第十五条 高科技类创业企业可优先入驻创业园。

第五章 创客团队的退出

第十六条 创客团队项目扶持资金只可用于产品的开发,如发现有产品开发以外的经费使用行为,团队要全额返还项目扶持资金,立即离开创客空间,并向本科生院、研究生院通报备案,团队成员不得再申请学校任何部门的创新创业立项。

第十七条 创客团队入驻"创客空间"时间不得超过 1 年,期满 1 年仍未产生产品样机的团队,创业园将终止其产品研发,创客团队退出创客空间。

第十八条 创客团队出现连续两次考核不通过者,创业园按协议停止对其进行资金拨付,创客团队按协议退出创业园。

第六章 创业企业的退出

第十九条 创业企业出现连续两次季度考核不通过者,应按协议退出创业园。

第二十条 创业企业孵化到期后且没有通过企业延长孵化期考核,需按协议主动退出大学生创新创业园。

第七章 附则

第二十一条 本办法适用范围为哈尔滨工业大学大学生创新创业园内入驻的创客团队及创业企业。

第二十二条 本管理办法由服务管理办公室负责解释。

第二十三条 本办法未尽事宜,严格遵照国家有关规定和学校管理条例执行。

二、关于鼓励大学生创业企业参加各类展览会的规定

关于鼓励大学生创业企业参加各类展览会的规定(试行)

第一条 为促进哈尔滨工业大学大学生创新创业园(以下简称"创业园")在孵大学生创业企业(以下简称"企业")健康发展,鼓励大学生创业企业积极开拓市场,根据相关法律法规,结合园区实际,制定本规定。

第二条 本办法适用范围此规定仅针对完成入孵手续的在孵大学生创业企业,即通过入驻答辩、签订《哈尔滨工业大学大学生创新创业园入驻孵化协议》《哈尔滨工业大学大学生创新创业园投资协议》,并完成工商变更的大学生创业企业。

第三条 大学生创业企业参加国内外展览会按以下标准予以展位补助:

(一)大学生创业企业参加国内展览会,参展企业的展位费予以补助,上限不超过1万元。

(二)大学生创业企业参加哈尔滨市以外举办的国内展览会,参展企业人员的往返差旅费予以补助,参展人数不超过2人;交通工具报销级别为火车票硬卧、高铁、动车二等座车票,乘坐规定以外交通工具按照相应车票标准报销;若展期为N天,则住宿时间不得超过N+2天,住宿标准为每人每天不超过150元。哈尔滨市内举办的展览会,报销往返展览地点出租车票。

(三)企业按要求特装参展的,每个展会特装面积超过36(含36)m^2的,补助3万元;特装面积超过72(含72)m^2的,补助5万元。

(四)企业参加不同级别展览展示,园区可为企业提供相关展览布置经费、宣传品制作经费和展品运输经费,相应额度为国家级及以上展览3 000元,省部级展览1 000元,市级展览500元。

(五)参加在国外举办的展览会报销标准单独申请核算。

第四条 企业展位中需要有不少于十分之一的面积介绍哈工大大学生创新创业园相关情况。

第五条 大学生创业企业应在获得组展单位确认展位后30日内,且在展览会开幕前5日以上,将企业参展计划报大学生创新创业园服务管理办公室备案,作为申请展览会补助资金的依据之一。

第六条 参展企业获取展览会展位补助资金,应向领导小组办公室提交下列材料:

(一)企业认购展位合同或含展位价格的参展确认书复印件;

(二)名头为"哈尔滨工业大学"的相应额度发票;

(三)参展人员往返车船票(必须闭环);

(四)企业营业执照复印件;

(五)3张以上高清展览照片(其中1张需包括园区醒目标志),且提供1段10 s以上的展位实况视频(不低于10 M)。

第七条 每月25日前,服务管理办公室对本月参展企业的申请材料进行审核,符合条件的进行报销。展出结束超过30天以上的原则上不予受理。

第八条 服务管理办公室将加强对展览会补助资金的资金使用效益和财务管理等方面的监督检查,对于截留、挤占、挪用专项资金或弄虚作假、骗取展览会补助资金的创业企业,依法追究责任。

第九条 展览会补助资金使用单位有下列情况之一,经督促不按期纠正或问题严重的,由服务管理办公室依法追回已拨付的补助资金,并暂停该企业一年内创业园各类补贴申请资格:

(一)申报材料存在虚假内容;

(二)不配合服务管理办公室对补助资金使用情况的监督检查。

第十条 本规定自2017年6月15日起执行,经费报销方式参照《哈尔滨工业大学财务手册》相关规定,本规定的解释权属大学生创新创业园服务管理办公室。

三、哈尔滨工业大学大学生创新创业园安全管理办法

哈尔滨工业大学大学生创新创业园安全管理办法

第一章 总则

第一条 为营造园区安全良好的工作、生产、生活环境,保护园区所有人员的人身及财产安全,有效地预防安全隐患,必须坚持"安全第一、预防为主"的方针,以"防火、防盗"为重点,以"谁主管、谁负责"为原则,特制订本办法。本办法适用于园区及各个企业。

第二条 哈工大大学生创新创业园服务管理办公室(以下简称"服务办"),负责整个园区安全防火监督管理、消防器材配置与更换、水、电、通讯、卫及暖气的正常使用,无偿为园区企业和团队提供办公房间、办公桌椅配备及维修等和干净整洁的办公环境。

第三条 各企业在入园初按规定签署《安全工作责任状》,各企业法定代表人(团队负责人)为第一安全责任人,并安排具体责任人承担相应安全责任,区域安全具体责任人若发生变动,由企业落实新的具体责任人,并到创业园综合办备案,于一周内完成变更。各企业在各自职责范围内负责日常的安全管理工作。

第四条 由服务办每天对各企业进行例行安全检查,每周对各企业进行集中安全检查。每季度由服务办和在孵企业代表对各企业进行全面的安全检查。

第二章 消防安全规定

第五条 为确保消防安全是各入驻企业的责任,各企业应对园区的消防栓、消防器材,做到不遮挡、不堆放杂物,非火情不得动用或蓄意损坏消防器材。如因个人行为造成消防器材损坏,由个人按照原样赔偿;如因个人原因造成安全事故发生,按消防法有关规定追究责任。

第六条 各企业要根据本企业的实际情况经常对消防器材进行检查和维护,确保设施和器材完好有效。如发现消防器材损坏或存在隐患的或需报废的应及时以书面的形式上报到综合办,不得私自处理。

第七条 消防通道要保持畅通无阻,严禁车辆、木踏板、纸箱其他杂物等阻塞消火栓

设备系统以及安全出口。因企业或员工自身原因造成重大安全事故，由企业或员工个人自行承担一切责任。

第八条　除划定的专用吸烟室外，严禁任何人在工作区域及公共空间内吸烟。在园区范围内，严禁私带、私藏易燃易爆危险品，未经园区批准，严禁在工作区域及公共空间内使用明火或燃放烟花、鞭炮。如发现第一次警告，第二次按《哈工大大学生创新创业园企业季度考核标准》直接定为季度考核不合格。

第九条　在园区范围内，严禁使用明火，私带、私藏易燃易爆危险品。仓库货物必须按要求堆放整齐并不得阻塞消防通道和安全出口，园区物业有责任、有义务统一安排一切进仓货物的摆放位置，各企业要积极配合物业人员的工作。

第十条　在园区内有基建、零星工程施工的，施工单位必须在工程范围内划出施工区域，并悬挂警示牌。严禁园区企业员工擅自进入已标明危险的施工区域，如因施工方未划定施工区域而造成园区企业员工人员伤亡的，由施工方承担一切责任；如因园区企业员工自身原因造成伤亡的，由员工自行承担一切责任。

第三章　安全生产规定

第十一条　硬件成型平台的维护与运行必须坚持"专人负责、共同管理、共享使用"原则，企业要进入机械加工间操作时，要在创新创业园软件管理平台上进行申请，得到批复后可以进入机械加工间，并严格遵守操作流程、保证生产安全。离开机械加工间时要保证关闭好电源、机器和大门。

第十二条　设备开动前，必须严格检查各部位是否完好，不得对运转中的机械装置进行润滑或清理、调试，不得在设备运行中暂时离开设备，在发生故障时必须停机并关闭电源，操作完成后，应关闭机床和电动机。因违章操作而造成工伤事故者，严肃追究其个人责任。

第十三条　凡有外露的机械设备要有相应的安全防护装置，操作人员要经常检查，预防脱落，运转中的机器或传动机构装置发生故障时，应立即停机。

第十四条　对用电设备的裸露部分，裸露导线，不论有电无电，不得随意触摸，严禁用湿手或赤脚拉电器开关、触摸电器设备，并采取可靠的防范措施，防止触电事故发生。

第十五条　各企业自行购置并使用的电器设备必须保证要有完整的操作规程（指南）或使用说明书，报备对有消防隐患或安全隐患的区域必须标明警示牌或警示标语。

第四章　安全用电规定

第十六条　安全用电是入住企业的责任，各企业必须严格执行安全用电规定，树立"安全第一"的思想，提高安全用电、节约用电意识。

第十七条　不准乱接拉电线，严禁使用临时用电线，若确实需要，必须经综合办批准，由科技园专业电工布线，且临时电线的使用时间不得超过一周。

第十八条　各类用电设备上的照明灯座应使用安全电压；各类电源开关、插座应使用国标标准并保证完整无缺、安全可靠，200 V以上插座应安装接地线。堆放的物品距离各类开关、插座、电源线、照明及用电设备保持1 m以上，并要留人行通道作紧急使用。

第十九条　严禁使用电饭煲等自发热型电器。如有使用空调、电暖气等大功率用电需求,应报备综合办,并严格管理使用。如因企业用电不当造成安全事故或设备损坏,一切责任由责任人自行承担。

第二十条　各企业保证在离开时关闭所有不必要的电路;科技园大厦保安人员负责夜间关闭公共区域的照明灯,预留应急灯。

第二十一条　不准在仓库、易燃易爆场所擅自安装用电设备,严禁把茶具、雨具、杂物放在电器设备的箱盖上,以防触电和火灾事故发生。

第五章　安全防盗规定

第二十二条　防盗作为园区安全工作的重要内容,做好园区内的安全防盗工作事关园区各企业及员工的切身利益,必须提高警惕,做到提前防范、安全防盗,避免外盗、内盗、被骗及丢失事件的发生。

第二十三条　各企业不得将创业园公共区域门禁钥匙及办公室钥匙擅自转借他人;企业员工离职要将钥匙及时收回;门禁钥匙如有丢失,要及时到综合办挂失登记。如因员工自身原因导致园区或企业物品丢失,由员工自行承担一切责任。

第二十四条　为保证园区各企业的物资安全,要严格遵守科技园大厦的作息时间,所有企业及员工必须于晚24:00前离园,严禁夜间留宿,确需临时安排晚上加班工作,应通过管理平台报备,经允许后方可加班留宿。科技园大厦保安人员负责检查夜间各楼层的治安情况,如因企业自身原因,造成不良影响或重大安全事故发生,企业必须立即从创业园退出,并由责任人承担一切后果,依法追究其法律责任。

第二十五条　各企业在离开时务必将门窗关好、锁好,不得存放现金或贵重物品,如因保管不善而丢失或造成重大后果由责任人承担。

第二十六条　禁止在园区内使用明火或者电火锅,如发现第一次警告,第二次按《哈工大大学生创新创业园企业季度考核标准》季度考核一票否决,直接定为季度考核不合格。如发生酗酒闹事、打架斗殴、聚众赌博等行为,企业将直接被清退,同时赔付园区相应损失。

第六章　区域设施安全规定

第二十七条　各企业对园区配备的桌椅、文件柜、计算机以及走廊监控摄像头等设施,应予以爱护,不得随意损坏及丢失,如发现破损及时报综合办登记备案。

第二十八条　园区内水暖设施作为办公环境的重要组成部分,所有人员应予以爱护。特别是冬季采暖期间要格外关注供暖设施,各企业在各自安全区域内发现问题立即报综合办维修,不得延误。如因企业告知不及时导致漏水严重或造成严重安全事故,由责任人承担。

第二十九条　为保证合理利用水资源,坚决杜绝自来水浪费现象和肆意挥霍水资源的行为,所有人员应做到自觉节约用水,保护水房及卫生间等用水设施。不得向水房或卫生间内随意倾倒垃圾,如因个人原因致使管道堵塞或造成安全事故发生,由个人承担一切责任。

第三十条　为营造良好的公共环境和氛围，公共区域作为园区对外展示的重要窗口，园区内不允许养宠物，如发现第一次通知企业带离园区，第二次将强制驱除，如再不整改将按《哈工大大学生创新创业园企业季度考核标准》季度考核一票否决，直接定为季度考核不合格。

第三十一条　所有人员应当积极维护园区环境卫生及设施，各企业或入孵项目不能长时间占用公共区域，不得在公共区域内随意堆放物品，严禁向室外扔杂物、泼水。各企业不得擅自对园区内既定格局和设施进行改造，不经允许私自挪动和破坏公共区域内的设施及摆设造成损失，由责任人负责修复和赔偿。如因不经允许擅自改造造成安全事故立即清退并追究责任。

第七章　处罚规定及处理办法

第三十二条　服务管理办公室安全检查后，对于存在不符合安全管理规定、存在安全隐患的企业，予以通报并由综合办及时下发整改通知，责令限期整改。

第三十三条　对整改通知不予理睬或无正当理由延期整改或整改不达标的企业，园区解除与该企业的孵化协议，企业自此按规定缴纳租赁等费用。

第三十四条　对拒不整改或引发严重安全事故发生的企业，园区按照《哈工大大学生创新创业园企业入驻孵化协议书》以及《哈工大大学生创新创业园团队入驻及退出机制》有关规定，对该企业予以退出处罚，并按安全消防法律规定追究法律责任。

第八章　附则

第三十五条　自本办法生效之日起，原《哈尔滨工业大学大学创新创业园安全管理办法》自行作废。本办法归综合办制订和解释。

第十章　创业案例

哈尔滨工业大学(下面简称哈工大)注重学生创业项目的培育和孵化,为学生创业实践提供场地、工商、财务、法律、导师指导、投融资对接等一站式服务,获批黑龙江省科技企业孵化器、黑龙江省大学创业基地、黑龙江省创新创业示范基地。大学生创新创业园在孵企业达到135个,新增投资3.38亿元、累计投资4.86亿元,2018年营业额达3.1亿元、8家企业估值过亿元;累计吸引692名在校学生、506名毕业生入园工作,10余名学生从国外返哈参与创业、57名省外生源毕业生留在龙江创业、70名高层次人才从中国电科集团等知名企业返哈创业,大学生创业者万龙入选科技创业领军人才、大学生创业者冷晓琨登上了福布斯中国的封面和福布斯30U30亚洲排行榜,学生创业团队在2018年第四届中国"互联网+"大学生创新创业大赛中斩获2金1银1铜,学校以总成绩第九名获得大赛设立的"高校先进集体奖"。

本章介绍园区成立以来孵化的典型企业案例。

第一节　多维度构建创新创业工作体系

哈工大坚持"面向国家重大需求,面向国际学术前沿",注重为工业化、信息化和国防现代化服务,为地方经济社会发展服务,坚持"厚基础、强实践、严过程、求创新"的人才培养特色,扎实推进哈工大大学生创新创业建设工作。学校按照"横向对接产业需求,纵向贯穿人才培养,构建创业资源生态圈,打造全方位创业服务体系"的工作模式,让具有创业意愿的大学生在实战环境中快速成长,培养出一大批创业典型和优秀企业,努力为黑龙江省乃至全国推动和改进大学生创新创业教育扮演好"火车头"和"发动机"角色。

一、横向对接产业需求,打造高技术创业企业集群

哈工大紧抓国家经济战略转型升级和"中国制造2025"的战略机遇,依托雄厚的工科实力、高水平的人才队伍、丰沛的技术储备和产业转化经验,引导学生以创新驱动创业,将基础理论和实践能力转化创新产品,实现高新技术与创新创业的深度融合。学校通过培育引导、精选孵化,构建了机器人、智能硬件、高端装备、产业技术服务等产业板块,打造了高技术创业企业集群。博士一年级学生万龙将其自主研发的第十三届全国"挑战杯"特等奖项目搅拌摩擦焊技术进行成果转化,创建哈尔滨万洲焊接技术有限公司,公司现有专利30余项,面向国防航天企业技术升级、民用高端产品研发等产业需求,形成焊接设备研发和技术服务等一系列产品,得到产业界和投资界的广泛关注。

二、纵向贯穿人才培养,打造校内创新创业完整链条

哈工大注重将意识启蒙、创新培养、创业孵化、资源对接等创新创业工作贯穿人才培养的全过程,打造校内完整创新创业链条。关口前移,潜能激发。"青春的选择"先进事迹报告会覆盖全体新生,创新创业典型烙印新生心中;"大一年度项目"激发创新潜能,新生参与热情不断提升,超过95%的学生参与项目立项,92%的项目顺利结题。课程主导,学练结合。把创新创业精神培养融入教学各个环节,开设了635门创新研修课、创新实验课和创业教育课程;2017年以来,新增新生研讨课19门、创新研修课62门、创新实验课17门、创新创业核心课程40门、创新创业MOOC课程2门,开展各级各类创新创业讲座200余场、15 000余人次参加,创新创业类课程开课总学时数11 600余学时/年,22 000余人次选课。实战孵化,平台对接。建设面向在校学生和毕业五年内校友的校内外创业孵化平台,让创业学生在真刀真枪的创业实战中成长;注重对接工研院和国家大学科技园,发挥其产业化优势加速企业发展,延伸创业企业的发展服务历程。

三、向外整合校友资源,打造大学生创新创业生态圈

哈工大充分发挥创业校友"传帮带"作用和"同频共振"效应,注重整合创业校友资源,通过培训指导、投资孵化、产业合作等形式,打造开放共享、互生共赢的大学生创新创业生态圈。充分发挥校友的创业经验优势,依托2万多名创业校友的资源优势,学校从中聘请30余位成功企业家、资深投资人作为创业导师,开展"创业家讲堂""导师面对面""天壹创业训练营"等活动,为创业学生有效提高创业综合素质、无缝对接上下游市场资源。充分发挥校友的资本资源优势,国富资本、大河创投、存世资本等一批由校友发起和运营的基金逐步倾向学生创业项目,多名知名投资机构投资经理已成为哈工大创业项目路演活动中的"熟面孔"。其中由校友联合成立的"丁香汇"创投基金完成一期投资8 000万元,二期计划募集2.5亿元,主要投向在校大学生创业及毕业校友创业项目。与此同时,众多校友直接捐资支持工作,其中李长春张淑荣夫妇、王兆国高秀芝夫妇、李继耐孙锦云夫妇6位校友在2015年4月出资设立了"哈工大春晖创新成果奖励基金"和"李昌"创业奖学金。

四、全面关怀创业学生,打造"360度"精准服务体系

哈工大创新创业工作始终以创业学生为核心,高度重视创业人才的发掘、培养、服务工作,成立了大学生创新创业园服务管理办公室,注册了大学生创新创业园发展有限公司,为大学生提供市场化创新创业服务。工作中,一是面向创业者形成了"双五"工作体系,其中五项服务为优质免费场地服务、商财法税一站式服务、导师培训指导服务、学习生活保障服务、企业交流提升助推服务,五项对接包括创业投融资对接、生产资源对接、政策落地对接、孵化平台对接、人才资源对接,提供全过程、全要素、全方位"360度"服务体系。二是针对创业者的个人特点和实际需求精准服务,组建专业服务管理团队,聘请资深导师团队,深入细致分析学生创业者的能力短板和实际需求,提供精准辅导帮助,补齐学生市场意识、资本运作的"短板",使创业者成为技术资本市场融会、创意创新创业联动的复合

型创业人才。

经过创新创业工作的实施开展,哈工大学生创新创业工作开创了"创新创业教育全员覆盖、全程贯穿,自主创业实战导向明确、服务精准,创业企业成长资源富集、生态完善"的良好局面;功能完备、服务精准的哈工大大学生创新创业园走在省内乃至国内高校创业园区的前列;学生创业比例逐年提高,面向产业的高新技术创业企业集群快速发展,在产业行业、资本市场影响力不断增强;吸引了更多的高层次人才留哈、返哈创业,带动龙江人才战略,服务龙江经济转型升级。《中国教育报》《中国日报》《中国网》《大公网》等媒体先后报道了学校大学生创新创业工作。

在"大众创业、万众创新"的浪潮中,哈工大将继续挖掘学科、科研和人才优势,做好创新创业教育,不断聚集资本、市场要素,提升指导服务水平,让大学生能够在创业实战中不断成长,为高层次人才培养、经济战略转型和中国梦的实现不断贡献力量。

第二节 省、市、校共建哈工大大学生创新创业园纪实

(2017年04月27日,哈工大报讯)

3月,南方多地已是春暖花开,此时的龙江大地虽仍是春寒料峭,却能依稀感受到春天的气息。这万物勃发的春天,正如今天的龙江发展,蹄疾步稳地走在全面振兴的新路上。这是龙江的春天,也是科技的春天、创新的春天。

迎着这大好的"春光",一大批来自五湖四海的有志青年,为了一个共同的目标,聚集到一个共同的地方——南岗区邮政街434号,一步步用双手、用智慧将创新创业的梦想转化为现实。在这样一个充满希望和活力的"春天"里,哈工大大学生创新创业园提速驶向发展的"快车道"。

(一)

在龙江的发展史上,2016年的春天,有着特殊和非凡的意义。

3月7日,习近平总书记来到十二届全国人大四次会议黑龙江代表团参加审议并发表讲话。他强调,龙江要向高新技术成果产业化要发展,向选好用好各方面人才要发展;要扬长避短、扬长克短、扬长补短,向经济建设这个中心聚焦发力,打好发展组合拳,奋力走出全面振兴新路子。

时隔两个多月后,习近平总书记又到龙江实地考察调研。访农户、看产业、察项目、问民生、听汇报,总书记为龙江全面振兴发展开出了"药方"。他强调,要把振兴发展的基点放在创新上,做好改造升级"老字号"、深度开发"原字号"、培育壮大"新字号"三篇大文章,着力破解产业结构偏重、民营经济偏弱、创新人才偏少问题。

忽如一夜春风来,千树万树梨花开。

习近平总书记两次重要讲话,让龙江人民看到了实现全面振兴的曙光和希望,也让投身龙江创新创业的青年感受到了"春天"的气息。

"原本我和团队对创业还有些动摇,但总书记在龙江调研尤其是在观看哈工大高新技术成果展示时的深切嘱托,让我们坚定了在创业中实现人生价值的信念,也让我们看到

了以创新成果实现创业的光明前景。"哈尔滨乐聚智能科技有限公司创始人、我校计算机学院博士生冷晓琨深有感触地说。

乐聚智能是一家成立不到两年的"新字号"企业，主营业务是智能人形机器人和内容开发。经过一年的摸索，2016年，乐聚智能开始全面发力，先后推出Aelos机器人、教育机器人以及Talos高级机器人3款产品，实现销售收入1 300万元，其中海外订单700万元，被媒体机构评为"最具投资价值的机器人公司"。尤其是今年1月，Talos机器人在全球最大的消费类电子展美国CES上发布，受到了全世界媒体的关注，被誉为"中国版的Atlas"。

如今，冷晓琨正带领着这家企业，向着"让机器人成为生活的一部分"这一理想和目标不断前行。

和冷晓琨一样，受到总书记讲话触动和激励的还有哈尔滨万洲焊接技术有限公司创始人、我校材料学院博士生万龙。他和团队第一时间组织了学习座谈会，深刻领会习近平总书记"向高新技术成果产业化要发展、向选好用好各方面人才要发展"的重要指示，积极寻找搅拌摩擦焊技术在龙江工业转型升级的可能契合点。

经过一番思考和权衡，公司选择与齐齐哈尔第二机床厂、东北轻合金有限公司深度对接和合作，将"用先进技术提升龙江工业的含金量、龙江焊接品牌早日成为全国焊接领军企业"作为企业的发展目标和使命。在向这一目标迈进过程中，万龙时刻感受着来自省市政府和学校各级领导的关心、关注和支持，使他和团队有了更大胆、更长远的规划和布局。只用了不到一年的时间，公司就已初步形成了哈尔滨总部研发、北京装备制造、昆山零部件代加工的产业链布局。

万洲焊接主攻搅拌摩擦焊、汽车轻量化等领域，核心业务包括智能化机器人搅拌摩擦焊设备、智能多自由度搅拌摩擦焊设备、零部件生产和技术研发及咨询。截至2016年公司订单业务额已突破1 500万元，意向订单达到6 000万元，公司资本市场估值约2亿元。

（二）

以冷晓琨、万龙为代表的大学生创业者的信心和底气，源自龙江着力营造的创新创业氛围和一系列好政策。从2015年起，黑龙江省委省政府就推出了一系列支持和鼓励各类群体创新创业的新政策、新举措——从出台《千户科技型企业三年行动计划》到实施"黄金20条"人才新政，吸引了大批人才在龙江创新创业。2016年召开的省科技创新大会又提出"深化体制机制改革，以市场为导向营造有利于要素聚集、创新创业和成果转化的政策环境和制度环境"。

正是有了如此肥沃的"土壤"，龙江大地一时掀起创新创业的热潮。而哈工大大学生创新创业园能够"破土而出"，还要从2015年春天的一次调研说起。4月24日，省长陆昊一行到我校专题调研创新创业、科技成果转化工作。在校党委书记王树权、校长周玉等陪同下，陆昊参观了我校大学生创新创业嘉年华成果展，一一了解和询问我校学子创新创业的有关情况。他现场拍板，省政府将对大学生创新创业项目给予资金支持。

在省市政府的支持下，我校按照"高起点谋划、高技术导向、开放式办园、市场化运行"的建设思路，着力构建高校创业企业孵化器。在各方的积极配合下，学校仅用了一个月时间就完成了园区的装修改造,为首批创业企业的招募和入园答辩提供了保障。从此,南岗区邮政街434号这幢大楼成为有志于创新创业的学子施展才华、实现梦想的"乐园"。

如今,按照省市政府的规划和构想,国内最长的"创新创业一条街"正以此为重要节点,一步步转化为现实。

(三)

大厦之成,非一木之材也;大海之阔,非一流之归也。

如何将更多优秀的哈工大学子留在龙江、为龙江全面振兴贡献"哈工大指数",将省市政府的规划和构想转化为现实,成为摆在哈工大全体师生面前的一道"必答题"。哈工大人给出的回答是:实干苦干、勇于担当。

支持大学生创新创业,保证学生创业学业不分离,场地、政策成为绕不开的第一道难题。在学校教学科研用房十分紧张的情况下,学校毅然决然划拨哈工大国家大学科技园大厦5 000平方米场地用于学生创新创业;校党委常委会专题听取大学生创新创业园建设进展情况汇报,专题研究创新创业园建设模式和发展方向;学校制定出台了《哈工大创新创业教育实施方案》,成立了哈工大大学生创新创业园服务管理办公室。在校领导的强力推动下,校团委、国资处、总务处、大学科技园等单位多次现场联合办公,全力推进大学生创业园空间腾退和装修改造工程。到2015年底,学校完成了大学生创新创业园一至三楼的原有企业清退和系列功能区的改造工程,保证了大学生创业企业答辩后顺利入驻,初步建成了功能齐全、配套完备的高水平大学生创业园区。

大学生创新创业园该如何定位,如何运行?为此,王树权书记多次到大学生创新创业园就创业企业运行、创客团队孵化等情况进行走访调研,与创业学生进行交流座谈,为园区建设指引"航向",为创业团队发展"把脉";周玉校长多次在全省介绍学校大学生创新创业工作经验,时常鼓励创业学生做到学业、创业两不误,提出了"努力探索出引领龙江大学生创业、具有龙江特色和哈工大规格的大学生创新创业模式"。

有了场地,有了方向,如何做好服务保障工作,让入驻园区的大学生创业者没有后顾之忧?为此,园区协调省市政府相关部门对创业企业提供工商注册、财务记账报税等一站式服务,通过"请进来"和"走出去"积极协助创业企业对接投资机构,聘请创业导师对创业企业实行一对一创业辅导,同时协调校内各部门为创业人员办理食堂用餐、图书借阅、游泳健身等便利生活保障。

他山之石,可以攻玉。成立初期,园区先后3次带领11家创业企业前往深圳、北京参加创业能力培训和资本对接路演,实地调研深圳、北京多所成熟孵化器功能布局和管理模式,向发达地区创业孵化器"取经"。

到2015年底,大学生创新创业园从有3批40家申请答辩的大学生创业企业中遴选出29家以高新技术转化和智能设备开发为主的企业入园孵化,当年就有9家公司营业额过百万,驻园企业累计获得860万元天使投资。创业人群中在校生和毕业生各占一半,其中不乏从国外名校和国内外名企返哈创业的高层次人才。

2015年12月31日,是园区发展史上具有里程碑意义的一天。这一天,哈工大大学生创新创业园发展有限公司正式注册成立。公司与园区为"一套人马两块牌子",园区的定位主要是为大学生打造创业孵化平台及校内学生创新创业意识培育、实践锻炼和能力培养的场所,公司的职能主要是针对园区内在孵大学生创业企业开展投融资服务并履行持股功能,是启迪大学生创业意识和市场意识的有益尝试。

(四)

如果说,2015年是哈工大大学生创新创业园的起步之年,也是整体布局的一年,那么进入2016年,哈工大大学生创新创业园发展开始全面发力,这一年也是园区各领域建设和创新创业工作收获颇丰的一年。

学校获评教育部在创新创业工作方面的全部3个奖项:首批"全国创新创业工作典型经验高校"、首批"全国深化创新创业教育改革示范高校"、第二批"全国高校实践育人创新创业基地"。一批具有高科技含量的大学生创新创业项目在国内各类大赛中获奖,乐聚智能获"创青春"全国大学生创业大赛金奖,燃卓科技获第二届"互联网+"创新创业大赛二等奖,万龙、万杰同时获得黑龙江省首批大学生"创业之星"称号等。

这一年,园区建设日益完善,渐成体系。园区注重技术、资本、市场对接,注重创意、创新、创业联动,组建了由创业导师、技术导师、投资经理和管理人员组成的专业服务管理团队,搭建了汇集"五项服务"和"五项对接"的"双五"工作体系。其中,"五项服务"包括免费场地和物业管理、免费财务法务咨询管理、导师服务、校内生活资源服务、交流参赛服务;"五项对接"包括风险投资对接、政策服务对接、生产资源对接、孵化平台对接和高校人才对接。同时,创业园为近20家在孵大学生企业争取到了市科协、市科技局、南岗区科技局逾百万的资金补贴。

这一年,园区的吸引力、辐射力与日俱增。包括中科招商、北京恒牛创投、北京丁香汇创投基金、南京存士资本等一批社会资本汇注园区;一批高技术企业集聚园区,共有47家大学生创业企业及团队在园区孵化,一批高端人才争栖园区,创业企业员工中包含博士研究生41人、硕士研究生103人,从航天五院、美国国家仪器有限公司等单位吸引49名高层次人才返哈参与创业。

这一年,园区的社会影响力、知名度持续攀升。3月,为营造示范性创业氛围,吸引更多优秀大学生创业项目入园孵化,大学生创新创业园举行媒体开放日活动,吸引了30余家国家和省市媒体的记者前来观摩报道;7月,园区牵头承办第十五届全国机器人大赛机器人创业赛,吸引了来自清华大学等国内高校的多支创业团队前来参赛,受到广泛关注;10月,2016年全国大众创业万众创新活动周黑龙江分会场启动仪式在二校区文体中心举行,我校毕业生、哈尔滨零声科技有限公司创始人汪开灿作为大学生创业代表作了典型发言。一年来,相继有清华大学、北京航空航天大学等20余所兄弟院校,上海团市委、重庆团市委等相关单位负责人,加拿大、法国、俄罗斯等地创新创业研究人员来园区调研参观。

截至2016年底,园区共吸引孵化大学生创业企业53家,吸引创业者430余名,企业共获得风险投资4 500万元,2016年创造营业额超过5 000万元,5家在孵企业资本市场估值达到亿元级别。

第十章 创业案例

（五）

一花独放不是春，百花齐放春满园。

习近平总书记针对龙江振兴发展的两次讲话，一次提出"冰天雪地也是金山银山"，一次提出做好"三篇大文章"，这是总书记为龙江出的一份"考卷"。在与龙江人民同题共答的这场"赶考"中，哈工大大学生创新创业园成功孵化出了一批"明星"小微企业。他们将总书记的讲话精神化为行动，将目光对准战略新兴产业和冰雪产业，成为龙江"新字号"队伍中的一支重要力量。

"一年前，公司仍处于起步阶段，面临着人员、技术等诸多难题。过去的一年，在省市政府政策支持和学校大力扶持等一系列利好措施的推动下，公司的面貌发生了翻天覆地的变化。"哈尔滨燃卓科技开发有限公司创始人、我校2015届博士毕业生万杰说。

早在读研时，万杰就开始了自己的创业之路，在家教行业做得风生水起，年收入能达到10万元以上。读博期间，他关闭了补习班，全身心投入到科研项目中，并在导师于达仁教授的指导下，选择基于能源设备的全寿命周期在线监测级故障诊断平台这一方向，着手准备第二次创业。

然而，创业的道路并不平坦。由于前期的工作以科研为主，专业性很强，团队构成单一，缺乏计算机、财务、人力资源等各类专业人才，公司在创业初期面临着一系列挑战，特别是人才引进的难题。这时，学校组织的龙江名企招聘会帮助公司解了燃眉之急。通过招聘会，企业不仅留下了专业能力强的师弟师妹，还寻求到了企业发展所需要的各类人才。

如今，公司将主营业务放在能源设备全寿命周期的智能监测、诊断平台及配套技术服务。产品配套技术服务已进入成熟应用阶段，在全国范围内服务电厂50余家，2016年公司合同总额为920余万元，销售收入640万元。未来，公司将尝试搭建集团级数据监测平台，大力发展风机、汽机、压缩机等设备分析服务，形成产品品类齐全、涵盖行业广泛、服务能力一流的能源设备技术服务企业。

万杰曾走过的创业道路，交通学院硕士毕业生王建飞如今正在亲身经历着。一年前，他毅然辞掉在南京的一份待遇优厚的桥梁设计工作，回到第二故乡哈尔滨，创办了哈尔滨开博科技有限公司。

谈到创业的初衷，王建飞说，我国已建和在建的斜拉桥、悬索桥、吊杆拱桥等索体系桥梁数量巨大，国家虽每年投入不菲的费用用于索体系桥梁养护，然而却长期面临着索体系桥梁因结构受力状态模糊而无法准确评价其安全性能的难题。王建飞希望可以凭借自己和团队多年的技术积累，破解索体系桥梁检测和施工控制领域的技术瓶颈。

"在我创业的路上，对我影响和帮助最大的就是潘武师兄和他发起的天壹训练营。天壹训练营，让我从一个搞技术的工程师逐渐向一个全面的创业者蜕变，为我的创业路树立起更明确的方向。"王建飞所说的天壹训练营，是园区为充分发挥创业校友传帮带作用和同频共振效应，与哈工大北京校友会共同开办的，如今已成功举办3期。国富资本董事长熊焰、黑龙江省风险投资协作机构主席刘国超、中节能六合天融公司总经理朱彤、北京光宇博毅能源技术有限公司总经理潘武、北京国富众乐投资有限公司董事长文波等一批创业成功校友做客训练营,通过培训指导、投资孵化、产业合作等形式,打造开放共享、互生共赢的大学生创新创业生态圈,为创业学生有效提高创业综合素质、无缝对接上下游市场资源提供支持,助推大学生创业企业快速发展。

之后,哈尔滨开博科技有限公司成功与哈尔滨丁香汇创投基金确定投资意向。"索定未来、桥安天下"是公司的口号,也是王建飞和他的团队前行的动力所在。

在哈工大大学生创新创业园,像这样专注于技术转化的小微企业不在少数。哈尔滨零声科技有限公司业务主要面向油气管道、高铁钢轨、板材等检测领域。2016年,公司完成了ETG-100电磁超声测厚仪、GW-1000长距离磁致伸缩导波检测系统和EMAT电磁超声探伤仪3种无损检测设备从样机到产品的转化。未来,公司将致力于电磁超声无损检测设备及服务市场的开辟和产品推广,以东北三省为起点逐步向全国范围扩散。

(六)

"黑龙江资源丰富、土地肥沃、人民淳朴,却缺乏将自己的优势资源推广出去的方法和时机。习近平总书记一句'青山绿水就是金山银山,冰天雪地也是金山银山',为龙江经济发展指明了方向,也让我们看到了扎根龙江发展冰雪产业的春天。"哈尔滨传世体育文化发展有限公司总经理郑佳斌兴奋地说。

从小生活在江南水乡的郑佳斌在哈工大从本科读到了博士,怀着对黑土地的热爱,选择扎根龙江创业。他至今清晰地记得省长陆昊来校调研时对自己说的话:"小伙子好样的,黑龙江需要你这样的人才。希望你不忘初心、脚踏实地,不与他人论战,只拿实际行动去干!我们会支持和配合你们,不让你们因为资金和政策犯难!"这番话如一股暖流,激励着他和小伙伴不断前行。

哈尔滨传世体育文化发展有限公司由哈工大博士毕业生和在读博士生携手联合创立,公司于2016年6月成功挂牌哈尔滨股权交易中心科技创新版。公司整合冰壶全产业链资源,覆盖冰壶教育俱乐部、冰壶培训、冰壶赛事、冰雪旅游、场馆运营、明星经纪、冰壶装备及冰壶衍生品。

在龙江大力发展冰雪经济的热潮带动下,2016年,传世体育发展迎来了"春天"。公司先是和冰雪大世界"联姻"建立了冰壶主题乐园,场馆内单日最多游客数超过1.7万人,单日冰壶体验人数超过3 000人;又在哈尔滨万达旅游城建设了世界首个室内冰壶主题乐园,把在全国堪比大熊猫一样稀少的冰壶馆带到了市民及游客身边。

"公司的长远目标是成为黑龙江冰雪产业示范性企业和中国冰壶产业的龙头企业。我们也一定不会辜负习近平总书记和陆昊省长的厚望,牢记让3亿人上冰雪的嘱托,定将冰壶运动发扬光大!"郑佳斌说。

如今的哈工大大学生创新创业园,呈现出一派生机勃勃的"春天"景象。每年,从大一年度创新项目、全校大学生创业大赛、大学生创新创业训练计划、"祖光杯"创意创新业大赛、创新广场,以及各学科创新创业俱乐部、学术竞赛等项目平台中脱颖而出的大学生创业者,从这里起步,成长壮大为龙江创新创业的主力军,以实际行动助力龙江经济全面振兴。

（七）

2017年春天召开的"两会"上，李克强总理在政府工作报告中提出：持续推进大众创业、万众创新，使各类主体各展其长、线上线下良性互动，使小企业铺天盖地、大企业顶天立地，市场活力和社会创造力竞相迸发。

政府工作报告中释放的强烈信号，无疑为我校大学生创新创业园的发展建设向纵深推进提供了大好机遇和重要遵循。

"未来一年，园区将对大学生创新创业园硬件建设和软性服务提档升级，打造全过程、全要素、全方位的'4.0'孵化平台，提供市场逻辑、资本逻辑和技术逻辑结合更加紧密的孵化服务，构建以育人为中心、具有哈工大特色、紧密结合市场规律和资本力量的创新创业教育实践孵化生态圈，为龙江经济转型、走出东北振兴新路子贡献青春力量。"校团委副书记、哈工大大学生创新创业园发展有限公司总经理李敬伟如是说。

第三节　大学生"创业之星"

一、哈尔滨万洲焊接技术有限公司创始人：万龙

"我渴望有一天，我的科研成果可以改变人们的生活，这也是支撑我不断前进的动力。"作为首批"龙江科技英才"入选者，在接受采访时，哈尔滨万洲焊接技术有限公司董事长万龙激动地对记者说。

就是这个情绪有些激动，看上去很憨厚的小伙子，放弃了50万元底薪加销售提成的工作，放弃了英国剑桥等知名大学的访问邀请，2015年在哈工大获得工学硕士学位后，毅然决然地选择留在龙江自主创业。作为90后CEO，公司创办第二年营业额就达上千万元，目前拥有国家发明专利30余项，赢得了世界500强企业法国施耐德电气公司的认可。

（一）"菜鸟"变身科技达人　誓要啃下"硬骨头"

万龙是个"90后"，他常常调侃自己，"我的青春也迷茫。"原来，2009年刚入学哈工大时由于对所学专业不了解，一度觉得"选错"了专业，万龙有点迷茫。后来哈工大焊接技术与工程系副教授黄永宪邀请万龙加入哈工大先进焊接与连接国家重点实验室，并参与科技创新项目。

"我对焊接专业并不精通，而且还是本科生，能做科创项目？"抱着这样的疑问，万龙走进了实验室，也正式走进了科研领地。"通过参与科创项目，我不但系统了解了焊接专业的相关知识，同时也激发了我的科研热情。"万龙说。

2011年，万龙第一次在书本上看到了"搅拌摩擦焊"这个名词，对它的评价，国际上用了"最具革命性"这个词，这引起了他的浓厚兴趣，深入了解后，万龙发现日本的新干线、欧洲的欧洲之星等高速列车，以及多种国外的大飞机都已经采用了这项先进的技术，而它在中国才刚起步。

万龙决定在这个方向进行科研攻关。经过不知道多少次的设计、改进、验证，他终于提出了完全具有自主知识产权的"自支撑搅拌摩擦焊新方法"。在短短一年半的时间先

后发表 SCI 检索论文 8 篇，申报国家发明专利 15 项。

（二）根植龙江煞费苦心开展"大协作"

2015 年，万龙取得了哈工大工学硕士学位，拿到了 50 万元底薪加销售提成的工作机会，获得了国外知名大学和研究机构的访问邀请。在他面临选择的时候，龙江大地掀起"双创"热潮，万龙做出了一个让身边所有人诧异的决定，放弃薪资丰厚的工作、放弃访问邀请，留在哈工大、留在龙江，做一名大学生创业者——把他所研究的新焊接技术成果转化为用于国家发展的技术产品。

在省里和哈工大的支持下，哈尔滨万洲焊接技术有限公司成立。万洲焊接不但入驻到哈工大学生创新创业园，还获得了 500 万元天使投资。

在创业初期，万龙深知要想真的做出点儿东西，真正让技术走进市场，就必须组建"大兵团"，开展焊接事业的"大协作"。公司缺少销售人员，他偶然得知高中同学在药企担任大区经理，销售额连续三年稳居公司榜首，于是通过电话、QQ、微信多个渠道向同学发起"进攻"，一遍遍地邀请他加入创业团队，仅一个月的时间，同学便变卖了房产和汽车，拿着 100 万元的现金来到哈尔滨和公司团队初期成员一同创业。

通过一次次努力，万龙组建了一个由来自 7 个不同专业的 15 人组成的创业团队，其中包括 3 名博士、5 名硕士。

（三）放眼未来看"钱景"重"前景"

公司创建三年来，万龙不知疲倦地奔波于各类投资路演会、项目推介会和技术展览会，北京中关村、深圳证券交易所、苏州工业园区、天津滨海新区，哪里有可能的投资人，万龙就会不知劳苦地跑过去，不厌其烦地介绍公司的技术优势、人才优势和盈利前景。

经过全体员工的努力，公司团队利用自支撑搅拌摩擦焊的特有优势，拿下了上海商飞的预研基金；说服了《创富志》杂志创始人张信东先生，获得丁香会创投的认可，拿到了 300 万元天使投资；获得了世界 500 强法国施耐德电气公司中国区总裁的赏识，达成合作协议。截至 2017 年，哈尔滨万洲焊接技术有限公司已获得 2 000 万元投资。

这些资金成为公司迅速壮大的基石，公司的技术得以迅速发展。迄今为止，公司已经做出东北三省第一台二维搅拌摩擦焊机、第一台精密测温仪，并与齐齐哈尔第二机床厂达成了联合生产大型搅拌摩擦焊机的合作意向；随着公司的发展，万龙针对第一代产品完成了焊具的全面升级换代，技术成果转化已走上正轨。公司一期 5 000 m^2 智能制造基地已于 2017 年 2 月投产。

"我们的目标不仅是要做中国焊接领域的领军企业，未来还希望将我们自主知识产权的产品和技术推广到全世界，打破国外技术垄断，成为焊接领域的世界知名企业。"万龙说，公司将持续提供高质量的搅拌摩擦焊技术和服务，为实现汽车轻量化更快更好发展做出贡献。

二、哈尔滨乐聚智能科技有限公司创始人：冷晓琨

冷晓琨，男，汉族，中共党员，哈工大计算机学院 2016 级在读博士生，乐聚（深圳）机器人技术有限公司董事长、创始人，曾荣获中国青少年科技创新奖、"创青春"大学生创业

大赛金奖,所带领学生创业公司获松禾资本、腾讯等投资9 000万元、公司估值20亿元,所研发机器人Aelos领衔中国青年科技创新力量在"央视春晚倒计时"及"北京奥运8分钟"等国家重大节点精彩亮相、为国争荣,并将"中国智造"远销美国、日本、欧洲等地。由于卓越表现,其本人入选2018福布斯亚洲30位30岁以下精英榜(30U30)名单,成为其消费科技领域中国最年轻入选者之一。

(一)初生牛犊,"死磕"智能机器人,以星夜兼程苦练内功

"少年强、青年强则中国强。"这是2014年8月15日,习近平总书记在南京看望青奥会中国体育代表团时对青年人的嘱托。梁启超先生也曾用"少年智则中国智,少年强则中国强"这句用激励青年人。这质朴的真理穿越时空,在冷晓琨身上得到了再妥帖不过的诠释。

初中时的他便不甘人后,"挤破脑袋"以旁听生身份加入了学校计算机小组,接触机器人后便难以自拔"就好像是突然打开了一扇天窗,一个广阔的世界呈现在眼前,我要发现,我要征服!"

随着不断钻研,高中时冷晓琨已斩获颇丰。但问题最终还是来了,兴趣还是文化课,家人们都毫不迟疑地站在了文化课这边。顶住不理解,冷晓琨坚信:国家未来发展,计算机和机器人技术都是"绕不开""能发挥大用途"的重点工程。敏锐判断和毫不动摇也成就了今日的冷晓琨。

这个勤勤恳恳的机器人"发烧友",从初中保送高中,再从高中保送到大学。怀着对机器人研究的无限憧憬,刚刚进入心仪的哈工大时冷晓琨便给机器人创新基地研发团队主任洪炳镕教授发送了邮件,表明自己想要跟随他研究机器人的愿望。"起初,我这个大一新生并没有引起洪教授的注意,只是被鼓励好好学习专业知识。但经不住我的再三请求,洪教授终于同意我进入研究室学习。"由于大一新生统一在哈工大二校区上课,冷晓琨只能每天利用课余时间赶往一校区进行机器人编程研究。回忆起那段辛苦的日子,冷晓琨笑着说:"当早上室友们还在酣睡时,我已经在赶往一校区的路上,晚上我再搭乘公交末班车返回。虽然又忙又累,但我感到了充实和满足。"

就是在这个时期,冷晓琨在自己心里"埋下了种子":我就不信,我"整"不出中国最先进的机器人。

(二)牛气冲天,"帅军"临危受命,在春晚舞台一战成名

"规格严格,功夫到家"是哈工大的校训,科学面前没有捷径。大一时,中俄工科大学联盟机器人大赛(ASRTU)在哈工大举办。临危受命的冷晓琨代表哈工大参赛。经过重重激烈对抗,这个年轻队长带领起的队伍,击败了北京理工大学、莫斯科鲍曼大学等数十所国内外知名高校,一举拿下机器人足球冠军。

比赛赢了、掌声和表扬随之而来。然后还没有喘息,便来了一个"硬茬子"——机器人舞蹈要上春晚。这是关乎学校形象,甚至是当代大学生形象的大事情!

前一届老队员相继毕业出国,在役的新队员大战经验匮乏,这"青黄不接"的时令呼唤能挑起大梁的人。正所谓"时势造人",冷晓琨硬着头皮、一个大一学生带着一群大三大四的学长学姐踏上了春晚之路,在苦苦鏖战2个多月、克服队员先后病倒住院、舞台材料极度光滑、现场无线电信号强干扰等难题后，他们在龙年春晚的舞台上向中国每一个普通家庭、每一名百姓展现了中国青年一代创造的科技与艺术的完美融合。

2014年，冷晓琨从国务院副总理刘延东手里接过了第九届中国青少年科技创新奖的奖杯。这次使不可能成为可能的经历，极大地点燃了冷晓琨立志机器人事业的热情。

羞以牛后，三年干出"独角兽"，把中国智造销往全球

忽如一夜春风来，千树万树梨花开。2015年，"大众创业万众创新"的号召响彻全国。冷晓琨此时也开始了机器人产业的探索。"任何一种成功的设计，检验它的唯一方法就是经过市场的认可。"

机器人产业是国家制造业转型升级的重中之重，是我国探索工业化4.0建设路径的科技先导，是国务院刊发的《中国制造2025》的关键攻关领域。

这样的大事，我们不"整"谁来"整"？2015年，冷晓琨与志同道合的伙伴创办了哈尔滨乐聚智能科技有限公司，并入驻哈工大大学生创新创业园。同年参加了2015哈尔滨青年创新创业大赛并获得比赛第一名，同时获得人民币10万元的奖金。

作为机器人发烧友，冷晓琨本科时就与同学组建了兴趣团队。随着研究的深入，乐聚团队发现机器人研究受硬件因素影响极大。而当时国内很难找到一家能生产合格机器人硬件的公司。

"决不能受制于国外！"于是这群"敢做梦、敢做大梦"的年轻人走上了自主研发之路，在哈工大强大科研实力支撑下，这群年轻人绷足劲儿用不到3年时间就研发出了具有自主知识产权的机器人硬件和控制系统。由于产品性能好，适合教学使用，国内一些中小学及大学实验室纷纷上门求购。公司先后获松禾资本、腾讯等9000万融资，估值已达20亿，产品远销欧美、日本等地。

"晓琨是我们三个合伙人里年纪最小的，但却是我们几个里面最执着的一个人，他经常会为了一个零部件研究很久！对于技术上的每个环节都不轻易放过，亲自把关，直到满意为止。"这是冷晓琨的合伙人常琳对他的评价。

从热爱机器人的追梦少年，到全国机器人大赛冠军、再到顶尖机器人技术公司的创始人，冷晓琨走过的路，是一名中国少年敢于做梦、勇于追梦、勤于圆梦的旅程。

一路上，年少时恩师的启蒙，成人后母校哈工大的培养，步入市场时用户与资方的信赖，这些支持成就了现在的他，而展望未来，用他自己的话讲，"真正的考验这才刚刚开始，但我相信我们的未来不是梦。"

三、哈尔滨传世体育文化发展有限公司创始人：王冠石

"耶！我掷进圆心了！"在哈尔滨传世冰壶室内主题乐园内，一位操着南方口音、身穿棉衣、鼻头通红的小男孩对身旁的冰壶教练喊道。在夏天也可以玩冰上运动，让这个孩子兴奋不已。

主题乐园经营者、哈尔滨传世体育文化发展有限公司创始人王冠石说，他的目标就是让普通市民自觉参与到冰雪活动中来，开展群众性冰雪运动，打造全民冰雪活动品牌。

（一）从小痴迷冰壶，他结识了"冰壶公主"

今年36岁的王冠石从小就是"冰壶迷"，这也让他结识了中国女子冰壶队队长王冰

玉。"第一次见面时,我们两人就因为同样喜欢冰壶而聊得很投缘,慢慢地,爱情的火苗就被点燃了。"王冠石说,也许这就是冥冥当中注定的缘分,让他这辈子都与冰壶结缘。

在哈工大微电子科学与技术专业攻读博士期间,王冠石就一直在做冰壶技、战术方面的工作,为国家队提供科技服务。"我和冰玉结婚后,共同的愿望就是能让更多的人接触到冰壶这项运动。"源于对冰壶运动的热爱,2015年7月,夫妻二人入驻哈工大大学生创新创业园,成立了哈尔滨传世体育文化发展有限公司。

(二)创新10余种趣味冰壶玩法

公司成立后,主要以赛事数据系统、战术演示系统等体育科技产品为切入点,逐步深入冰壶产业各个环节,但即便有得天独厚的明星效应、专业的技术支撑、丰富的资源,可公司在龙江落地生根还是有短暂的"水土不服"。

创立之初,由于没有找准切入点,公司经历从专做冰壶赛事分析软件,到尝试"互联网+"冰雪场馆预约,再到进行冰雪全产业链的运营的多次转型,每一次大变革对于王冠石团队来说都是一次浴火重生的考验。"实现全民参与冰雪运动首先要提供冰雪场地,其次是要有接触冰雪运动的机会或可能。"王冠石说,一项运动的推广,要让参与者自己去体验——看、听、学,了解专业知识,看懂专业比赛,通过专业教练的指导和业务能力培训,真正让大众认识冰雪,喜爱冰雪。

2017年6月,传世体育运营的全国首个冰壶室内主题乐园在哈尔滨万达茂开业。园内除了专业赛道外,还衍生出趣味九宫格、冰上保龄球、冰上飞行棋、冰上对对碰等10余种趣味冰壶玩法,让这项运动更"接地气儿"。

(三)让更多人喜欢冰壶运动

"冰壶作为贵族运动,起源于苏格兰,没有年龄限制,有其独特的文化底蕴。"王冠石说,冰壶运动进入我国时间较短,专业场馆屈指可数,并未大众化、普及化,我想通过推广冰上运动,传播冰上文化,让人们真正体会冰壶运动的乐趣,让这项运动在大众心中生根发芽。

目前,传世体育正向冰壶全产业链快速发展,对于未来的发展,王冠石信心满满:"当下,先给自己制定个能达到的小目标,希望冰壶主题乐园会持续增加冰壶热衷粉儿和长期体验者。"

四、斯坦德机器人(深圳)有限公司创始人:王永锟

哈尔滨斯坦德机器人有限公司于2016年6月成立,是哈工大大学生创新创业园孵化的高科技企业。公司2018年下半年迎来爆发式增长,其自主研发的室内移动无人驾驶平台和机器人调度系统已广泛用于华为、中兴、OPPO、北汽新能源、拓斯达、富士康、歌尔声学等世界500强企业与上市公司,在3C移动机器人市场占有率第一。

斯坦德有今日的成绩,与90后CEO王永锟密不可分。从技术研发到正式创业,再到明确方向获得飞跃式成长,王永锟一直走在专注移动机器人技术的路上,"专注的力量无比强大,给了我们不可想象的空间与能量。"王永锟说。

(二)求学——七年如一日执着移动机器人技术

对移动机器人的专注与执着,从王永锟初入大学时就开始了。

2009年高考前夕,王永锟注意到,哈工大竞技机器人队当年在日本夺得亚太大学生机器人竞赛的冠军,这让他觉得"太酷了"。于是,他抱着成为"技术大牛"的梦想,报考了哈工大控制科学与工程专业,这也是哈工大的"王牌专业"。

进入大学后,他又开始为进入哈工大竞技机器人队而努力。由于机器人队只招收大四学生,他的申请屡次被拒。尽管如此,他还是频繁地参加国内各类电子科技大赛,国内知名大赛几乎参加了个遍,技术能力与心理素质都得到极大锻炼。受科幻电影《普罗米修斯》的启发,他还参加了美国国家仪器公司举办的全球虚拟仪器大赛,参赛的内容就是移动机器人技术,并拿了国内特等奖。

大三那年,王永锟终于如愿加入机器人队,对核心定位、移动机器人技术等有了进一步的钻研。

"斯坦德虽然成立才2年多,但从大三算起,我接触移动机器人核心技术已经7年了,这些积累也是我创业到今天的动力和支撑。"王永锟说。

(三)创业——拒绝名企offer赴深圆创业梦

研究生毕业后,英特尔、大疆等名企向王永锟发出offer。虽然发展方向还在摸索中,但王永锟心里有着清晰的声音:要从事与移动机器人技术开发相关的工作,不能甘于平淡安逸的生活。

此时,有哈工大机器人竞技队的队友约王永锟共同创业。2015年7月,王永锟拒绝了所有的offer,正式加入了创业团队,负责核心技术。王永锟回忆,创业初期,没有投资,团队完全靠自筹资金维持运转,"10个人住一个房间,每人每月领2 000元。"

条件艰苦,心里却充满希望。经过讨论,团队把创业方向定位为"高端工业移动机器人",开始开发"oasis自动驾驶"模块。和很多初创团队一样,一开始的路并不顺利。因为一些技术核心问题还未解决,做出来的产品不能真正满足客户的需求。拿到投资之后,团队又同步研发多款技术和产品,致使无法打造出真正实用的核心产品,创业迟迟不见起色。

(四)爆发——专注核心技术终获市场认可

意识到问题后,掌握核心技术的王永锟成了公司CEO,对团队的方向也进行了调整:专注研发"oasis自动驾驶车辆"这一款产品,让产品真正实用、好用。"我们要把这款产品从70分做到90分,让它成为行业标杆。"王永锟说。

变化从专注开始。经过近一年的调整和研发,2018年下半年,斯坦德迎来了爆发式增长,华为、中兴、富士康等龙头企业纷纷与斯坦德达成合作,2018年的产值达到2017年的4倍以上,国内多家知名创投机构也纷纷向斯坦德抛出绣球,斯坦德一跃成为工业移动机器人领域的翘楚。

"我觉得我们的变化来源于专注,专注的力量大到不可想象。"说起一路走来的历程,王永锟认为,做一款高端的工业产品,需要三五年甚至七八年的潜心钻研,从一点一滴的积累到今日的质变,这一切都得益于专注。"我钻研移动机器人技术七八年,自信被摧垮过很多次,自我推翻过很多次,但我每被推翻一次,都会感到高兴,这意味着我的技术有机会更精进了,只有重复地从零开始,才能不断突破。"

2019 年,斯坦德计划大力发展无人驾驶机器人在新能源、医疗、仓储等场景的研发与应用。王永锟预计,2019 年的斯坦德将会迎来更大的发展机遇,"这是我热爱的事业,我会一直坚持下去。"

五、哈尔滨海果智能科技有限公司联合创始人:周纪强

让机器具有学习功能是每个智能控制专业大学生的梦想。当然,哈工大航天学院研二学生周纪强、梁亮、张天琦也不例外。他们采用国际最先进的"深度学习"技术,让视频抓取有了自己的思维。在一大堆图片中,你告诉机器,这一张是它要找到并需要特别关注的,离开这个抓取环境,当你不再给机器这些图片,机器也能在其他的视频中抓取出这个图像。他们还依靠视觉识别这项技术成立了哈尔滨海果智能科技有限公司。

(一)忽然有了创业的灵感

最初,他们谁都没有想过要创业。2015 年 8 月,刚刚开始读研的周纪强、梁亮、张天琦在实验室做了一个小项目——道路交通的视觉分析,通过摄像头传回的数据,对车辆的运动轨迹进行分析,统计车辆的流量和速度,判断其是否违章。项目做好后,他们对视觉识别产生了浓厚的兴趣,因其广阔的市场应用前景,他们想到了创业。

很快,利用视觉智能识别原理,他们做出了一台监控相机。普通相机如果要监控,需要存储大量的图片信息,存储量占了很大空间。而他们的监控信息,只需提取有用的信息进行存储,比如说违停抓拍,只需要存储你违停时的图片,这样,存储量就会变得很少。

视觉智能识别对电脑和服务器有着很高的要求。创业初期,他们需要一个场地安放机器设备,他们去找了几处民房,房租以及嘈杂的居住环境最终让他们望而却步。正当他们为办公场所一筹莫展时,他们迎来了一个机会。

(二)获得奖金还有了办公室

那个机会是一场比赛。当他们拿着智能相机上台路演时,台下评委的注意力顿时被吸引了。他们获得了 2015 年哈工大丁香汇杯创业比赛第一名,以及随之而来的 6 万块钱奖金和学校创业园提供的办公场所。

有了自己的办公室,注册以及让公司正规化提到议事日程。他们均是技术出身,对于行政上烦琐的工作并不在行。然而,那些突然多出来的工作,合同、注册、文件、日常管理以及开会和跑腿总得有人去做,于是他们聘请了一名行政助理,专门处理繁杂的事情,包括必须出席的例会。

梁亮负责外宣、与客户协商以及比赛路演,周纪强负责工程进度管理、财务管理以及部分外联,张天琦不愿意与客户打交道,他是团队的技术担当。最初的日子里,虽然只有三人,但他们合理分工,支撑起公司的基本架构。"我们的原则就是做自己擅长的事情,那些不擅长的事情最好进行规避,这也是防范风险的一项措施。"在这种思想指导下,他们将比赛时的相机进行模块拆分,原来他们软件、硬件一起做,但考虑到自己的资金和实力,他们放弃了硬件,只做软件。

(三)蹲守找到"坏分子"

研究生的很多课都集中在研一,那一年是他们最难熬的时期。每天白天,急匆匆地去上课,晚上下了课还要赶去实验室做研究。他们知道凌晨四点哈工大的校园是什么样的,也熟悉走出实验室瞬间被刺透的寒冷,那几个月,他们每天的平均睡眠时间不超过4小时。视觉识别,很多年轻人都感兴趣,随着一些本科生的加入,创业队伍逐渐扩大。他们将队伍分成小组,每个小组做一个方向,分头行动,相互配合。

为了采集数据,创业团队在哈工大创业园安装了三个摄像头,做客流统计,但不知什么原因,每过十多个小时,系统就崩溃一次。为了找出那个让系统崩溃的"坏分子",大家轮流蹲守。一个星期的时间,他们将系统的各个模块拆分、测试、组装,终于发现了那个"坏分子",是一个小模块,拆掉以后,问题解决了。

结果是这样的简单,过程却是那样紧张艰苦,张天琦说,好在团队已经习惯了这种认真,为了揪出一个"坏分子",大家不知要推倒重来多少次。

(四)轮流去大公司长见识

他们刚开始做视觉识别时,用的是传统方法,传统方法有多年的积累,上手快,出成果也快,但视觉识别的精确度和准确度都不够。两年前,国际上开始流行"深度学习",最典型的一次应用是阿尔法狗打败了李世石。最新的理论,课本上没有,课堂上也没有。他们找来国外的期刊论文,自己上网搜索资料,就着英文文献,一点一点地自学。他们把学到的东西马上应用在自己的系统中,识别的精准度有了明显的提升。

"深度学习"让机器具有思维,国际上的技术每天都在进步,为了紧跟时代潮流,三人一直保持着学习习惯,夜深人静,万籁俱寂,他们找来最新的全英文学术论文研读、讨论,把前沿科技和自己的创业产品相结合。

除此之外,他们还轮流出去长见识,一人出去实习,另外两人就在家里值守,然后,学习内容共享。几年之中,他们分别去了大疆、三星以及海康微视。指导老师哈工大副教授屈桢深说,按他们的技术及资历,走出校门,年薪都会是25万~30万。但他给学生的定位不是技术打工者,而是创新型复合型人才,除了技术上的卓越,他还希望学生们充分挖掘自身潜力,创造更大的价值,所以他鼓励学生创业。

(五)视觉识别可用来指导教学和训练

一年半的时间里,三个小伙伴研发出三项产品,客流统计系统、视频分析服务器、无人机视频跟踪模块。总之,他们现在做的事情就是让摄像头长眼睛有思想。长了眼睛,他就会自主地去发现目标,而不用人工一点点去筛选,有了思想,他就会在抓取图像后自动进行分析,给一个最终的结论。

屈桢深说,实际上视觉识别可做的事情还有很多,比如运动比赛中的足球视频分析。体育比赛实况转播时会有很多视频,对这些视频进行分析,拆解运动员的动作,进行大数据统计,可用来指导教学和训练。目前,公司正在与北京的一家公司合作,在奥体中心装摄像头采集数据。再比如,将视频监控与人脸识别相结合,在宾馆等地安装摄像头,通过摄像头的锁定,能很容易找到公安机关想找的人,省去了公安干警逐一排查视频所花费的大量人力和时间。此外,将视频识别用于客流统计,在孵化园的每间办公室门口安装摄像头,也可以对孵化园的活跃程度进行监测。

屈桢深说,项目好不好,最终要接受市场的检验。他的学生都是学霸,技术上肯定没得说,他要做的就是提醒这些学霸,眼睛里不要只看到技术,最重要的是看到与市场相结合的需求。这也是他们创业的最终目的,用技术创造性地改变生活。

六、哈尔滨智趣科技有限公司创始人:张洪涛

"说一句比较大的话,我要做出世界最强的机器人",2017年6月,央视《出彩中国人》节目中,来自哈工大智趣科技创业团队的主创之一张洪涛博士说出了本文开头的那句话,也正是因为这句话让大家及业内的关注目光转向了这只支非常年轻的90后机器人创业团队——智趣科技Robo3。

这支团队也许是目前在人工智能及机器人创业中最年轻的一支团队,他们拥有着这个时代年轻人的大都多数优点,张扬、自信、洒脱、聪明、活力十足,却也被社会及大众扣着不成熟、不理智、不堪大任的帽子。也许是社会的眼光错了,这一代90后已经不一样了。

(一)源于兴趣 始于钟爱

能够从事自己喜欢的职业是一种幸运,就像很多人小时候都要成为科学家,要研究一个可以帮母亲做家务的机器人,可是随着时间的变化,更多的人选择屈服于生活,放弃了儿时的梦想。

但无数个日子的学习,反而让这些人更了解自己的专业,也更认清了自己内心的声音:我想要研究制造出最好的机器人。大到机器人的整体拼装、演练,小到机器人主控板的一个焊点,这些年轻的90后为每一次尝试都做着百分之两百的努力和演算。有的人甚至为了一个程序几天几夜地反复推演,为了一个焊点无数次地重来,为了一个零件的契合反复打磨……

这些所有在外人看似疯狂的举动,完全是因为这些人疯狂地爱着机器人,最开始是因为兴趣,可是到了今天,是因为钟爱。

正如智趣科技团队信奉的那句话一样:能够从事自己喜欢的兴趣作为工作,能把他当成事业一样发展,能够做出最好的机器人是我们的幸运。

(二)潇洒肆意 年轻创业

当初谁也不曾想过这些年轻人会做出今天这番成就,真的将自己喜欢的兴趣变成了事业。

智趣科技Robo3团队的成员大都来自中国的著名高校哈工大、哈工程,他们都是优秀的硕士、博士、甚至博士后,他们因对梦想不顾一切的冲劲和对心中所爱机器人的火热而聚在一起,散而成沙聚而成团,一支年轻的90后机器人创业团队——智趣科技Robo3于2015年正式成立!

为什么叫智趣科技Robo3?在回答这个问题的时候,智趣科技创始人李策做了这样一个比喻:"田地间的萝卜在采摘的时候是拔着缨子向外使力,而我们研发机器人也一样,看着貌似只有外面不起眼的缨子就像是我们被人嘲笑的梦想一样,但是拔出来的是一只大萝卜,就像我们的机器人一样,一定是全世界最好的机器人。"

(三)苦心研发 一鸣惊人

现在市场上打破国外人形机器人垄断国内市场桎梏的人形机器人 dobi,就来自于智趣科技团队。

目前,智趣科技 Robo3 团队现有的三款主打产品:dobi 人形机器人、方小方 cubee、mio 智能编程机器人,都是团队经过反复测验、计算、实验才能问世的产品。

为了突破机器人行走呆板机械的问题,他们无数次的研究、计算终于突破了核心算法为 dobi 研发了类人步态算法,等同于打破了业内的首创,让机器人像人类一样抬腿走路,这在以前都是不敢想的。

在这支团队成立之初,业内的人也没想到一个智趣科技 Robo3 团队能掀起多大的风浪,可是就是这群年轻人带来的创新,撬动了难啃的骨头,用机器人产品叩响了大门,走向了世界。

(四)登央视舞台 传唱春晚合家欢

2017 年 6 月智趣科技 Robo3 的成果登上了央视《出彩中国人》的舞台,而这台表演的中心就是由智趣科技 Robo3 研发制造的人形机器人 dobi,它用一首《霍元甲》征服了观众和评委,也证明了作为最年轻的 90 后机器人创业团队他们并没有辜负当初的努力。

在接下来的日子,智趣科技 Robo3 和他们的热凝机器人 dobi 接连参加了《经典咏流传》的录制;参演电影《超级 APP》;还利用团队研发的一键群控系统让 1 069 台人形机器人 dobi 同台表演太极功夫并一举打破吉尼斯世界纪录;更是在 2018 年以小狗头型的造型登上了春晚的舞台,为全国人民带来一场合家欢……

不仅仅是 dobi 有来自欧洲、美国、中国香港、中国台湾、德国、西班牙等国家和地区海内外的大量订单,方小方 cubee 和 mio 编程教育机器人也同样受到了海内外的认可,mio 甚至是成为学校教育课程的指定机器人,而方小方 cubee 更是以萌趣的外表被孩子们所深深喜爱。

(五)研发商演模式 帮扶创客

智趣科技 Robo3 在收获了大量订单之后并没有就此停下脚步,而是根据 dobi 的特性研发了群控功能,从而再次将这个人形机器人 dobi 推到了业内极为抢眼的位置。仅仅只靠一个群控软件就能控制几百台甚至上千台 dobi 机器人同台表演,这不仅依赖于机器人自身的系统和稳定性,还对这款群控系统软件有着极大的要求,可是他们做到了!

打破吉尼斯世界纪录就是最好的证明,这证明了他们的群控软件是经得起考验的,这支年轻的团队可以将想法变成现实,也同样证明了这支团队卓越的实力,更加证明了他们又向当初的"豪言"迈进了一个台阶。

(六)教育为纲 走出传统桎梏

现在市场上有很多教育机构,但都是主攻课业为了升学考试加分的教育机构,可是针对 STEAM 教育的却少之又少,偶尔有的也不专业,所以很多对机器人感兴趣、对编程有兴趣的孩子就耽误了,甚至是错过了黄金学习时期,遗憾终生。

"我们把兴趣变成了钟爱的事业,也希望有兴趣学习机器人的孩子能够有机会接受系统的学习,所以成立智趣科技教育中心我们志在必行!"

智趣科技机器人教育中心的成立恰好弥补了 STEAM 教育的缺失,中心配备了专业的指导老师,还有来自团队的成员不定期到教育中心和孩子们一起上课,一起拼装机器人、编写程序。这无疑是这个年轻团队的又一大创新,不仅可以帮助孩子们了解机器人,还能得到一手的市场反馈,让产品更贴近用户。

七、哈尔滨大师兄科技有限公司创始人:周博

1993 年出生的周博,是个大学生创业者,他多次尝试开展校园外卖配送业务,但都以失败告终,在摸对方向后,他将之前的中晚餐配送业务一刀砍掉,转做早餐预订平台——"红领巾"。截至 2016 年 2 月,"红领巾"平台已覆盖 27 座城市的 400 所学校,日单量 70 000 多,月销售额 1 000 万元,注册物流员 15 307 人。

上大学时,周博就做过不少生意:驾校代理、卖二手书、卖电脑等。大二时,软件专业的周博做移动平台开发外包生意,因为平时总叫外卖,他就想:何不做一个移动端的外卖平台?

2014 年,周博和同学任慈一起开发外卖移动平台。没想到开学后正准备推广时,突然发现校园已出现"美团外卖"和"饿了么"。未上战场先折戟。

之后,在一次聊天中,二人聊到了"达达"和"风先生"(即时配送平台),他们琢磨:外卖做不了,校园版的"达达"是可以做的。由此,周博计划建立一支配送队伍,帮商家统一配送。2014 年 9 月,他启动项目"红领巾"。为商家做外卖点对点配送。规模最大时,配送团队有 200 多人,但两周下来他们亏了 1 万多元。

"达达"模式不通,周博尝试寻找新出路。他们想到了传统物流的分仓接力式配送。经过考察,周博建立了一套流程,把配送分为四个环节。之后流程运行顺利,周博不再一味亏钱,但一个多月后,周博还是放弃了该模式,并总结了两点原因:管理难度大;难以复制。此时周博留意到,配送外卖时,很多用户(学生)还在上课,他们希望上课之前预订,下课时能送到。于是周博开始尝试预定配送,"配送单价一元多,人工成本 15~20 元/h,平均每人每小时配送 30 多单,这样下来就绝对不赔钱了。"

随着业务逐渐稳定,俩人有意寻找投资。在多次碰壁后,他们见到了坚果创投的王展。投资敲定后,俩人两条腿走路。一边增加配送品类,一边向周边学校推广。在推广过程中,俩人逐渐把目光转向早餐。早餐不仅毛率高,而且更加标准化,预定时间更长。

2015 年 11 月,俩人决定,砍掉中晚餐配送,专注做早餐配送。团队在美团等外卖平台上开设"红领巾"爱心早餐店,用户预订早餐后,平台将订单分发至专门的餐馆,等到早餐时间,再由学校内的配送员配送,仍采用集中式配送模式。

截至 2017 年 3 月,红领巾已覆盖北京、广州、西安等 31 个城市、高校 524 所,日成交订单量突破 60 000 单,2016 年总交易额突破 2 亿人民币,2017 年获得丁香汇风险投资 700 万元。现有在册配送人员 32 307 人,覆盖用户 606 万人次,平台日访问量突破 30 万,同时以 2% 的复合增长率持续增长……

八、哈尔滨燃卓科技开发有限公司创始人:万杰

80 后,工学博士,早在读研时,就开始了自己的创业之路,在家教行业做得风生水起,

年收入能达到10万元以上。

读博期间,他关闭了补习班,全身心投入到科研项目中,着手准备第二次创业。

他是万杰,2016年7月毕业于哈工大,获得动力机械及工程专业的工学博士学位。在校期间,他创办了哈尔滨燃卓科技开发有限公司,任总经理。

(一) GE、西门子可以,我们也可以

从硕士开始,万杰就是"技术达人"。哈汽轮厂汽轮机发电机组远程诊断中心平台、中海油燃气发电机组工业数据中心(设备性能监测和故障诊断)平台的设立,万杰都作为主要技术负责人参与其中。截至目前,这些平台仍然是国内商业化规模最大的工业数据分析项目。

当时,国内工业大数据这一概念还不是很热,但相关问题已经显现。作为能源生产系统的重要组成部分,汽轮机和燃气机等动力设备不仅结构复杂、造价昂贵,还具有生产规模大、平台分布广、操作过程复杂等特点。安全生产问题是企业的重中之重。

当时的工业大数据分析业务是由GE、西门子等国外厂商负责,要将运行数据传送到国外,因此在国内广泛应用的局限性很大。

"GE、西门子可以,我们也可以。"开发一款与国外产品想媲美的新一代的工业大数据分析服务平台,万杰抱着这样的信念,开始了新的征程。

(二) 给机器看病 研发智能产品填补国内空白

2015年对于万杰来说是人生的一个重大转折点。"大众创业、万众创新"的理念和热潮席卷龙江。也就是在这一年,万杰的创业方向更加明确,创新之路愈走愈清晰。经过一年的努力和连续200多个日夜的工作,一套我国自己的成熟工业大数据分析平台正式问世。

(三) 从"消失"的大额尾款到销售协议金额近千万

万杰提到企业在初创时也曾遭遇重重困难。有一次,万杰与某企业签订了一个上百万的检测项目协议,为能让项目尽快落地,万杰带领团队研发人员日夜加班整整干了一个多月。不想天有不测风云,在检测项目刚刚进行到一半时,不知何种原因企业突然终止了合作,导致大额尾款不见了踪影。

这件事对万杰打击很大。为此,他专程跑到南京一个创业成功的师兄那里请教。通过与师兄的交流,万杰有所领悟,"心中始终有创业情怀,集中精力干一番事业"。

作为老工业基地,能源、电力工业、装备制造等一直是东北的传统领域。万杰带领的团队,将移动互联网、云计算、大数据、物联网技术与工业数据相结合,率先将"互联网+"引入能源生产领域。未来,公司将尝试搭建集团级数据监测平台,大力发展风机、汽机、压缩机等设备分析服务,形成产品品类齐全、涵盖行业广泛、服务能力一流的能源设备技术服务企业。

九、哈尔滨玄智科技有限公司创始人:李蕴洲

哈工大硕士研究生李蕴洲每天的日程表排得很满,早上7点之前他就要吃完早饭,准备去实验室做科研,一般要到晚上9点之后,他才能从创立的企业玄智科技有限公司离

开。即便回家,李蕴洲也不会立刻休息,通常他都看着一天的重大新闻以及最新机器人方面的学术论文入睡。

(一)顺应号召 敢为人先

李蕴洲最关注的就是全国"两会",政府工作报告中有关科技创新、鼓励中小企业的工作部署等内容让他十分兴奋。他说,自己刚上大学的时候,就是在国家"大众创业、万众创新"的鼓舞下,开始了创新创业之路。

2014年9月,李蕴洲以630分的成绩考入哈工大机电学院机械设计制造及其自动化专业。大一时,他带领蓝色魅影团队,历时8个多月所设计的"带载爬楼车"获得机械产品数字化设计大赛全国一等奖,破了哈工大的纪录。在校期间斩获工信部创新创业全国特等奖、春晖创新成果特等奖、中国大学生创新创业大赛全国银奖、哈尔滨创业大赛一等奖。

(二)小试身手 创办公司

在随后又在全国机械创新设计大赛获奖后,李蕴洲和他的小伙伴们决定走到世界的舞台去"比武"——去国际顶点设计大赛这一工科领域学生的顶尖科技竞赛上试一试身手。3个月的不眠不休、团队作战,团队的作品性能不断优化、样机各项功能更加完备,最终获得了这项大赛的唯一金奖,向世界证明了中国大学生的科技创新能力。

在李蕴洲和团队成员眼中,参加国际顶点设计大赛最大的收获不是金奖,而是遇到了团队的另一个重要成员——哈工大电信学院曹梦宇。

曹梦宇在算法控制方面研究很深入,但在机械技术方面有所欠缺,因此当他接触到了李蕴洲的团队后,双方一拍即合,于2017年共同建立了哈尔滨玄智科技有限公司,开启了从创新到创业的新征程。

就在公司红红火火开张的时候,团队的每个人都站在了人生选择的十字路口,当时团队成员中有人收到了国内名校的面试通知,还有人受到名企的青睐,但最终大家都选择继续留在成长、奋斗了3年的哈工大和黑龙江,一起闯出一片新天地。

(三)结缘铁甲 一举夺冠

为了检验公司产品的性能、扩大公司的品牌效应,团队接受了中国首档以机器人格斗竞技为题材的综艺《铁甲雄心》国际格斗机器人大赛的邀请,代表中国与来自世界各国的机器人团队同场竞技。李蕴洲带领团队耗时3个月对已有机器人进行全面升级改造,在赛场上与来自英国的世界顶尖团队制作的机器人进行了比赛,团队的优异表现赢得了各方的关注,最终,在迎战英国冠军"宿敌联盟"时惜败,格斗机器人"深海巨鲨"因此搁浅,团队最终止步12强。2019年7月14日,《铁甲雄心》第二季首播。时隔一年半,李蕴洲团队带"深海巨鲨"重新杀回战场,并一举拿下全球总冠军的好成绩。

(四)稳定发展 回归初心

在公司成立不到一年的时间里,哈尔滨玄智科技有限公司已经拥有稳定的团队,其中包括博士生3名、研究生7名、多名优秀的本科生共计20余人。研发产品线已有基于无线射频的模块化小型格斗机器人、智能家庭管理机器人和自主导航越障搬运机器人等。公司在智能机器人领域与青少年机器人教育领域都占据了稳定规模的市场,目前已获意向投资500万,公司估值已达到5 000万。

李蕴洲说,创新源于生活,也要回归生活、回报社会。如何利用自身的创新能力为社会创造更多的价值,是他和团队当前和今后一段时间重点思考的问题。"我和团队将怀着对创新创业的那份初心,在'双创'这条路上坚定地走下去,'燃烧'自己的青春,为国家在智能制造领域闯出一片新天地。"

十、哈尔滨希塔科技有限公司创始人:张宇星

22岁的张宇星是哈工大机电工程学院机械设计制造及自动化专业的大四学生,他的另一个身份是哈尔滨希塔科技有限公司创始人、总经理。作为2016哈尔滨青年创新创业大赛八强中最年轻的选手,张宇星的面庞未脱稚气,但在比赛中所展示出的从容自信,却让人不得不对他刮目相看。

从精于美食的"智能烹饪机"到基于"室内自定位技术"的智能机器人,可以清晰地看到这个北京小伙从创新走向创业的每一个脚印。谈及未来目标,张宇星用坚定的语气回答说:"希望用科技改变世界。"

(一)创新出发:智能烹饪机"一键"搞定鱼香肉丝

张宇星从小就对机器人有着浓厚兴趣,这也是他报考哈工大的原因之一。入学不久,张宇星便与同学合作设计了一种三段式折叠自行车结构。虽然项目止步于答辩,但让他感受到了创新的乐趣。

大二下学期,张宇星和朋友组建了4人小分队,以"智能烹饪机"这一项目参加国家大学生创新性实验计划。机器配备了调料投放、原料投放、搅拌、火控、颠勺机构和烟气智能排放系统。使用者只需向原料盒中投放食材,同时选择要烹制的菜品名,机器就会按照程序,自动选择合适时间,分次向锅内投放原料及调料,并进行翻炒、颠锅和装盘。该项目获得了"祖光杯""挑战杯"等多项创新创业比赛的奖项,还包揽了第八届全国大学生创新创业年会"最佳创意项目"及"我最喜爱的项目"两个奖项。

在学校组织的创业沙龙活动中,张宇星结识了许多成功创业的前辈。在与他们的不断接触与深入沟通中,张宇星也逐渐萌生了创业的想法。

(二)创业起点:室内自定位装备"机器服务达人"

随着哈工大搭建国家大学生创业园平台,张宇星也创建了哈尔滨希塔科技有限公司,并将公司业务拓展为室内自定位技术和基于室内自定位技术的智能机器人的研发、生产与销售。

"室内自定位技术的用途十分广泛,可普遍应用于工业及民用室内机器人的定位、基于位置的商业营销、老人及婴幼儿远程陪护、人员或物品看管等场合。"张宇星说,目前,绝大多数公司都专注于单一方案的研发,难以实用化。只有根据不同的使用环境和客户需求,将多种技术路线相融合,才能真正实现室内自定位技术的实用化。

据介绍,希塔公司研制的基于室内自定位技术的智能机器人,可以在机场酒店为乘客提供询问、引路等服务,在餐厅商超为顾客提供推介、导览等服务。"我们争取在今年内完成全向激光自定位移动平台及智能自定位服务型机器人的改进、测试,以及小规模推广

销售。"张宇星说。

目前,希塔公司已完成种子轮融资,并与北醒(北京)光子科技有限公司、爱尔兰 DecaWave 公司等达成初步代理意向。

(三)"只要坚持不懈,总有机会成功"

虽然成果累累,但以创业项目参加比赛对张宇星来说却是"大姑娘上轿——头一遭"。虽然年龄最小,但却没能得到任何"优待",张宇星笑着说:"这正是创业大赛的魅力所在——因为市场本来就是残酷的。"

在半决赛期间进行的执行力考验中,经过三个"哥哥"一致通过,年龄最小的张宇星被选举为 C 组组长。张宇星说,组员们优势不同、性格各异,自己能做的就是协调、沟通好,实现组员能量最大化。目前,张宇星正在努力摆脱"技术控"的习惯,最大限度在路演中提取"干货"。比如不再纠结于向评审们普及通过何种技术手段让机器人完成指令,而是用最通俗的语言向投资者介绍机器人能实现什么功能。

"学校的专业老师从科研技术角度给出建议,大赛的创业导师则从市场需求和产品设计角度给出意见,这两方面对于创业都非常重要。"选手们的出色表现也让张宇星感受良多,他说:"创业艰难,大部分人都失败在路上。但我相信,只要坚持,总会有机会成功。"

十一、哈尔滨零声科技有限公司创始人:汪开灿

"我要把自己研究了十多年的科研项目应用到国家工业领域,而不是仅仅止步于完成一项实验室的课题。"哈尔滨零声科技有限公司创始人汪开灿说,把掌握的科技成果变成能够改变世界的产品是他的理想,为了实现理想,博士毕业后,他放弃了稳定的工作,选择回到自己的第二故乡哈尔滨开启创业之路。

(一)加入电磁超声课题组,-20 ℃做室外试验

1986 年出生在湖北的汪开灿是一个典型的理工男,高考时他以优异的成绩考入哈工大电气学院,热爱科研的汪开灿从大二就开始尝试参与各类创新竞赛,2006 年,他获得全国大学生电子设计竞赛一等奖,并加入学校电磁超声课题组,跟随导师进行电磁超声无损检测的相关研究。

"油气管道有没有开裂,铁路钢轨有没有缺陷,只要用电磁超声检测设备一检测就知道了。"汪开灿说,当时这项技术在国内研究的人非常少,与国外差距还很大。汪开灿和课题组的同学凭借着一股子韧劲儿,不断攻克难关,技术逐步达到国内领先水平。

提到当时遇到的困难时,汪开灿说,搞科研从来就不是一件容易的事,"记得有一年冬天,我和同学冒着-20 ℃的低温,去哈尔滨南站做列车车轮实验,从早上到中午一直在户外进行。"汪开灿说,当时冻得手都麻了,但看到科研进展,就把寒冷全抛在了脑后。

(二)放弃稳定工作,让科研成果走出实验室

2014 年,汪开灿博士毕业,毕业前就已找到了一个令人羡慕的工作单位——航天五院 502 研究所,然而经过一番思量后,他毅然选择投入创业大潮。"学以致用是我的目标,既然我们的技术足够先进,那么我希望将它运用到国家的工业领域。"于是,2015 年

底,汪开灿回到哈尔滨,在哈工大创业园成立了零声科技公司。

入驻哈工大国家大学科技园后,免费提供的场地和财务、法律等一系列服务为他免去了很多后顾之忧,公司开始专注于将知识技术转化成为满足市场需求的产品,"我们公司致力于新型超声无损检测设备的研制开发,这种新型检测设备在钢轨、管道以及板材性能检测及维护等多个重要领域有关键作用,可以满足我国目前高铁、管道运输等产业飞速发展的迫切需求。"汪开灿说。

这些高精尖产品几乎都来自于创业团队内部的科技成果转化,零声科技公司很多成员都是从前科研团队的伙伴,拥有15项授权专利,发表SCI论文近20篇,这成为零声科技公司强大技术实力的基础。

(三)打造核心竞争力,做专业化检测公司

2016年,零声科技推出了3款电磁超声检测产品,其产品性能达到国外产品水平,在某些性能指标上,已经高于国外产品。"创业之路与实验室的研究生活区别很大,并不轻松。"汪开灿坦言,虽然缺乏经验,但公司在创业之初得到了来自学校等各方面的支持,使公司更加从容地踏过成长路上的荆棘。

如今,公司与中国石油、铁道科学研究院等相关企业和机构积极谋求合作,并注重引进人才,打造自己的核心竞争力,不断地把产品推向市场。汪开灿说:"下一步,我希望做一个专业化检测服务型公司。有了我们这样的检测手段,就可以避免很多生产安全事故。"

十二、哈尔滨时景科技有限公司创始人:刘宝玲

"每当我阐述自己理念的时候,对方都是一脸茫然,不知道我在说什么……"面对无法与客户沟通交流的"代沟",跑去听学校院士、教授以及教学名师们的讲课,试图将自己的学术语言转换为通俗易懂的话语以及生动的小例子,是哈尔滨时景科技有限公司创始人刘宝玲在创业初期做得最多的事。

刘宝玲创建的公司通过构建面向时空大数据、行业信息化和电子商务等领域,致力环境保护、国土、农业等五大类18个系列的产品体系。继续深化核心技术、推广时空大数据的价值,让所有人能得到有智慧、有价值的信息服务,是刘宝玲团队最大的心愿。

(一)法学本科生"转学"理科博士 跨专业挑战新领域

刘宝玲出生于伊春市,2002年考入东北农业大学攻读法学专业。"硕士学位就有点跨专业了,但没想到自己会这么喜欢。"2007年,刘宝玲在本校选择了农业遥感与土地利用专业,原本想研究土地法,但入学后,通过导师的指引,刘宝玲认为遥感与地理信息技术在未来会成为各行各业都重视的一项技术。

"当时挺犹豫的,怕跨专业学不明白,导师说既然本科到硕士已经跨专业考进来了,研究新的领域也不会有问题。"在导师的鼓励下,刘宝玲选择了新领域以及新挑战。2015年,刘宝玲获得了哈工大环境科学与工程学院环境遥感与地理信息技术专业博士学位。2017年,刘宝玲成立了时景科技有限公司,创业期间参与及主导完成的相关项目30余项,组建了由博士、硕士和具有5年以上开发经验的专业人士组成的数据分析挖掘领域的

12人研发团队。

随着我国信息化水平的快速提高,电子商务、社交网络等平台,企业以及个人都对时空大数据产生更加迫切的需求。针对其普适性广、需求大、成本高、技术门槛高、专业产品少、领域性强的市场特点,刘宝玲带领团队开始了对时空大数据通用化产品的探索。

"目标只有一个,就是通过时空大数据发现时空信息中更深层的价值,进而为人们提供更加方便准确的决策信息。"刘宝玲及团队确定了构建具有时间和空间维度的数据挖掘模型等目标和标准。

通过这些标准,他们将让没有建设大数据平台的行业或领域,也能像在菜市场买菜一样通过简单的方法获得大数据的能力,帮助客户整合资源、降低成本,挖掘深层的需求和问题。

(二)将科研项目带出实验室 把难懂的技术"傻瓜化"

"如何让项目落地是企业生存的关键,这和实验室搞科研是两回事。"刘宝玲告诉记者,说得再好听,不能帮助客户解决问题,进而为客户带来价值,再好的科研成果也没有用。将高难技术"傻瓜化",做到用户一看就理解是刘宝玲团队打开市场的第一步。

刘宝玲尽可能将产品功能模块化和产品能力通用化,复制到不同领域、不同地区,为客户降低成本。她的项目以解决用户深层问题为中心,全面提高用户信息化和大数据能力。经过努力,他们的团队在生态红线划定、农业灾害预测预警、海绵城市等项目中取得了成绩。

全景摄影技术、生态保户红线划定以及信息管理系统建设项目、阳光农业保与农业灾害信息服务平台、中科院地理所农业灾害信息服务平台……刘宝玲和团队完成的项目总数达30多个,今年公司全年合同额预计高达300多万元。

"在为客户提供稳定的移动端软件平台的基础上,为客户建立具有时间、空间、属性、关系和行为的时空大数据采集及分析平台。"帮助客户更好地为用户提供更有价值的服务也是刘宝玲团队未来继续努力的目标和方向。

十三、黑龙江米创农业科技有限公司创始人:杨运才

"虽然我在哈工大设计院工作了10年,但我心里始终有个农民情结,一直想为这片黑土做些什么。"哈工大大学生创新创业园在孵企业"杨磨坊"创始人杨运才说,小时候,父母在虎林开荒,他跟在后面干农活,黑土带给他的是美好的回忆。

杨运才2012年离职开始创业,2016年他和几个志同道合的"工大人"创办了"杨磨坊",从一名设计专家到设创业新人,杨运才实现了他的农业梦想。产地大米—现场脱壳—配送到家,这是杨运才打造的F2C大米销售新链条。

(一)产地:用科技解决农户难题

"现在的大米销售渠道过于复杂,这对消费者和农户来说都是一件麻烦事。"杨运才说,层层加价、营养流失是传统模式的弊端,F2C的商业模式可以打破冗长的供应链,从基地直达消费者餐桌,去中间化,实现高效率,低成本的新型米业场景。

从产地收米,配送给顾客,杨运才说他自己充当了一名"大米搬运工"。在农田里,杨

运才发现,很多农民朋友苦恼于选种、施肥等技术问题,于是他和他的团队就开始研究生物菌肥、生物驱虫、农业机械改良,他们想做的就是帮助农民解决技术难题,让他们省心又赚钱。

常年在田间地头考察,杨运才还发现了农村秸秆回收效率低的问题,于是他们研发了生物菌,这种菌可以有效发酵秸秆且不受外部低温的影响,这对于东北极寒的气候来说是十分方便的。秸秆降解发酵后回田做肥,实现秸秆还田,今年,这项技术已经在一万亩田地里进行了实验,团队还与建三江大兴农场签订了65万亩土地的秸秆处理合作协议。

(二) 研磨:用科技重构米业场景

为了更好地实现去渠道化,杨运才团队依靠科技打造了航天育种、自动磨米机等一系列现代设备,实现从磨制到食用最快3天,从而最大限度地保留大米的营养成分。

自动磨米机体积约为1 m^3,将带壳稻谷放入机器中,1 min就能将0.5 kg的稻谷磨成精米,出米率达65%,在现吃现磨的基础上最大限度地保留大米的营养成分。杨运才将机器人放入天津一家门店做调研,第一天就有18.2万元充值额,在第十六届全国大学生机器人大赛上,杨运才的磨米机器人项目赢得了500万元投资,该项目已经获得5项专利。

"我们还要进行二代更迭,推出家用、小型化磨米机,真正实现每个人在家里都可以现磨现吃。"杨运才说,第三代无人值守磨米机设备将在2020年上市运行。依靠科技,实现米业大变革,给消费者提供更安全、更营养的大米。

(三) 市场:用科技米业有序循环链

正处在技术积累阶段的"杨磨坊"今年已实现销售30 t,并签约会员近百位。"未来,我们将开拓长三角和珠三角地区市场,打破传统冗长的米业供应链,让消费者吃到物美价廉的好东西,让农户获得更多利润。"杨运才说,循环链形成以后,消费者可以直接了解大米来自哪个农户,采用什么种植方式,从根本上解决信任问题。除大米外,杨运才团队的谷物农产品研磨机也将同步上线。

十四、哈尔滨模豆科技有限责任公司创始人:王盛宇

从纸飞机到无人机,每个孩子都做过一个航模梦。幸运的是,很多孩子碰到了一个非常优秀的老师,他能深入浅出给他们讲伯努利原理,也能毫无保留公布核心代码,他就是哈工大大四学生王盛宇,他也即将在本校继续读研。航模的生产、研发、推广、培训、赛事统统是他的创业内容,他和小伙伴一起不懈奋斗,让他们的公司哈尔滨模豆科技有限公司茁壮成长。

(一) 没钱 兴趣变得很奢侈

大一,王盛宇接触到航模协会,一下就被社团各种各样的飞机吸引了。大二,王盛宇负责一个直升机模拟搜救项目。他和另外三名同学一起组成小组带着他们的直升机去参加比赛。

比赛当天飞机突然出现故障,4个人围着飞机想办法。他问一名组员:"如果不换设备需要多长时间能修好?"组员摇摇头一脸无奈:"不知道,现在查不出故障原因。""如果

更换设备,多长时间能修好?""半个小时""换。"四人一起动手,设备很快换好,调试、试飞,一切顺利,下午带去继续参加比赛,最终结果是他们获得了模拟搜救全国一等奖。

比赛结束了,那次比赛他们用上了当时最先进的技术,如机器视觉、神经网络、机器学习……这些技术优势他们一直保持到现在。虽然技术炫酷,但走出实验室,那些技术却不能为他们带来一点经济效益,他们依然要窝在地下室里过捉襟见肘的日子。研发、比赛,没钱,兴趣变得很奢侈。

(二)赚钱 我们有技术有头脑

躺在床上辗转反侧,王盛宇一次又一次对自己说:"赚钱吧,我们有技术有头脑。赚钱吧,我们为什么不去赚钱?社团的经费就那么多,靠省吃俭用缩减开支终究不是办法。"作为协会副会长,他必须积极行动起来。

他找到指导老师,与老师一起商量赚钱的办法。此时,无人机已蓬勃发展,它以自身的小巧和便捷,正一点一点渗入人们的生活。他和老师想到了无人机快递、无人机消防。这些想法,虽然听起来很美,但考虑到本科生现有的技术实力,大家最后又都不得不放弃。一群整天都在忙着上课的本科生,怎么会有精力钻研技术应对复杂而庞大的无人机运输呢?

一条条道路被封死,但王盛宇赚钱的决心依然没变。一次偶然的机会,他认识了一个朋友,对方是做中小学教育的。朋友了解到他们的优势后对他说:"往中小学推一推航模教育吧,不管老师还是家长,现在都很注重学生科学素养动手能力的培养。"这名朋友最后成了他的合伙人。他们的模豆科技承担起二三十所中小学的校本课,已为上千名孩子讲解过航模。

(三)茫茫人海中找寻"同类人"

做校本课必须得有自己的实物产品。老师的讲解配上实物产品才能让孩子更好掌握。为配合教学进度,学校启天实验室半年就研发出了产品。那是一款名叫 Butterfly 的无人机,15 cm 大小,100 多克重,装上电池能飞十多分钟。自己的产品,自己视如珍宝,但必要时,他们对这款无人机也能说"肢解"就"肢解"。在给高中生讲解无人机时,他们会重点讲原理、焊接与制作,所有能公开的他们都会拆解公开,包括里面的核心代码。他说,同学想学多深,他们就可以教多深。

有一次他们去一所重点中学给学生讲课。讲课只用了 20 min,剩下半个小时全部用来答疑,从原理到应用,从大学生活到毕业去向,学生的问题五花八门,校长伸出大拇指对他们说:"也就你们敢让学生这样敞开了问。"

王盛宇高中时就曾渴望有一位这样的老师,平易近人没代沟,自己能问任何问题,而他也能回答任何问题。比起赚钱,他说,给学生上课更让他享受这种自由的互动,他们把干货教给学生,而学生学好后会产生更加新奇的想法。他和你谈无人机、谈模型、谈代码,一定程度上,他们就是在培养共同兴趣爱好的接班人,茫茫人海中,他们只不过是在寻找同类。

(四)给小学生讲"伯努利"

"伯努利"是飞机飞行的基本原理,空气等高流动时,流速大,压力就小。利用这个原理设计飞机的翅膀,让翅膀上下的空气流速不一样,从而产生压力差,飞机就被顶起来了。怎样给小学一年级的孩子讲这个原理呢?王盛宇着实下了一番苦功。

一上课,他先拿出两张白纸,将他们贴在一起问小学生:"我向两张纸的贴合处吹气,他们会分开吗?"学生们异口同声说:"能。"结果却是两张纸贴得更紧了。他又拿出一个吹风机和一颗乒乓球,问学生们:"我把球放在吹风机的出风口,球会被吹走吗?"学生们面面相觑,产生了怀疑。实验结果是球并不能被吹走。紧接着王盛宇又问学生们:"窗外吹进来一股凉风,为什么窗帘没被吹进屋里反而刮向了窗外?"学生认真动起脑筋,王盛宇敲敲黑板,写下5个大字"伯努利原理"。

他说,这就好比用手指戳窗帘,两边的劲一样大时,窗帘是不动的,窗外的劲儿被风刮跑了,窗内的手指一戳自然就把它戳出去了。孩子的小脸上露出恍然大悟的表情。看着他们开心地笑,王盛宇很欣慰,因为他教会了他们知识。

(五)希望帮老师转化科研成果

公司已步入正轨,收入除了可以承担几个人的开销,还可以给航模协会一些赞助,那种入不敷出的日子由于他们的努力已渐渐远去。生产、研发、推广、承办赛事,紧张而忙碌的生活中点缀着考研、毕业、换寝之类的小插曲。他的想法说实现就实现了,可帮过他们的那些老师呢?他们把精力都用在了学生身上,以至耽误了自己的科研成果转化。从那时开始,王盛宇给自己多加了一条任务,推广老师的科研成果,帮助他们转化。将来如果有可能他还要开一家经纪公司,专门负责老师的科研成果与市场对接,他觉得有些科研成果,正是市场需要的,而他们手里也有这样的资源,只不过就是少了一条可以连接双方的通道。

从大二产生创业想法,到现在可以独立完成商业计划书、做路演、见风投,王盛宇觉得自己成长了也成熟了。有风景的地方无一不是崎岖难行的,然而看到风景那一刻,所有辛苦和疲惫都会化成心里的安慰。

十五、哈尔滨龙之钛新材料科技有限公司创始人:姜山

在一间闷热不通风的实验室里,为赶制出一块直径600 mm的圆形构件,哈尔滨龙之钛新材料科技有限公司创始人姜山和团队的成员们连轴转工作了4天。

"这个小构件是钛基复合材料做成的,具有轻质、高强韧、耐热等特点,是为给航空航天飞行器减重而设计的。"姜山说,他们最大的愿望是将研究成果带出实验室,发挥它的性能优势,为国家的航空航天事业做出贡献。

(一)热衷材料科学,和同学创办公司

1993年出生的姜山,老家在山东,本科就读于重庆大学材料科学与工程学院。2015年,带着梦想和抱负,他考入了哈工大,继续攻读材料学专业的硕士和博士学位,目前是博士一年级在读。

"我从硕士入学,就一直跟老师研究钛基复合材料课题。"姜山对这种材料有一种"迷之热爱"。经常在实验室里埋头进行试验和研究。"这个材料密度和传统钛合金相当,但使用温度较钛合金提高200 ℃,能达到600~800 ℃之间,室温抗拉强度以及抗压强度有

所提高。"姜山说,这种具有轻质耐热高强韧特点的材料,代替高温合金能实现减重40%以上,是为给航天航空飞行器减重而设计研发的。

2017年9月,在导师黄陆军的指导和支持下,姜山和实验室的两个同学成立了公司,想把实验室内的科研成果在现实中真正应用起来。

(二)连夜赶工,4天制成航天构件

公司成立之初,姜山和团队也遇到了不少波折。"当时一直在想方设法应用推广我们的钛基复合材料。"姜山说,在寻找合作单位时,有一家单位答应给他们研发的材料做进行使用的相关测试,但要求他们必须做出一块直径600 mm、重36 kg的航天构件。

这样的机会千载难逢。姜山说:"但当时我们实验室里都是小型设备,一次只能生产6 kg,这就需要通过多次生产,再把材料拿到加工厂加工合在一起。"因为时间紧张,设备有限,姜山和团队成员用实验室的小型设备连夜赶工4天,在闷热不通风的实验室以及发热的实验设备旁边,大家的衣服都被汗水浸湿了。公司的另一个创始人安琦亲自赶到宝鸡的轧制工厂,守着1 100 ℃的加热炉,监督指导材料轧制加工过程。在团队的协作下,终于按时将坯料交付机械加工,并最终成功制成了构件。

(三)科研成果通过航天三院测试考核

目前,公司团队已有6名科研精英,发表期刊论文90篇,其中SCI收录75篇,国家发明专利授权13项。

他们研制的航天发动机钛基复合材料气动格栅已成功通过了航天三院地面测试考核,实现单件减重5.8 kg,下一步将进入应用阶段。已研制出的高端紧固件在航天上获得应用,团队正在进行研制中介机匣、头部壳体、涡轮泵等,以实现为航空航天飞行器"减负"。

"我们会继续进行钛基复合材料产业化研究,攻克大尺寸高性能网状结构钛基复合材料坯料生产、热加工成型以及复杂构件的机械加工和连接工艺,实现网状结构钛基复合材料精确设计与稳定化制备,实现网状结构钛基复合材料的产业化。"姜山表示,他们的最终目标就是将科研成果应用到航空航天事业中,助力国家航空航天与国防事业腾飞发展。

十六、黑龙江龙权知识产权运营有限公司创始人:夏正付

没有固定的办公地点和客户群,更没有资金,因为课业繁重,大家只能白天去上课学习,晚上创业。创业之初,学校的宿舍、楼道、自习室,到处都是夏正付和团队的"会议室"。

四年前,怀揣创业梦想的夏正付,带领志同道合的同学们白手起家、披荆斩棘,创办了黑龙江龙权知识产权代理有限公司,旨在为广大师生和社会人士提供态势分析、专利挖掘、专利预警、专利布局、专利导航等知识产权服务。

(一)怀揣创业梦想,白手起家办公司

夏正付本科毕业于兰州理工大学,在校期间曾获国家奖学金一次、国家励志奖学金两次,2014年以全院第一的成绩保送至哈工大机电学院机械电子工程专业攻读硕士研究

生。"我一直就有创业梦,来到哈尔滨,终于圆了我的梦。"2014年7月,夏正付来到哈尔滨,开始了艰辛而充满希望的创业路。

"一直对知识产权领域非常感兴趣,导师也非常支持我。"创业需要资本,白手起家的夏正付经过在导师公司短暂的实习和详细的市场分析,他决定先从网络做起。但网络营销对于一个工科男来说困难重重。"我既没有网店营销基础,又没有店铺装饰经验。"夏正付开始自学网店的经营与管理。白天,他去导师公司实习,晚上挑灯夜战。经过一个月的艰苦奋斗,他成功建立了第一个经营商标专利代理的淘宝店铺,精心设计了"先授权、后发货"的营销策略。9月初,他成功接到了第一笔订单,让他对未来拥有了更多的信心。

后来,他和两个同学共同创办了博创知识产权服务团队。这是一个非营利性的服务团队,经过半年多的艰苦发展,博创知识产权服务团队已发展了10多名核心成员,举办公益讲座、技能培训在100 h以上,指导顾客撰写专利800余篇,荣获哈工大第三届研究生"十佳团队"荣誉称号。

2014年11月,在学校老师的支持下,他带领博创团队成功入驻哈工大创业基地(活动中心),创办了公司。2016年初,他带领公司通过答辩首批入驻哈工大科技园,获得40平方米的独立办公室。同年,公司入驻黑龙江工程学院创业园和黑龙江大学生一站式服务大厅,为创业大学生提供知识产权服务。

又经过近两年的发展,他带领公司制定了合理的体系制度,设立了财务部、机械部、电子部、设计部、检索部、流程部、销售部和网络部,拥有指导教师4名,全职工作人员10名,兼职人员7名(均为哈工大研究生),月均营业额超15万元,并保持稳定增长。截至2017年9月,该公司已经申请商标1 000多件,办理专利5 000余项。

(二)开办免费讲座,提供知识产权指导

近两年,夏正付始终坚持以"两个平台"为发展目标,即为广大师生、企业单位、社会人员提供高端知识产权指导的服务平台和为同学们提供兼职、创业的合作平台。

此外,他带领团队,定期对工大学子进行无偿专利指导服务,包括开办知识产权讲座、免费发放知识产权科普宣传册、提供免费咨询等,让学生加强对知识产权的认识,重视对知识产权的保护,并帮助他们将自己的创新成果转化为专利,保障自己的权益。今年,他还将带领团队和学校图书馆共同策划知识产权系列培训讲座,让更多的工大学子了解知识产权,掌握并运用知识产权来保护自己的创新成果。

"相比发达国家,国内的知识产权发展才刚起步。"夏正付说,目前,大部分的知识产权工作者均停留在知识产权代理层次,国内的专利代理人已超万人,而能够打赢知识产权官司的却不足百人,能够从事专利分析与预警、专利布局和专利运营的高端人才更少。中国未来的发展需要知识产权事业的发展。将来,夏正付将逐步完善公司体系,提高专业水平,为更多的人提供高端知识产权服务,为国家知识产权事业的发展贡献自己的一分力量。

十七、哈尔滨神州成企业管理有限公司创始人:陈钊

大学生创业,是近来的热点。我们身边,也不乏在创业路上不断前行的勇者。我们常说90后是充满梦想的一代,而创业者就是其中脱颖而出的筑梦者。虽然前途不可预测,

但是他们一直在漫漫长路中,不断寻找最初的自我,寻找一个梦想的出口。

就读于哈尔滨师范大学的陈钊就是这茫茫创业大军中的一员。初见陈钊,你很难将一个文质彬彬的他与年销售额 367 万元的公司"霸道总裁"形象联系在一起。故事的开始总是会有一个命中注定的固定格式,但是他的创业之路却既能给人以惊喜,又显得那么水到渠成。

(一) 无心插柳 初露锋芒

大学生活的第一年,陈钊便已经问鼎本专业第一,并且得到了梦寐以求的奖学金。"但从书本中收起视线的我环顾哈师大这个遍地都是姑娘的地方,我莫名的发现,依旧没有女孩对我稍稍注意。"同许多刚刚踏入大学的学生一样,陈钊虽没有希冀一场说走就走的旅行,但他总是渴望能有一段轰轰烈烈的爱情。

虽说条条大路通罗马,但既然走纯"学霸"风的路线效果并不理想,大二时候的他,由于发现篮球场周围女孩多,便想通过赢得冠军,吸引异性注意。陈钊所在的学院队伍已经连续三年斩获校冠军的殊荣,但细心的他却发现上场队员的球服很是"不堪入目"。于是,他向辅导员反映这个情况,希望学院能够提供队服,但是辅导员却告诉他学院由于资金紧张并不能批准这类请求。他便提议通过拉赞助来解决资金的问题,被他"折磨"许久的导员最后半开玩笑地说道:"你要能拉来赞助,我就给你成立个外联部。"而相信这句"戏言"的他,开始了外联的工作。

世间万物,知易行难,陈钊的外联之路走的并不是那么顺利,他前后被拒绝了 18 次。但功夫不负有心人,陈钊的诚意终于打动了中国银行,最终拿到了 3 000 元的商业赞助。就这样,信心爆棚的他,在拉赞助的路上势如破竹,最终获得的商业赞助总金额超过了五位数。

最终,陈钊所在的队伍每位队员均分到两套全新队服。但商业赞助太多的"困扰"也慢慢显现,一位队员开玩笑跟陈钊说,队服上"前胸是书店,后背是银行,裤衩左面是健身的广告,右面是饭店的标识,就连屁股上还是一块考研培训班的联系方式,我们这就是一块会移动的宣传栏。"

(二) 偶遇伯乐 适时"转型"

虽然在球队队服的问题上,陈钊可以说对队伍的帮助很大,但是在院队球员轮换阵容的问题上,当时大三、大四的学长们却并不认可陈钊等新生在篮球场上的表现,他们普遍认为新生们现在还没有能力进入代表学院的大名单中,更不要谈与他们并肩作战。就这样,穿上新球服的陈钊只能坐在场下看着比赛的进行。

但陈钊并不是一个轻言放弃的人,"我接受失败,但不接受放弃",陈钊和队友们经常苦练篮球技术,以便提高自身的水平。经过半年厉兵秣马,他们向学长连队发起了挑战。虽然最终以 24 分绝对优势获得胜利,但他们高调做事的风格却遭到了各方面的质疑和反对。篮球这一条路,陈钊走的依旧是那样艰难。

当陈钊感叹自己"报国无门"的时候,他却遇到了自己的"伯乐"——刘旭繁老师。将一切看在眼中的他,肯定了陈钊的闪光点,同时更指出了他做事的不足。正巧此时,学院党委书记也觉得陈钊这些年轻人一直在认真做事,需要给予更多锻炼机会。就这样,陈钊把握住了这次机会,在大二的时候成了院学生会的主席。

同年,刘旭繁老师让陈钊自建团队,以便参加哈师大"翰皇杯·创业设计大赛"。虽然这场比赛并没有拿到第一,但是老校友"中国首席擦鞋匠"、翰皇创始人辛玉波先生分享的创业经历让他开始重新审视自己,"这件事可能改变了我今后的人生走向,因为从那时开始,我终于明白自己到底要做什么事情了。"

不久之后,大三的陈钊在校团委第一次公开竞选中成功竞选到校社联主席,这段经历在给他不一样视角的同时,也令他在选择创业还是继续主席工作之间纠结。处于矛盾中心的他,在深更半夜的时候给自己的"伯乐"刘旭繁老师打电话。刘老师并没有帮他做任何选择,而是让他想明白三件事,然后再决定:第一我要什么,第二我有什么,第三我要放弃什么。

一夜无眠的他,在第二天辞去主席职务,专心于创业。他说:"当我父母都反对我的决定时,只有刘旭繁老师对我说:'认为对的,就去做。'"现在的他仍然记得刘老师的谆谆教诲:创业赚钱是一个结果量,开始就盯着钱,往往做不大,专注于创造价值,把事情做好,赚钱自然水到渠成。就这样,陈钊开始了他的创业之路。

(三)书生创业 几经沉浮

2012年2月28号,陈钊创办了他的第一家公司——状元城电子商务科技有限公司。公司主营团购业务,启动资金只是他卖掉寝室废品所得的230元钱。很快,通过跑到江北学院路拉广告宣传,陈钊挖掘到了自己人生的"第一桶金",1万多块钱赞助对于当时的他来说是一笔不小的收入。他的收获,使得周围的伙伴们觉得跟着他创业是一件靠谱的事情。就这样,大家最终决定合伙出钱成立公司,你家里拿出5万,我家里拿出10万,初始资金很快就聚集在了一起。但是由于陈钊家里依旧全票反对他去创业,他并没有从家里获得经济帮助,但是由于合伙人相信他拉赞助的能力,于是就让他写下欠条充当初始资金。可以说,他们成立了"不像团队,准确说像团伙"的公司。

创业初期可以说是出奇的顺利,短短2个月的时间,陈钊团队就成了江北销售额最大的团购网。但他们显然低估了市场竞争的残酷,在5月1日这一个全国人民沉浸于放假喜悦的日子中,陈钊的网站惨遭对手的黑客攻击,全部数据瞬间丢失。接踵而来的是客户投诉、商家追账。虽然陈钊感觉这个困难他能一如既往地挺过去,但合伙人却一个接一个地离开了,陈钊陷入了不知所措的境地。

但陈钊并没有就此放弃,在孤身一人的情况下,他开始了亡羊补牢。重新一家家拜访客户,重新做网站,他一个人重复着创业路开始时的每一步。四个月的时间短暂却又漫长,他通过自己的努力终于又做到了江北的第一名。但在这个时候,全国团购洗牌已经在惨烈地进行。在同质化烧钱竞争的态势下,刚刚走出困境的陈钊只有两条路可走:要么寻求收购,要么战略转型,寻找新的突破口。又是几夜无眠的他,最终决定选择后者。

2013年4月7日,陈钊率领11人在哈师大家属楼里一间90 m^2 的房间创立了"神州城"。2014年,公司销售额达到367万元,此时加盟商已有126家,会员人数突破20.7万。

"创业者不要抱怨环境,创业本身就是一个试错的过程,成功都是带有偶然因素的,但失败却惊人地相似,多吸取失败的案例比看成功的书籍更有意义。"谈起自己的创业心得,陈钊这样说。

十八、哈尔滨百香果科技有限公司创始人:徐红伟

在哈工大创新创业园里,有一间不足 10 m^2 的房间,两张桌子、两台电脑、一块写满数据的会议白板……这几乎是哈尔滨百香果科技有限公司的全部"家当"。

公司创始人徐红伟今年 33 岁,在创业园区里算是年龄比较大的。2017 年,他放弃英国的高薪工作,带着爱人和孩子回国创业,"我想用自己所学知识,研发一套适合个人用的数据加密软件,保护个人隐私。"徐红伟说,他对这个在国内几乎是"空白"的领域充满信心。

(一)放弃国外高薪,他带着家人回国创业

徐红伟出生在江苏的一座小城,2004 年,他考入哈工大自动化测试与控制专业,本科、读研、读博、结婚生子、出国工作……徐红伟以为自己的生活会一直这样按部就班继续下去。

在英国期间,徐红伟一直从事数据软件开发相关工作,年薪很高,也积累了很多经验,"但在英国工作了一年多的时间,我妻子仍然不适应那里的生活,她觉得很难融入进去。"徐红伟说,从那时开始就有了回国创业的打算。

"工作期间,我发现外国人很注重个人隐私保护,每个人的手机里都会有'数据加密软件',这种软件就算是黑客也很难攻入。"徐红伟注意到,国内基本看不到这样的信息保护软件,对这样一个极具发展前景的产业,他决定试一试。2017 年,徐红伟带着妻子和孩子回到哈尔滨。

(二)一天 24 小时,他用 20 个小时写代码

回国前,徐红伟就联系了哈工大创业园,"园区给我提供了免费 3 年的创业空间,还有免费财会记账服务、合同审核等很多服务。"徐红伟说,这么好的环境,让他毅然选择在这里创业。

2017 年 10 月,哈尔滨百香果科技有限公司成立。公司只有徐红伟和他师弟两个人,从创立那天开始,两人就开始没白天没黑夜地计算各种数据、做代码,"去年年底,我发现我们写代码的方法是不对的,这也就意味着写了 2 个多月的代码要全部推翻重做。"徐红伟说,那个时候真的很绝望,一度怀疑自己放弃高薪工作选择创业的决定是否正确。

"也许是从小就有不服输的性格吧,我总觉得自己的研发肯定会成功。"重新开始做代码后,徐红伟更加废寝忘食,一天 24 h,他会用 20 h 写代码。

(三)2018 年年底,"电脑版加密软件"投入市场

徐红伟说,现在国内有很多硬件加密产品,但普遍价格过高,而一旦硬件出现故障就会导致文件永久丢失。"所以,我对自己研发的这款数据加密软件很有信心,它的发展前景也是很广的。"徐红伟说,这款软件还可以为云存储和文件分享加密。

如今,这款"数据加密软件"已经到了最后测试阶段,徐红伟也找到了意向投资。对未来,徐红伟充满信心,他相信自己一定会在哈尔滨创业成功。

十九、哈尔滨土气教育科技有限公司创始人：崔嘉明

崔嘉明从美国加州大学伯克利分校结构抗震专业硕士毕业后，"转战"新式留学行业，"我的梦想是积极为学生们提供留学咨询及搭建背景提升平台，将国内理工科学生培养成具有国际名校标准的国际理工科人才，帮助他们冲击海外理工科名校。"在新式留学咨询服务中，哈尔滨市土气出国留学中介服务有限公司创始人崔嘉明的团队博士成员从最初的5人不断增多，并帮助国内数十名理工科学生成功拿到世界名校的硕博录取通知书。

（一）母校情结促使"转战"留学行业

2010年，崔嘉明在哈工大桥梁工程专业毕业后，先后到英国伯明翰大学攻读流体力学博士、美国加州大学伯克利分校攻读结构抗震硕士。"我在伯克利的经历，是诱发我想转行的原因。"在留学期间，崔嘉明发现伯克利的老师只了解并喜欢来自清华大学、同济大学的中国学生。因学校之前录取了一名同济大学的学姐，她在研究生期间表现优异，让教授们都对同济大学的学生有了了解和信任，所以每年加州大学伯克利分校土木工程学院都要招收至少两名同济大学成绩排在前十名的学生。而在崔嘉明之前，没有哈工大的学生被加州大学伯克利分校相关硕士专业录取。"我特别想让他们知道哈工大学生也是非常优秀的。"他萌生了聚集上过国外名校的博士校友，帮助学弟学妹拿到世界名校硕博录取通知书的念头。

后来，崔嘉明毕业回国。他创办新式留学咨询服务团队，博士成员从最初的5人扩大到如今的80多人，帮助20多名国内理工科学生成功拿到世界名校硕博录取通知书。

（二）创办线上海外学习生活共享平台

"我们觉得一个新式的留学咨询必须摆脱老式的、传统的留学机构，采用专业对应的海外名校硕士博士来对学弟学妹们言传身教，为他们提供最专业的留学咨询及留学申请服务。"崔嘉明和团队积极搭建好国内的背景提升平台，让学生们不再为得不到背景提升的机会和担心支付不起高额的海外背景费用而困扰，让他们也可以利用假期时间加入知名老师的课题组，做一些科研方面的事情，以发表文章或者专利为目的进行背景提升，同时搭建新式线上教学平台，让学生在业余时间可以通过学长的科研经历或名校经历，提前熟悉国外的生活、学习、科研动态等。

崔嘉明说，在最初的留学市场份额中，文科及经管类学生占了绝大多数，而随着时代的发展，国内外对于技术型人才需求量的增大，理工科类别的学生逐渐成为留学的主要群体，国外的移民政策也更倾向于这类高端技术型人才。而传统中介的全职人员均不具备留学背景，更不具备理工科相关的专业知识，因此无法很好地提供专业细分方向的名校硕博留学咨询服务。

"我们服务于这类技术型高端人才，通过海外名校硕博的一对一留学咨询及背景提升平台，将国内理工科学生培养为具有国际名校标准的理工科人才。"崔嘉明将市场定在二线城市，主要针对哈尔滨、大连、西安、杭州、南京、武汉、长沙、合肥等理工科强势的城市。

崔嘉明和团队还创办了"学长的火炬"线上海外共享平台。该平台前期与哈工大共同搭建完善,后期将开发国际人人网新式的"学长的火炬"平台。平台搭建后,将建立起海外学长与国内学弟学妹的一个集沟通、学习、生活、科研于一体的分享平台,这也是崔嘉明一直努力的方向。

第四节 大学生优秀企业简介

一、黑龙江磐桓科技有限公司

黑龙江磐桓科技有限公司是一家依托哈工大智能检测与控制实验室,从事柔性机器人设备研发、智能控制系统设计、技术研发与咨询的科技型企业。公司产品根据人类本身的生理结构,提出基于骨骼肌肉模型的新型机器人产品研发方案,具有通用性好、灵巧性强以及可接受度高等特点。目标业务在于研制基于骨骼肌肉模型的各种应用场景的服务机器人、协作机器人,为工厂和家庭提供智能可靠的机器人及解决方案。公司现有员工15人,包括博士生7人、硕士生5人、本科生3人,其成员先后在国内外顶级杂志上发表论文20余篇。

二、哈尔滨赫捷科技有限公司

哈尔滨赫捷科技有限公司依托哈工大先进焊接与连接国家重点实验室,致力于先进钎焊、扩散焊连接技术在电气、车辆、医疗、航空航天等领域的成果转化与产业化,是一家从事高效绿色钎料研发制造、焊接技术研发咨询、焊接设备开发及产品制造的科技型企业。团队成员获中国大学生新材料创新设计大赛一等奖,授权国家发明专利19项。目前,公司研发的异种金属"微扩散"连接技术、大尺寸异种/同种金属的高效扩散焊接技术和熔点低于600 ℃的 Sn-Zn-Ti 绿色活性钎料技术(第十九届中国专利奖)已经成功应用于嫦娥探月、921工程、大功率电子散热系统中。团队共有博士生5名,硕士生6名。

三、黑龙江苑博信息技术有限公司

黑龙江苑博信息技术有限公司是集北斗卫星融合通讯及其时空大数据应用软件开发和相关产品研制于一体的高新技术企业。目前公司已基本实现北斗卫星时空大数据云平台搭建,包括时空大数据通信、3D可视化建模、时空多维度分类及回归算法实现等功能;其中正在研制的森林防火预警方面的卫星大数据平台已经开始进行实际数据测试。未来将建立覆盖全国的时空大数据云平台服务中心,围绕国家相关战略部署,深入挖掘时空多维度的大数据应用及技术潜力,推进北斗民用市场的产业化和规模化发展,为各行各业提供多种数据服务和产品支持。公司现有团队10人,其中,博士3人、硕士2人、本科5人。

四、哈尔滨莫迪科技有限责任公司

哈尔滨莫迪科技有限责任公司是一家专注于车辆综合检修机器人研发与生产的科技型企业,现有产品包括高铁-动车底盘检修机器人以及汽车底盘检修机器人。相比于人工检修,产品具备低成本、高效率、高可靠性的优势。公司的技术核心为深度定制以 ROS 操作系统为核心的机器人控制系统,快速搭建机器人的开发平台,为各行业及应用场景提供自动化的解决方案。

公司团队成员 10 人,主要成员均为哈工大在校学生,包括 2 名博士,6 名硕士,同时公司聘请北理工自动化学院院长夏元清教授为特级顾问,公司现已和北京铁路局动车所、安徽天康集团等公司建立合作关系。

五、哈尔滨创新工场科技有限公司

哈尔滨创新工场科技有限公司是一家覆盖全面工业设计领域的高科技资源型设计公司。公司主要面向企业用户提供技术开发、技术升级、技术改革和技术转让服务。公司的核心团队由投资人团队、市场开发团队、大规模工业设计生产团队、设计团队等部分组成。其中投资人团队由哈工大"丁香汇"创业基金副总经理景兴宇担任首席投资顾问,设计团队由哈工大电气学院博士张振东担任经理,现下设机械设计部、集成电子电路设计部、电力电子部、机电控制部和计算机技术部等部门。

目前,公司共有投资顾问 1 名、大规模产品生产顾问 2 名、市场顾问 2 名、技术研发顾问 2 名,核心设计人员 10 名,辅助设计人员 20 名。

六、哈尔滨菠萝科技有限公司

哈尔滨菠萝科技有限公司是一家专注于云智能烟用健康可穿戴设备自主研发的移动互联网公司。菠萝科技倡导健康吸烟新理念,运用复杂先进科技和独特算法,让吸烟者健康,让家庭和公共场所没有二手烟是公司的使命。公司通过云端精准互联提取个人健康数据、系统分析给用户合理建议的云健康管理模式,建立群体圈子经济,以硬件端为基础,提供"互联网+"数据交换的专用人群健康管理平台。

七、哈尔滨匠人科技有限公司

哈尔滨匠人科技有限公司成立 2016 年 4 月 22 日,公司的主要业务包含三维模型资源共享及交易平台、三维模型检索、三维模型重建、三维模型 DIY、机械零件模型加工特征识别与加工指令生成、各种创新型、个性化定制产品的设计加工服务等方面。创始人为哈工大机电工程学院博士研究生。

公司技术团队现有 7 人,负责研发、技术支持与售后服务、运营团队 2 人,负责公司的日常运营工作。

八、哈尔滨极者科技有限责任公司

哈尔滨极者科技有限责任公司成立于 2016 年 1 月,团队基于自主开发的光学动作捕捉技术、机器视觉识别算法、运动健康大数据平台,面向广大运动爱好者及运动健康行业企业提供低成本、专业级的运动数据采集、分析及优化解决方案,以修正用户运动姿态并规避潜在伤病风险。

2016 年公司获得天使轮融资 100 万元,企业估值 1 500 万元。2017 年 03 月,面向运动自行车及马拉松项目的硬件原型机设计及数据平台框架搭建完成,成功签约多场马拉松及自行车赛事,合同金额近百万元。公司现有员工14人,其中博士2人,留学归国人员3人,硕士及以上学历8人。

九、哈尔滨东和科技有限公司

哈尔滨东和科技有限公司主营汽车电子产品、美容品、养护品的研发与测试及汽车后市场资讯服务与培训。公司与博实机械、博实车业、北京及上海奥莱特汽车维修设备等公司达成战略合作关系。为近百家汽车4S店,快修连锁机构,润滑油公司提供技术支持与培训。企业品牌荣膺哈尔滨4S店十佳供应商、龙广925最受老百姓喜爱企业、哈尔滨汽车电子行业十大品牌等殊荣。团队吸纳哈工大、哈工程等高校人才参与东和科技产品的研发,并聘请了黑龙江汽车商会副会长黄东升、深圳市专家工作委员会组委会副主任陈唐民教授等作为专家顾问。

十、哈尔滨华民软科科技有限公司

哈尔滨华民软科科技有限公司致力于教育信息化研发,创新教学软件产品,教育智能化产品的研发、推广与应用。

公司核心研发团队有15人,与哈工大、哈工程、黑科技等高校科研院所合作,公司与科大讯飞上市公司深度合作,聚焦大规模教育背景下的个性化学习、区域高位均衡、精准管理等实现教育现代化的瓶颈问题,系统研究信息时代的新教育体系;通过大数据、"互联网+"、虚拟仿真和人工智能等技术,构建立德树人的格局,支持学生主动、个性化、轻松愉快学习,全面提升智慧水平等的智慧环境;以及开展大规模推动应用的培训、技术服务和指导等支撑体系。

十一、哈尔滨朗哲生物科技有限公司

哈尔滨朗哲生物科技有限公司与哈工大生物化工系紧密合作,致力于纯天然系列护肤品的研发工作,公司现有成熟的天然系列护肤品制备技术及丰富的产品推广经验。"野之蒿"天然系列护肤品也顺利入驻北京中关村互联网+平台进行展示。此外,公司还与华润三九医药股份有限公司洽谈合作项目。公司现主创人员均为哈工大化工与化学学院在读博士和硕士。

十二、哈尔滨深智科技有限公司

哈尔滨深智科技有限公司依托哈工大机器智能与翻译实验室,是一家致力于人工智能技术研发的科技公司。主要产品为陪伴型人工智能(AI)云平台,机器人企业用户可以使用平台提供的人机对话、情感分析、机器翻译、图像识别等技术服务接口,降低80%以上的研发成本。

公司先后获得工信部创新创业奖学金一等奖、2016年上海全国BOT大赛优秀奖等荣誉。2016年获得由深圳市诚兴和投资公司领投的千万级股权投资。创始人史桦兴是哈工大计算机系博士生,公司现有博士3人,硕士2人。

十三、哈尔滨航特测控技术有限公司

哈尔滨航特测控技术有限公司是一家从事智能硬件生产开发与销售的公司,主要从事智能测控设备的技术开发、服务、咨询、转让及推广。公司研发推广的视觉检测材料裂纹设备已成功运用于成都多家大型工厂,获得客户和业界的一致好评。公司拥有由哈工大1名博士生,3名硕士生和8名本科生组成的专业员工团队和成熟先进技术。

十四、黑龙江龙珍汇电子商务有限公司

黑龙江龙珍汇电子商务有限公司依托黑龙江绿色、有机、丰富的自然资源,借助互联网+商业模式,把产地、自然条件、产品品牌和渠道融于一体,专注于电子商务系统化、精细化服务。拥有"龙珍汇"等多个食品品牌系列,通过"互联网+"的方式助力农户销售农产品2 800余万元。目前团队共有38人,硕士学历人员在50%以上。

十五、哈尔滨工达科技发展有限公司

哈尔滨工达科技发展有限公司主营业务一是证卡(身份证、社保卡)自助申领设备及其配套软件;二是自动化、信息化系统软件。自主研发的证卡自助申领设备在存卡速度、出卡速度等多项指标上的表现均达到国内领先水平。

十六、哈尔滨天疆科信信息技术有限公司

哈尔滨天疆科信信息技术有限公司致力于新一代企业级SaaS服务平台的研发,核心产品"Matrix矩阵管理平台"全面涵盖了企业所必需的业务流程管理、项目管理、IT资产、和人力资源管理等功能;同时无缝整合阿里钉钉和企业微信,让企业能够快速实现移动办公。

公司目前与阿里巴巴集团钉钉事业部密切合作,2017年11月获阿里巴巴钉钉"创SaaS"挑战赛大学生创新创业奖。团队现有博士3人、硕士3人。

十七、哈尔滨拾光里文化发展有限公司

哈尔滨拾光里文化发展有限公司依托哈工大媒体技术与艺术系"互动媒体设计与装备服务创新文化部重点实验室",从事手游、端游、VR游戏开发,及文创产品的设计与制作。并将VR/AR技术应用于游戏、教育、旅游、家居等业务领域。公司与美国普渡大学计算机图形系游戏创新实验室建立项目合作关系,年营业额100余万。团队成员包括博士2人,硕士6人,在国内外学术会议及期刊发表论文十余篇。

十八、哈尔滨易铄智能科技有限公司

哈尔滨易铄智能科技有限公司是一家专注于第五代智能呼叫中心研发和服务的科技型企业,具备完整的自主知识产权呼叫中心代码,并完成了呼叫中心资质、电信增值业务许可资质和网络文化许可证的登记,以哈工大专家学者为技术顾问,是集合了哈工大、哈理工优秀学子的专业研发团队。致力于呼叫中心、智慧客服、客户管理、销售管理、移动办

公、大数据分析等软、硬件项目的研发和实施。

十九、哈尔滨康尼奥乐智能体育健康科技有限公司

哈尔滨康尼奥乐智能体育健康科技有限公司是一家致力于运动促进健康领域技术服务的高科技公司,主要从事基于大数据、互联网线上线下的运动促进健康科学技术及设备的研发与生产。为社会和民众提供体质健康、运动能力、运动风险测评、健康动态监测等健康服务。

二十、哈尔滨碧落科技有限公司

哈尔滨碧落科技有限公司是为个人家庭用户提供数据服务、安全、存储、共享一体化解决方案的创新企业。致力于探索5G时代个人家庭用户如何管理生活中产生的数据。目前已经推出了家用型数据服务器以及配套软件系统。在即将到来的5G时代,数据将呈现爆炸式增长。以家庭为单位的家用型服务器不仅能缓解云端压力,而且将使用户真正自己掌控数据。当用户达到一定规模时,服务器之间的互联互通将形成闭环生态,实现可授权的数据共享。

二十一、哈尔滨俄拉诺特科技有限公司

哈尔滨俄拉诺特科技有限公司公司成立于2019年,坐落在哈工大大学创新创业园内,是致力于专业开发新能源和节能环保技术和设备的民营高科技公司。

公司由哈工大的2017年毕业的俄罗斯留学博士生创立,拥有一支由哈工大的教师、博士、硕士、来自乌克兰和俄罗斯的专家等专兼职科技人员构成的高水平科研队伍,有雄厚的新产品研发实力,横跨新能源、煤炭清洁利用、秸秆资源化、绿色取暖及能源改造技术研发等多个专业技术领域。公司团队拥有多项国家专利。

二十二、黑龙江汇工物联网有限公司

黑龙江汇工物联网有限公司拥有一支专业从事高科技电气设备、电子产品以及相关机电设备研制的研发团队,专注于电气、电子及机电产品的技术开发、技术服务、技术咨询以及技术转让。公司紧密依托哈工大的强大科研实力和优秀人才平台,研发设计人员包括博士1名、硕士2名,本科生3名,专业涵盖电气、自动化、机械、软件和光学。主要经营方向包括物联网传感器系统综合解决方案、智慧城市建设开发(顶层设计方案咨询与实施,智慧井盖案例)、静止无功发生器设计(煤矿和电动汽车充电桩)、民用及军用飞机的整机或子系统模拟仿真设计以及模拟头盔显示系统的研制设计。

二十三、哈尔滨汇祺科技有限公司

哈尔滨汇祺科技有限公司成立于2018年6月,性质为有限责任公司,是一家基于大数据、物联网、云计算、人工智能等先进技术,为电信、金融、教育等行业企业提供大数据分析产品、知识挖掘及协同创新系统的科技型企业,公司由名校博士、硕士和一批具有丰富行业经验的技术和项目带队人组成,是一支拥有勇于突破精神、丰富经验、高学历的创新

型团队。目前公司主要研究项目能够帮助无线网络运营商在降低网优成本的同时提升网络性能及服务质量、促进相关业务收入提升,同时也能解决通信设备制造企业对设备故障诊断与维护的高成本问题,并为通信行业合作企业提供数据化运营解决方案等。

二十四、哈尔滨集仿科技有限公司

哈尔滨集仿科技有限公司是一家创新型高科技企业,集CAD/CAE/PLM研发、工程技术咨询服务和软硬件服务于一体。集仿科技将致力于开发高水平的专业CAE软件,并以此为基础提供全方位的技术咨询服务,包括有限元分析、计算流体力学、热分析、多体动力学分析、电磁分析以、设计优化、CAE仿真系统定制化开发和系统集成多个方面。客户覆盖航空航天、国防、轨道交通、工程机械、清洁能源、汽车工业、化工设备、土木建筑、生物医疗、电子等领域。

二十五、哈尔滨沃华智能发电设备有限公司

哈尔滨沃华智能发电设备有限公司成立于2016年,注册资金1 000万,公司位于哈工大科技园大厦,是一家集技术服务、技术开发、设备销售为一体的多元化公司,客户主要面对全国各大电厂,公司主要从事汽轮机性能监测、故障诊断、运行方式优化、锅炉燃烧性能监测、故障诊断、运行方式优化等技术服务;软硬件系统的集成测试及二次开发等技术业务,代理销售国内外继电器、电动机、门阀等矿山/发电厂的机电设备及生产辅助设备/备件等。沃华致力于深入挖掘工业大数据应用及技术潜力,以用户需求为中心,将传统的能源生产设备系统转型成为智能生产型系统,帮助企业提高生产效率,致力于使设备具备自省性、自预测性、自比较性和自重构能力,最终帮助用户建立零故障的、零隐患、零意外、零污染的高智能化生产系统意外、零污染的高智能化生产系统。

二十六、哈尔滨工大芯聪软件开发有限公司

哈尔滨工大芯聪软件开发有限公司,成立于2018年5月31日,注册资金294万,公司致力于人工智能、大数据和服务机器人的软件研发,通过构建基于机器视觉的动态环境感知通用平台,研发生产应用于"工业4.0"领域的智能检测机器人和应用社会生活领域的智能服务机器人系列产品,包括:三维工件表面缺陷智能检测机器人、PCB缺陷的智能检测机器人、基于智能物联网的国家级燃气安全智能监测控制平台开发、基于深度学习的博物馆导览服务机器人等。

二十七、哈尔滨凯凌电磁材料科技有限公司

哈尔滨凯凌电磁材料科技有限公司是一家创新型高科技企业,主要从事电磁吸收材料的研发及相关技术支持与服务工作。项目团队来自哈工大材料学院,项目成员长期从事微纳复合电磁功能材料设计与制备、电磁性能数据挖掘、复合涂层靶向设计以及隐身材料应用技术的研究,具有完备的制备设备和丰富的经验,先后承接各类科研项目多项,具有坚实系统的实践经验和电磁理论基础。目前研发团队已系统研制多种铁磁基电磁吸收剂,且自主研发了宽频高效吸收涂层的电磁仿真软件。

二十八、哈尔滨驯火航天科技有限公司

哈尔滨驯火航天科技有限公司是一家主营业务为航空航天、智能制造领域技术服务的科技企业,主要提供飞行器总体设计与论证、飞行器半实物仿真测试、导航制导控制集成软件开发等服务。公司主要服务对象为国内航天航空院所、商业航天公司、飞行器设计制造企业和高校相关学科研究团队。公司核心团队由哈工大教师和博士研究生组成,拥有雄厚的理论储备和丰富的工程经验。公司核心业务专业性强、技术附加值高,拥有较高的技术壁垒和广阔的发展前景。

二十九、哈工大人工智能创新工场

哈工大人工智能创新工场由哈工大大学生创新创业园和哈工大计算机学院共同筹办,是专门面向全校的人工智能领域创新人才培养基地和创业项目孵化基地。

人工智能创新工场以人才培育为基础,以微孵化体系为手段,以学科竞赛为抓手,以项目产出为导向,致力于推进跨学科交叉的科技成果转化,实现创新型人才的高水平培养,探索人工智能科研成果在商业领域的发展。

创新工场依托计算机学院"本硕博联动,产学研一体"的理念,聚集校内外创新创业资源和人工智能技术资源,为哈工大师生共创的人工智能项目提供交流场所、培育指导和资源支持,致力于构建面向创新创业全流程的人才双培养环。目前,创新工场围绕产业前沿、学术交流、三创教育和项目培育四个模块搭建平台,持续开展一系列工作,包括:名企微课,帮助学生准确把握人工智能产业前沿动态;青年学者沙龙,促进学术交流,碰撞出创新火花;校企俱乐部采用小公司运营模式,深层激发创意点子和创造热情,精细打磨创新项目;逐步搭建起以国家精品在线开放课程"创业3+3"、专创融合课程为核心,以创新工作坊为载体,纵横布局的创新教育中心,为学生提供专业领域的训练、指导和咨询;搭建以微孵化理念和企业家交流为核心生态链,降低项目死亡率,助力项目发芽成苗。

截至2019年6月底,创新工场已经建立计算机视觉、自然语言处理、AI+IoT和智慧安全四大系列,共吸纳了十余个人工智能创新项目。创新工场将进一步释放哈工大人工智能技术研发力量,加快推动科技成果转化,从人才培养、技术转化和项目孵化多个环节助推人工智能产业落地和行业发展。

参考文献

[1] 王树国.高校,能否成为高层次创新型人才的摇篮[J].新资本,2007(2):6-7.
[2] 王树国.培养创新型人才的"十要素"[J].中国高等教育,2006(23):20-21.
[3] 李方.创新素质的培养:大学素质教育的中心任务[J].广东行政学院学报,1999(3):31-32.
[4] 朱高峰.创新与工程教育——初议建立创新型国家对高等工程教育的要求[J].高等工程教育研究,2007(1):1-3.
[5] 杨叔子,张福润.创新之根在实践[J].高等工程教育研究,2001(2):9-12.
[6] 杨叔子,吴昌林,张福润.再论创新之根在实践[J].中国高教研究,2002(9):24-27.
[7] 杨叔子.创新源于实践[J].实验室研究与探索,2004(7):1-3.
[8] 杨叔子,吴昌林,张福润.四论创新之根在实践[J].高等工程教育研究,2006(2):3-6.
[9] 赵希文,李旦.大学生创新研修导论[M].哈尔滨:哈尔滨工业大学出版社,2010.
[10] 钟志坚.大学教学模式革新:教学设计视域[M].北京:教育科学出版社,2008.
[11] 陈琦,刘儒德.教育心理学[M].北京:高等教育出版社,2005.
[12] 赵卿敏.创新能力的形成与培养[M].武汉:华中科技大学出版社,2002.
[13] 刘宝存.为未来培养领袖:美国研究型大学本科生教育重建[M].北京:高等教育出版社,2011.
[14] 刘道玉.创造教育概论[M].武汉:武汉大学出版社,2009.
[15] 刘道玉.创造教育新论[M].武汉:武汉大学出版社,2009.
[16] 刘道玉.创造思维方法训练[M].武汉:武汉大学出版社,2009.
[17] 谢希德.科学思想和科学方法[M].上海:上海科学普及出版社,1999.
[18] 张楚廷.高等教育哲学——张楚廷教育文集:第1卷[M].长沙:湖南教育出版社,2007.
[19] 张楚廷.课程与教学哲学[M].北京:人民教育出版社,2003.
[20] 施良方.学习论[M].北京:人民教育出版社,2003.
[21] 中华人民共和国教育部.研究性学习和创新能力培养的研究与示范[M].北京:高等教育出版社,2010.
[22] 刘沫.理工科大学生创新教育的理论研究与实践[D].南京:南京工业大学,2005.
[23] 赵川平.国内外大学创新教育的实践研究[J].高等农业教育,2000(7):10-14.
[24] 潘云鹤.拔尖创新人才培养二十年的探索与实践[J].中国大学教学,2005(11):21-22.
[25] 吴红,杜严勇.从国家教学成果奖的评选看高校创新教育的走向[J].煤炭高等教育,2002(3):47-48.
[26] 肖云龙.创造学基础教程[M].长沙:中南大学出版社,2004.

[27] 赵希文.大一年度创新项目及其作用[N].哈工大报,2011-11-20(3).

[28] 周光礼,朱家德.重建教学:我国研究性学习三十年述评[J].高等工程教育研究,2009(2):39-48.

[29] 张笛梅.什么是创新性学习[N].中国教育报,2008-7-9(9).

[30] 沈绍辉.大学生创新性学习能力的培养[J].人才开发,2004(4):38-39.

[31] 廖湘阳,吴小欧.论创新性学习机制的建立[J].现代大学教育,2002(4):56-60.

[32] 张德江.学会学习:21世纪大学生必备的基本能力[J].高等教育研究,2003(11):69-72.

[33] 王言根.学会学习——大学生学习引论[M].北京:教育科学出版社,2003.

[34] 桑新民.学习科学与技术——信息时代大学生学习能力培养[M].北京:高等教育出版社,2004.

[35] 钱贵晴,刘文广.创新教育概论[M].北京:北京师范大学出版社,2009.

[36] 袁星,侯薇.大学生创新训练模式的探索[J].思想教育研究,2009(6):127-130.

[37] 陈启元.中南大学副校长陈启元:大学生创新性实验计划综述[N].中国教育报,2008-11-14(7).

[38] 施芝元,薛成龙.大学生创新性实验计划实践的理念与思考[J].高等理科教育,2009(1):63-67.

[39] 王东方.对大学生科技创新能力评价体系中评价因子的导向性意义分析[J].科技创业月刊,2006(1):169-179.

[40] 李培根.修正评价体系倡导主动实践[J].求是杂志,2006(24):37-38.

[41] 方瑾,赵欣如,刘喆.以学生发展为本开展大学生创新性实验评价[C]//中南大学.首届全国大学生创新论坛教师资料汇编.长沙:中南大学,2008.

[42] 王越,韩力,沈伯弘,等.大学生电子设计竞赛的开展与学生创新能力的培养[J].中国大学教学,2005(10):4-6.

[43] 刘征宇.大学生电子设计竞赛指南[M].福州:福建科学技术出版社,2009.

[44] 杨叔子,吴昌林,彭文生.机械创新设计大赛很重要[J].高等工程教育研究,2007(2):1-5.

[45] 李帮义,王鲁捷.大学生数学建模竞赛几个相关问题的研究[J].南京航空航天大学学报(社会科学版),2001(12):80-83.

[46] 皮德常,吴庆宪.国际大学生程序设计竞赛与创新人才培养[J].电气电子教学学报,2008(6):44-48.

[47] 丁三青,王希鹏,陈斌.我国高校学术科技创新活动与创新教育的实证研究——基于"'挑战杯'全国大学生课外学术科技作品竞赛"的分析[J].清华大学教育研究,2009(2):96-105.

[48] 丁三青.中国需要真正的创业教育——基于"挑战杯"全国大学生创业计划竞赛的分析[J].高等教育研究,2007(3):87-94.

[49] 靳妍钰."挑战杯"创业计划竞赛对我国大学生创业教育的思考和启示[J].湖北科技学院学报,2015(11):90-95.

[50] 谭晋钰."互联网+"大学生创新创业大赛校赛实践与思考[J].高教学刊,2017(9):

133-135.

[51] 宁家骏."互联网+"行动计划的实施背景、内涵及主要内容[J].电子政务,2015(6):32-38.

[52] 赵福才,葛蓓蕾,解西东,等.创新创业竞赛对提升理工科学生综合素质的影响[J].中国冶金教育,2012(4):46-47.

[53] 宋懿花,周作建,胡云.关于"互联网+"大学生创新创业大赛的思考[J].教育教学论坛,2018(9):4-5.

[54] 薛辉.创业大赛在高校创业教育中的效用研究[J].长春理工大学学报(社会科学版),2013(12):184-185.

[55] 汤伟伟,梁瑞兵.大学生创业竞赛活动的发展与教学研究[J].黑龙江高教研究,2013(2):63-66.

[56] 董青春,孙亚卿.大学生创业基础[M].北京:经济管理出版社,2012.

[57] 魏万红,王汉林.大学生创新创业团队核心竞争力提升的SWOT分析及策略[J].开发研究,2017(4):156-160.

[58] 杨向荣,沈文青.大学生创业教程[M].北京:冶金工业出版社,2011.

[59] 李伟铭,黎春燕,杜晓华.我国高校创业教育十年:演进、问题与体系建设[J].教育研究,2013(6):42-51.

[60] 蒋德勤.高校创新创业教育师资队伍建设探析[J].中国高等教育,2011(10):34-36.

[61] 杨绪辉,沈书生.创客空间的内涵特征、教育价值与构建路径[J].教育研究,2016(3):28-33.

[62] 双寿,杨建新,王德宇.高校众创空间建设实践:以清华大学i.Center为例[J].现代教育技术,2015,25(5):5-11.

[63] 黄亲国.大学科技园对大学创业教育的作用[J].高教研究,2006,(6):36-37.

[64] 伍秋林.创业基础[M].长沙:湖南师范大学出版社,2012.